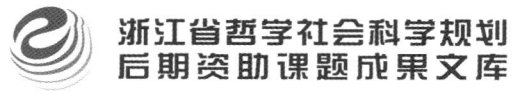

浙江省哲学社会科学规划
后期资助课题成果文库

区域文化视阈中的温州创业创新现象

Quyu Wenhua Shiyuzhong De
Wenzhou Chuangye Chuangxin Xianxiang

沈 潜 著

中国社会科学出版社

图书在版编目(CIP)数据

区域文化视阈中的温州创业创新现象 / 沈潜著. —北京：中国社会科学出版社，2019.6

（浙江省哲学社会科学规划后期资助课题成果文库）

ISBN 978-7-5203-4452-4

Ⅰ.①区… Ⅱ.①沈… Ⅲ.①区域经济-研究-温州 Ⅳ.①F127.553

中国版本图书馆 CIP 数据核字（2019）第 091746 号

出 版 人	赵剑英
责任编辑	宫京蕾
责任校对	秦　婵
责任印制	李寡寡

出　　版	中国社会科学出版社
社　　址	北京鼓楼西大街甲 158 号
邮　　编	100720
网　　址	http：//www.csspw.cn
发 行 部	010-84083685
门 市 部	010-84029450
经　　销	新华书店及其他书店
印刷装订	北京君升印刷有限公司
版　　次	2019 年 6 月第 1 版
印　　次	2019 年 6 月第 1 次印刷
开　　本	710×1000　1/16
印　　张	19.25
插　　页	2
字　　数	330 千字
定　　价	89.00 元

凡购买中国社会科学出版社图书，如有质量问题请与本社联系调换
电话：010-84083683
版权所有　侵权必究

目　　录

导论 ………………………………………………………………… （1）
　　第一节　区域研究与温州区域文化发展状况 ……………… （1）
　　第二节　研究思路和内容 …………………………………… （4）
　　第三节　主要观点和学术提炼 ……………………………… （7）
　　第四节　研究方法和叙述策略 ……………………………… （10）

第一章　山海地理孕育经世人文 …………………………… （12）
　　第一节　山海地理及其资源禀赋 …………………………… （14）
　　第二节　事功巧技和维新变革 ……………………………… （19）

第二章　边缘处境启导主体自觉 …………………………… （44）
　　第一节　历史沿革中的边缘处境 …………………………… （45）
　　第二节　主体自觉下的创业自救 …………………………… （58）

第三章　传统观念与现代意识的交结 ……………………… （67）
　　第一节　利义并举的创业观 ………………………………… （67）
　　第二节　自立自强与老板情结 ……………………………… （87）
　　第三节　信义为本与失信的代价 …………………………… （92）
　　第四节　人脉资源与人情理性化 …………………………… （102）
　　第五节　从"耗费"到积累 ………………………………… （109）

第四章　生命意志的创造与实现 …………………………… （116）
　　第一节　灵与肉的救赎 ……………………………………… （117）
　　第二节　韧性的炼狱 ………………………………………… （126）
　　第三节　实干中的参悟 ……………………………………… （131）
　　第四节　"狼性"与"狼群" ………………………………… （135）
　　第五节　冒险和挑战 ………………………………………… （140）

第五章 务实事功驱动创变思维 (148)
- 第一节 计利以听和因利制权 (149)
- 第二节 反者道之动 (170)
- 第三节 以小见大的力量 (178)
- 第四节 发现之眼与创造之机 (184)
- 第五节 巧借东风的手段 (187)

第六章 效实践行中形成创业创新能力 (192)
- 第一节 创意与策划技巧 (192)
- 第二节 交往与沟通理性 (198)
- 第三节 适应和拓展的能力 (206)
- 第四节 反思与学习的效能 (211)

第七章 模式需求和模式构成 (220)
- 第一节 模式需求与模式叙事 (220)
- 第二节 温州模式的构成 (222)
- 第三节 模式的演进发展 (235)

第八章 众创群像的主体和典型 (249)
- 第一节 创业巨子的传奇人生 (249)
- 第二节 创业女子的独立追求 (258)
- 第三节 创业学子的"兼业"选择 (267)

第九章 创业创新评价与文化反思 (276)
- 第一节 模式之争和模式式微 (276)
- 第二节 文化冲突与批评 (284)
- 第三节 现实困顿与文化反思 (289)

参考文献 (299)

后记 (304)

导　　论

第一节　区域研究与温州区域文化发展状况

一　跨学科多视角区域研究

区域研究在国际上兴起于20世纪60年代，曾是以美国为主的欧美学界研究中国的流行范式之一。其特点是采用跨学科的多种视角和方法，从区域层面进入到中国社会的细部，来总结它的规律和发现问题。除了传统的"民族志"和"社区调查"这些相对微观的方法，还有两种方法被广泛采用。一种是弗里德曼（Maurice Freedman，1920—1975）的地方宗族和国家与社会关系模式，另一种是施坚雅（G. Wlliam Skinner，1925—2008）的基层区域与中心城市关系模式。前者从功能派人类学的背景进入中国研究，着眼于"边陲地区"和历时性，重视地方史、宗族、民间习俗与宗教研究；后者的区域研究则注重于空间格局，从以市场为核心形成的中心地及对经济、商业因素的关注来推动城市研究的发展。[①] 如果追溯到欧洲，德国社会学家韦伯（Max Weber，1864—1920）倾向于从制度和功能角度来解释中国城市的作用，认为中国的区域分割自古以来属于行政区划，中国城市也不具备中世纪革命后的欧洲城市那样独立的经济功能。但在20世纪六七十年代，以美国史学家、汉学家柯文（Paul A. Cohen）为代表的学者认为中国并非如韦伯所说的那样完全以制度因素划界，中国基层组织中存在着许多以市场利益结合而成的团体，构成了底层社会的

[①] 参见陈倩《区域研究在美国中国学中的兴起》，《辽宁行政学院学报》2007年第5期。

"非正式管理机制"。① 近几十年来，国外学界更多的是用综合的思路和方法来进行区域研究。

二 以永嘉学派为原型、温州模式为聚焦的温州区域文化研究

中国幅员辽阔，南北东西的地理跨度、环境和历史沿革的差异较大，尽管传统文明核心中一直有"文化与民族共同体"的图景，但地域、族群的差异性仍然不可否认。这也是以施坚雅模式为代表的中国区域研究首先要将中国社会从横向分为9个"巨区"，纵向分为许多阶层，并用区位理论和"中心地"原则以及结构功能主义的方法考察区域的内部构成与外部联系的基本依据。我国的区域文化研究自古就有，但往往散见于文化和学术的各个领域。到了宋代，思想文化界涌现出各种地方学派，构成了"宋学"的繁荣景象。其中源于温州地区的"永嘉学派"就属于当时一种重要的地方学知识和区域文化标志。以永嘉学派为代表的实学思想正是通过强调市场贸易和经济作用进而主张务实变革而彰显地域特点和文化个性的。我国从20世纪70年代末、80年代初开始进入商品经济和市场化进程，开放城市、经济特区等以经济功能为指标的特定空间格局的出现，使得经济区域的划分在某种程度上遮盖了传统的行政区划标准，凸显为区域化标志。聚焦于各地经济发展模式的区域研究由此兴盛。"温州模式"即是其中最负盛名的个案之一。学界通常把永嘉学派思想作为这一模式的文化原型，认为温州模式及其商品经济行为是永嘉学派功利思想的"历史必然映象"；② 相比苏南模式和珠三角模式，温州模式受传统商业文化影响尤重，重商主义构成温州特有的文化"遗传基因"；③ 永嘉学派的一些思想观点与温州区域文化的其他因素交织，在精神层面上构成了温州区域文化的一个侧面，在一定程度上影响着改革开放初期的温州人。④ 由此，永嘉实学继南宋以后重现为温州地方显学，温州模式影响更是波及全国。

---

① The Chinese City between Two Worlds. ed by Mark Elvin and G. Wlliam Skinner. California: Stanford University Press, 1974, pp.6, 11.

② 徐令义：《温州试验区发展态势》，上海社会科学院出版社1988年版。

③ 张仁寿：《沿海农村经济发展模式与区域文化的比较研究》，《经济社会体制比较》1995年第2期。

④ 洪振宁：《永嘉学派与今日温州》，《温州大学学报》2001年第2期。

三 经济学视角的解读和文化学转向趋势

由于在20世纪70年代末以来的改革开放和现代化进程中，温州和温州人首先以一系列务实变革与经世拼搏的创业致富行为及"商性人格"形象凸显在人们视野中，因而关于温州发展的研究大多是从经济学或管理学的某一视角展开描叙或论述。而且，自20世纪80年代中期温州模式提出以来，有关温州改革、发展和温州人经商、创业智慧方面的纪实宣传和报道也不少。然而，这样一个具有鲜明而典型的文化个性和文化渊源的区域和人群案例，正如其所创造的"龙港传奇"一样，其社会和文化史意义早已超越了个别性人物、事件和纯粹现象学层面及经济管理学视阈。因而，温州创业创新现象及其研究的文化和文化学转向是一个值得进一步深化拓展的领域。以经济创业和体制创新现象为基本立足点，同时又从社会学、文化学、心理学等学科交叉视角，把温州人的创业创新意识和行为与在特定条件下形成和发展起来的文化心理相联系，开展从文化现象到文化逻辑和心理结构的深入探究，揭示温州创业创新群像的人格和行为模式的形成机制，并从中阐释温州地域文化特色，这无论是从学术上还是现实发展上来看都是很有必要的。

四 转型发展背景下的反思与重构期待

毋庸讳言，温州的创业创新之路是充满坎坷曲折的。在商品经济和市场化进程中，被认为是基于事功实学文化精神驱动的温州人的经济行为，经常陷于工具理性与价值理性的冲突，从而在成功实践的同时也伴随着种种争议。而进入21世纪，转型升级的现实背景又导致温州模式面临可持续发展危机。诸如"人格化交易的路径依赖"，已成为温州对外开放的阻碍。[①] 实学事功目的理性引导下的工具理性在日益转型的社会中也必然逐步丧失其原有的现代性优势，以致以永嘉实学思想为标领的温州文化一时也面临理论和现实的困惑。由此，最近十几年来，永嘉实学和温州模式的研究也相应陷入低谷。原有文化观念一时无法解释现实困境，而如何激发一种更高层面的价值理念并用它来引领温州的创新创业发展，一时令人迷

---

① 史晋川：《温州模式的历史制度分析——从人格化交易与非人格化交易视角的观察》，《浙江社会科学》2004年第2期。

茫。学界已认识到温州一段时间来陷入先发后进困境的深层原因，即文化观念长期停滞在对永嘉学派事功实学思想的原有认知和有效性体验上。而要稳定和强化温州在浙江的"铁三角"地位，仅仅从经济政策和手段层面寻找化解途径，显然不够。因此，从文化观念上反思，找到推动和制约温州发展的历史、现实因素，在探索经济社会发展的同时，实现文化超越和提升，这成了温州乃至浙江、全国转型发展所面临或正在破解的一个重要文化课题。我们当然相信，"宋代温州那种对宏观政局变化和制度变迁的适应性"，仍能"主导当代温州的自我更新"。①

改革开放已过40周年，回顾和总结这一艰难而伟大的历史进程，对学界来说，是一种文化情怀和学术责任。对于曾经在这一进程中充当"排头兵"和"弄潮儿"的温州和温州人来说，更是感慨万千。站在历史和文化发展的高度，更好地审视、反思、理解以温州为代表的创业创新现象和行为模式，从当代视野认识和评价以永嘉学派为典型的实学思想的历史实践和兴衰际遇，进而思考其在当下语境中的价值优化与重构，是当下温州乃至浙江区域文化和区域发展研究的应有之义。

第二节 研究思路和内容

一 围绕"务实创变"的主题及问题进行逻辑构思和印证

既然是关于温州区域文化的研究，无疑需要回答这样两个基本问题，即这种文化和现象的根本特质或属性是什么？其特性之间又有怎样的内在逻辑关系？本书正是围绕这两个问题进行逻辑构思和论证。

首先，以永嘉学派为代表的功利思想，我们也称为"实学"，其思想核心和行动基础就是"务实"。再对照温州和温州人在创业中的实际情况，将务实作为其中一个显著而根本的文化特性应该是准确的。当然，这里的"实"包含两个层面：一是实利、实惠，即面对贫穷落后的面貌，温州人希望通过自己的勤劳和智慧，获得财富，改善生活和人生命运；二是实际，则是指在追求财富、创业发展过程中总是会遇到一些实际问题和困难，如地理条件、政治气候、政策环境、社会文化观念等方面的障碍、

---

① 王宇：《永嘉学派与温州区域文化》，社会科学文献出版社2007年版。

阻力以及个体文化素质和能力的有限性等——当然也包括改革发展中的机遇这样积极的因素。那么，在历史和现实中，温州区域文化或者温州人是如何处理这两个层面的问题的呢？首先是排除伦理观念上的障碍，秉承重商主义，言利不耻，致富光荣，积极创业，大胆追求实利；然后就是在思维和策略上超越现实障碍，改革创新，善于用敏锐的眼光和"敢为人先"的胆略抢抓机遇，在实践中磨炼意志和提升能力等。由此可见，温州区域文化和温州人创业行为的另一个重要特质可以提炼概括为"创变"——因创业需要而大胆变革——创造性变革。这样，"务实"与"创变"之间的逻辑关系就很清楚了：前者是目的，后者是手段；前者是前提，后者是结果。创变是务实的需要，而务实观、实践观必然衍生出创变的处事思维。这一逻辑不仅得之于永嘉学派的学理，也完全符合温州在改革开放中以创业驱动创新的实践和事实。以此来解读和建构温州区域文化及创业创新现象中的内在逻辑关系应该是能切中肯綮和顺理成章的。

由此，书中第一章主要从文化地理上解释以务实变革为特质的"经世人文"的形成，第二章进一步从边缘化的历史沿革中分析基于生存博弈的创变心理和行为的产生。这两章首先在发生学层面，从自然和历史的"基因"两个角度阐释文化特质的生成。第三章至第六章则从心理结构层面具体描述务实创变的行为和现象，其中第三章论述务实目的论在创业观念上的主要体现，第四章描绘如何为务实目标而付出意志努力，第五章证明务实观念和意志下必然催生的创变思维，第六章讲务实创变观念和思维如何通过实践转换和提升为能力。第七、第八两章则分别从文化模式和主体类型两个方面进行归纳总结，分析务实创变文化主导下形成的温州模式，梳理不同典型人群在务实创变观念和思维下的成功实践和经验。

如果前八章是围绕务实和创变的主题进行不同层面和视角的描述和总结，并印证其间的逻辑关系，在着重说明其成功实践和经验的同时分析其中的一些矛盾，那么第九章就是集中面对和讨论这种务实创变观念和思维的历史境遇和现实问题。其中有对务实观的政治、道德伦理考问，对创变思维和行动的政策、法律质疑，以及从经济学、管理学和社会文化层面的反思、批评。尤其针对在转型升级和生态文明建设背景下实学面临的问题，指出务实之"实"和创变之"创"应当充实新的内涵，温州区域文化也要补充新的历史文化资源，对接新的时代要求，进行价值重构。

二　以文化叙事结构为整体框架展开叙述

基于上述现实问题和学术发展趋势的考量，为了避免通常的创业励志类读物的叙述模式，本书选取了由文化地理、文化历史、文化心理、文化模式到文化批评等构成的文化发展和叙事结构为总体框架，来展开温州区域文化暨创业创新特点的描述。

一是将空间性和历时性相结合，从地理和历史的时空维度溯源文化的基因，确立了宋以来永嘉学派事功实学思想在温州区域文化建构中的核心地位和关键作用。具体而言，山海地理和历史沿革中的屡屡边缘化处境孕育了温州人为谋生和发展而务实处变的意识和民俗民风，宋代家国危机与温州区域经济模式的转变则成为永嘉实学思想兴起的直接诱因；科场优势下温州仕宦对事功学的推动，使得永嘉之学成为南宋温州地方知识和区域文化标志，在与理学、心学等宋学学派的鼎立中占据一席之地。理论上，它是在固有的"重农抑商"的政策和文化背景下为温州地区工商经济生存模式的转型作道德理性之张本，更重要的则是在宏观上建立儒教和商业文明发展之间的协调关系，代表了作为总体性话语的儒学在工商经济萌芽下的新转趋。实践上，这种协调和转趋不但促进了温州地方经济社会的繁荣，也在支撑南宋国家政权的延续中发挥了重要作用。然而，由于专制制度的强化和理学道统的覆盖，永嘉实学思想在南宋以后经历了长期的沉寂，直至近代在温州重新开埠、新学传播的背景和维新变法思潮中才得以进一步呼应和转述。只是半殖民地半封建的近现代社会和新中国成立后的政治经济体制一时没能使这种呼应转换为经济社会现实。只能说，永嘉实学的近代化为其在当代改革开放中的实践提供了基本的知识背景和技术路径。

二是以温州和温州人在当代改革开放和市场化进程中的创业创新现象为观察场景，以及以温州模式为重要考察点，叙述实学思想的当代实践，彰显当代温州区域文化的特点。为了使这种叙述不只是停留在归纳和介绍温州人经商创业和做生意的一些技巧和经验上，而是同时深入到一定的文化心理层面，从历史和现实的时空对接中寻绎和解读温州人的创业创新观念和行为，更好地从文化视阈来审视温州，书中截取了文化心理构成的一些基本要素，从观念、意志、思维、能力四个层面搭建叙述框架，描绘温州人的创业心理和行为，揭示其商性人格和创业精神，并归结到宏观的温州模式,进行多向分析。最后回归人之主体,归纳温州创业创新群体典型类型及其特点。

三是从文化批评视角,剖析温州模式的式微及转型路径,揭示温州人群体的创业人格矛盾,探讨事功实学文化的价值重构和温州当代创业文化的转型发展趋势。

这样一来,本书又呈现出"双线"合一的文化心理结构分析。即从文化地理、文化历史、文化特色到文化批评所展示的文化发展结构理路,同时包含从创业观念、创业意志、创业思维到创业能力所串联起的心理结构线索。

三 宏微参互、前后穿插中体现文化史叙事

首先,在对上述三个方面和多个历史阶段的论述中,同时梳理出以永嘉实学思想为核心的温州区域文化"三起三落"的历史轨迹——宋南渡后的兴盛、近代维新变法思潮中的呼应、当代改革开放中以温州模式为代表的成功实践,以及南宋以后理学道统的覆盖、改革开放和市场化进程中遭遇的政治和伦理危机、当下转型发展中的困惑。

其次,由于温州的创业创新现象并非只是呈现出孤立的个体行为模式,而是具有明显的群像性和群体行为特征,且是与特定的地域文化背景和时代际遇(社会发展阶段)分不开的,故而书中还力求用宏观、微观参互和呼应的手法,展现温州创业创新文化历程。如宏观方面,既有历史和现实背景的交代,又有政府事件和群体现象的描述;微观视角则不乏草根行为和个体案例的呈现。总之,在多视线穿插结合的前后叙述中拼接和勾勒出温州区域文化——尤其是当代创业创新文化的发展历程,以便对温州发展的历史概貌有一个整体了解。

第三节 主要观点和学术提炼

一 以永嘉事功实学为代表的宋代温州文化在温州区域文化建构中的核心地位

如前所述,山海地理、历史沿革、宋代政治经济和文化特点、科场优势等因素孕育和促成了永嘉事功实学,并在实践上促进了温州地方经济社

会及海上"丝绸之路"的繁荣，也在支撑南宋政权延续中发挥了重要作用，更为当代改革开放中的创业创新提供精神动力。可见，以务实创变为特质的事功实学思想无疑成为宋以来温州区域文化的核心和灵魂。

进一步考察发现，永嘉学派、"四灵"诗学、南戏等文化标志又构成了特色鲜明的宋代温州"文化丛"和多元互补文化生态结构。南戏的出现是宋代温州工商经济繁荣下市民文化需要的反映，其思想内容和情节模式印证了商品经济和功名文化的结合所导致的伦理矛盾；"四灵"注重从现实生活和即时情景中感悟提炼诗歌，是以诗学超越理学，实现补偏救弊，折射瓯越文化本色；永嘉学派则是直接从现实经济和政治出发提出事功和变革伦理。温州"耕读文明"是一种多元、开放的就业创业思维，其"勤耕贸迁"就是一种"兼业"模式，是后世温州人勤劳致富的重要方式之一。以上种种蕴含了共同的文化个性，即务实、灵活、变革，成为温州人商性文化的"遗传因子"。

二 温州现代化进程中文化发展的一个显著特点是创业驱动创新

特定的山海地理环境和边缘化历史沿革作为温州文化的自然和文化基因，孕育了温州和温州人为生存和发展而拼搏的"经世人文"和"主体意识"，造就温州人的商性人格和创业拼搏精神。在这种精神内驱力下，温州人敢为人先，积极投身财富经济，勇于创业，抱团合作，灵活变通，拓展适应，勤劳致富，造就了独特的温州模式，留下了许多创业致富、改革创新的生动案例、经验和教训。综观这些生动现象可以发现，温州在这场现代化进程中文化发展的一个显著特点是以创业驱动创新——从务实到创变，由此成为改革初期制度和模式创新的高发地。

三 温州区域文化和创业创新现象的另一重要特点呈现为传统与现代的双重性和矛盾性

即既表现出鲜明的现代性，又不可避免地留有地域和农耕文明烙印，反映了中国特色市场经济发育发展的艰难历程。或者说，温州人创业创新模式和精神既富地域文化个性，又具有当代中国现代化进程的典型意义。所谓个性，是说这种文化是在现代化进程初期市场体制尚未形成和完善情况下，加上温州独特的地域和历史文化环境孕育而成，因而既是对历史上计划经济体制的层层突破，但也不能拿西方成熟市场体制下的理论和模式来简单地衡量比照；而典型意义是指这一些精神特质又正好与现代市场理念和竞争意识不谋而合，体现出鲜明的现代性。对于这些矛盾现象，书中从文化批评视角作了分析。如从"文化堕距（滞后）"角度来解读温州人种种突破边界的行为和波折经历；用心理分析理论解读温州人的宣泄性、救赎式财富追求；用"文化调适"看待温州人创业创新观念和思维的形成；对温州人商性人格作结构和矛盾分析，指出这种矛盾人格正是经济社会转型期国民性格和社会心理的典型反映。最终得出，正是这种艰难性和典型性，使得温州创业史又可谓我国改革开放和市场经济发展史的一个缩影。

四　永嘉山水文化及其蕴含的价值理念应成为新时代温州文化转型重构中新的历史文脉和基因

从文化史视野探入温州传统文化各方面，寻绎形成温州文化特点的共同基因。如论述自晋以来具有温州特色的文化、学术的形成和发展，指出以郭璞、谢灵运、王羲之等为代表的东晋士人对温州具有"文化事功"意义，启迪温州文教功业和山水人文意识。晋唐以来的文教发展对于宋代温州的科场优势以及永嘉思想的推行具有深远的铺垫和促进作用，而山水文化更是蕴含着永嘉实学和温州文化发展新的价值理念。

针对温州发展面临的瓶颈和转型要求，探讨了温州创业经济和文化发展的不同模式和路径选择，提出了温州文化转型重构的必要性和可行性。如完成温州模式从具体的形式、方法、路径到精神文化价值的提炼升华；完善温州区域文化结构，可以将触角伸向晋代温州山水文化传统。历史上中原政权的两次南迁——晋和南宋，对瓯越地区都具有重要文化影响。在文化资源构成上，从山水人文启蒙角度，王羲之、谢灵运等携道家文化和魏晋玄学思想，以讲学、游踪和诗文对瓯越人文的启迪作用同样不可忽视。这些无疑为温州人转换对自然山水和生态环境的功能认知和价值判断视角，树立温州山水旅游休闲品牌作了文化铺垫。山水文化和生命哲学可以与实学功利文化一起成为温州文化的"传统基因"，通过这种文化基因的传递和文化观念的转换，来助推产业转型和美丽温州建设，满足人们对新时代美好生活的需求。以此为基础，在创业发展上实现向创新驱动和消费文化驱动的转型提升，使温州具备创业城市、商业城市、消费城市、山水旅游和历史文化城市等多重品性。

第四节 研究方法和叙述策略

一 基于文化学立场的多学科交叉研究，拓展研究视野

如前所述，在温州模式、温州现象研究中，经济学、管理学语境长期占据主导，而文化学转向、多学科交叉研究是值得拓展和深化的领域，属于温州发展研究中的"未完成时态"。本书是区域研究中一个关于创业创新文化的地域个案研究，但所论正是参酌文化学、社会学、经济学、心理学等视角，属于文化学立场下的多学科交叉研究。为此，力图突破仅从纪实和经济学视角的描述，并对温州文化特点进行学术提炼和归纳。

二 将区域性置于整体性历史和现代背景中比较研究，彰显典型意义

对区域研究的方法，历来有不同意见，纯粹经济区系论存在片面性。因此，本书虽从区域视阈出发，但并非将其从整体性的中国历史和文化中割裂出来进行文明解构，而是尽可能地将其置于整体背景中进行比较，既追寻共性渊源，又探究个性形成机制，显示两者的相辅相成——唯其如此，才能证明温州区域性创业创新文化的典型意义。转型背景下的特定区域研究，正是对接当下转型升级、创新创业、互联互通等中国发展的总体性话语，探讨区域文化超越与重构的思路。

三 文化研究与历史叙事、逻辑建构与现象学描述的结合

正如著名历史学者李开元先生所言，史学研究也要学会历史叙事。他在回忆诸如陈寅恪、邓广铭和自己老师田余庆等著名学者的历史研究时也提到一种结合了叙事模式（夹叙夹议）的研究和写作风格，虽然在比较严格的学术规范里推理，但也有"挣脱极为严谨的学术范畴，更偏向于人文主义的历史叙事与人文主义的逻辑推理，以晓畅的文风面向更广泛的阅读群体"。"在研究的基础上来写作一个非常流畅的叙事""这种写作形式

正在被接受"。①

　　文化研究，尤其是涉及文化史的研究，是否也可以适当参考这样的模式呢？在逻辑建构和推理基础上，从案例和现象学出发，依事论理，正是本书的书写策略之一。

四　多种研究方法的综合运用

　　当然，叙事模式、现象学描述还必须建立在科学性、严谨性基础上。近年来，作者通过多个省、市级课题对相关问题做了研究，发表了近十篇论文和一部省重点教材，为本书撰写打下基础。为求资料翔实，采用文献法，收集、参考各种文献近百种，包括《四库全书》及个别孤本古籍；长期关注、收集媒体资料数十种。除了文献注释，对与温州区域文化和改革开放创业创新历史相关的重要人物、历史事件或名词概念，也作了注释。通过媒体、文献和调研等途径，收集、选用典型案例，运用案例分析法解读创业创新现象及其文化内涵。针对重点人物和案例以及个别材料中的疑点，进行调研、采访和求证，力求资料准确。

　　当然，由于作者学识水平有限，错谬和浅陋之处在所难免，祈请专家读者批评指正。

---

① 高丹：《李开元：除了写论文，史学研究也要会历史叙事》，澎湃新闻，2017年7月7日。

第一章

山海地理孕育经世人文

从20世纪70年代末、80年代初开始,中国浙江省南部沿海有一个依山面海、不算太大的地方,越来越引起世人的瞩目。它东临东海,南与福建省接壤。其地形三面环山,一面朝大海敞开,形如一"瓯"①。由于自古以来山水阻隔,交通不便,俗称只有"死(水)路一条"②。然而,此处的人们自宋代以来就崇尚工商通惠,喜欢并善于经营贸易。在计划经济时代——尤其是20世纪70年代至80年代初这段时间,这里就因走私贩私、投机倒把、个私经营活动"猖獗"等原因而声名不佳。改革开放以后,它被列为我国首批沿海14个开放城市之一,很快就走在了"先富"队伍的前列。这里的个体私营经济异常活跃,家庭作坊比比皆是,供销大军浩浩荡荡,专业市场层出不穷,商品流通一片繁忙。这里没有国家政策资本和技术条件的优势,却不乏精明的经商头脑和吃苦耐劳的创业精神;这里虽然不可能制造出人造卫星或航天飞船,却可以为这些让人觉得高不可攀的庞然大物提供一颗小小的螺丝钉——确切地说,这里是纽扣、打火机、低压电器、皮鞋、拉链、眼镜、服装等小商品的天下。而恰恰是这些"小商品",营造了轰轰烈烈的"大市场",创造了许多"敢为人先"的第一。后来,这里种种独特的、让外界不可思议的一切,被媒体和学者们概括成了一种"模式"——经济发展的模式、创业致富的模式、体制创新的模式,乃至地域文化的模式,从而让此地成为人们观摩、朝拜的财富圣地、经验之乡。当然,也不可避免地成为争议的焦点和批判的靶子。

这个富有传奇色彩的地方就叫"温州",古称"瓯""东瓯""瓯

---

① (东汉)许慎《说文解字》解释:"瓯,小盆也。从瓦。"说明"瓯"是一种土制陶器。
② 温州话"水""死"同音,都念"死"音。

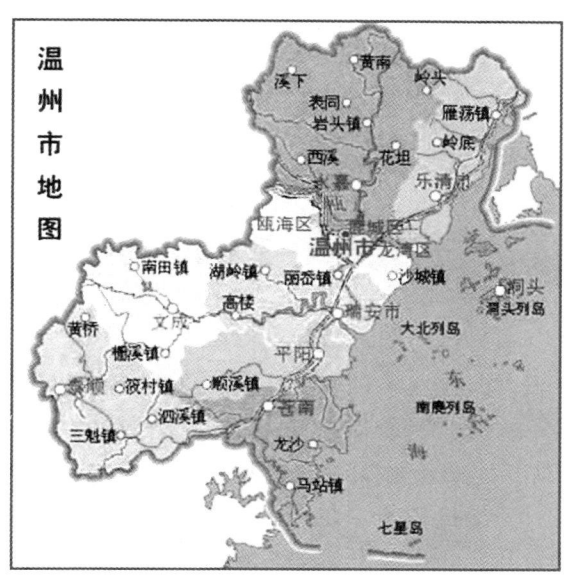

越",又称"永嘉"。① 那个被总结出来的模式就是著名的"温州模式"。

虽然温州人并无意于创造什么模式,但他们确实给自己的生存和发展方式赋予了某种独特的个性,而这种富有个性的模式显然又具有一种地域性和区域性亚文化的属性。

文化生态理论认为,与生物演化一样,文化也适应其生存环境而产生不同的形态和内容,而地理位置、地形、土壤、气候、资源等生态环境因素对一种文化的发生发育起到重要的影响。例如,封闭、保守、依赖,求安、求稳,静态、内敛、惰性等文化性格,与始终依赖于土地的内陆型生存环境和农耕文化有着内在的联系;而开放、拓展、进取、冒险、好战,猎奇、求变、求新,动态、活性等个性,则与海洋的特点一脉相承。被称为西方文化之渊源的古希腊文化就被作为海洋性文化的例证,从而为西方资本主义工商文化和商性人格找到了地理和历史的依据。

当然,文化是变迁和发展的,一种文化在其发展过程中必然要与周边乃至外来的其他文化发生冲突、互化与整合。但是,由自然环境和历史传

---

① 胡珠生《瓯、东瓯、瓯越考辨》认为:"温州古称之瓯,来源于瓯水;古称之东瓯,来源于东瓯王都城和东瓯乡,均有史籍可据,众所公认。至于瓯越,就广义而言,以越州会稽郡为中心,包括温州永嘉郡在内;就狭义而言,指越州(今绍兴)。"见林华东主编《瓯文化论集》,浙江人民出版社2009年版,第39页。

统融合起来的文化基因，却总是生生不息的。特别是当这种基因找到了与现代性文化的契合点的时候，它就会爆发出更加强劲的生命力。温州的山海地理环境和务实创变、经世致用文化的关系也可以说是文化地理学或文化生态学的一个印证。

第一节　山海地理及其资源禀赋

　　人都是生活于具体的时空环境中，但由于地理分布的原因，每一个地区和族群所处的具体环境又往往有所区别，这种环境的特点或个性对特定人群文化的孕育和文化特色的形成起着决定性的影响，并对文化的发展起着一定的导向和规定作用。因此，从本质上看，人的文化就是人与自然环境斗争和协调的产物。人类学家在研究人类文化与生态环境的关系中认识到了这一点，由此提出了"文化生态"的概念。"文化生态"就是文化适应其生存环境而产生的不同形态和内容，它反映着文化发育的地理环境给予文化的影响、作用和制约。根据地理位置、地形、土壤、气候和资源等环境要素的作用结果，文化学家们概括出了海岸文化、流域文化、高地文化、纬度文化等不同文化形态。美国科学史家丹皮尔（William Cecil Dampier，1867—1952）在概括古希腊海岸文化时说到，海洋气息赋予了希腊人乐天、热情、勇敢善战、生气勃勃、胸怀坦白的民族气质，而且具有异常聪颖的禀赋。俄国生物学家梅契尼柯夫（Илья Ильич Мечников，1845—1916）在谈到水对人类文明的重要性时认为，水不仅仅是自然界中的活动因素，而且是历史的真正动力。不仅在地质学和植物学的领域中，而且在动物和人类的历史上，水都是刺激文化发展，刺激文化从江河系统地区向内海沿岸并从内海向大洋过渡的力量。而高地（包括山地）相对贫瘠的土地和不便的交通，往往造就了人们超人的毅力和游牧生活方式，使之具有矫健、粗犷、适应能力强等性格特征。至于纬度，对气候的影响更是至关重要的。气候对植物——尤其对农作物的影响直接关系到人的生存，从而影响各种文化的发育和发展。[①]

　　文化生态的影响是普遍而深刻的。从表象上看，诸如衣饰打扮、饮食起居、交通方式等方面，都受到它的制约；从深层结构看，则对人们的价

[①] 参见陈文华《文化学概论》，上海文艺出版社2001年版，第127—131页。

值观念，如人生态度、道德伦理、处世方式等都有不同程度的作用。

显然，温州的地理环境不是某种单一性形态，而是上述不同形态特征的复合交糅，由此造就的温州地域性文化和温州人性格也是极其复杂的构成。但总体而言，山海环抱、山水错综的典型环境还是在温州文化生态中起到主导作用，从而构成了温州人务实、勤劳、勇敢、进取、聪颖、灵活善变、适应力强等——爽性、韧性和活性结合的文化性格。而这样的个性特征，正是现代创业创新文化必备的主体性要素。

一　地理与气候特点

温州地处浙江省的东南部，位于我国环太平洋西岸 18000 公里海岸中段，全境介于北纬 27°03′至 28°36′，东经 119°37′至 121°18′，处在长江三角洲和珠江三角洲两大经济区的交会处。全市陆域面积 11784 平方公里，海域面积 11000 平方公里，从乐清市湖雾至苍南县云亭，蜿蜒曲折的海岸线长达 355 公里，有大小岛屿 436 个。

总体观之，这里是一个多山、多水的山水之地。其北临台州，西倚丽水，南面与闽北的福鼎、寿宁等地接壤。洞宫山脉由福建蜿蜒入境，盘亘于温州西部各县，其中泰顺境内的白云尖，海拔 1611 米，为全市最高峰，比山东泰山的玉皇顶还高。括苍山脉自台州延伸而来，绵延在永嘉县西北，洞宫、括苍山脉最高处在永嘉境内的大青岗，海拔 1271 米。似两道背后的屏障，与之平行的是峻拔雄伟的南北雁荡山，纵贯七县（市），恰似两个卫士，把据着温州的南北两大门。由于北、西、南三面都有高山阻隔，地势受地质构造影响从西向东倾斜，故山脉之间奔腾的溪流，大都也由西向东注入东海。唯有楠溪江发源于北部山区，由东北向西南方向流经永嘉县，在瓯北镇汇入瓯江下游后东折入海。温州地区有浙江第二大河瓯江、第四大河飞云江、第八大河鳌江，以及雁荡山、楠溪江、南麂岛、乌岩岭等国家级风景区和自然保护区，还有永嘉龙湾潭、文成铜岭山、苍南玉苍山、瑞安花岩等国家森林公园。江河下游为冲积扇和海积滩涂接合而成的小平原，其中人工河道纵横交错，密如蛛网——这些地方自然是人口居住的密集区。

在这样一个地理构架中，只有中部的小部分地方以及东部濒临东海的部分是平地。但你不能有华北平原、胶东平原般的广袤无际的概念，这些只是小平原，并且常常有小山点缀其间。所以你在温州的任何一处，都能抬头见山。这些地方又是水网密布的地区，沟渠纵横、河湖交错，所以你在温州的任何一地，又都能低头见水。"山水温州"的称谓是名副其实的。

瓯江发源于浙闽交界的龙泉，干流长388公里，经云和、丽水，由青田入永嘉县进温州市区。瓯江中下游沿线是温州西出和西进，连接内地南北交通干线的唯一途径。但就是这一重要通道，也因山重水阻而通行艰难。瓯江水道浅显，自青田以上，根本无法通行较大船只；沿岸绕山开凿的公路，蜿蜒狭窄，险象环生。时至20世纪90年代中期，这里还是一条让人饱受事故、塌方、路阻、颠簸的折磨，令人望而生畏的艰难痛苦之途。1998年金温铁路通车后，温州西出西进的交通条件得到改善，但由于地理环境异常复杂，金温铁路大部分路段隧道连接桥梁，时速受到严重限制，从温州到金华（连接浙赣线）通常仍需5个小时以上。北出乐清，经雁荡山而入台州，同样是山岭重重，行车迟迟。南出苍南、泰顺，要进入福建，也不是坦途——我们只消去经历一番分水关的险峻，就知道"高山岭头，水分两边流"的情景，即使现在已是高速公路，也无法拉平这里的高度和令人恐慌的心理，因而其又被称为"华东第一坡"①。如此西高东低、三面环山的地形结构，恰似一个扣向大海的"U"形容器，于是温州人将自己的生息地形象地称为"瓯"，并且又在前面加上一个"金"字，美其名曰"金瓯"，以寄托富裕美好的愿望。

瓯江自永嘉梅岙以下，河床逐渐增大，宽500米至3000米，江流浩荡，近河口区左纳楠溪江入海。《山海经》载"瓯居海中"，一般认为即指瓯江、楠溪江河口一带。瓯江下游虽为天然航道，但由于河道泥沙淤积严重，大吨位的船只很难直接进入，影响了港口通航能力。众多的海岛多为雁荡山脉之延伸部分，为花岗岩或火山碎屑岩构成的丘陵。晋人郭璞注《山海经》所载"瓯居海中"，认为就是指东瓯"在岐海中"。②曲折的海岸，形成了磐石港等天然深水良港，但其所处的洞头海岛，与内陆的交通仍需通过瓯江。直到2006年5月，连接洞头主岛与瓯江口灵昆岛的灵霓

---

① 该路段是典型的"台阶式"连续长下坡，从坡顶到浙闽站9公里，落差达331米，有20多个弯道，平均落差在30米以上，部分还是急弯陡坡组合路段。特殊的道路环境使之建成通车以来事故多发。据《温州商报》2011年8月10日报道，这里通车8年来已发生414起交通事故。

② 林华东：《"瓯"之笺注》，见《瓯文化论集》，浙江人民出版社2009年版，第44页。

大堤建成通车，洞头可以通过该大堤及灵昆大桥与市区快速连通，深水港的建设才有了更大的意义。

温州属亚热带海洋季风润湿性气候区，冬夏季风交替显著，温度适中，四季分明，雨量充沛。年平均气温16.1—18.2℃，1月平均气温6.8—8℃，山区1—2℃，7月平均气温25.5—28.2℃。年降水量在1500—1900毫米，春夏之交有梅雨，7—9月间有台风。无霜期为260—280天。全年日照时数在1700—2000小时。总体而言，冬无严寒，夏无酷暑，"温州"地名的由来正是与此有关①。

但在诸多气候因素中，台风是温州地区最重大的气候现象和自然环境中的不稳定因素，风灾加水灾，往往造成重大人身和财产损失。尤其是苍南、平阳、瑞安、瓯海、乐清等临海县区，动辄遭受台风毁灭性的重创。例如1994年8月21日在瑞安梅头登陆的17号台风，带来的大风、大雨和大潮造成百年未遇的重灾。全市损坏房屋84万间，倒塌17万间；受淹农田9.8万公顷，稻禾颗粒无收4.6万公顷；冲毁堤塘760公里；工矿企业停产6万多家；死1123人，重伤2385人；直接经济损失95亿元。② 一到7月、8月、9月间，台风就像悬在温州人头上的"达摩克利斯之剑"，危险随时都有可能降临。常年性的灾害，使得应急、抗灾、救灾成为频频上演的节目，形成危机心理和生存博弈意识。因此，在温州人的普遍感觉中，这个世界就像大海一样，从来就不是平静和安稳的。

由此看来，这个"瓯"形的地形结构和山水地貌并不像温州先民们所祈盼的那样能为他们的富裕生活提供有利条件，实际上，它更多的是带给他们交通的不便和生存拓展的艰辛。当然，也正是这个"瓯"形的山海地理，孕育了这里的人们争强好胜的个性和顽强的创业创新精神。自20世纪90年代初以来，温州人已经通过自己的不懈努力，大大地改变了山海地理造成的交通窘境。永强机场（现龙湾国际机场）、金温铁路（现金丽温高铁）、金丽温高速、甬台温和温福高速的通车，以及温福铁路、温甬铁路、诸永高速、绕城高速、沿海高速的建设，已经为温州的交通和

---

① 据《浙江通志》卷八引《图经》说，永嘉人李行抚至京师请求设州。因地处温峤岭（今温岭县）以南，"虽隆冬恒奥"，故唐高宗上元元年（674年）析括州的永嘉、安固二县置为"温州"。

② 温州年鉴编辑部：《温州4500年历史大事记》，中华书局2000年版，第134页。

经济发展架起了壮美的通途。而随着交通条件的不断改善，温州北接长三角，南融海西区，独特的区域优势也将显现，山海地理的不利因素也开始逐渐转变为"山水温州"的有利条件，东晋谢灵运笔下的"永嘉山水"真正成为温州旅游文化品牌。至此，温州人终于要让这个"金瓯"的祈盼一步步成为现实。

二　人口与资源禀赋

随着世界性人口爆炸时代的到来，人口与环境、资源越来越呈现出相互作用、相互依存的关系，其间的矛盾也越来越凸显。因此，撇开人口现实而谈文化生态是片面和不切实际的。

温州人口长期以来的特点是数量大、增长快、密度高，而文化素质总体相对偏低。

据温州市统计局公布的历年人口统计数据，新中国成立以来，温州总人口呈现出先快后慢的增长之势，总人口由1949年时的276.06万人稳步增加到2004年的746.19万人，在半个多世纪的时间内，温州的总人口增长了170.30%，净增加470.13万人，总人口年均增长率高达1.82%。①而据全国人口普查结果，1982年全国第三次人口普查温州总人口为592.83万，1990年第四次普查为633.0912万，2000年第五次普查为755.80万，②一直属浙江省人口第一大市。温州市人口和计划生育委员会根据第五次普查数据推测2004年末常住总人口大约为775万，③而到2010年，温州市常住人口达到912.21万人。④而有估计认为温州总人口在20世纪80年代就已经超过700万。随着数量的增加，人口密度越来越高。据《温州日报》披露的统计数据表明，2006年全市人口密度为每平方公里642人，比上年底增加5人，而市区、洞头、乐清更是在每平方公里千

---

① 温州市人口和计划生育委员会：《温州市人口发展的历史、现状与前景》，"温州人口概况"专栏，http：//rkjsw.wenzhou.gov.cn。
② 温州市土地管理局：《温州市土地志》，中华书局2001年版，第23、26、55页。
③ 温州市人口和计划生育委员会：《温州市人口发展的历史、现状与前景》，"温州人口概况"专栏，http：//rkjsw.wenzhou.gov.cn。
④ 浙江省统计局：《温州与首批沿海开放城市发展情况对比分析》，浙江统计信息网，http：//www.zj.stats.gov.cn/art/2011/7/5。

人以上，①大大超过全国的138人和浙江的460人的平均指数。

人口的生理密度指适合于农业用地的单位面积上的人口数，这个数字反映了人口对生产食物的土地的需要和人口与食物的生产的关系。温州地形多山及丘陵，瓯江、飞云江、鳌江等几条江河的冲积平原虽然肥沃，加上河流交错，有利农业灌溉，为主要的产粮区，但与稠密的人口相比，人均土地面积实在太小，不到全国人均水平的1/5，只有世界人均水平的5%。而耕地同样显得窘迫，至1978年，人均耕地面积仅为0.53亩，比1955年减少一半，至1995年只剩0.37亩，②是全国人均的1/5强，不到世界人均的7%。所以，温州俗称"七山二水一分田"，人口的生理密度很高，人多地少的矛盾随着人口的增加而越来越突出。因此，完全依赖农业就难以生存，只有通过劳动力分流和兼业的办法来减轻土地的负担。农村家庭工商业的发展、农民推销员的大批涌现，也就成为历史的必然。

地少人多，加之主要粮食作物水稻生长和成熟期台风的频袭，粮食的自给就成为一个严峻的问题。根据温州市粮食局统计，1967年至1990年23年间，温州共从外调入粮食23.6亿多公斤。③今天，温州的粮食供应主要也得靠江苏、东北、江西等我国主要产粮区。由此可知，温州人如果不发展商品经济，不学会经商赚钱，就只能饿肚皮了。

当然，作为沿海地区，具有内地所缺乏的海洋资源，为发展渔业和对外贸易提供了优越的条件（但浙江的主要渔场还是在舟山）。至于可供重型工业的矿产资源，基本没有什么可谈；虽然水网密布，但并无发展大型水电的条件，能源必须依靠外援。这些资源禀赋和创业条件就决定了温州经济的先发期只能发展轻工业和商业。

总体而言，温州的先天资源条件并不优越，再加上人口密度高，各种资源的人均数量较少。这些客观因素对温州的产业发展方向和温州人务实灵活的谋生创业途径具有深刻影响。

第二节　事功巧技和维新变革

俗话说，一方水土养一方人——当然也包括这一方人的思想观念和行

---

① 吴勇、朱建芳：《温州人口密度如何》，《温州日报》2007年3月21日。
② 温州市土地管理局：《温州市土地志》，中华书局2001年版，第37、56页。
③ 温州市粮食局：《温州市粮食志》，中华书局2000年版，第6页。

为方式。

古代黄河文明的中心在中原（也就是古代所称的"中国"），据此将周边四个方位的民族分为东夷、南蛮、西戎、北狄。其中东夷主要就是现在的江浙一带，古又称吴越。温州所处的浙南在文化地理上属于"蛮夷"，其南部的平阳、苍南一带地方话还称为"蛮话"，北部与越州毗邻，因而也泛称"瓯越"。

如上所述，地理环境和资源条件对社会经济文化的发生发展以及群体性性格、观念及生存模式的形成有很大的影响。中国历史上因中原战乱而导致的三次大规模人口南迁——首先是西晋时期的"八王之乱"和"永嘉之乱"，其次是隋唐时代的天下纷争，最后就是北宋沦亡后的宋室南迁，致使大批中原文人士大夫及老百姓为避战乱南下，一部分到达温州。据宋《元丰九域志》记载，北宋中期，温州户口总数达到了121916户。人口的增加，凸显了土地的贫乏，温州的手工业开始发展，人们走上了经商之路。正如宋本《方舆胜览》记载："温居涂泥之卤，土薄难植。民勤于力而以力胜，故地不宜桑而织纴工，不宜漆而器用备。""商船贸迁"，"其货纤靡，其人多贾"。"妇勤纺织"，"有夜浣纱而旦成布者，俗谓之鸡布"。"始齔之女、垂白之妇皆然"。①

北方人口的迁入不仅促进了作为"蛮夷"之地的温州的经济转型和繁荣，同时也带来了中原文化的气息。瓯俗遂受儒家礼教影响日深，孝父母、友兄弟、序幼长、祀祖先，以维系家庭和宗族秩序为重，家族观念也由此根深蒂固。从中派生的繁文缛节也历代相沿。在社会活动中，诸如敬贤尊士、拜师授徒、扶危济困、施善行义、睦邻交友及有关风俗，也多与儒家礼教一脉相承。而"尚浮屠"（崇尚佛教），则是汉代以后，唐代为盛。

但儒家文化本质上是建基于黄河流域中原大地上的农耕文明，以伦理道德为本位的儒家思想在经济观念上强调强本抑末，即重农抑商，这实际上与温州地区总体的地理环境产生内在矛盾。于是，温州历史上就出现了这样的文化景象：一方面是儒家伦理作为一种正统意识以主文化的形态不断影响并力图改造这里的民风民俗；而另一方面，"善进取、急图利、而奇技之巧出焉"的功利主义和工商文化意识仍然大行其道。尤其是南宋，是儒教"理学"对温州影响最大的时期，偏偏又是温州工商业兴盛、货

---

① （宋）祝穆：《方舆胜览·卷九》，见《四库全书》，上海古籍出版社1987年版，第638页。

运繁忙，呈现"一片繁华海上头"①景象的时代。并且，为了抵制理学的泛滥，为温州人的生存之道辩护，主张经世致用事功伦理的永嘉学派也应运而兴。在近代，面对积弱积弊的现实，随着重新开埠、新学传播，永嘉实学思想又对维新变法思潮作出了积极呼应。而在当代改革开放中，事功文化、经世巧技和变革思想为温州的创业创新提供了强大的精神支撑和行动导向。

一 以实学事功伦理为核心的宋代温州文化

中原文化的南迁，给温州文化教育带来兴盛的局面。清《永嘉郡志》言："永嘉自东晋置郡以来，为之守者若王羲之治尚慈惠，谢灵运招士讲书，由是人知向学，民风一变。"东晋太宁二年（324 年），永嘉郡学建立，为浙江省最早的地方学校之一。此后各县亦相继建立县学。自北宋始，文风益盛，温州学者纷纷聚徒讲学，一时书院林立。东山书院、永嘉书院、浮沚书院、仙岩书院、会文书院，都是当时著名的书院。八方士子来归，读书仕进蔚然成风，于是就有了"科名甲天下"之誉。根据温州方志著录，宋代温州进士达1231人。尤其是北宋后期开始，进士数量和质量都取得了显著提升。进入南宋，没有一科的温州士子登第人数少于10人。② 而隆兴元年科"永嘉进士得人最盛。尚书木蕴之既在魁选，一郡同登至 27 人"③。南宋一朝，温州人中得状元 4 人次，省元 6 人次。④ 永嘉楠溪江畔的苍坡（宋淳熙年间建）和芙蓉（建于南宋，毁于元初，清重建）两古村落，其建筑格局分别为"文房四宝"和"七星八斗"，寄寓人才济济、簪缨迭出之愿。"伊洛微言持敬始，永嘉前辈读书多。"晚清时期瑞安人孙依言在南雁荡山会文书院所题的这副对联颇能反映宋代温州学术和文化教育的特点。

正是在这样的氛围中，具有温州特色的文化和学术开始发展起来。

---

① 北宋哲宗绍圣年间温州知州杨蟠《咏温州》诗："一片繁华海上头，从来唤作小杭州。水如棋局连街陌，山似屏帷绕画楼。是处有花迎我笑，何时无月逐人游。西湖宴赏争标日，多少珠帘不下钩。"生动描绘了当时温州商业的繁华和水城的优美风光。

② 王宇：《永嘉学派与温州区域文化》，社会科学文献出版社 2007 年版，第 8、21 页。

③ （宋）楼钥：《攻媿集·卷一〇九·朝散郎致仕宋君墓志铭》，转引自王宇《永嘉学派与温州区域文化》，社会科学文献出版社 2007 年版，第 19 页。

④ 王宇：《永嘉学派与温州区域文化》，社会科学文献出版社 2007 年版，第 9 页。

温州是南戏的故乡。明祝允明《猥谈》说："南戏出于宣和之后，南渡之际，谓之温州杂剧。"徐渭《南词叙录》亦云："南戏始于宋光宗朝，永嘉人所作《赵贞女》《王魁》两种实首之。……或云宣和间已滥觞，其盛行则自南渡，号曰永嘉杂剧。"①

我国历来因南北地理环境差异而形成风土人情、曲艺文辞风格上的不同，故于人文风情上素有北派、南派之分。徐渭形容从辽、金传入的音乐"饶有马上杀伐之音"，结合北方歌曲"慷慨悲歌"的传统，就形成了戏曲中的北曲；南曲则是在词调和南方民歌基础上形成的格调纡徐绵邈的乐曲体系，南戏的曲调和唱腔主要就是在此基础上发展而来。

宋代温州的发展——尤其是南渡以后随着北方人口的大举南迁和建都临安，使得作为后方经济中心和外贸港口的温州的都市经济更加繁华，市民阶层逐渐扩大。戏曲（剧）这种艺术形式正是迎合在工商经济环境下产生的市民阶层文化娱乐需求的。一方面，温州历史上受"楚风越舞"的影响，以"敬鬼乐祠"著称，民间祭祀乐神歌舞艺演活动比较活跃，用歌舞小戏、里巷歌谣演绎土风民俗，也成为百姓喜闻乐见的娱乐形式。唐代诗人顾况诗句"何处乐神声，夷歌出烟岛"，就是形容永嘉风俗的。另一方面，北人南迁带来了北方文化中心的文化养料，促进了普通百姓和市民阶层的文化艺术需求，也就催生了一些"书会才人"。他们来自民间，熟悉勾栏瓦肆，了解市民阶层的生活和思想情感，组成了诸如九山书会、永嘉书会等民间文艺组织，编写人们喜闻乐见的作品，内容特别富有现实性。所以南戏在宋代温州城市经济开始繁荣的时代出现并非偶然。

南戏在思想内容上的一些特点也可以看作是宋以后温州社会和文化发展的某种投影。《隋书·地理志》记载当时豫章、永嘉、建安、遂安等这些包括现在江西、浙东南、闽北等地方的风俗说："衣冠之人多有数妇，暴面市廛，竞分铢以给其夫。及举孝廉，更娶富者。前妻虽有积年之勤，子女盈室，犹见放逐，以避后人。"② 这种极不合理的社会现象一直作为地方习俗沿袭不改。到了宋代，随着科举的普及和名额的扩大，类似情况更加凸显。《赵贞女》首先把这个社会问题通过舞台艺术形象加以反映。

---

① 转引自游国恩、王起等主编《中国文学史》第三册，人民文学出版社1964年版，第235页。

② （唐）魏徵：《隋书·卷三十一》，中华书局1973年版，第887页。

温州南戏的其他代表性作品，如南宋时期的《张协状元》、宋元之际的《荆钗记》以及被称为"词曲之祖"的元代高明①的《琵琶记》，都是以男主人公科举赴试、高中状元，然后面临夫妻伦理道德危机为基本情节结构模式。例如，《张协状元》批判了书生张协忘恩负义、功名富贵后抛弃救命之妻王贫女的不道德行为；而《荆钗记》则刻画了出身贫寒的王十朋②状元及第不忘糟糠妻的正直士子形象，同时也肯定了王妻钱玉莲忠于丈夫、坚贞不屈的烈女精神。《琵琶记》则干脆把民间流传的南戏《赵贞女》中"弃亲背妇，为暴雷震死"的蔡伯喈改写成"辞试不从""辞官不从""辞婚不从"的"三不从"的孝子贤夫，以达到"子孝共妻贤"的理想社会效果。南戏作品反复关注于科举仕途中的伦理危机，一则说明科举入仕已然成为宋以后温州士子阶层的重要生活内容和人生选择，印证了前述宋代——尤其是南宋温州"科名甲天下"的称誉；二则敏锐地揭示了商品经济和功名文化的发展所不可避免地带来纯粹的"目的—工具理性"，造成人性异化和逻辑悖谬——包括封建道德自身的矛盾性，需要通过儒家理学的宣教来实现道德拯救和伦理构建——正是从这个意义上，我们说南戏在温州的发端发展从一个侧面反映了理学教化对温州的传播影响，而这种影响在理学被官方定为正统之前就已经开始了，并随着宋代政治文化中心的南移和温州经济社会的繁荣与日俱增。难怪朱熹要把王十朋作为在温州建立理学传统的榜样，对其天资义节大加赞赏。

但是，以"永嘉四灵"③为代表的温州文坛诗界却旨在以诗学超越理学，以实现补偏救弊，回归诗之本性，这又折射出基于地域、历史和时势

---

① 高明（1305？—1359），字则诚，号菜根道人，瑞安人，元至正五年（1345年）进士，在处州、杭州等地做过几任小官。方国珍在浙东起义，他被任命为"平乱"统帅府都事，因与统帅意见不合，"避不治文书"。至正十六年（1356年）后避乱隐居宁波城东栎社，《琵琶记》便完成于这一时期。

② 王十朋（1112—1171），字龟龄，号梅溪，乐清人，南宋政治家、诗人。绍兴二十七年（1159年）中进士第一，擢为状元，先授承事郎，兼建王府小学教授，后因力主抗战而遭主和派排挤离京归里。孝宗即位后起知严州，任侍御史，后又出知饶、湖等州，救灾除弊，颇有政绩。治学反对追求典故或理学空论，为文处事偏重功利实用。以名节闻世，刚直不阿，批评朝政，直言不讳。著有《王梅溪文集》等。

③ 是指南宋时期永嘉的四位诗人：徐照（？—1211），字道晖，又字灵晖，号山民；徐玑（1162—1214），字致中，号灵渊；翁卷（生卒年不详），字灵舒；赵师秀（1170—1219），字紫芝，又字灵秀，号天乐。因其字号中均含"灵"字，又志趣相投，诗风相近，故世称"永嘉四灵"或"四灵"诗派。

所然的瓯越文化本身的些许特性。儒家强调的是可以"兴""观""群""怨"的政教伦理诗学。理学反映在文学上，就是强调"文以载道"，"以道学为诗"。朱熹就说："熹闻诗者志之所之，在心为志，发言为诗，然则诗者岂复有工拙哉！亦视其志之所向者高下何如耳。"① 也就是说，写诗但看"志"之高下，不论文辞工拙；只需强调心性修养而任其自然，无须下功夫费力气。所以写诗不过是明理、见性，文辞则是雕虫末技不足道。宋代诗坛盛极一时的"江西诗派"则属于"以学为诗"，以堆砌典故成语为能事，讲究"无一字无来处"。可见，一个是强调表现形而上的"理""道"或唯心的"心性"，另一个则是沉迷书卷，寻章摘句，都不是注重从现实生活和即时情景中去感悟、兴会和提炼，故"今人作诗，虽句语轩昂，止可远听，而其理则不可究"②。"四灵"诗则一反理学家鄙薄文辞和江西诗派堆砌典故、生硬执拗之风，而是追踪晚唐，以清新刻露之词抒写野逸清瘦之趣，多用直观自然的白描手法，而在炼字琢句上下足功夫，用精练的语言刻画寻常景物，以使平易可读。具体而言，在思想内容上，"四灵"诗继承了晋唐山水田园诗的传统，这一方面固然与温州是山水诗的发源地这一历史渊源有关，但永嘉山水田园的空灵秀逸和南宋偏安江南以后温州的相对安定繁荣，也是诱发士大夫阶层闲逸情趣的一大因素。"四灵"中徐照和翁卷始终是布衣，徐玑和赵师秀做过小官，他们的功名失意和"野逸"身份使之能摆脱理学家的正统（道统）意识，从而如赵师秀《哭徐玑》诗中说的"泊然安贫贱，心夷语自秀"。在形式手法上，"四灵"也是敢于冲击时弊，独成一派，足以转移一时风气。诚如郭绍虞先生所云："江西之诗原由厌薄晚唐而起，而四灵之诗复由厌薄江西而起，补偏救弊，则四灵诗纵有破碎尖酸之病，在文学史上自有其价值。"③ 宋诗自苏轼、黄庭坚以后渐渐演变成文人的"以文为诗"，以议论说理为诗，而"四灵"则复返诗人之诗，以景物（形象）为诗。宋人赵汝回序《云泉诗》云："世之病唐诗者，谓其短近，不过景物，无一言及理。此大不然。诗未有不托物，而理未有出于物之外。古人句在此而意在彼，今

---

① （宋）朱熹：《朱子文集大全·类编·问答十·答杨宋卿书》，转引自郭绍虞《中国文学批评史·下卷》，百花文艺出版社1999年版，第36页。

② （宋）韩子苍：《隐居通议·十引·陵阳室中语》，转引自郭绍虞《中国文学批评史·下卷》，百花文艺出版社1999年版，第58页。

③ 郭绍虞：《中国文学批评史·下卷》，百花文艺出版社1999年版，第57—58页。

观《三百篇》大抵鸟兽草木之间，不可以是訾也。……永嘉自四灵为唐诗，一时水心首见赏异。"① "四灵"诗虽然偏于咏情性写生态，未免取径太狭，规模不宏，因而阅时未久，但以禅喻诗、以悟论诗的诗学却正是在此种风气下形成的，这在南宋诗论名著——严羽的《沧浪诗话》中得以集中体现。

"四灵"诗派不同时弊、回转风气的诗学深得永嘉学派代表人物叶适②的称赏。叶适赞扬徐照诗"发今人未悟之机，回百年已废之学，使后复言唐诗自君始"。③ 全祖望在《宋诗纪事序》中也认为，"四灵"诗派的崛起，使"宋诗又一变"。由此可以体会到，永嘉"四灵"诗派的出现其实与南戏一样，在温州文化史上并非一个孤立的、偶然的现象，而是属于瓯越文化特色在诗歌、诗学上的一种反映，其精神内核与永嘉学派有着一脉相承之处。只是永嘉学派主要是从政治、经济等层面更加直截了当、旗帜鲜明地提出了基于当时国家现实和温州地域特点的务实事功伦理，为温州人的"善进取、急图利"和敢于变革的工商个性作理论张本，而"四灵"诗学则从文学层面唱出了变革时弊、独抒性灵的韵调。

永嘉学派的形成最早可溯源于1085年以后的十年间，周行己、许景衡、刘安节等9位当时在都城开封太学学习的永嘉学者，开始将著名的北方"洛学"同温州地方文化思想相互融合。到了南宋初期，又加上薛季宣④、陈傅良⑤等人的经营，渐成气候。最后由叶适总其大成，蔚成学派。

---

① 见《南宋群贤小集》，转引自郭绍虞《中国文学批评史·下卷》，百花文艺出版社1999年版，第59页。

② 叶适（1150—1223），字正则，温州永嘉人，南宋思想家，永嘉学派代表人物。晚年讲学于永嘉城外水心村，人称水心先生。其主要著作有《习学记言序目》《水心先生文集》及《别集》等。

③ （宋）叶适：《水心文集卷之十五·徐道晖墓志铭》，见《叶适集》，中华书局1961年版，第322页。

④ 薛季宣（1134—1173），字士龙，亦作士隆，号艮斋，学者称常州先生，永嘉（今温州鹿城区）人。历仕鄂州武昌令、大理寺主簿、大理正、知湖州，改常州，未赴而卒。薛季宣反对空谈义理，注重研究田赋、兵制、地形、水利等实务，开永嘉事功学派先志。著有《浪语集》《书古文训》等。

⑤ 陈傅良（1137—1203），字君举，号止斋，人称止斋先生，温州瑞安湖村（今塘下镇罗凤街道）人。青年时期曾以教书为业，后于乾道八年中进士，官至宝谟阁侍制，卒谥文节。他是永嘉学派的代表之一，为学主张经世致用，反对性理空谈，与同时期学者永康陈亮近似，世称"二陈"。著述有《诗解诂》《周礼说》《春秋后传》《左氏章指》等。

［南宋］叶适（1150—1223）

　　清黄宗羲撰、全祖望修补的《宋元学案·水心学案》指出，南宋孝宗乾道、淳熙以后，"学术之会，总为朱、陆二派，而水心断断其间，遂称鼎足"。① 南宋时朱熹的"理学"和陆九渊的"心学"盛行，但其末流空谈义理、不务实际。而以薛季宣、陈傅良、叶适等为代表的永嘉学派则注重经世致用，反对空谈"心性"和"义理"，主张物、理一体，义、利统一。落实到实际事功，就是要革除政弊，鼓励工商，发展经济，富民强国。

　　我们知道，宋代是一个"文治"时代，文官、文人特别受到重视和优待。在这样的氛围下，学术文化的发展是理所当然的。如以邵雍为代表的"象数学"，周敦颐的"濂学"，程颢、程颐兄弟的"洛学"，张载的"关学"，王安石的"荆公新学"，张栻的"湖湘学派"，朱熹的"闽学"（朱学），陆九渊的"心学"，以及浙江学派中以陈亮为代表的"永康学派"和以叶适为代表的"永嘉学派"等，一起构筑起"宋学"的繁荣景象。

　　但另一方面，宋代在军事武备上又与其表面的繁荣甚不相称，与辽、金的议和、称臣，用纳贡换取暂时的苟安，乃至最后山河破碎，不得不偏安江南，以及北宋末年各地的农民起义，等等，这一切不能不让人感受到整个封建统治已经开始走向衰弱。而城市经济的发展和资本主义工商业的

---

　　① （清）黄宗羲：《宋元学案·水心学案》，中华书局1986年版，第1738页。

萌芽又蕴藏着社会和文化观念的变革信息，对封建专制统治的意识形态构成潜在的威胁。因此，以程、朱为代表的统治阶级知识分子从维护和发展封建"道统"出发，构建"理学"，也实属时势所然。

然而理学的形而上学，"其矫情之过者，语道乃不及事"，这种"清谈脱俗之论"，① 又显然与当时积弱积弊的现实相矛盾。从实学事功观点来看，要富国强兵、恢复中原，并非一时空谈"义理"和"心性"所能奏效；即便是要建立牢固的"道统"，也得从当下的实事着手——而在事功学派的学者以及许多志士看来，当时的当务之急之一就是要解决严峻的民族矛盾，而要解决这个问题，最重要的就是发展经济，增强国力。因此，永嘉学派事功伦理的提出，更是时势所然。由此可见，与永嘉"四灵"诗对宋代流行的文人诗的扭转一样，永嘉学派的出现也是对以理学为统治的主流意识形态的一次补偏救弊。

这种学术思想和文化观念上的补偏救弊首先得从根本和源头上开始。既然理学标榜自己是儒学正统，理学家往往通过注解儒家经典来阐述自己的思想学说，那么事功学说要取得立足之地，自然也要有公认的并且能为自己所用的思想资源。所以，由解经读史而明功利，也是永嘉学派阐发其思想的一个重要方法。例如，南宋温州学者研究《春秋》的就有15家，专著19部。永嘉学派的主要人物如薛季宣就著有《春秋经解》十二卷、《春秋要旨》二卷，陈傅良著有《春秋后传》十二卷并《补遗》二卷，叶适著有《春秋通说》十三卷，蔡幼学著有《春秋解》等。他们之所以对《春秋》如此情有独钟，与本乎《春秋》的"尊王攘夷"思想而主张抗战建功不无关系——永嘉学者都是坚决的抗战派。据《温州经籍志》统计，南宋温州著述史书作者25人，著作43部。这些著述也是借考究历代兴亡之由而用以振兴南宋。如《四库全书总目提要》评朱黻《三国六朝五代纪年总辨》"二十八卷之中大抵愤南渡之积弱"。为了改革弊政，温州学者对《周礼》也大加研究。南宋后期乐清人王与之作《周礼订义》，采集前人注说51家，其中南宋温州学者及其门徒的就有12家。《周礼》是经书中记叙西周至春秋战国政治经济制度的书籍，温州学者关注和研究它的目的，就是要以之来探究宋代制度的得失。叶适在《习学纪言序目》中也对大量的经史要籍作了评论，借以阐明功利思想。

---

① 《薛季宣集·卷二十五·抵杨敬仲书》，上海社会科学院出版社2003年版，第331页。

解经注典，按陆九渊的说法，其实不过是以"六经注我"。因此，用不同的世界观和方法论自然就会有不同的解读结论。以朱熹为代表的理学从客观唯心论出发，提出了宇宙万物之本原的"理"——也就是道、太极、性。这个"理"同时也是一切人伦道德的本体和最高原则，它是先于自然和社会而纯然自善地存在的。理本气行，理生万物，所以万事万物的论证方法就是从形而上的"理"找到根据。朱熹认为，"理"与"气"（物）"其性其形虽不外乎一身，然其道器之间分际甚明，不可乱也"①。这可以儒家的"道不自器"和道学的"自为物而远于物"为脚注。而以陆九渊为代表的心学则提出"宇宙便是吾心，吾心便是宇宙"②的主观唯心论，认为"心即理"，一如孟子所谓的"万物皆备于我"。因此，所谓"格物致知"也好，心性修养也好，只在"发明本心""自作主宰"。朱、陆二学，前者把"理"作为客观先验的精神性的绝对存在，在天为"理"，在人为"性"（人性），天人合一，故只需"穷天人之际"即可明"天理"、知人伦；后者把"心"与"理"绝对等同，故只要"明心"即可"见性"。显然，这两者只是对"理"或"道"的认识方法上的区别而已。但永嘉学派则以朴素唯物主义的观点来解释经制，认为所谓的"理"是来源于对"物"的认识，离开了"物"，不与具体的"物"接触，就不会有"知"。如薛季宣《大学解》说"物至则良知见也"。陈傅良继承薛季宣"道在器内"的观点，教导学生："器便有道，不是两样，须是识礼乐法度是道理。"③叶适则进一步解释："知之至者，皆物格之验也；有一不知，是吾不与物皆至也。"④批评朱熹的所谓"格物"只是体验"天理"的手段。因此，在"物"与"道"（理）的关系上，叶适强调"物之所在，道者存焉"⑤。并认为事物和"道"都是不断运动变化的："夫物

---

① （宋）朱熹：《答黄道夫》，见《四库全书》集部八四，别集类，上海古籍出版社1996年影印本，第4页。

② 见《陆九渊集·年谱》，中华书局1980年版，第483页。

③ 转引自蔡克骄《瓯越文化史》，作家出版社2002年版，第161页。

④ （宋）叶适：《水心别集卷之七·进卷·大学》，见《叶适集》，中华书局1961年版，第731页。

⑤ （宋）叶适：《习学纪言序目·卷第四十七》，中华书局1977年版，第702页。

之推移，世之变革，流行变化，不常其所，此天地之至数也。"①

理学以"理"超然于"物"的哲学观是为其"天理""人欲"（物欲）二元对立的伦理道德体系服务的，为的是要"存天理，灭人欲"，从而"克己复礼"，实现"仁义"。以永嘉学派为代表的事功学并不否定"仁义"的重要性，但是他们反对将天理与人欲、仁义与功利对立起来，认为形上之"道"（天理、仁义）必须体现在形下之物（人欲、功利）上。仁义如果没有通过功利来表现，就成为没有实际意义的空话，最终必然导致其自身的消亡。所以叶适提出"功利与仁义并存"，并批评自汉代董仲舒以来的道学家们："仁人正谊不谋利，明道不计功。此语初看极好，细看全疏阔。古人以利与人而不自居其功，故道义光明。后世儒者行仲舒之论，既无功利，则道义者乃无用之虚语耳。"② 因此应该"以利和义，不以义抑利"③。

以利和义，首要的就是要发展农工商经济，增强国力，从而收拾河山。试想，民穷国弱，积弊难移，对于国家和百姓何有"仁义"可言？薛季宣、叶适等身处当时商品经济比较发达的东南地区，在北宋中期，永嘉县城的商税就已是全国各县平均商税额的七倍。这让他们认识到了工商业生产对国家和社会的重要作用，由此对重农抑商、限制工商业发展的传统观念和政策提出异议。叶适指出"春秋通商惠工，皆以国家之力扶持商贾，流通货币"，而从"汉高祖始行困辱商人之策，至武帝乃有算船告缗之令，盐铁榷酤之人，极于平淮，取天下百货自居之"。因此，"夫四民交致其用而后治化兴，抑末厚本非正论也"。④ 主张政府应该农商并举，发展工商业。叶适还要求政府应给予工商界的优秀人士以出仕机会，使之在政治上有代表人物和发言权，并强调富人的社会作用，认为在雇佣关系中剥削是合理的——这一思想固然有时代和阶级局限性，但对后世的资本主义萌芽却有促进作用。薛季宣在《大学解》对"生财有大道"的解释中还提出了现在我们所说的"藏富于民"的思想："《易》称：'何以聚人？曰财。'财者，国用所出，其可缓乎？虽然为国务民之义而已。……

---

① （宋）叶适：《水心别集卷之五·进卷·易》，见《叶适集》，中华书局1961年版，第695页。

② （宋）叶适：《习学纪言序目·卷第二十三·汉书三》，中华书局1977年版，第324页。

③ （宋）叶适：《习学纪言序目·卷第二十七·魏志》，中华书局1977年版，第386页。

④ （宋）叶适：《习学纪言序目·卷十九·史记一》，中华书局1977年版，第273页。

务民之义，则天下一家，而财不可胜用，藏之于下，犹在君也。……为上有节，为下敦本，地用之出，庸有穷乎？"① 叶适则注意到了税收过重对工商业发展的不利影响，提出减免"经总制钱"的意见。针对政制弊端导致的冗官、冗兵等问题，叶适也提出改革建议，认为应该对新任官员实行考核制，放到州县基层锻炼，择优擢升。精减兵员，传统做法是解甲归田，而叶适提出发遣散费，使之经商。至于军队精简后如何加强边境防守的问题，叶适根据自己曾任建康知府兼江淮制置使时在长江北岸建立坞堡的经验，主张召集流民屯垦以戍边。

永嘉学派立足现实、注重功利的哲学思想和重商的经济思想对当时及后世温州人具有深远的影响。尽管南宋以后永嘉学派被理学道统的强势渗透所覆盖和转化，但其实学思想已广泛深入民间，重商和务实事功成为温州独特的区域文化传统，成为温州人商性文化的"遗传因子"。这个"因子"随着近代温州的重新开埠和资本主义启蒙而被重新唤醒，而在20世纪80年代开始的改革开放中开花结果。

综上所述可以发现，在宋代温州，以永嘉学派为主体，兼及"四灵"诗学的实学思想和事功伦理，与以南戏为载体的儒教理学，形成了一种互补性的共生共建。我们不妨将它们看作一个具有鲜明特质的宋代温州"文化丛"。其中，永嘉"四灵"诗派那种"当下即是"的精神和禅宗般"圆而神的智慧"与永嘉学派务实求变的思想相辅相成，体现了特定文化区域内意识形态不同层面的共性基因。它们是为宋代经济社会基础的变化，尤其是温州地区的工商经济生存模式及其商性人格和行为做道德理性的张本，从而建立儒教与商业精神之间的密切关系，实现儒家思想与经济行为之间的互动融合，代表了一种拥护追求经济利益的新儒家思想。而南戏的题材和思想内容所包含的对商品经济环境下世俗社会伦理矛盾的揭露和批判，则体现了这一文化丛内部生态的包容性和互补性功能。

二　工商技巧与对外贸易

《宋史·地理志》概括浙江人"性柔慧，尚浮屠之教，厚于滋味；善

---

① 《薛季宣集·卷三十二》，上海社会科学院出版社2003年版，第408页。

进取，急图利，而奇技之巧出焉"。① 这个说法可谓道出了浙江文化的核心内涵和基本特质。而基于实学文化的温州的民风民俗又可谓"善进取，急图利，而奇技之巧出焉"的典型。

温州历史上就以手工业著称于世。如据考古发现，温州地区的陶瓷工艺具有悠久的历史和领先的技术，迄今已发现了100多处瓯窑古遗址，并出土了不少精美的瓯窑瓷器。

早在新石器时代，温州先民就开始用陶土烧制各种器皿。由于擅作陶器，更有一种盛器如小盆，被温州人称作"瓯"。许慎《说文解字》曰："瓯，小盆也。从瓦。"颜师古注《急就篇》曰："甌瓯，瓦盂也，其形大口而庳。"更有意思的是在温州方言中，将双手掌弯曲并拢作盛物状称为"手瓯儿"。从收集到的各种"瓯"器皿来看，大概就相当于今天的碗。由于汉代以前没有"碗"字，人们便将其称为"瓯"——温州人的祖先是否从"手瓯儿"能盛水盛物得到启示而生产"瓯"，并以它为自己部族的名，也用以名水（瓯江）、名地（瓯海），赋予它象征意义？②

大约在商代晚期至西周早期，瓯越地区出现了质地更硬的陶器。2002年11月，在温州市西郊的老鼠山陆续出土了数百件器物，包括陶器、石箭头、骨质和玉质饰物等。据浙江省文物考古研究所考证，这些器物绝大部分属于距今约3500年的商朝。春秋战国到汉代的原始瓷器也有在温州出土。以瓷土为胎的原始瓷器，胎体厚实，质地坚硬，有简单的纹饰，并已有黑褐或青色釉。釉的发明是制陶向制瓷技术过渡的关键。1983年，在瑞安莘塍岱石山等新石器晚期遗址和墓葬中相继发现

---

① （元）脱脱：《宋史·卷八十八·志第四十一·地理四》，中华书局1977年版，第2177页。

② 关于"瓯"的得名和部族、地域所指，学界颇多歧见。如王克旺指出"瓯"即"东瓯"，指浙南瓯江流域；但胡珠生、金祖明认为《山海经·海内南经》所说"瓯居海中"是指珠崖、儋耳，何光岳《百越源流史》中称"且瓯、瓯馀、沤深、越沤均在今浙江东部和南部"；朱俊明认为"先秦文献之'岛夷'即瓯人，东南古国吴、越实以'瓯'为族、国名"。至于"瓯"的得名，李锦芳说可能是部分百越支系自称的译音，但属于其语言中的"人"一词；而叶大兵、金祖明、何光岳都认为可能与烧制"瓯"这种盂形陶器有关；蔡克骄、何光岳还有瓯人以海滨多见的鸥鸟为图腾（其叫声如"瓯"音）而命名本族的说法。可参见林东华主编《瓯文化论集》，浙江人民出版社2009年版。

了三宗七件原始黑釉瓷器，是迄今为止仅有的出土黑釉瓷器。这些实物和硬陶、彩陶一脉相承，说明瓯越是中国瓷器的发源地之一。至东汉时期，永嘉一带的"龙窑"已相当发达，对出土瓷片化验结果表明，其烧成温度已在 1310℃±20℃，吸水率为 0.28%，抗弯强度达 710KG/CM²，可知当时的产品已由原始瓷器跃进到真正的瓷器。① 至晋代和南朝，瓯窑在全国享有盛名。西晋人杜毓《荈赋》中说："器择陶拣，出自东瓯。"清人蓝浦在《景德镇陶录》中说："瓯，越也。昔属闽地，今为浙江之温州府。自晋已陶，当时著尚。"② 晋人潘安《笙赋》中说："披黄苞以授甘，倾缥瓷以酌醽。"吴仁敬、辛安潮所著《中国陶瓷史》认为缥瓷即瓯越之青瓷，瓯越所造的青瓷，精密坚致，为后天青色釉之始祖。东晋时温州大量烧制缥瓷，款式繁多，应用褐彩装饰手法，并作开裂纹釉的成功尝试。唐代温州的制窑中心由永嘉楠溪江沿岸一带转移到今温州市区西山一带，即后来有名的西山窑。瓯窑瓷器在唐五代开始出口外销。到了宋元时期，瓯江上游的龙泉窑青瓷崛起，占据了国内外市场，因此，瓯窑迫于生计纷纷开始仿烧龙泉青瓷以适应外销需要。明朝时期由于江西景德镇白瓷和五彩瓷的兴起，瓯窑青瓷式微，明清时期一度出现青花瓷窑。温州第一座近现代瓷窑是民国初年吴佐卿在瓯海永强创办的青山瓷窑。1939 年，温州著名的民族资本家吴百亨有感于瓯窑的辉煌历史，在温州市郊西山建成了西山瓷器厂，于 1943 年成功生产出我国第一块釉面砖，揭开了我国建筑陶瓷工业的序幕。

瓯绸和瓯绣也曾名满天下。温州有一个流传甚广的民间故事《高机与吴三春》，讲的是明嘉靖年间，平阳有一位叫高机的织绸名手受雇于机户吴家，吴家女儿三春爱慕高机的高超技艺，但无奈门第之隔，最终私奔造成爱情悲剧。这一故事从另一侧面反映了丝织业在当时的兴盛，甚至"男子以织名家者相望"。温州素有"八蚕之乡"的称誉，唐朝时，绫、纱、绢、帛等丝织品已成贡品，到明代，瓯绸与杭纺、湖绉、潞绸、东茧、广葛等齐名。瓯绸色彩鲜艳，纹理细密，绸面光滑，有雪里青、火里烟、出炉银等名品，还有"正侧互看色彩炫变"的"闪色"。清宣统年间，开设

---

① 蔡克骄：《瓯越文化史》，作家出版社 2002 年版，第 119 页。

② （清）蓝浦：《景德镇陶录·卷七·古窑考·东瓯陶》，见于温州市图书馆藏清同治九年重刻本。

在市区鼓楼下的"严日顺"瓯绸作坊曾参加南洋劝业会及巴拿马万国博览会展销，荣获镀金奖章，一时名扬寰宇。

瓯绣约始于唐代，宋代开始在民间广泛发展。刺绣在古代属于"女红"，温籍著名学者王季思先生乐府诗《娘边女儿曲》有"十一十二娘梳头，十三十四娘教绣"之句，可见刺绣是温州民间女子的必修技能，一些心灵手巧的刺绣妇女被称为"绣娘"。1966年，在瑞安仙岩寺（今属瓯海区）的慧光塔发现了现存最早的瓯绣作品，为北宋庆历年间（1041—1048）的双面绣经袱三方。明清时期，温州佛堂里的各种帷帐、宝盖、长幡、莲座等都流行用瓯绣装点，光鲜灿烂。清咸丰年间，温州开始有了专业绣铺，瓯绣正式走向产业化。开埠通商后，瓯绣作为一种东方工艺，开始大量进入欧美和东南亚市场。出口贸易促使瓯绣空前繁荣，一些画家也开始参与到瓯绣行业中，为之设计画稿，同时推动刺绣技法的发展提高，平针、稀针、侧针、套针、扎针、打子、盘线等绣法竞相呈现。1916年，温州专设了刺绣局，雇用绣工，专做出口业务，至20年代，瓯绣艺人有六七百人。解放以后，温州成立了瓯绣厂，后来又发展了肖像绣、发绣，都名重一时。

温州的造船业亦发展甚早。1967年大旱时在西山河底发现的独木舟，现陈列于温州博物馆，是温州发现的最早的船。三国吴赤乌年间，即在温州境内设横屿船屯，修造船只，为江南三大造船基地之一。宋时更为兴盛，有官私造船场，年造船600余艘，居全国之首。其他如漆器、造纸等均曾驰名国内。漆器单就色彩而言，即有15种之多。所产蠲纸，宋时为贡品。至今瓯海泽雅一带还保留有古法造纸作坊。近代雨伞、草席（龙须席）、皮革制品等也享有盛誉。

"其货纤靡，其人善贾。"手工业发达促进贸易的兴旺，温州逐渐成为商业城市。今存的一些地名如皮坊巷、油车巷、打银巷、打绳巷、打蓬巷等，正是当年手工业"专业巷"的文化沉淀；而卖木桥、卖麻桥、蒲鞋市则是当年专业市场的所在。诚如宋陈傅良《咏温州诗》所云："江城犹如水晶宫，百粤三吴一苇通。"依靠港口优势，温州不仅与国内各港口有船舶往来，而且与国外也不断进行贸易活动。早在汉代温州便成为中国的九大沿海港口城市之一。隋唐时期就开展了对日本、朝鲜的民间贸易，从此之后，温州成为中国重要的对外通商口岸之一。

历史上温州有四次被列为对外贸易的口岸。北宋咸平二年（999年），温州第一次被朝廷辟为对外贸易口岸。当时，温州的农产品如柑橘、蚕桑、茶叶、桐油、木材等都很丰富，陶瓷、造船、造纸、雕刻、漆器、刺绣、制伞、皮鞋、绫、绢、绸等手工艺名闻全国，出口贸易量较大。北宋咸平年间（998—1003年），温州与杭州、明州（今宁波）同为浙江对外贸易口岸。南宋绍兴二年（1132年）设置市舶务，专司对外贸易，并辟有"来远驿""待贤驿"，接待贡使和外商。温州同日本、高丽、印度、真腊（柬埔寨）、阇婆（爪哇）等地均有商船往来，一时外商云集。北宋绍圣年间任温州知州的杨蟠有《后永嘉百咏》诗，最能反映宋代温州的风情，其中最具代表性的《咏温州》（见前注）充分描绘了当时的商业社会盛况。

第二次是元世祖至元二十年（1284年）或稍前，温州复设市舶司，继续对外贸易。但明代倭寇侵扰东南沿海，朝廷实行海禁，清朝也实行闭关政策，温州对外贸易趋向衰落。

第三次是清光绪二年（1876年）签订中英《烟台条约》后，温州被迫辟为对外通商口岸，英、美、法、德、日等国在温州开设大批洋行和代理行，外国工业品源源不断地输入温州各地。近代温州仍与海外保持着贸易往来。

第四次则是1984年，温州被国务院列为沿海十四个开放城市之一。由此温州人甩开膀子，真正进入了轰轰烈烈的创业时代，自然、历史的渊薮与时代的因缘际会，形成了特色鲜明的温州创业创新文化。"温商"以一个地区性商人群体命名，比肩于历史上曾经辉煌的徽商、晋商，而活跃在当代历史的经济舞台上。

三 近代重新开埠和西学的传播

近代温州得风气之先，属于传入西方文化较早的地区。一方面，地处东南沿海，拥有天然港口的条件，对于西方殖民和侵略者来说，具有很强的吸引力，因而成为他们要求开埠通商和传教的目标地之一；另一方面，随着国门被西方资本主义的炮舰打开，西方文化也汹涌而至，国内出现的维新、改良思想在温州也得到迅速呼应传播。这些思想文化与温州本土性工商意识很快结合成温州近现代工商创业文化。

早在1843年，英国就派军舰对温州港口的水道进行了测量。当时的英国驻华公使德庇时（Davis）认为，《南京条约》只开了广州、厦门、福州、宁波、上海五口通商，而开辟宁波和福州两个口岸并不成功，在浙江省沿海还缺少一个位于上海和厦门中点处的良港，温州正好符合这个条件。海军上校柯林森（Collison）的勘测查明了有关水路的运输能力，而杜霍尔德（DuHalde）描述说：潮水涨至海岸时，一大批小船和许多中国人躲进了一个安全而又方便的避风港。这使得商船容易驶进贸易现场，被看作通商的最重要条件。因而在1854年、1861年和1869年，英国多次想通过谈判将温州开辟为通商口岸。到了1876年，英国以发生在云南的"马嘉理事件"①为借口，以战争相要挟，胁迫无能的清政府签订了《中英烟台条约》，终将他们觊觎已久的包括温州在内的芜湖、宜昌、北海等城市变成了通商口岸。尽管英政府迟至1885年才正式批准《烟台条约》，但英籍税务司好博逊（Hobson）于1877年4月1日便建立了温州海关（后改称瓯海关），英驻温首任领事阿尔巴斯特（Albaster）也在1877年4月来温，于江心屿浩然楼设立了临时领事馆，兼管德国、西班牙、奥地利和瑞典等国事务。温州从此正式成为对外开放的商埠。

辟为商埠后，棉布、毛织品、煤油、染料、火柴、布伞、肥皂、西药及鸦片等大批洋货向温州倾销，美国的美孚火油公司、中国肥皂公司、英国的亚细亚火油公司、英美烟草公司、英瑞炼乳公司，日本的东洋堂、广贯堂等外国公司以及银行也纷纷前来设立分支机构，时人称"瓯为海国、市半洋行"。

西方基督教传入温州的历史也是比较久远的，但清初禁洋教，故难成气候。不平等条约签订和温州开埠后，西方传教士又纷纷来温。1866年10月，英国内地会牧师、苏格兰人曹雅直（George Stott）来温州办学传

---

① 英法等国在打开中国沿海门户及长江后，又想打开内陆"后门"，修筑由缅甸仰光到云南思茅的铁路，故从19世纪60年代起不断探测从缅、越入滇的通路。1874年，英派柏郎上校率近二百人的武装探路队，探查缅滇陆路交通。英驻华公使派翻译马嘉理南下接应。翌年2月21日，擅自从缅甸闯入云南边境的探路队在腾越地区的蛮允附近与前来阻挡的景颇族群众发生冲突，蛮横的马嘉理开枪行凶，义愤的群众将其与数名随行人员打死，探路队也被我军民击退。这就是"马嘉理事件"，或称"滇案"。清政府屈于英国的施压，于1876年派李鸿章在山东烟台与英国大使威妥玛签订屈辱的《烟台条约》，除"抚恤""赔款""惩凶""道歉"外，还允许英开辟印藏交通，通往西藏、云南、青海、甘肃等省区，开辟宜昌、芜湖、温州、北海等地为通商口岸，扩大领事裁判权等。

教；1878年、1882年，先后又有李庆华（Rev. R. Lnkermann Exley）、苏慧廉（William. Edward. Soothill）等英国传教士来到温州。曹雅直在市区花园巷开设塾馆，以免费入学、提供膳宿和津贴等优厚条件吸引人们入教。1880年，曹雅直又开设一所医院，免费给听道的人诊治。曹雅直的许多生徒肄业后被派往各地传教。1876年11月，负责浙江教区的宁波主教苏凤文（Bishop Edmond-Francois Guierry. C. M.）来温州购买了周宅祠巷大屋作为定点教堂。此后温州各县都建有基督教会和教堂。尽管西教在近代的东传是作为西方殖民侵略政策的一部分，其传播过程中难免会与当地民众发生种种冲突与纠纷，包括导致像温州"甲申教案"① 这样烧毁教堂、捣毁海关税务司等事件的发生，但基督教文化还是随着西方列强的侵略威权而以强势文化的姿态得以传播和扎根。温州城西教堂、周宅祠巷天主堂在赔款基础上重建，从此温州也矗立起了哥特式的建筑。这些教堂迄今仍是温州著名的礼拜堂。西方教堂有一个重要特点，即它们并不像我国大多数传统佛、道寺庙那样喜欢隐遁于山野净地，而是直接根植于社区（教区），并且为了适应资本主义的发展而进行了改革的新教伦理并不否认人的财富欲望，因此近代工商业的发展以及在此基础上的城市化正为西教的传播提供了良好的土壤。

近代新式教育最初也是伴随着西教的传播而来。早在1868年，曹雅直在温州开办了第一所小学——崇真小学，十年后他又开办了温州第一所女子学校——育德女子学校。1897年，英国传教士苏慧廉开办艺文学堂，1903年，教会在海坦山脚又创办艺文中学。1904年，苏慧廉的妻子在天灯巷又创办了艺文女学。教会学校虽然是西方为配合其殖民政策而对中国进行宗教传播和文化改造的工具，但它所开设的一些为中国传统教育所鄙薄或忽视的自然科学和社会科学课程，对于传播西方近现代科技文明和开启民智，起到了不可忽视的作用。教会学校无论在教育内容还是教育形式、方法上都对中国传统教育产生了冲击，改变了中国近现代教育的局面。在新的时代和新的知识呼唤下，温州人自己办的新式学校也早于其他地区应运而生。1895年，温州已有瑞安学计馆，专治算学，是浙江第一

---

① 1884年10月4日（农历甲申年八月十五日）夜，愤怒的温州群众烧毁了城西教堂、周宅祠巷天主堂等6座洋教堂，捣毁海关税务司住房，焚毁海关档案，并准备过江冲击江心屿的英国领事馆，但被清政府派兵拦下。温州官府后来向英国代表道歉并赔偿银洋3.5万元了结此事。

所新式学校；1897 年，温州蚕学馆成立，早于杭州蚕学馆，为全国最早的桑蚕学校；同年，瑞安方言馆开馆，招英、日文两个班，并授外国史地课，也早于杭州的日文学堂。著名学者、教育家瑞安人孙诒让[①]于 1905 年至 1908 年担任温州、处州学务分处总理期间，温州的新型学校如雨后春笋般兴起。孙诒让及其创办和倡导的温州新学校为近代教育和教育的近代化做出了重要贡献。

在新学感召下，戊戌变法前后，温州人的赴外留学也形成热潮。平阳人黄庆澄游日归来后，于 1893 年写了《东游日记》。宋恕、黄绍箕也分别于 1903 年和 1906 年赴日本。特别是瑞安方言馆开办后，赴日留学的人越来越多，从 1898 年至 1904 年间即有 53 人。留学人员在国外开阔了视野，接受了新知识、新思想，回来后对家乡的经济、文化建设和教育事业的发展都起到了积极的促进作用。这种积极主动走出去的风气，一直延续下来，对温州人在后来改革开放和市场化进程中的开拓创业精神也有重要的影响。

温州作为近代开埠商贸之地，加上历史上积淀的经世文化，使得西教及西方文化观念在这里获得了不错的立足基础，因而当清末维新变法思潮出现的时候，温州人也能迅速积极地加以响应，并结合永嘉学派思想，提出自己的工商经济和制度变革主张。

四　永嘉实学思想对维新变革思潮的呼应

中国近代维新变法思想是在西方列强坚船利炮和清朝积弱积贫而丧权辱国的强烈对比下的一种文化觉醒和反思。在清政府自鸦片战争以来屡战屡败，签订一系列割地赔款的不平等条约的局面下，一批先进的中国人，例如林则徐、魏源、姚莹、冯桂芬，以及康有为、梁启超、严复、谭嗣同等，终于清醒认识到只有正视现实，学习借鉴西方科技和政治、经济、文化，进行变法改革，才能挽救危局，振兴民族。这一时期的温州也出现了

---

① 孙诒让（1848—1908），字仲容，号籀廎，瑞安人。晚清朴学大师、教育家，在经学、子学、小学（文字学、考据学、校勘学等）以及温州地方文献整理等方面都有卓越成就，著作三十多种。后又走上教育救国道路，先后创办瑞安学计馆、温州蚕学馆、化学堂等二十余所学校。

如陈虬、宋恕、陈黻宸、① 黄庆澄、孙诒让等维新思想家。他们中有的读过魏源的《海国图志》、徐继畬的《瀛环志略》、薛福成的《出使四国日记》、冯桂芬的《校邠庐抗议》、黄遵宪的《日本国志》、谭嗣同的《仁学》、严复的《天演论》等介绍西学和维新思想的著作,有的与著名的维新人士如梁启超、谭嗣同、章太炎等交往甚密,有的曾外出留洋了解西方,有的则办报、著书介绍西学,提出改革方案。他们一方面抨击没落的封建文化,主张学习西学,实行改革;另一方面继承和发扬永嘉学派事功实学思想,面对列强侵略和国家贫弱危亡的现实,怀着匡扶天下、拯救民族危难的社会责任感,在议政、论世和探学中,无不提倡经世致用之学。

其中,以"东瓯三杰"为代表的近代温州维新变法思想家以永嘉实学思想呼应西学理念,提出了一系列发展工商经济和进行制度变革的看法。

首先,是思想上的"去蔽"和体制上的"变法"。陈虬自称"生永嘉先生后七百年",批评程朱理学"空谈民性,坐视国家之穷挫,曾莫之措"。针对理学"存天理、灭人欲"的主张,以行医为业的陈虬在《利济丛书总序》中指出:"通其俗、乐其利,在于给生人之欲。故人得其欲,则弱者不为虱与蠢,强者不为狼与豹。"② 充分肯定了人的自然欲望和情感的合理性。这种人与自然统一的观点,实际上是为发展商品经济和实行社会变革作"去蔽"和"先导"。所以他在《经世博议》中强调"欲图自强,首在变法"③。其要求变法的内容涉及政治、经济、文化各个领域。宋恕在《上李中堂书》中提出变法的关键,即著名的"三改一始说":"欲化文武满汉之域,必自更官制始;欲通君臣官民之气,必自设议院

---

① 陈虬(1851—1904),原名国珍,字志三,号蛰庐,瑞安人,近代著名改良派思想家、中医学家。著有《治平通议》,集中体现了他的变法维新思想。宋恕(1862—1910),原名存礼,字燕生,改名恕,字平子,号六斋,平阳人,近代启蒙思想家,著有《六斋卑议》《津谈》等,反对程朱理学及其维护的专治制度,主张一切从西的变法,在当时被视为"东瓯一怪"。陈黻宸(1859—1917),字介石,号饮水斋,瑞安人,近代杰出的教育家、政治活动家和历史学家,晚年任北京大学教授,著有《中国哲学史》《老子发微》《中国史讲义》《独史》《道德教育》等,治学和教育思想上主张道德修养和经济事功互为体用,其在史学上也深受西方民主思想影响,观念见解新颖独特。以上三位是温州近代维新思想家的杰出代表,人称"东瓯三杰""东瓯三先生"。

② 《陈虬集》,浙江人民出版社1992年版,第244页。

③ 同上书,第19页。

始；欲兴兵农礼乐之学，必自改试令始。"而要实现这三改，"必自易西服始"。①

而最重要的，当然是发展实业。维新思想家们面对国内和温州地区落后的基础建设状况，首先呼吁建设和完善交通基础设施。宋恕《六字课斋卑议·道路章》指出："今国内道路与白种诸国道路较，其秽洁颇平不啻地狱天堂之别。"因而"今宜先于京师开造西式木路或沙路，行东西马力、人力各式车，……续于南北干衢、支衢、大小城邑向无石路者，逐渐酌造木、沙等路；……腹地并宜开造铁路，以便运米救饥"。②陈黻宸在《腹地广置木路议》中也强烈感叹："呜呼！铁路之在今日，其真不可以已乎？近之为富强计者，动曰'筑炮台、更练营、设商局、精制造'，然无铁路以为之纬，则呼应不灵，终归无用，铁路其终不可以已乎！"③

在工商实业方面，温州近代维新思想家大力提倡机器生产，鼓励技术创新，实行专利保护。他们清醒地认识到，要发展现代意义上的工商业，首先要在工业上实行由传统手工业向机械工业的转型。宋恕在《六字课斋卑议·三业章》中指出："欲振工业，必自劝集股购机器始；中国日用之器，细按亦多施机，但沿承旧制，粗而不精耳。"④因此他在《民瘼篇·工商章》中提出"宜仿西国劝工之法：令民有能殚精极巧、创造机器用物为中外向所未有而极便好者，许呈总署或各省督抚；试实，以异常劳绩褒奖。一面给予执照，许三十年独专其利；三十年内如有仿造出售者，许该家指名襄官，即提仿造人及买主从重惩罚。其能造东西各国所已有而中国所未有之器物者，给十五年专利执照。"⑤陈虬也认为要兴制造，"有能自出新意，制器利用者，造成报官给照，酌准专利年份。其或确能利国者，准世其业，物勒工名。图成，建议而无力自措者，官为按验、核议，出示招股"。⑥

维新思想家又提出了现代金融理财思想及具体方法。如提议开办银行和发行国债。陈虬认为："国家自各口通商以来，凡一十九处二十七埠。

---

① 《宋恕集》，中华书局1993年版，第502页。
② 同上书，第144页。
③ 《陈黻宸集》，中华书局1995年版，第60页。
④ 《宋恕集》，中华书局1993年版，第145页。
⑤ 同上书，第26页。
⑥ 《陈虬集》，浙江人民出版社1992年版，第39页。

皆知自强之道首在理财。"① 所以他在《救时要议》中提出富策十四条，强策十六条，主张设官钞、定国债、开新埠、广商务、迁流民、招华工、权度支、开铁路等。首条"设官钞"，提议在省、府、州、县各设官银号，可以防止私营钱庄、银号倒闭带来的风险，此为"便民富国之要着"。② 其次是"定国债"，参考西方国家做法，"每有大事必告贷民财，息多不过六厘"。也可"稍增其息，注明年限，许持钞票向附近州县支领"，如此则"藏富于国，当亦殷富所乐从也"。③ 有了银号和债券，就可以像西方国家一样，"百废俱举，亿兆之数嗟咄立办"。④ "财力既厚，故能以小而并大，以近而夺远。"⑤ 黄庆澄在《东游日记·湖上答问》中也认为发展经济之关键在"得一智慧绝人之理财巨手"，并指出："大抵财聚则有用，财散则无用；财通则有用，财滞则无用。如西人之创银行、设公司、搞股票，此善于聚也；造轮船、设电线、筑铁路，今岁开一港，明岁添一埠，以兵卫商，即以商养兵，此善于通也。而且愈聚愈通，愈通愈聚，源大则流自宏，枝荣者本益固。"⑥

在经营管理思想上，陈黻宸《商务论》中认为中国商业不及西方的原因有五："法令之不行，征税之太重，运转之维艰，声气之相隔，亏折之过多。"⑦ 因此必须设商部、撤厘局、筑铁路、办公司、开银行来解决这些问题。

撤厘局，就是要求实行税制和吏治改革。例如宋恕在《六字课斋卑议·三业章》中认为："欲振商业，必自尽裁抽厘局卡始；然欲尽行三始，尤必自尽去丁、幕、胥、役狐假虎威之权始。"⑧ 他还在《民瘝篇·厘盐章》中以盐业为例，分析了垄断的危害，指出"相沿虐政，莫甚官盐；近创虐政，莫甚厘捐"。厘捐之法，效从明代，对茶、盐等实行国家专卖，严禁贩私，因而"设卡日密，抽捐日重"，从而导致"索贿横行，

---

① 《陈虬集》，浙江人民出版社1992年版，第38页。
② 同上书，第71页。
③ 同上书，第72页。
④ 同上书，第38页。
⑤ 同上书，第39页。
⑥ 黄庆澄：《东游日记》，上海古籍出版社2005年版，第55页。
⑦ 《陈黻宸集》，中华书局1995年版，第526页。
⑧ 《宋恕集》，中华书局1993年版，第45页。

人理几绝",乃至"触怒勒罚,千百任倍;寸丝尺布,只鸡斗酒,苟无私献,亦不能过"。① 直接指出了垄断导致的腐败。因而认为开放贸易才是解决这些问题的根本途径。

设商部,则意在建立商务体制。陈黻宸《商务论》指出,中国"自汉以后,商政不修",以至到了后来,"以地大物博之邦,文明之域,而适为西人所弱也"。"物无定价,市无恒规,则法令不行矣";"官无公局,民无公会,则声气相隔矣"。② 因而,设商部、立商会、办公司、行法令是修商政和建立商务体系的关键环节。其中商会的作用在于通声气(信息)、齐商力。

办公司,即实行公司制和股份制经营。如针对"久而不知变计,将土产小贩日窘,中国利源日竭"③ 的现实,陈虬《温州出口土产宜设公司议》建议温州设立土产出口公司,以"拣正货物,评定价目,分次出口",从而"以我驭人""稍持利权"。对于公司的经营管理方法,提出"郡城设局收买""愿入股份者,先将货物按时价酌值,计数给与股票",待出口销售后,"所赢子钱若干,照数派还以昭大信"。此法还可以抑制走私,针对走私,官府先出示晓谕,有违禁者,"准报官查拿,即以其物充赏费",并"一例提讯,重究不贷";再有走私者,"公司先行贬价以窘之",这样就"无有再不入股者"。④ 他认为这样的公司制和股份制经营才能将生意由小做大、由弱变强,从而抵御风险、振兴商业。这一系列想法,俨然已是现代资本主义的经营管理方式。

上述涉及交通基础建设、工商实业建设、金融理财机制、经营管理体系等各个领域和方面的思想和建议,包含了发展现代资本主义商品经济的各个关键环节和要素,俨然构成了近代温州工商经济思想体系,在当时来说已颇具先进性。

实学思想与近代维新思想相呼应,在实践上,为抵制外国资本的入侵,振兴地方经济,温州较早地出现了民族工商业。1893 年,温州有了第一家茶厂,雇用女工 300 余名。到 1904 年,这类茶厂增加到 14 家。

---

① 《宋恕集》,中华书局 1993 年版,第 124 页。
② 《陈黻宸集》,中华书局 1995 年版,第 526 页。
③ 《陈虬集》,浙江人民出版社 1992 年版,第 184 页。
④ 同上书,第 183 页。

1903年，温州又有了第一家肥皂厂，到1917年，上一定规模的肥皂厂有3家。1911年，青田人杜师伟在温创办了西门泰布厂，有织机数十台，工人200多。1911年，瑞安人李毓蒙在瑞安创办的"毓蒙铁厂"，可谓温州最早的机械工业，1919年又在温州城内设分厂，生产弹棉机、锯板机等。20世纪30年代，温州已建立以陶瓷、造纸、纺织、食品加工等为主的近代工业企业，域内大小商店有2000余家。抗日战争期间，江西、湖南、广西、四川等地商人及采办军需物资的人员出入于温州，时有商品汇集。但日寇三次使温州沦陷，重创了温州的地方经济。

综上所述，沿海通商的条件，西方宗教文化和新学在近代传入温州，使得温州较早、较快地接触到近代西方资本主义文化，同时也使维新变法思想得到有力响应；温州维新人士的思想继承永嘉学派传统，并与资产阶级改良主义相结合，其不少观点——尤其是工商经济方面，在全国领先。新学传播、维新变法思潮、永嘉实学思想在近代温州出现了相互呼应共鸣的局面。

当然，由于近现代中国并没有走上资本主义发展道路，因而温州近代工商思想也并未转化为经济社会现实。近代背景和维新思潮只是为永嘉实学思想在经历长期沉寂后提供了一个与西学沟通而重新阐发的机会，但由此带来的新语境下的知识无疑对改革开放后温州的工商经济发展具有重要的启导意义，在自力更生着力基础建设、创业推动创新、催生金融改革、完善制度建设、促进现代经营管理等方面产生实质性影响。因此，以永嘉实学思想为核心的温州区域文化的近代化转述，可以说为当代温州工商经济发展提供了必要的现代语境、基础概念甚至技术路径。这些现实条件和思想基础进一步培育了温州人的变革意识和实业观念，为他们在20世纪80年代初开始的大变革中走在时代经济前列埋下了伏笔。

经历长期战争后的新中国成立初期，温州经济已处于百业凋零的境地，仅有小型私营工业企业、手工业作坊374家，职工5000余人，农业产值2.53亿元，工业总产值6423万元（按1980年不变价计算），港口吞吐量16.73万吨。经过土地改革和社会主义改造，生产力获得了解放，国民经济才得到了一定的恢复和发展。"一五"期间，温州新建和扩建了化工、榨油、电力、炼乳等一批工厂，形成了一批工业区。1957年，全地区工业总产值比1949年增长3.03倍，年均递增19%；农业总产值比1949年增长1.15倍，年均增长率10.07%；港口吞吐量增加到166.66万吨，比 1949 年增长 8.96 倍，年均递增 33.29%。交通、邮电等城市基础设施建设和文化、卫生事业也得到相应的发展。修复了杭温、丽温等跨区域公路及境内分公路，共长 567 公里；普通小学由 1949 年的 11 所发展到 52 所，比 1949 年增长 3.73 倍；卫生医疗机构增加，人民健康水平得到提高。但随后，由于极"左"思潮和计划经济体制的严格控制，温州的发展受到影响，公有经济没有优势，私有经济则被禁止，总体经济状况和人民生活陷入贫困。

人口的增加和贫困之间往往会形成恶性循环，于是，20 世纪 60 年代末 70 年代初，当国内还是铁桶般严密的计划经济体制的时候，温州人为了活路就开始了小商品生产和经营活动，一些人甚至冒着极大的风险从事走私贩私和投机倒把。尽管付出了惨重代价，但商品经济意识仍如烧不尽的野草偷偷萌发。

1978 年党的十一届三中全会以后，我国终于拉开了改革开放的序幕，温州的个私经济迎来了蓬勃发展的春天。较早接受实学功利文化启蒙和商贸经济磨炼的温州人，在经历长期压抑而终于面对改善自身生存和发展条件的机遇时，爆发了强烈的自主意识和拼搏精神。其间虽然又遭遇了一些波折，但温州人创业致富和创新发展的强劲动力已不可遏制。而当这种动力与滞后的体制发生摩擦、碰撞的时候，温州人的冒险和变革精神总是让他们能超越阻碍，冲在市场经济的前沿，为改革作试身，从而创造了一系列市场先例，成就了富有传奇色彩的"温州"和"温州人"。

综上所述，山海地理在带给温州人生存发展的困顿的同时，却也培育了温州人的生存哲学——务实创变的经世人文。这种本土性人文理念在与现代市场经济文明相遇的时候，一拍即合，衍化呈现为现代温州创业创新景象。所以我们说，山海地理与经世人文是温州区域文化和创业创新的自然与文化基因。

第二章

边缘处境启导主体自觉

近代启蒙思想强调人是理性的动物,是主体性的存在。但人并非都能自觉到这个主体的自我,所以启蒙就成为必要。所谓"启蒙"就是运用理性精神来消除蒙昧,摆脱人对神——救世主、权威的依赖和盲从,从而达到思想和行动上的自主性、自救性。正如《国际歌》里所唱的那样,这个世界从来就没有救世主,也不靠神仙皇帝,一切都靠我们自己。用这种启蒙理性来况喻温州人的创业创新精神——尤其是改革开放前夕和初期的生存发展状况,是比较恰当的。

从某种意义上讲,山海地理孕育出的经世人文很早就给予了温州人以自主创业和创业自救的启蒙,培育了温州人的"理性"能力和自由精神。因为温州人的这种主体生存理性来自于其生存现实,正如黑格尔(Georg Wilhelm Friedrich Hegel,1770—1831)所说的:"凡是合乎理性的东西都是现实的;凡是现实的东西都是合乎理性的。"并且正是"由于理性的东西(与理念同义)在它的现实中同时达到外部实存,所以它显现出无限丰富的形式、现象和形态"。[1]而且,就生存条件而言,温州除了山海地理和资源匮乏的现实,还有与之相应的历史沿革中的边缘化处境。历史和现实的经验告诉我们,边缘化往往意味着不被重视、被搁置甚至成为"弃儿",也就意味着自生自灭、贫穷落后。但同时也可能造成边缘化主体在边缘心理的认同下游离于权力体制和主文化的边界而寻求种种自我解脱和实现的途径。温州在历史沿革中的边缘化处境最终激起的正是温州人的主体理性和自我意识,促使其从体制边缘的生存博弈走向创业自救和创新自适。

---

[1] [德]黑格尔:《法哲学原理·序言》,范扬、张企泰译,商务印书馆1961年版,第11页。

第一节　历史沿革中的边缘处境

"边缘"既是地理概念,也是政治、经济和文化概念。而在交通和通信落后的古代,地理和政治、经济、文化之间是构成因果联系的。所以古有所谓"天高皇帝远"的说法,就是地理位置偏远于统治中心区,致使统治力量"鞭长莫及",皇帝的"恩泽"自然也少惠及。从文化上讲,边缘就是处于主文化圈的外围。文化的传播是由某种文化的中心区向周边逐步扩散的,而其扩散的速度和强度一般与扩散的距离成反比。也就是说,一个地区离主文化中心越远,或之间的阻隔越多,那么其受到该主文化的影响就越慢、越少,其本土文化的势力就越强,特色也更鲜明。古代统治者往往把处在主文化势力范围之外的地区称作"化外",其人非"蛮"则"夷"。温州所在的地区在中古以前的"中国"概念中就属于"夷"。我们定位温州在历史沿革中的边缘处境,就是从古代"中国"这个概念以及以儒家思想为核心的中原统治文化这样的视角来看的。

一　"东南一隅"的瓯人

关于"瓯"的缘起和所指,我们已在上一章的相关注释中作了简要的梳理。但对于瓯人的族源,历史上仍然是语焉不详。比较流行的一种说法是"瓯为越后",主要是根据司马迁《史记·越王勾践世家》,其中说:"越王勾践,其先禹之苗裔,而夏后帝少康之庶子也,封于会稽,以奉守禹之礼……后二十余世,至于允常……允常卒,子勾践立,是为越王。"而勾践传至六世为无彊,其继位后,"越兴师北伐齐、西伐楚,与中国争强……楚威王兴兵而伐之,大败越,杀王无彊,尽取故吴地至浙江,北破齐于徐州。而越以此散,诸族子争立,或为王,或为君,滨于江南海上,服朝于楚。后七世至闽君摇,佐诸侯平秦。汉高祖复以摇为越王,以奉禹后。东越、闽君皆其后也"。[①] 论者以此认为,越败于楚后,越人逃散到东南海滨,这就是东越、闽越——包括东瓯族的由来。蒙文通《〈史记·

---

① (汉)司马迁:《史记·卷四十一·世家一·越王勾践世家》,中华书局1982年版,第1739、1748、1751页。

〈越世家〉补正》则认为勾践在灭吴后所封子弟中就有瓯王、摇王等,封地包括瓯、闽,其《越人迁徙考》引《越绝书》遗文云:"东瓯,越王所立也。即周元王四年越相范蠡所筑。"① 另《越绝书·越绝外传记地传》还记载:"威王灭无彊,无彊子之侯,窃自立为君长。子侯子尊,时君长。尊子亲,失众,楚伐之,走南山。"② 有论者认为此处的"南山"应是指浙南和闽北的某些地区,或者即闽北的武夷山。③ 但是,随着浙南地区新石器时期遗址的不断发现,证明从远古时代起这里就有土著瓯人活动,"瓯为越后"的说法就值得斟酌了。《史记》和《越绝书》的记载只能说明春秋战国的越国时期越人曾向瓯、闽等地迁移并统治过这些地方。至于更早时期的原始瓯人的来历,我们只能根据考古发掘的迹象作一些推测。首先,从温州地区史前文化的遗址来看,至少在五六千年前,就有人在这里定居生活,制作石器,从事原始的渔猎和农业生产。这些发现的遗址主要分布在瓯江、飞云江、鳌江沿岸及其支流附近,总数已达百余处,其中以乐清白石杨柳滩、瑞安北龙大坪、泰顺百丈下湖墩、文成珊溪鲤鱼山等遗址的年代为较早。如1983年发现的鲤鱼山遗址和1987年发现的百丈下湖墩遗址出土的石斧、石锛等石器,粗大厚重,加工简单,夹粗砂黄陶,质地疏松,这些应该都是由旧石器向新石器时期过渡的产物。而白石、北龙两处遗址发掘出的器物,其中一小部分石器、陶器的形制特征与河姆渡、马家浜文化中期的器物特征相似,而大部分则与良渚文化的特征相似。④ 由此可见,至少在四五千年前的良渚文化时期,瓯人的氏族社会已获得初步发展,并与后来被称作"越"的中心地区有着密切关系。瓯越、闽越、南越(粤)这些名称应该就是说明这样的渊源,中原人把瓯人融入越人,属于"百越"民族中的分支之一。

《逸周书》记载,伊尹朝,献商书,商汤认为让那些不出产牛马的地方进贡牛马等物,这样很不利,建议"因其地势所有献之,必易得而不贵,其为四方献令"。伊尹于是为四方令曰:"臣请正东,符娄、仇州、伊虑、沤深、十蛮、越沤,剪发文身,请令以鱼皮之鞞,乌鲗之酱,鲛

---

① 参见蔡克骄《瓯越文化史》,作家出版社2002年版,第10页。
② (东汉)袁康、吴平:《越绝书》,见张仲清《越绝书译注》,人民出版社2009年版,第166页。
③ 参见蒋炳钊《东瓯族三大学术悬案的历史考察》,见林华东主编《瓯文化论集》,浙江人民出版社2009年版,第21—22页。但蒋文认为越人从琅琊败走南山应是回到浙东的会稽山老家。
④ 参见蔡克骄《瓯越文化史》,作家出版社2002年版,第6、7页。

利剑为献。"同时记载周成王时"东越海蛤,欧(瓯)人蝉蛇。于越纳,姑妹珍……且瓯文蜃,共人玄贝"。①这说明在商、周时期,越沤(瓯)之民一直在向中原王室进贡土产方物。但在三千多年前,居住在这个"瓯"中的人,生活远比中原地区落后。《战国策·赵策》记载赵武灵王说:"被发文身,错臂左衽,瓯越之民也。"②可以想见,中原人处在"城中好高髻,四方高一尺"(《乐府诗集·城中谣》句)的时髦世态时,作为"瓯越之民"中的瓯人应该还是剪短头发,赤裸肩背,赤足文身,在捕捉鱼蛤鸟兽蝉蛇为食。但从生产方式上看,剪发文身的习俗却也正是为了渔猎生产之便。试想,经常俯身在滩涂上劳作,长长的头发无论垂挂下来还是盘在头顶肯定都很累赘;玄股③文身,大概也就是在身上涂抹些淤泥,为的是防止南方海滨毒辣的太阳和海风对皮肤的伤害。所以,自然环境决定生产方式,而生产方式又决定了生活和习俗,最终决定文化——这就是文化生成和衍变的一个基本规律。所以,无论远古、上古时期瓯人"落后"于中原的生产生活方式,还是当代改革开放中温州人独特的创业行为,无非都是这一规律的体现。

东瓯族在先秦时期已活跃于历史舞台,但瓯地真正进入中原朝廷的政治视野是在西汉时期。如前所述,勾践在灭吴后就分封了东瓯王。据胡珠生考证,东瓯王的世系为自勾践封东瓯王始,连续传至六世安朱,七世驺摇。④但秦统一中国后,据《史记·东越列传》载,闽越王无诸和东瓯王摇"皆废为郡长,以其地为闽中郡"。虽然秦朝企图置郡管理,但并未派官员入驻,因而"虽置郡,仍为无诸和摇所据,秦不得而有之"。到了秦末农民起义时,东瓯王摇率众"佐诸侯灭秦"。秦灭后项羽号令诸侯,然并未封无诸和驺摇为王,因此,"汉击项籍,无诸、摇率越人佐汉。汉五年,复立无诸为闽越王,王闽中故地,都东冶。孝惠三年,举高帝时越功,曰闽居摇功多,其民便附,乃立摇为东海王,都东瓯,世俗号为东瓯王"。这样,东瓯王国算是与汉中央政权建立了正式的"藩臣"关系。

---

① 以上3条见《逸周书·卷七·王会解第五十九》,百度文库。文字、断句各版本略异,从文义通顺校之。
② 任重、霍旭东:《战国策选译》,江苏凤凰出版社2011年版,第150页。"被发"一作"祝发",《史记·赵世家》中记为"剪发"。
③ 《山海经·海外东经》中有"玄股民",晋郭璞注为"髀以下皆黑"。
④ 转引自蔡克骄《瓯越文化史》,作家出版社2002年版,第11页。

随着西汉王朝的逐步巩固，朝廷与诸侯王的矛盾日益加剧。汉景帝三年（前154年），东瓯王国卷入以吴王刘濞为首的吴楚七国叛乱。但后来"东瓯受汉购"，杀了吴王向汉廷谢罪。吴王子驹逃到闽越，常劝闽越打击东瓯，于是，汉武帝即位不久，"至建元三年（前138年），闽越发兵围东瓯。东瓯食尽，困且降，乃使人告急天子"。但太尉田蚡却说："越人相攻故其常，又数反复，不足以烦中国往救也。自秦时弃勿属。"只有中大夫庄助认为："今小国以穷困来告急天子，天子弗振，彼当安所告愬？又何以子万国乎？"于是武帝派庄助以节发会稽兵，"浮海救东瓯，未至，闽越引兵而去"。经过这次事件，"东瓯请举国徙中国，乃悉举众来，处江淮之间"。① 公元前138年，东瓯王国在浙南的统治结束。关于东瓯王国的都城，南朝宋人郑缉之《永嘉郡记》"瓯水"条云："水出永宁山，行三十里，去郡城五里入江，昔有东瓯王都城，有亭，积石为道，今犹在也。"②

东瓯国内迁后，瓯地便渐为闽越所控制。武帝建元六年（前135年），闽越王郢发兵侵南越，南越上书武帝求救。当汉军临近时，闽越发生内讧，闽越王弟余善杀郢向汉求和。汉立故闽越王无诸的孙子繇君丑为越繇王，以"奉闽越先祭祀"，而为避免余善控制闽越，不得不封其为东越王，"与繇王并处"，以互相牵制。东越王的属地包括了东瓯故地。但余善在武帝元鼎五年（前112年）汉讨伐南越这件事情上阳奉阴违，答应出兵助汉，但"以海风波为解，不行。持两端，阴使南越"。于是第二年便招来汉军压境，余善又发兵反叛，刻玺自立。元封元年（前110年）冬，汉四路大军入东越，东越臣越衍候吴阳、建成候敖与繇王居股共谋杀余善而投汉。东越失败后，西汉政府又"诏军吏皆将其民徙处江淮间，东越地遂虚"。③ 直至汉昭帝始元二年（前85年），因

---

① 本段及上段所引《东越列传》中记载均见汉司马迁《史记·卷一百一十四·东越列传第五十四》，中华书局1982年版，第2979—2984页。

② 关于东瓯王城遗址，有多种说法。按郑缉之记载，应在瓯江北岸的楠溪江下游；另据《光绪永嘉县志》："西山北瓯浦，其地即东瓯王故城，岭有二亭，旁侧有东瓯王墓、祠。"则应在瓯江南岸；也有台州学者考证其在今台州温岭市大溪镇大唐岭。永嘉县政协林成行认为，从战国、西汉到西晋的八百多年中，出现过三个时期的"东瓯王"（或"东海王"），故历史上王城可能不止一处。参见林华东主编《瓯文化论集》，浙江人民出版社2009年版。

③ （汉）司马迁：《史记·卷一百一十四·东越列传第五十四》，中华书局1982年版，第2981—2984页。

"逃遁山谷者颇出"①，才在东瓯和闽越故地置回浦县，属会稽郡。回浦县即东瓯故地，兼今温州、台州、丽水等地，县治在今黄岩椒江章安镇，温州当时为回浦县的东瓯乡。东汉光武帝建武初，回浦县撤并入鄞县；章帝章和元年（87年），又将回浦县故地从鄞县析出，改称章安县；由于人口和经济的发展，顺帝永和三年（138年），分章安县之东瓯乡置永宁县，辖地相当于今温、台地区，县治在瓯江下游北岸的贤宰乡（今永嘉县瓯北镇），是为温州境内建县之始。汉末孙吴政权对江南的开发，在浙南一带增设了许多县邑，至三国末年，以章安、临海、始平、永宁、罗阳、松阳六县置临海郡，使得浙南出现了郡级行政机构。

从汉初的复立王国，到武帝时的两次移民内地，以及后来行政机构的频繁撤并分置，瓯越与中原政权的关系始终处在若即若离的不太稳定的状态。当然，随着集权管理的逐步加强，瓯地与中原的联系和交往也不断增多，汉文化的影响日益增强。但真正开始融入汉文化圈，还是应该以晋代的置永嘉郡为标志。

西晋末年，北方战乱不已。晋怀帝永嘉年间（307—313年），内迁的匈奴、羯、氐、羌、鲜卑等北方少数民族相继起兵，战争带有民族仇杀性质，史称"五胡乱华"。因此，中原汉族官民纷纷南迁，史称"永嘉南渡"。其中一部分南迁到了浙南地区。这些人带来了黄河流域先进的生产技术和文化，与瓯越人共同开发瓯地。晋室南渡后，建都建康（今南京）。政权南移后，为适应浙南一带人口增长和经济发展需要，就在东晋建立后的第六年，即晋明帝太宁元年（323年），分临海郡立永嘉郡，统永宁、安固、松阳、横阳四县，郡治设永宁县。因原永宁县治在瓯江北岸，故郡治初拟就建于此。而当时正好著名的博物学家、堪舆大师郭璞②客居永嘉，于是就请其为相地卜城。按一般风水原理，无论建城还是筑室、葬墓，最佳是北靠山、南临水，坐北朝南，故而城址理应选在瓯江北

---

① 《太平御览·卷一七一》引《吴地记》，转引自蔡克骄《瓯越文化史》，作家出版社2002年版，第20页。

② 郭璞（276—324），字景纯，河东闻喜（今山西闻喜）人。晋代著名训诂学家、风水大师。著有《洞林》《新林》《尔雅注》《楚辞注》《穆天子传注》及《山海经注》等。相传从河东郭公授青囊九卷，洞悉阴阳五行、天文地理和卜筮之事。亦有传说郭璞系青鸟子所授，而青鸟子即东汉张天师。世传《葬书》《青囊经》亦为郭璞作。《葬书》中云："葬者，乘生气也。气乘风则散，界水则止。古人聚之使不散，行之使有止，故谓之风水。"后人视郭璞为风水学鼻祖。

岸。但郭璞经过堪察，取南北两岸同等容量土壤样本比较，发现南岸的土比北岸的土重。于是郭璞过江登南岸的西郭山（今郭公山），见南岸群山错立，恰如北斗星座：松台山、海坛山、西郭山、积谷山像是斗门，华盖山锁斗口，黄土山、巽吉山、仁则山如斗柄。这里依山控海，形势险要，而又利兼水陆，是筑城的好地方。郭璞就对父老说："若城于山外，当骤至富盛，然不免兵戈水火之虞；若城绕其巅，寇不入斗，则安逸可以长保。"① 这样，人们就放弃原来的方案，打破一般风水原理和"方正规矩"的成规，跨山建城，名曰"斗城"。相传建城时，有白鹿衔杏花绕城，所到之处鸟语花香，人们以为祥瑞之兆，故取名"白鹿城"，简称"鹿城"。郭璞又设计在城内开凿二十八口水井，象征天上的二十八星宿，实际是以解决城内的饮水问题；他还考虑到如果发生战争，城池有可能被包围断了水，便又在城内开五个水潭，各潭与河通，最后注入瓯江。郭璞说这是"城内五水配于五行，遇潦不溢"。由此可见，郭璞卜城的意义不仅是为以后的温州选了城址，更重要的是将中国文化的阴阳五行学说创造性地运用于城建实践，化神秘为科学，传播了在当时来说非常先进的生存策略、生活方式和发展理念。温州人对这位郭公的敬佩——如改称西郭山为"郭公山"、山下立郭公祠，足以说明这一事件非同寻常的文化意义。

永嘉建郡以后，南下士族也开始陆续出任这里的地方官员，中原文化的传播进一步深入。杜佑《通典》说："永嘉之后，帝室东迁，衣冠避难，多所萃止，艺文儒术斯之为盛。今虽闾阎贱品，处力役之际，吟咏不辍，盖因颜（延之）、谢（灵运）、徐（陵）、庾（信）之风焉。"东晋南朝时期曾任永嘉太守或客寓永嘉的中原名士有：王羲之②、郭璞、孙绰、谢灵运③、颜延之、檀道鸾、邱迟、王筠、裴松之、范述曾、郑缉之、毛

---

① （宋）祝穆：《方舆胜览》，转引自蔡克骄《瓯越文化史》，作家出版社2002年版，第22页。

② 王羲之（303—361），字逸少，号澹斋，祖籍琅琊临沂（今山东临沂市南），居会稽山阴（今浙江绍兴），官至右军将军、会稽内史，人称王右军。年轻时从卫夫人学书，后渡江游历，遍观前代名家法书，博采众长，增损古法，一变汉魏朴质书风，创造出妍美流便的书体，代表作有《兰亭集序》。他的书法成就卓越，被称为"书圣"。

③ 谢灵运（385—433），祖籍陈郡阳夏（今河南太康县附近），世居会稽，为东晋名将谢玄之孙，袭封康乐公。曾任永嘉太守、侍中、临川内史等职。喜邀游山水，为山水诗的开山鼻祖。后因对抗刘宋王朝被杀。

喜、陶弘景等。这些人物可谓中原文化的代表，其中尤以王羲之、谢灵运对温州的影响为大。

据刘宋时期郑缉之《永嘉郡记》和南宋祝穆《方舆胜览》的有关记载，东晋时大书法家王羲之曾任永嘉太守。《方舆胜览》还说他"庭列五马，绣鞍金勒"。唐温州刺史张又新则有诗云："时清游骑南徂暑，正直荷花百里开。民喜出行迎五马，全家知是使君来。"因此，北宋时任永嘉太守的杨蟠将这位"书圣"曾经列马的地方命名为"五马坊"（今"五马街"即由此而来）。另据《永嘉县志》记载，今"墨池坊"坊名也是因"王右军临池作书，洗砚于此"而得。《万历温州府志》还提到王羲之任太守"治尚慈爱"，受到百姓爱戴，后人在墨池边立祠纪念他。

谢灵运与王羲之一样属于东晋豪门望族子弟，其曾叔为位至宰相的谢安，祖父乃东晋名将谢玄。《宋书·本传》说他"博览群书，文章之美，江左莫逮"。地位显赫的谢灵运到僻处海隅的永嘉当太守，是因为他常"构煽异同，非毁执政"，因而受司徒徐羡之等权臣的排挤。永嘉虽是东南海滨荒僻之地，但山水秀逸，为谢灵运所寄情钟爱。《宋书·谢灵运传》说他"出守既不得志，遂肆意遨游，遍历诸县，动愈旬朔，民间听讼，不复关怀，所至辄为诗咏，以致其意焉。在郡一周，称疾去职"。由于史料不详，关于谢灵运在永嘉任上是否真如正史所记载的"民间听讼，不复关怀"，有不同说法。然从谢灵运在永嘉时写下的诸多诗篇中我们可以发现，他还是非常关心民间疾苦的。只是他常以汉初行"清静而治"的良吏如龚遂、汲黯等人自比，主张省狱讼，重教化，劝农桑，开郡学，兴修水利。如《种桑》一诗就是写他在郡城郊区鼓励百姓种桑的事，并想象桑树成行伸向远方的景象。诗的末句云："俾此将长成，慰我海外役。"还有如《白石岩下径行田》和《行田登海口盘屿山》反映了他巡视农田、了解民情的情况。前一首中写道："小邑居易贫，灾年民无生。知浅惧不周，爱深忧在民。"白石岩在海边，常遭台风袭击，他还设想要建一条长堤围护千顷田园。至于《北亭与吏民别》一诗，更真切地表达了他对永嘉百姓的感情。他在诗中讲到自己如何走上仕途和来永嘉任太守，以及为何不等期满而弃官回家等，从中也表明自己的政治态度和志趣，但终以"德乏""卧沉"而未能为民效力，表示歉疚而辞官。最后面对送别的吏民感伤地说："前期渺以往，后会邈无因。贫者阙所赠，风寒护尔身。"往事已矣，后会无期，今日作别，无以为赠，只有说一声保重了。

由此可见，如果谢灵运真的不关心百姓，百姓怎会为他送别，他又怎能写出如此感人的诗呢？当然，谢灵运从422年秋起出任永嘉太守仅一年，在这很短的时间里，又经常卧病，要在这样的情况下做出很多的政绩是不太可能的。更何况像王、谢等东晋士人，崇尚的是老庄的无为而治，自然不会为了追求短期的政绩效应而去大搞"政绩工程"。谢灵运《斋中读书》诗中有"虚馆绝诤讼，空庭来鸟雀"之句，正是表达了这样一种理想。

然而，无论是王羲之还是谢灵运，从长远的历史影响来看，他们出任永嘉太守的最大意义还是在文化的传播上。他们把中国文化发展到汉末魏晋时期走向"文的自觉"的意识带到了这里，从而启蒙了东南一隅之瓯地的山水人文和经世情怀。王、谢来到永嘉，都对这里的山水表现出极高的兴趣，他们在行走观赏之余，挥笔题咏，尽情赞美。《永嘉郡记》载："王右军游恶道（在今丽水），叹其奇绝，遂书'突星濑'于石。"王羲之在温州留下的字迹很多，相传郭公山原"富览亭"亭额及华盖山麓"容成太玉洞天"等，均出自书圣手笔。尽管这些字迹都已湮灭无存，但以王字为代表的晋唐书风对后世温州的书画艺术传承产生了深远的影响，甚至晋人清俊雅逸的时代审美追求一直成为后来温州士人的人格和艺术理想。谢灵运则更是借永嘉山水来寄托士人失意时的超逸情趣，赋予永嘉山水以灵性，开启了中国山水审美和山水诗的时代。温州山水人文的觉醒有幸与谢灵运这位山水诗的开山鼻祖联系在一起，永嘉山水有幸成为早期山水诗的载体，除了其山水本身的秀美之外，不能不说也是一种历史际遇。"穷山恶水"变成"奇山秀水"，某种程度上只是时代发展和视角转换的结果。在物质匮乏和文化落后的时代或环境里，人们埋怨山水阻隔给生存带来的艰险，此时的山水只是一个纯自然形态的对立面。当中原文化在儒、道、佛的汇流中走向"人的觉醒"并从自然中发现"自我"的时候，处于山海包围中的东南瓯人还很少有发现或感到这山水还有观照自我、慰藉心灵和休闲娱乐的功能。恰在此时，王羲之、谢灵运、颜延之等中原士人携道家文化和魏晋玄学思想，以游踪和诗文启迪了此地的山水人文意识，为后世温州人转换对山水功能和价值判断的视角、树立温州山水旅游品牌作了文化铺垫。从这个意义上说，谢灵运等人正是以"无为""无功"的超逸心态，成就了一桩无量的文化功业。

谢灵运说自己"常佩知方诫，愧微富教益"（《种桑诗》句），深感礼乐教化的重要性。所以他在永嘉开郡学，培养士人才俊，行文化功业。他在《命学士讲书》诗中一再谦虚地表示自己在郡一年无所建树,但鼓励永嘉学生要立志成才。正因如此,才有清《永嘉郡志》所说的那样,"永嘉自东晋置郡以来,为之守者若王羲之治尚慈惠,谢灵运招士讲学,由是人知向学,民风一变"。

隋唐时期政治和文化中心重新往西北移。589年隋灭陈,重新统一中国后,实行州县两级制,降永嘉为县,而以括苍、松阳、永嘉、临海四县置处州(辖地相当于今温、丽、台地区),开皇十二年(592年)又改称括州。此后这一带的行政区划还常有变动,直至唐高祖武德五年(622年)置东嘉州,高宗上元二年(675年)置温州,自此以后,历1300余年至今,州名无改,州境亦无大变。

唐代温州虽然处在比较安定的环境中,农业、手工业有了很大发展,对外贸易也开始频繁起来,但总的来说还是"东南一隅",也就是角落、边缘。唐代诗人孟浩然用诗这样描述温州:"我行穷水国,君使入京华。相去四千里,孤帆天一涯。卧闻海潮至,起视江月斜。借问同舟客,何时到永嘉?"从谢灵运"招士讲学"以来,到唐时温州已建有不少学校,温州"士"的阶层已经形成。而唐代科举制的推行,使得庶族子弟和自耕农出身的读书人可以通过科举进入仕途。但据地方史料记载,有唐一代温州中进士者只有两名,无论从历代纵向比较还是与中原地区横向比较,数量上都是很少的。这一方面固然可以说明当时温州地区的文教水平虽有发展,但与文化中心地带相比尚有差距,更重要的则是因为唐代科举取士主考官非常看重考生的才识名望,所取多为知名之士。所以应试之前,士子们往往需要交接名流权要,事先通过"行卷"获得推荐和认可,抬高声望。而温州远离政治和文化中心,这方面的资源积累和人脉关系自然比不上人家,所以要想登第就比较困难。这种情况到了宋代随着科举制度的改变才有所好转,尤其是宋室南迁,使得这个"东南一隅"的蛮荒之地一时间获得了一个政治、经济、文化的新生。

建炎四年(1130年),宋高宗在逃亡中驻跸温州,以这僻静的东南之隅作为避难所。尽管是狼狈的逃难,但毕竟是皇帝的驾临,给了温州士子和百姓以莫大的鼓舞。由于一时人才缺乏,永嘉人吴表臣、林季仲等士子得到了皇帝的重用。随后的定都临安,标志着中原汉人政治、经济和文化中心的南移。由于北方金人政权的阻隔,中西陆路的交通要道丝绸之路基本断绝,南宋的对外交通主要依赖海上,海上"丝绸之路"(或称"陶瓷之路")就此兴起,东海之滨的温州终于迎来了一个政治、经济和文化全面繁荣的局面。

但明代海禁和清的闭关自守,使得温州仅有的沿海商贸和交流优势不能得到充分发挥,温州在统治集团的政治、经济和文化视野中重新淡化。近代开埠虽然给温州带来一点商品经济的气息,但整个国家和民族处在贫弱危亡当中,统治者自然也无暇顾及温州的发展。倒是因为地处僻静,山水优美,近现代一些文人墨客常常把这里当作避难或修身养性的良好处所。

新中国成立后,温州的发展则是基本处于被搁置的状态。其中一个重要原因是台海形势方面,美蒋勾结对大陆进行颠覆,台湾国民党叫嚣"反攻大陆",时常派遣小股特务、飞机袭扰温州沿海一带,敌情十分复杂。因此,国家把这一带列为对台的前线,减少了对温州的经济建设投资。即使在后来的改革开放中被列为首批14个沿海开放城市之一,国家的政策和投资也没有特别青睐温州,倒是温州人自己不断地在市场经济中"兴风作浪",突破一个个禁区,创造一个个奇迹,才引起了世人目光的投注。这时中央领导来考察了,调查组来调查了,媒体来采访了,兄弟省市单位来参观取经了……温州才真正热闹了起来,边缘成了中心——商品经济的中心、个体创富模式的中心,乃至一种"新文明"的中心。

温州在历史沿革中的边缘性还可以从语言的角度来看。因为语言也是地理的产物,可以作为一个地方文化特色的佐证之一。我国幅员辽阔,方言众多,不同方言区之间语言差别较大。关于瓯越人的语言,史料记载不多,从《越绝书》"越人谓'船'为'须虑'"①,"越人谓'盐'为'余'"②的记载以及《说苑·善说》所载《越人拥楫歌》来看,古瓯越语与中原汉语的差异是很大的,连同是南方的楚人也不能懂。而如今的温州方言,则连同属瓯越语的吴语区的上海、苏南、杭嘉湖以及宁波一带的人也完全不能懂——而这些区域这么大范围内的语音则基本可以相通,可见地理环境对文化交往的影响。温州话的特别到了它几乎与周边方言没有任何相似的地步,即使是邻近地区如台州、丽水等地的人,如果初到温

---

① (东汉)袁康、吴平:《越绝书》,见张仲清《越绝书译注》,人民出版社2009年版,第74页。

② 同上书,第187页。

州，也是完全听不懂这里的一词一句。所以初到温州的外地人对温州话的感觉完全是"外语"。音韵学研究表明，温州话还保留着很多中古以前的语音。这一语言"孤岛"现象从一个侧面说明山海地理和边缘处境给温州造成的早期历史上相对的封闭性，从而使得这里的文化孕育具有更明显的原发性、自适性和独立性。

二 边缘认同下的生存博弈

从上所述，温州在历史上长期处于从地理到政治、经济和文化的边缘化处境。这种处境一方面是导致边缘化的自我认同从而产生边缘化意识，另一方面则是产生对这种处境和生存拓展压抑的心理逆反：那就是主体意识的觉醒和对命运的抗争。阿德勒（Alfred Adler，1870—1937）认为，"追求优越"是人一切活动的总目标，而这种向上意志的深层心理根源其实是人所共有的自卑感："自卑感本身并不是变态。它们是人类之所以进步的原因……我们人类的全部文化都是以自卑感为基础的。"[①]

无可依赖，不曾进入主流文化圈，缺乏精神文化优势和主流话语权，由此产生自卑和穷怕心理；但也因此而容易摆脱身份认同的纠结，活得实在、自由而无忌。因此，那些身份和文化感优越的人不愿干、不敢干也不屑干的事，温州人瞅准了就干，理由只需一个：有利可图。

在大多数温州人的眼里，像自己周边的上海、杭州、宁波这样的地方是令人羡慕的。杭州是省会，是一省的政治、经济和文化中心；宁波位列浙江"老二"，离杭州、上海都很近，交通便利，港口优良，工业基础好，又是计划单列市。国家对宁波一年的投资相当于对温州投入30年的总和。温州名义上排行"老三"，但那更多的是出于地域分布上的考虑，其实际条件与宁波不可同日而语。上海是直辖市，真正的世界性大都会。如果把上海比作一艘航空母舰，那么温州只不过是只小舢板，根本攀不上关系。而且上海人优越感很强，连杭州人也通常被他们当作"乡下人"。但偏偏是这个上海，成了温州人要攀的"富亲戚"。一方面，上海是中国最大的工业城市，那里有当时中国最好的自行车、手表、缝纫机（20世纪七八十年代婚嫁"老三样"，富裕家庭的标志），有最好的布、最好的

[①] ［奥地利］阿尔弗雷德·阿德勒：《超越自卑》，刘泗编译，经济日报出版社1997年版，第80页。

皮鞋、最好的食品……总之，上海的一切都是最好的，能沾上上海的"油腥"，肯定能够活得滋润。另一方面，温州当时的陆路交通不便，譬如去杭州，又是瓯江摆渡，又是山路颠簸，还时不时碰上塌方路阻，到达的时间是个不定数。相比而言，温州"死（水）路一条"，出瓯江口往海上去上海，尽管晕船的人也会吐得"翻江倒海"，但毕竟下午五点出发，第二天上午就能准时抵达，而且轮船的载客量也比汽车大得多。因此近现代以来，温州人在边缘化意识的深处有"上海崇拜"的情结。

在温州人看来，上海是一个身份和财富符号，没有到过上海，就是没有见过世面。于是，去一趟上海，连肥皂也要带一大堆回来。这在改革开放前的计划经济时代，岂不要扰乱上海的物资供应？为此上海想了一个专门对付外地人的办法，印发一种"上海专用券"——某些物品你有钱也买不到。其他地方的人只好知难而退，但温州人却不善罢甘休，不就是要专用券吗？我花钱去买。起初他们买来这些专用券还只是用于自己购物，后来发现这玩意儿供不应求，有利可图，便开始倒买倒卖起来——从上海人手里买来，加价转卖给别人。由此温州人进一步受到启发，认识到凡是国家和政府统一核发、市面上又紧缺的票证，就一定有买卖市场——当然属于"黑市"交易。于是，越来越多的温州人开始在上海倒卖各种票证，诸如粮票、布票、自行车计划票、棉花票、肥皂票、糖果票、烟酒票等。来往于上海的人越来越多，船票也开始紧张起来，有的温州人又开始倒卖船票——也就是现在所说的"黄牛"。闹到后来，上海人也不得不求助于温州人——因为有些人家结婚办大事，购物票证肯定不够用，只好找温州人想办法，即使这个温州人手头没有，只要他找个老乡打听一下，也一准搞定。这样一来，温州人岂不是操控了上海的市场供应，上海人的生活不是变成由温州人来调剂了吗？上海人搬起石头砸了自己的脚，这口气尽管不顺，但也不得不由先前的看不起温州人，变成怕温州人、恨温州人，但又离不开温州人，乃至有点羡慕起温州人来了。

在物资匮乏的年代，温州人瞄上了计划票证，把上海闹了个天翻地覆，也把温州变成了"投机倒把"的中心，外面的人也开始纷纷跑来温州进行票证买卖活动——这在当时是违法犯罪，因此有些人招来了牢狱之灾。但温州人意犹未尽，倒卖票证利润毕竟有限，顶多也是糊嘴之道，而直接贩卖紧俏物资，不就可以一步到位，赚取更大的利差，甚至一夜暴富吗？因此，20世纪70年代末80年代初，一些温州人开始搞走私贩私。

那些走私品与通过正规渠道进来的进口商品相比，价格便宜了一大半，与国产品相比，质量又不差，许多东西还是国内没有的。这样的东西能没有销路吗？因此，连上海人也开始以认识温州人为荣。因为通过温州人可以直接搞到这些价廉物美的东西，而一旦通过地下渠道进入上海市场，价钱就又高了。

说起温州的走私，还是与其山海地理和边缘处境有很大关系。第一波走私大潮的起点是广东潮汕和浙江温州一带沿海。因为潮汕靠近中国香港，温州偷偷地与中国台湾或日本在海上交往也相对方便。与温州陆地隔海相望的一些岛屿，往往成为走私的交易所。参与走私的多半是当地的渔民，他们利用渔船做伪装，把走私物品弄到乐清、苍南等地的一些渔村上岸，然后偷运到镇上兜售。最初，这些走私行为可能是自发的、散兵游勇式的，数量也不可能很大，但由于走私品大受欢迎，迅速打开了市场，于是就渐渐形成规模，出现了走私团伙和公司化操作，既有专门的走私队伍，又有专门的销售班子。谁都知道走私突破了体制与法律的界限，是国家严厉打击的行为，利益诱人，风险也很大。一些温州人之所以胆大妄为、敢冒风险，说到底还是那个边缘处境和认同心理里面的生存本位意识和博弈心态。上海同样地处东南沿海，却不可能盛行走私之风，就值得我们对比思考。

当然，随着国内生产的发展和市场的开放，走私市场也逐步萎缩。再加上经济体制的改革和政策的放开，温州人可以名正言顺地在市场经济的大海里弄潮，其谋生途径的选择自然也发生了转向，从投机经济走向产业经济，开始了真正的创业之途。

然而，边缘处境和边缘心理还是让温州的创业之途充满艰难坎坷。长期边缘处境和体制的压抑使得温州人有一种强烈的逆反心理和伸张欲望，那就是要用财富来说话，以拥抱金钱的狂欢来宣泄郁闷，实行心理的自我救赎。所以温州人要拼命地赚钱，希望用金钱来垒起自信，从而摆脱边缘心理的阴影。但求富心切，一时竟忘记了市场经济的游戏规则，结果给自己背上了"假冒伪劣"的恶名，再一次遭到批判指责，教训极其深刻。再者，温州不是国家工业和科技文化的中心，长期从事的只是低技术的、劳动密集型和手工作坊型的行业，一时间要迅速发展成现代工商产业，技术力量明显捉襟见肘，于是只好借鸡生蛋，走模仿之路。温州人在模仿中积累了资本，在模仿中犯了错误，也在模仿中学到了经验和技术。最后，从模仿走向创造，从生存之道走向转型发展，实现边缘心理的超越。

第二节　主体自觉下的创业自救

前面我们分析了温州东南一隅、山海阻隔的地理环境和边缘化的历史沿革以及这些因素对温州区域文化和温州人谋生创业观念和方式可能产生的影响。但是，正如自然环境的优劣具有相对性，在很大程度上取决于时代的发展和人的主体性一样，自然环境对人的作用也具有相对性。同样的自然环境，有的时候会对有的人的发展起促进作用，而有的情况下对有的人的发展却起阻碍作用。这不同的作用首先体现在不同的历史阶段上。譬如温州的山海地理，在以往（尤其是古代）中国的交通、信息条件以及政治、文化分布格局下，对温州的创业和发展是不利因素，事实上它也确实成为温州对外联系交往的障碍。可是当交通工具发达、道路条件得到改善以后，山水就会成为难得的旅游和休闲养生资源，海洋则化身为巨大的宝藏和对外交往、贸易的重要窗口。其次体现在不同个体（族群）的能力和意志力上。如有的个体（族群）能迅速从这种不利影响中摆脱出来，去适应环境，找到自己的"觅食方式"；而有的个体（族群）却只会怨天尤人，长期受其困扰，无法走出恶劣环境的阴影，也就无法改变自己的命运。显然，温州人群体属于前一种。最后，环境对不同个体（族群）的作用程度也是不一样的，面对不利环境和重重困难，没有经过长期的生存考验和缺乏谋生经验的人，在付出巨大的身心折磨而只能获取微不足道的收益时，坚持下去就十分困难；而对于已经习惯于这种艰难环境的人来说，他们长期与之抗争，逐渐形成了自己独特的创业和生活方式，令环境这个判决者也无可奈何。

所以，"贫穷的孩子早当家"这句话，讲的就是负面环境的正面效应，即不利环境促使人的生存意识的自觉和积极投身谋生实践。但是，仅是不利环境和生存压力还不足以促成创业创新意识的觉醒，纯粹的生理需求至多也只是迫使个体为填饱肚子而采取一些自发的谋生行为。为什么有的地方、有的人愿意安于贫穷，甚至宁可去行乞或偷盗——也是谋生行为，也不愿动脑筋花力气去通过创业改变自己的命运？懒或无能不是原因，而是结果。导致主体蒙昧的一个重要原因，是创业文化启蒙的缺失。而温州具有区域性特点的务实创变文化正是温州人生存意志和文化启蒙相互作用下的主体自觉的产物。更具体地说，是从生存自觉走向文化自觉，又以文化自觉激励创业意志。

一 耕读文明和功利文化的启蒙

温州之所以能一开始就站在改革开放和市场经济大潮的前沿，成为我国商品经济和市场化进程早期创业富民的典范——或者说温州人特别想创业，也特别能创业，除了前面分析过的自然条件和边缘处境的逼迫之外，创业文化的先觉和启蒙也是一个不可忽视的重要因素。

首先是功利观念的启蒙。温州人讲实利、求实效的观念早在宋朝时期就已自觉为哲学思想体系。如前所述，永嘉学派反对空谈"心性"和"义理"，理直气壮地提出"义""利"并举。这种事功哲学思想并不是停留在书本和学术层面的书斋文化，而是来自民间，又深深地植根于民间，成为一种民俗民风。温州民间的一句俗语"劳动力兑伙食"，直白浅显，但却反映了这样一种朴素的劳动文化思想，即我应该用劳动来谋生，而我付出了劳动，也就应该得到相应的报酬。所以，以劳动换取的"利"是心安理得的。为了实现更多的"利"，永嘉学派主张"农商皆本"，反对重农抑商的传统思想，呼吁"通商惠工，以国家之力扶助商贾，流通货币"。因此，经商也是劳动，经商致富也是属于"以劳动力兑伙食"。进而也就可以推导出工商经营中的雇佣关系、私有制乃至资本的"剥削"也是合理的。

其次，传统的耕读文明对温州人的创业思想也有深刻的影响。说起田园耕读的生活，让人首先会想到东晋的陶渊明等士子退隐山林回归自然的一种生活方式。但温州人的耕读观念似乎与三国时期诸葛亮的隆中耕读更为契合。前者是出世隐居，后者是为入世等待。温州人的功利思想决定了其耕读的目的绝不只是为了修身养性。饱读经书不是奢望成圣，也非修道成仙。"耕"不过是为"读"提供基本的物质保障，而"读"为的就是获取功名，成就一番功业。有功名功业，"利禄"自然也就可以实现——对于"功名利禄"，温州人并不讳言。如刘伯温[①]，凭他的学养智慧，对宇

[①] 刘基（1311—1375），字伯温，处州青田县南田乡（今属温州市文成县）人，元末明初军事家、政治家、文学家，明朝开国元勋。洪武三年（1370 年）封诚意伯，武宗正德九年追赠太师，谥号文成。

宙人生、历史人文参悟得不可谓不深透，但他终究不能老死乡野，还是要走出大山，成就功业，成为济世贤能文化的代表。

于是，"读可荣身、耕可致富"成为温州传统社会的一种生活理想，而温州优美的山水生态环境为耕读提供了理想的乐园。如前所述，从晋、唐时代开始，北方和中原但凡有大规模的战乱，就会有许多士族和百姓避乱迁移到温州，他们选择了这里作为理想的栖息地，并把中原的文化也带到了这里。自唐朝以来，尤其在宋代，统治阶级为了维护长治久安，采取兴文事、抑武事的策略，并把科举列为国家要务来抓。出身尊卑、血统贵贱、门阀高低，不再是决定士子能否登科入仕的依据，这就大大地激发了普通人家对科举的兴趣。"万般皆下品，唯有读书高""学而优则仕""朝为田舍郎、暮登天子堂"，这些对于身处乡野的读书人来说不是可望而不可即了。因此，读书、入仕、致富成为温州人对美好生活的憧憬。

而温州耕读文化融合永嘉学派的开放精神，又体现出兼容并举的创富思想和人生选择，极大地丰富了温州人的创业途径。如永嘉岩头的芙蓉村《陈氏宗谱》说："凡吾族子弟，为士者须笃志苦学，以求仕进；为农者须勤耕、贸迁，以成家业。"再如《谢氏宗谱族规》中就"耕读"一条写道："读可荣身，耕可致富，勿游手好闲，自弃取辱，少仕荡废，老朽莫及。"从中可以看出，受中原儒家文化的迁移影响，劝赏读书功名已成为乡间风尚。但他们并不认为读书功名是家族子弟的唯一出路，而是有"为士""为农"两条途径。有读书能力和潜质的孩子，一定要争取功名，为家族争光；而缺乏读书天分的人，也不能游手好闲，一定要勤于耕贸，通过劳动发家致富。因此，读书功名、耕作务农、经商创业多条道路并行不悖，并且可以兼业。譬如耕与读可以兼，以耕养读，以读入仕；读与贸也可以兼，以贸养读，以读促贸，贸以致富；而耕与贸兼，即"耕可致富"。"耕"之所以能"致富"，关键在于"为农者须勤耕、贸迁"。我们知道，在历史上，单凭"耕"而能"致富"的农民，几乎是没有的——除非是地主或农场主，靠拥有大量土地而收取地租致富。并且如果人均耕地紧张，那么如果只会"耕"，恐怕就连糊口也难以维持。因而随着人口的迁入和繁衍而日益凸显的人多地少的矛盾，耕作和贸迁的分流或兼业，就成为温州人的生存和创业之道。这也许可以说是温州地域性、本土性文化与以儒家为主体的中原统治文化融合创新的结果。事实证明，这种兼容并举的"耕读"文化，在后来温州人的致富和创业实践中得到了很好的继承印证。如温州人普遍的兼业（第二职业）模式，一边上班赚取工资，一边在家里（或与亲戚朋友合伙）创办家庭工厂或开店经商；温州学子也喜欢工（商）学结合，边读书边进行创业训练。

这样一来，耕读文化就赋予了温州文化以"实践理性"和"道德理性"的双重品性，因而也呈现出两种交融并存的历史面貌：既是传统的手工业和商贸胜地，又有"东南小邹鲁"的美称。

然而从根本上讲，事功文化是温州文化的灵魂，它构成了温州创业创新文化的前提与基础。而事功文化的务实观、实践观又必然衍生出创新求变的处事思维。求实是创新的前提，创新是求实的必然结果。在我国经济体制改革的历程中，温州人坚持从实际出发，解决实际问题，敢于跨越新旧体制间的鸿沟，突破原有的计划经济体制的束缚，在改革开放的大背景下，审时度势，围绕商品经济快速发展，创造了许多破天荒的"第一"和"先例"，无疑是这种事功文化长期启蒙熏陶下"实践理性"自觉的必然结果。

植根于温州务实创变传统文化的制度创新，是温州改革开放后经济迅速发展的根本原因，而温州的制度创新又是从最基层开始的，这种自下而上的诱致性制度变迁，往往带有温州的地方文化传统、生活方式、社会心理等文化因素，它又与初级市场经济的基本要求相吻合。也正是由于温州文化因素恰好与市场经济的要求在很多方面具有天然的亲和性，所以温州才能率先进行大胆的改革，从而成为制度创新的多发地区。

当然，文化的形成和传播影响是很复杂的，温州传统文化也是一个复合的整体。首先，温州虽然是一个因工商贸迁而闻名的地方，但并不意味着这里没有农耕文化和小农经济的因素；其次，中原文化本身也是儒、道、释等复合的结构，其中儒、道对中国传统社会和意识形态的影响可谓此消彼长，因此它对温州的影响在不同的历史阶段也有不同的侧重。汉武帝接纳董仲舒的意见，"罢黜百家，独尊儒术"，确立了儒家思想在封建统治结构及其意识形态体系中的主导地位。但到了汉末魏晋时期，随着中央集权的分崩瓦解，战乱的频仍和高压统治，使得全身远祸、保命安生的"黄老"思想重新成为个体生命的第一需要。这一时期因避乱而流入温州的中原人士以及到温州为官的谢灵运、王羲之等人，崇尚道家思想文化，无疑对瓯越人以性命哲学的启蒙。但老庄"自然""无为"观念如果与狭隘、保守的小农经济意识结合，对创业文化和实践就可能产生消极影响，

"小富即安"的小生产者心理就是其中的一种表现。这种心理与现代市场经济的发展要求显然不甚适应。因此，温州的创业之途中也曾面临现代企业文化的启蒙和重构问题。从个体户、家庭作坊、家族企业到股份合作制企业和现代企业制度的构建，从模仿到创造，从产品制造到品牌和文化塑造，则印证着温州创业文化自觉层次的不断提升。

二 从个私创业实现产业救贫

中国漫长的封建时代是典型的农耕社会，在农桑为本、自给自足的生存模式下，产业意识是比较薄弱的。直到近现代遭受西方列强的侵略后，我国的产业意识才开始有所觉醒，并在西方启蒙思想的影响下，一些人产生了产业救国的理想，从而催生了近代民族工商业。但是，在半殖民地、半封建化的社会状况下，无论是科学救国还是产业救国，都难以顺利实现。新中国成立后，对原有的一点民族工业进行了社会主义改造，使之成为公有体制下的全民产业。个体私营产业则在很长一段时期成为禁区。

体制把温州重新逼入传统农耕经济的模式，但温州人多地少的矛盾日益突出，再加上如"大跃进""人民公社""文化大革命"等一系列实际上严重影响农民生产积极性和生产效率的极"左"政策的推行，到后来吃饭真正成了问题。温州成了僻居浙南山区的贫困地区，有民谣这样描述当时的情况："平阳讨饭，文成人贩，永嘉逃难，洞头靠贷款吃饭。"这几个地方再加上泰顺，温州地区有一半以上的县是国家或省级贫困县。

生存压力大，谋生意识强，工商启蒙早，创业自救和产业经济的自觉也就顺势而发。如前所述，温州自唐宋以来就逐步发展为一个传统的经商和手工业之地，具有比较悠久的工商传统。因此，早在改革开放之前和之初，温州有一定手艺的农村劳动力为谋生路纷纷到外地去从事弹棉花、养蜂等营生（当然也有一部分如前所述，去从事倒卖等活动）。这些手工业者或能人在为谋生的"贸迁"实践中积累了一定的资金和行商经验，了解市场，往往成为改革开放后的首批创业者。他们或者依据老本行，或者开拓新领域，从家庭作坊、夫妻店等形式开始，逐步做大。后来，在国有、集体企业大部分不景气的情况下，又有大批在岗人员"下海"，加入创业大军。这些人要么凭借在原来企业掌握的技术和手艺，要么利用在原来单位做供销等工作积累的市场和人脉资源，或独资或合股创办家庭工场、私人企业或公司。由于温州人创业起步较早，有改革开放前几年的市场经验积累，所以改革开放一开始，温州的家庭工业就迅猛崛起。而此时许多集体企业、家属厂之类由于体制滞后、效益差而纷纷倒闭，或者其人才、设备等流入民间，为私人企业所吸纳，或者整个企业被私人承包、购买转制。

遍布温州城乡的民办（私营）小企业，如石板缝中长出的劲草，不断蔓延生长。1983年，农村联户、家庭工业和村办工业产值达10.58亿元，比1978年增加了8倍，成为农村经济的支柱。1985年，全市共有家庭工厂10.7万个，联户工厂2.5万个，两者从业人员有40多万人，产值11.4亿元，从绝对额上超过了全民所有制工业的产值。同时，民办商业、运输业和餐饮业也完全占据了主导地位。①

从20世纪70年代末80年代初以来，温州的家庭工业从简单到复杂，从低层次到较高层次，发展出多种形式，形成了诸多特点。如在发展阶段上，从原始的兼业农户，到初级的手工作坊和家庭工业典型形式的家庭工场，再到较高层次的联户工厂，层进发展，又兼容并存。从经营方式上，则既有普遍的独户经营，也有承包经营、联户经营，还发明了独特的挂户经营和双层经营。所谓"挂户经营"，是指因各种原因没有取得独立经济法人资格的个人或联合体经营者挂靠于某个乡镇（街道）集体企业或国营企业，按经营额比例缴纳挂户管理费，就可以以该挂靠企业的名义从事生产经营活动。被挂靠企业一般向挂户者提供"三代三借"服务，即代开发票、代为建账记账、代征税收，让挂户者借用本单位的介绍信、空白合同书和银行账户。"双层经营"也是个人工厂与集体企业合作的一种模式，家庭工厂将一部分生产环节——特别是流通环节，交由集体企业，有的统一组织原料，有的统一组织销售。以上两种"借壳"生产和经营的方法，属于在特定历史时期和政策环境下，温州人务实变通的典型做法，它们与随后兴起的"贴牌"生产很是相近。

家庭工业资金和技术门槛低、设备简，基本以生产日用小商品为主。这些小商品尽管价廉利薄，但销售快、销量大，再加上个体私营机制灵活简便、效率高，所以往往很快能取得较好的效益。个私经营和民办工业的发展，让温州人大面积致富。1985年温州农村的人均收入达到447元，比全国农村人均收入397元的水平高12.6%；而以家

---

① 《温州民营经济发展30年·发展综述卷》，浙江人民出版社2008年版，第67、69页。

庭工业为基础的十大商品产销基地和专业市场所在地农民的年人均收入则为 500 元。①

正如费孝通和袁恩桢两位先生所总结的那样，温州的变化、温州模式有两大内容，或者说两大特色：一是生产领域发展了星罗棋布的家庭工业，二是流通领域开辟了繁花似锦的专业市场。简言之，即"以商带工""小商品，大市场"。②

为了把大量的家庭作坊和民营企业生产的产品推销出去，20世纪80年代温州就形成了"十万大军"跑供销、全国各地包柜台（商场）、专业市场遍地开等壮观的商业营销局面。成千上万的推销员把样品带出去，把订单带回来。从跑供销中锻炼了能力和熟悉了市场的人回来又开始自己办厂创业，许多供销员后来成为大老板、企业家。为了进一步扩大销路，建立据点，温州人又到全国各地租柜台、包商场。同时，为了加速流通环节，温州人直接把产销对接，形成了众多的专业商品产销基地或称专业市场，这种扩大了的大规模的"前店后厂"模式，可以让客商选货、订货、发货一趟搞定，大大提高了购销效率，也为众多家庭小企业进行规模化联营创造了条件。据《人民日报》记者1983年的调查报道，在改革开放短短几年间，在一些人多地少的地方，先后形成若干个日交易额几万元到十几万元的小商品交易市场。市场所在的这些地方，整个公社、整个区的农民从事一项或几项商品生产，形成了各具特色的年产值达几千万元至一亿多元的区域性专业商品产销基地——批发市场。③ 1985年，温州已有大小商品市场393个，其中专业市场130个，著名的大型专业市场10个。1986年，大小商品市场增加到417个，有10万购销专业户，沟通了全国20多个省市的商品流通渠道，并出现了资金、劳务、信息、技术和生产资料市场。"十大专业市场"中最著名的有被称为"世界东方纽扣中心"的永嘉桥头纽扣市场、苍南宜山再生腈纶纺织品市场、乐清柳市低压电器

---

① 《温州民营经济发展30年·发展综述卷》，浙江人民出版社2008年版，第69、68页。需要提醒的是，不能以今天的概念来理解这组数据，当年一名大学本科毕业生参加工作最初的月工资也就50元左右，那时还没有奖金概念；一碗肉丝面的价格为0.20元加二两半粮票（没有粮票为0.25元一碗）。

② 《温州民营经济发展30年·发展综述卷》，浙江人民出版社2008年版，第67、72页。

③ 王小强、白南生：《农村商品生产发展的新动向——浙江省温州农村几个专业商品产销基地的情况调查》，《人民日报》1983年12月8日。

产销基地、苍南金乡徽章和塑片产销基地等。以温州市农委1984年7月提供的数据为例，十个规模较大的专业商品产销基地和专业市场，1984年产销额达9.55亿元，从业人员28万，上缴国家税收3569万元，提供集体积累1964万元。而像桥头纽扣产销基地的兴盛，还带动了服装、拉链等相关产业的形成与发展。至1986年，当地的服装加工和拉链厂就发展到1500多家，仅朱涂乡壬田村的340户人家中，就有280多户从事服装加工，年产值1000多万元。①

随着这种以商带工、以商促工的商品经济新格局的形成，家庭、联户工业、私营企业数量和规模不断扩大，立足本地的专业市场已不能满足产品营销的需要。于是，已经积累起相当创业资本的温州人就把专业市场和专业街的模式推广到全国乃至世界各地，这就是全国各大城市纷纷出现的"温州商城""温州街"。温州人由原先的租柜台、包商场，发展为自筹资金建商城，然后以招商的方式把大批温州人吸引到一起"集团作战"。

商品经济的发展使得市场竞争越来越激烈。竞争给一家一户分散的小规模生产经营活动造成了压力。要在竞争中站稳脚跟，光靠维持简单再生产是不行了，出路是设法扩大规模、更新设备、开发新产品、提高产品质量和技术含量。这就需要加大投资。但资金从何而来？向国家金融机构贷款，遭遇政策的限制；民间借贷，利率高得难以承受。在这样的情况下，几家几户联合起来，入股集资，共担风险，共享利益，就成为一种现实可行的办法。于是，温州经济从个体经济这个初级台阶迈上第二个台阶——股份合作经济。据国务院研究室1989年8月底在温州调查的情况显示，自70年代末出现股份合作雏形，到1987年温州市人民政府颁布《关于农村股份合作企业若干问题的暂行规定》以后，股份合作制开始走上规范化发展道路，并已成为温州市特别是农村企业组织的主要形式。至1988年，全市已有各类股份合作企业22833家，以瓯海县（今瓯海区）为例，股份合作企业占全县乡镇工业企业总数的75%以上。1993年，温州股份合作制企业发展的鼎盛时期，企业数达到了36887家，其中工业企业27771家，工业总产值192.84亿元，占当年全市工业总产值的56.2%。②

温州民营企业的组织形式从家庭企业发展到股份合作制企业，完成了

---

① 《温州民营经济发展30年·发展综述卷》，浙江人民出版社2008年版，第80—82页。
② 同上书，第151、269页。

产业救贫和创业积累，第三步即是向现代公司制企业发展。20世纪90年代中后期，规模较大的企业大都以资本和品牌为纽带组建成了企业集团，中小企业则集聚成为众多的企业集群。温州的民营企业逐步向现代企业制度迈进。进入21世纪，随着国际化经营时代的到来，温州资本、温州企业进一步加快了走出市门、走出国门的步伐，到更加广阔的舞台上"唱温州戏"。

综上所述，如果说山海地理环境和人口、资源等因素作为自然"基因"决定了温州人务实谋生的观念，并形成了事功实学文化，那么历史沿革中经常处于边缘化的境况，则进一步促使这种意识和观念向摆脱危机和困境的创变心理和行动演化。温州和温州人从20世纪70年代末开始的行动就是最生动的印证。

第三章

传统观念与现代意识的交结

特定的环境和生存状态进化成了特定的文化基因，进行着基因信息的传递，这种信息最集中概括的是以观念形态呈现的。观念是文化的积淀、浓缩和全息态。美国文化学者克罗伯（Alfred Louis Kroeber）和克拉克洪（Clyde Kluckhonn）在对160多个关于文化的定义所作的辨析中认为：文化代表了人类群体的显著成就，包括它们在人造器物中的体现；而文化的核心部分是传统的（即历史地获得和选择的）观念，尤其是它们所带的价值观。文化体系一方面可以看作是行为的产物，另一方面则是进一步行为的决定因素。也可以说，观念既是文化心理的深层结构，又是文化个性和特色的显著标志。因此，我们从区域文化视阈解读温州创业创新文化心理，就不能不从温州人的创业观念入手，来揭示其创业行为的精神内核。

如导论中所述，永嘉实学之"务实"是指谋实利、切实际两个方面，重商主义即是根据温州的实际而为温州人谋实利。但重商主义与传统农耕文化的"务本"主义及新中国成立后实行的计划体制相冲突。因此，在基于务实创变的创业创新行动中，首先需要道德"去蔽"和观念转型，并明确相应的利、义关系和实现之道，确立道德理性。这就是永嘉学派提出的"利义并举"。而自立自主的创业观、诚信的道义观、交往理性观和与时俱进的发展观等，就是"以利和义"的实现之道和重要保障。

第一节　利义并举的创业观

创业是一种有意识，即有目的和动机的行为。然而，人的行为的目的和动机具有不同的阶段性，意识也可以分为不同的层面。动机是由需要决定的，亚伯拉罕·马斯洛（Abraham Harold Maslow，1908—1970）把人的需要分为五个层次，即生理需要、安全需要、爱与归属的需要、尊重的需要和自我实现的需要，分别对应动机发展的不同阶段。其中前面两项我们可以归结为人最基本的生存需要，或称"生的本能"——西格蒙德·弗洛伊德（Sigmund Freud，1856—1939）将其归于意识结构中的最深层和隐秘的"潜意识"部分，并认为它标示着人类生命中祈求创造和进取的活力。然而由于它蓄积着人的先天的生理欲望和本能冲动，遵循满足和快乐原则，因而需要代表理性和审慎的"自我"按照道德化、理想化的"超我"原则来对它进行调节、控制甚至伪装，以避免其与现实世界的冲突。具体到创业的行为上，工商创业必然要牟利，牟利的冲动首先基于根本的生存需求。马克思在研究历史和政治经济学的过程中，也揭示了这样一个简单的事实：人们首先必须吃、喝、住、穿，然后才能从事政治、科学、艺术、宗教等活动。人们尽管可以通过法律、伦理道德、宗教戒律和个人修行等"超我"抑制一部分欲望冲动，但却始终不可能消灭人的基本需求。无论个体还是社会，创业和发展的根本目的就是不断满足人们日益增长的物质和文化需要，而需要的满足要以一定的物质条件为基础。于是，金钱货币等作为这些物质条件的等价物和符号象征，自然也就成为人们为满足需要而追求的对象。从这个自然逻辑来看，"逐利"也就具有了天经地义的合理性。

当然，在社会化生存中，人并不能完全按照"本我"来行事。"超我"也是人们创造和积淀起来用于规范和约束自己的文化范式，任何违背范式的行为就会被定义为不道、不义而受到指责或制裁。实际上，在创业牟利行为中，代表个体利益的"本我"与代表他者和群体利益的"超我"也时时会处在矛盾对抗中，由此也就产生了"利"与"义"的二元对立论。

一 义利之辨和理欲之争

"义"与"利"是我国传统文化观念中争辩的重要问题之一。所谓"义"，即道义，是指思想行为符合道德伦理准则；"利"则通常指物质利益、功利。广而泛之，"利"与"义"体现的又是物质和精神的价值关系，以及动机和需要的阶段性和层次性。

从形而上的理念上说，中国传统文化的价值取向主要表现为重"义"轻"利"。如早在春秋时期，晋国的大臣里克就曾说："夫义者，利之足也；贪者，怨之本也。废义则利不立，厚贪则怨生。"① 孔子把对义、利的认识和取舍态度作为区别君子与小人的道德标准。他说："君子喻于义，小人喻于利。"② 孟子进一步阐发说："鸡鸣而起，孳孳为善者，舜之徒也；鸡鸣而起，孳孳为利者，跖之徒也。欲知舜与跖之分，无他，利与善（义）之间也。"③ 汉代大儒董仲舒的名言"正其谊（义）不谋其利，明其道不计其功"也是源于孔孟而阐发的义利观。到了宋代程朱理学那里，这一问题转换为理、欲之辨。程颐说："不是天理，便是人欲。"④ 又说："昏于天理者，嗜欲乱之耳。"⑤ 可见"天理"（"义"即天理的体现）和"人欲"（"利"即人欲之追求）之势不两立。故只有"灭私欲则天理明矣"⑥。朱熹在他的伦理道德体系里，也把理欲公私之辨作为一个重要的环节。他直接继承二程的观点，说："人只有个天理人欲，此胜则彼退，彼胜则此退，无中立不退之理。""人之一心，天理存则人欲亡，人欲胜则天理灭。"⑦ "人欲者，此心之疾疢，循之则其心私而且邪。"⑧ "私"与"邪"必然导致与天理、公心（义）的对立，因此是"恶底心"。因而最终也只能"革尽人欲，复尽天理"⑨。

然而落实到现实生活实践中，利、义就并非两个单纯的对立概念关系那么简单。首先，"利"也有公利、私利之分，按照儒家思想，"公利"显然属于"义"的范畴。孔子说："大道之行也，天下为公。"此处的"公"就是公共（众）利益，毫无疑问应该肯定并且大力褒扬。孟子以古代圣王"法尧舜"为例来说明公利人心："舜之相尧，禹之相舜也，历年多，施泽于民久。启贤，能敬承继禹之道。益之相禹也，历年少，施泽于

---

① 《国语·晋语》，见徐元诰《国语集解》，中华书局2002年版，第290页。
② 《论语·里仁》，见朱熹《四书集注》，岳麓书社1985年版，第98页。
③ 《孟子·尽心上》，见朱熹《四书集注》，岳麓书社1985年版，第452页。
④ （宋）程颢、程颐：《遗书》卷十五，见《二程集》，中华书局1981年版，第144页。
⑤ （宋）程颢、程颐：《粹言·论学篇》，见《二程集》，中华书局1981年版，第1194页。
⑥ （宋）程颢、程颐：《遗书》卷二十四，见《二程集》，中华书局1981年版，第312页。
⑦ （宋）朱熹：《朱子语类》卷十三，见《四库全书》集部八四，别集类，上海古籍出版社1996年版，第199页。
⑧ （宋）朱熹：《辛丑延和奏札二》，见《四库全书》集部八四，别集类，上海古籍出版社1996年版，第108页。
⑨ （宋）朱熹：《朱子语类》卷十三，见《四库全书》子部六，儒家类，上海古籍出版社1996年版，第185页。

民未久。"① 尧传位于舜和舜传位于禹的"禅让"都是出于公利，而非私心；舜被尧选中作为事业承继者，与后来禹被舜选中作为继承人，道理也是一样的，那就是他们历经多年的治理实践，给老百姓谋利益很久了，所以尽管他们在尧和舜驾崩，守完三年的丧礼之后都出于对掌权之"利"的避嫌而跑到山里躲起来（表现为"义"），但老百姓却认为尧、舜、禹的掌权并非为了一己私利；相反，他们执政为民，实现的是公利，所以坚持要他们出山。禹虽然也推荐了益作为继承人，禹死后益也躲避到箕山之阴，但官吏和百姓们却没有去找他，原因在于益治理实践的时间不久，给百姓带来的利益还不够多。而禹的儿子启能继承父亲的贤能，所以大家就拥立了启。这样，尧、舜、禹还有启都是为了"公利"而义不容辞地担当起责任。实际上，这个例子恰恰可以说明"利"（公利、私利）和"义"完全可以统一于实践，统一于百姓的选择。当你为着公利（义）的时候，实际上你的个人私利也得到实现了；或者当你为着个人私利的时候，公利（义）也随之实现了。义、利之间在实践中相互实现，人性善否的具体判断不再只是形而上的内省式的思辨，而是以实际的义、利关系来作为道德评价的可操作方式。这无疑为后来儒家思想的发展和分化——如浙江学派中的永康学派、永嘉学派等功利主义实学产生了影响。

其次，在面对不同的现实情况，面对真实人性的时候，私利、私欲是否应一概加以否定？我们再来看董仲舒的另一番话："天之生人也，使之生义与利。利以养其体，义以养其心。心不得义不能乐，体不得利不能安。义者，心之养也；利者，体之养也。体莫贵于心，故养莫重于义。义之养生人，大于利矣！"② 这里很清楚地包含两层意思：其一是天生人性具有"养体"和"养心"两方面的要求，所以对于一个真实、具体的人（"生人"）来说，利（养其体）、义（养其心）需要兼顾。这是董仲舒看到了秦朝百姓因"体不得利"而"不能安"，从而起来造反，推翻秦统治的历史教训；而汉初实行的休养生息政策，正是为了能让百姓在恢复物质生产和生活中"体"有所"养"。所以他认为过重的剥削，百姓无"利"以养"体"，就会引起社会动荡，不利于封建统治。其二是养心重于养体。董仲舒认为以"利"养"体"固然是必要的，但如果一味地这

---

① 《孟子·万章上》，见朱熹《四书集注》，岳麓书社1985年版，第388页。
② （汉）董仲舒：《春秋繁露·天人三策》，岳麓书社1997年版，第151页。

样下去，势必又造成不良后果。"万民之从利也，如水之走下，不以教化堤防之，不能止也。"① "忘义而殉利，去理而走邪，以贼其身而祸其家。"② 董仲舒实际上也是主张以"义"导"利"，即用仁义道德来教化百姓，"立义以明尊卑之分"。这显然又是他立足于汉武帝时期封建统治已基本巩固的情况下而提出的可持续发展战略思想。由此可见，在董仲舒的观念里，利、义并非截然对立、不可调和的。他的"明其道不计其功"其实还有另外一个说法，叫作"修其理不急其功"③，很清楚，不是不要"功"，而是反对急功近利。撇开断章取义的理解，准确地说，就一般人性来说，利、义两者是应当兼顾的；而针对不同的历史阶段和社会现实，两者关系的侧重点会有所不同，但从社会发展的角度来看，随着物质水平的提高和"利欲"的横行，"义"的教化和精神的提升就显得越来越重要。

到了程、朱理学，义、利之争发展为理、欲之辨，认为要"存天理"就必须"灭人欲"。这里的"欲"往往让人产生误解。其实，理学所反对的"欲"并不是指人的基本需求，对于人性中的正常欲求，他们是将其归入"天理"的。孟子早就说"食色性也"，因此《二程集》中也提到："饮食男女之欲，喜怒哀乐之变，皆其性之自然。"④ 这自然之性的"欲"符合"天理"，当然不应在"灭人欲"的范围内。那么什么样的"欲"是过分而不合理的呢？朱熹说："饮食者，天理也；要求美味，人欲也。"⑤ 也就是说，正常的、基本的需求是应该的，但要求过头，贪得无厌而专门追求物质享受，就不能容忍了。二程指出："圣人之欲不逾矩。"⑥ 圣人同样有人欲，但却不会超越礼法规范。朱熹进一步解释："身有嗜欲，当以礼仪齐之。嗜欲与礼仪战，使礼仪胜其私欲，身得复归于理。"⑦ 由此观之，程朱对"欲"的态度，实际上是贯彻的中庸理念，是从"度"上来

---

① （汉）董仲舒：《春秋繁露·天人三策》，岳麓书社1997年版，第307页。

② 同上书，第151页。

③ 同上书，第154页。

④ （宋）程颢、程颐：《粹言》卷一，见《二程集》，中华书局1981年版，第1180页。

⑤ （宋）朱熹：《朱子语类》卷十三，见《四库全书》子部六，儒家类，上海古籍出版社1996年版，第199页。

⑥ （宋）程颢、程颐：《遗书》卷六，见《二程集》，中华书局1981年版，第89页。

⑦ （宋）朱熹：《论语或问》卷十二，见《四库全书》经部一九一，四书类，上海古籍出版社1996年版，第433页。

把握理、欲的界限和关系，并不是像后来有的人那样，抓住程朱的某些章句，就认为理学就是绝对地泯灭人性。

其实，儒家思想对义、利关系的态度始终是隐含着辩证观念的。孔子说："富而可求也，虽执鞭之士，吾亦为之。"但"不义而富且贵，于我如浮云"。① 可见他并非不要富贵，只是反对"不义"之财和用"不义"的手段来谋取的富贵，要求"见利思义""义然后取"②。在孟子的性善论中，也不是一味地反对"利"，而是要以"义"节"利"、以"义"导"利"。只是由于以道德为本位的儒家思想总是强调人性中"义"的作用，而对"利"的作用很少正面辨析，再加上后来佛老寡欲、无欲思想的加入，使得不少后儒，尤其是理学末流往往从专制统治需要出发，在阐述和发挥孔孟思想时，专注于"义""利"关系的对立面，以偏概全，逐步形成了排斥"利"的纯道学（假道学），把孔孟思想中已有萌芽的人性本体论转换成了人性的纯粹道德本体论，最终则异化为不是以"仁"的原则和实践，而只会以"礼"的形式和规则来评判现实中义、利的关系和行为。正因如此，永康学派和永嘉学派才从浙江的客观环境和时代需求出发，对儒学的义利观进行"重读"，从辩证的角度彰显了义、利关系中统一的一面，提出"义利并举"，实现了儒学在商品经济萌芽中的新发展。

传统文化中的重"义"轻"利"观念形成了中华民族多方面的文化心理。"义"表面上是指精神层面的道义，而实际上是指涉及社会或国家的公利。因而先公后私、公而忘私、大公无私、廉洁奉公等就是"大义"。推而广之，团结互助、集体主义、爱国主义等也是"义"的体现。但是，重"义"轻"利"的观念在历史上也产生过一些消极的心理和作用。譬如，"重农抑商"就与此有一定的内在关系。"抑商"除了维护自然经济体制及与之相应的专制统治这样的经济政治原因外，还有经商牟利的目的与手段方面的道德原因——首先，经商的出发点是谋私利；其次，牟利往往会不择手段，即通常人们认为的"无商不奸"；最后，商贾多巨富，有悖平均主义原则——这些都与"不义"有所瓜葛。还有就是从重"义"轻"利"观念而来的"安贫乐道"思想，最终演变为后来的"贫穷光荣"的心理。"义"作为精神力量虽然对人生有很大的能动作用，但

---

① 《论语·述而》，见朱熹《四书集注》，岳麓书社1985年版，第123、124页。
② 《论语·宪问》，见朱熹《四书集注》，岳麓书社1985年版，第185、186页。

在传统专制社会，也具有一定的欺骗性，即"立义以明尊卑之分"，迷惑人们在重"义"的前提下，恪守本分、乐天安命、安于贫贱，以便于实现专制统治。上述两方面的消极因素使得中国经济社会长期徘徊在比较封闭落后的阶段。

西方社会在历史上也有关于利、义方面的观念之争。《圣经》也认为爱财、贪欲是万恶之源，所以灵魂的救赎需要禁欲，这是基督教的一个基本教义。但如何禁欲，则有两种途径：一种是出世的禁欲，即通过隐修来超越世俗而求得救赎，一般信众则必须通过教会履行诸如做弥撒、奉献、悔过、补赎等"圣事"，才能得到上帝的恩典。这属于中世纪天主教隐修院的禁欲观和由教会和神职人员垄断的圣事观。但从15世纪后期始，欧洲文艺复兴和自然科学取得新的突破，理性和批判精神开始觉醒，封建制瓦解，资本主义萌芽，中世纪经院神学烦琐僵死的教条成了个体自由发展的障碍，宗教改革势在必行。到16世纪中叶，马丁·路德（Martin Luther，1483—1546）创立的路德宗、约翰·加尔文（John Calvin，1509—1564）创立的归正宗和作为英格兰国教的安立甘宗等新教的主要宗派都已出现，得到所在国家世俗政权的支持，同罗马天主教相抗衡。这样，另一种为资本主义的个体自由、平等、民主思想扫清观念障碍的入世救赎观应运而生，它主张"因信称义"，信即得救，故人人均可为祭司，每个信徒都可以借圣灵的引导直接从《圣经》领悟上帝的启示和真理——类似于我国唐宋以来流行的佛教禅宗的"即心是佛"。因此教徒只要怀有神圣的宗教情结，去担当和完成现世的责任和义务，在所从事的世俗职业中来证明自己对上帝的虔敬，这属于宗教改革后的新教[①]禁欲观。佛教当中也有类似的所谓削发禁欲和带发修行、苦行和参禅等不同途径。新教伦理的核心在于把劳动作为禁欲的有效手段，把职业看作上帝向人颁发的命令。因此，在财富观上，清教徒强调就其作为履行职业义务（天职）的意义而言，财富的获取不仅在道德上是允许的，而且在实际上也是必需的，它象征着上帝的赐福，它能增益上帝的荣耀。

尽管新教伦理还是把沉溺于人生的享乐作为罪恶，但对资本主义的发展而言，重要的是它打破了对获利冲动的束缚，当它与劳动"天职"观

[①] 新教（Protestantism），或译为更正教、反对教，也直接称为基督教，与天主教、东正教并列为广义上的基督教三大派别。

念和消费限制观念结合起来以后,就必然导致资本的积累这样一种效果,从而促进资本主义的扩大再生产。因此,马克斯·韦伯认为,新教禁欲主义世界观是促进资本主义经济生活发展的"最重要,而且首先是唯一始终一致的影响。它哺育了近代经济人"[1]。中国没有发展出像西方那样的理性的资本主义,在韦伯看来,主要原因在于缺乏一种与新教伦理相类似的特殊宗教伦理作为鼓舞力量。维尔纳·桑巴特(Werner Sombart,1863—1941)也同意宗教伦理对资本主义精神从而对资本主义的产生具有重要影响,但他认为犹太教的理性主义、条文主义、商业精神和允许犹太人和非犹太人之间存在不同道德原则的训诫等,才是培育资本主义的主要因素。

约翰·洛克(John Locke,1632—1704)在他的"消极自由"观中特别强调个体自由的不可侵犯,认为必须把个体自由从托马斯·霍布斯(Thomas Hobbes,1588—1679)所谓的"君主"(国家)式独裁和让-雅克·卢梭(Jean-Jacques Rousseau,1712—1778)主张的"公意"专制中解救出来。他反对君权神授,主张统治者权力来自于被统治者的同意,建立国家的目的就是保障社会安全及人民自然权利,若政府行为与这一目的相背,人民就有权收回权力。而对个体自由来说,自由权是本质,生命权是前提,财产权则是基础——这就是"天赋人权"。他强调平等、人身所有权和自由劳动权正是财富的来源和保证,个人财产是人权的物质载体和发展根基,"无私产即无私权"。个体主义的合理性和合法性首先表现为个人财产(私利)的合理性和合法性。

霍布斯认为人在"自然状态"下按本性生活,都要实现自己占有一切的"自然权利",这种自利的驱动,必然导致"一切人反对一切人的战争"状态,对抗竞争,损人利己。因而人们只有遵守共同生活规则,即理性的道德律令的"自然法",才能避免人人自危的战争状态,达到自保。但若没有一个强有力的公共权力,"自然法"就无以维护。故人们必须通过相互契约,把大家的权力交给一个人或者由一些人组成的议会。这个被授予最高权力的个人或议会就叫君主或国家。霍布斯反对君权神授,但认为臣民通过契约把权力交给了君主,那么君主的意志就代表和体现一切人的意志(公意)。臣民若反对君主意志,就是违反契约、违反正义,在逻

---

[1] [德]马克斯·韦伯:《新教伦理与资本主义精神》,于晓等译,生活·读书·新知三联书店1987年版,第136页。

辑上也意味着反对自身，而且又将返回原来的无政府状态。因此霍布斯反对分权说，主张君主（国家）专制。卢梭也主张把个体权力通过契约"让渡"给集体（公意），服从公意就是服从自己。不过他又指出原始的契约有着明显缺陷，社会中最富有和最有权力的人"欺骗"了大众，使不平等成为人类社会一个永恒的特点。他在《社会契约论》中提到，统治者与被统治者的契约应该被重新思考，政府不应是保护少数人的财富和权利，而应着眼于每个人的权利、平等和自由，否则就破坏了作为政治职权根本的社会契约。

而亚当·斯密（Adam Smith，1723—1790）则认为，作为个人主义者的"经济人"的自利欲望和行为并不一定同他人利益和公共利益发生冲突；相反，它可以客观上促进他人和社会利益。这样的人，通常是利己而不损人。"我们每天所需的食物和饮料，不是出自屠户、酿酒家和烙面师的恩惠，而是出于他们自利的打算。我们不说唤起他们利他心的话，而说唤起他们利己心的话；我们不说自己需要，而说对他们有利。"① 因此，自利说不野蛮，也非罪恶。个人的逐利行为实际上是在为他人服务的过程中实现的。个人绞尽脑汁地逐利，往往会超出他独自的预期，而意想不到地让他人、让整个社会受益，就能同社会的利益化相协调。这样，个人越是逐利，社会的公共利益就越是被扩大化。所以，政府不应干预个人经济活动，而应让人们在竞争中凭着自己的理性判断，追求个人最大利益，用市场这只"看不见的手"使社会资源分配达到最佳状态。这就和永嘉学派的义利并举、以利和义观点非常接近。并且亚当·斯密进一步强调个人利益和公共利益的相互协调，靠的是灵活市场这只"隐蔽的手"，而不是国家和政府这只"有形的手"。

二 言利不耻与逐利天性

但温州和温州人却有些例外。这里既没有像韦伯和桑巴特所谓的宗教精神的支撑，也不允许有人像洛克和亚当·斯密那样把个人主义和自由主义观念引入经济和社会领域，却从20世纪80年代以来一直被当作中国"资本主义的策源地"，而且温州人又显然具备近现代"经济人"的特质。

---

① ［英］亚当·斯密：《国民财富的性质和原因的研究》上卷，郭大力、王亚南译，商务印书馆1972年版，第14页。

因为在温州人的观念里，做生意赚钱就是天经地义的事，他们信奉"路上纷纷，行人悠悠，载驰载驱，唯钱是求"，甚至不惜用金乡、钱库、钱仓这样的地名和温富大厦、万豪大酒店、时代富豪大酒店等楼阁店堂名称来赤裸裸地表达他们对金钱财富的强烈企盼和欲望。即使在"穷光荣"和"割资本主义尾巴"的年代里，他们也从未放弃过对"利"的信仰和追求。

西方近代宗教改革和韦伯的所谓"新教伦理"其实是对西方近现代启蒙运动以来的一种社会观念调适。启蒙思想把人从神学的迷蒙中唤醒，在对自我的重新认识中发现了人性及其欲望的合理性。人性的解放和欲望的合理化也就是为资本主义的逐利性扫清观念障碍和提供原始动力。从这个意义上说，只要有在生存困境中激发起来的强烈的生存意志，即使不依托于某种神秘的宗教力量，也可以自发地形成类似于资本主义精神的某些观念。从前面两章的介绍中我们不难理解，温州人的赚钱欲望和言利不耻的观念就是这样一种具有本土性、自发性——世俗理性，而非宗教理性的文化基因。

有说法认为温州人天生就具有做生意的禀赋，他们从小就知道赚钱，这是温州人的一种传统文化心理。例如，方德华就是其中的一个典型。他5岁时表现出来的赚钱意识和才能就足以让人吃惊。对于童年的他来说，最好玩的游戏不是摆弄玩具、捉迷藏或过家家，而是做买卖。他经常把自己的东西标上价格卖给邻居家的孩子，有的东西价格难以确定，他就按想象标价。6岁那年，他竟将一块奇形怪状的石头标价1万元。姐姐认为不值，他却回答："这么漂亮的东西别人没有，我想卖多少钱就卖多少钱。"小小年纪对商道的领悟、迷恋和热情，深深影响了他的人生历程。上中学后，从作业本、乒乓球到自行车，方德华像个热衷于商务的精明的犹太人一样，什么都倒腾。"客户"则从同学发展到老师。最让人称奇的是它竟把一台旧的收音机推销给了正准备批评他"不务正业"的老师。老师兴致勃勃地拿回家去听（当然，结果是没几天就坏了）。

艰难的环境和贫困的经历激发起温州人强烈的赚钱欲望，他们向往和崇尚财富，他们喜欢用财富来体现自己的人生价值和改变自己的人生命运。儒家传统思想推崇"学而优则仕"，尽管温州人自宋代以来也有过对仕途的纷纷追求，但谋生创业理想与儒家传统以仕途经济为唯一指归的政治性理想还是有所不同。温州人更注重于物质经济领域的事功，这一点无疑显示出其本土性文化的顽强生命力。如果要让温商在"仕途"和"钱途"之间作一个单项选择的话,大多数人会直接选择后者。改革开放以来一大批辞去公职、纷纷"下海"经商的温州人就是例证。当然,每个人"下海"的具体原因可能不同,绝大部分是主动的,有的则也有被动因素,但有一点相同,那就是商海中的拼搏和遨游在让他们体会到创业艰辛的同时,更让他们感受到其中的自由和畅快,也更契合他们的个性和才智特点。

永嘉人叶康松[①]从部队转业回到地方,被安置在永嘉县委办公室当秘书。由于工作出众,时间不长,组织上就重用他,提拔他为县委委员、上塘镇党委书记。上塘是城关镇,担任该镇书记,差不多已进入县领导的后备名单。叶康松是个大刀阔斧的改革派,他把县有关职能部门负责人拉到镇里,搞现场办公,两天时间便审批了185个公司。他不仅鼓励扶持私人办企业,还亲自创办了大量挂靠集体的"红帽子"企业。此时还是1982年,省委严厉打击经济领域犯罪活动工作组进驻温州已有一段时间,各地都在"割资本主义尾巴",叶康松的做法显然属于"顶风作案",这种压力是可想而知的——温州早期的改革家都承受了类似的巨大压力,但他们都顶住了,当然也因此付出了代价。叶康松的结果是1986年辞职"下海"。由于领导干部"下海"还没有先例,他的辞职报告层层上交到市委,当时同是改革人物的市委书记董朝才则反复斟酌后破例签字同意了。公开的宣传称,身为县委委员、镇委书记的叶康松之所以"下海"是受到了"温州模式"的鼓舞。

叶康松辞职后从事的第一个行业是回到家乡瓯北镇承包土地搞水果试验场。此事成为轰动一时的新闻,《人民日报》作了报道,并在全国范围内引起大讨论。因为改革开放以后我国政府正在为机构的臃肿、公务员体系的庞杂和无法精简而费神,叶康松的"下海"创造了先例。几年后,国家政策就允许和鼓励公职人员辞职或停薪留职经商创业,从干部到商人的身份转变也不再令人有卑微感。

---

① 叶康松(1950—),温州永嘉人。美国康龙集团、上海康麦斯保健品有限公司董事长兼总裁,被称为温州辞官"下海"第一人、健康事业的慈善家。2004年捐资200万元成立叶康松慈善基金会,该会是新中国成立后第一家合法建立的以捐资人姓名冠名的非公募慈善机构。

三 取利有道与"道"的发展

孔子说:"富与贵,是人之所欲也,不以其道得之,不处也;贫与贱,是人之所恶也,不以其道得之,不去也。"① 这也就是我们常说的"君子爱财,取之有道"。所谓"有道",一般理解也就是我们前面所讨论的"义"。具体到"商道"上,最重要的是合法经营、坚守诚信,不能搞非法生产和销售,不能生产销售假冒伪劣产品,不能用坑蒙拐骗手法来获取利益,不赚昧心钱,等等。孔子说:"义然后取,人不厌其取。"② 这些道理,具有悠久商业传统的温州人当然不可能不知道。

然而,良好的工商道德要很好地落实和体现在人们的经商创业行为上,就不是那么简单了。孟子曾经告诫梁惠王:"无恒产而有恒心者,唯士为能。若民,则无恒产,因无恒心。苟无恒心,放辟邪侈,无不为已。及陷于罪,然后从而刑之,是罔民也。焉有仁人在位,罔民而可为也?是故明君制民之产,必使仰足以事父母,俯足以畜妻子,乐岁终身饱,凶年免于死亡。然后驱而之善,故民之从之也轻。今也制民之产,仰不足以事父母,俯不足以畜妻子,乐岁终身苦,凶年不免于死亡。此唯救死而恐不赡,奚暇治礼义哉?"③ 管子也说过类似意思的话,叫"仓廪实而知礼节",也是针对普通百姓而言。孟子还说过"穷则独善其身,达则兼济天下""富贵不能淫,贫贱不能移,威武不能屈",孔子则说"慎独"——这些都是对士、君子乃至圣人的要求。君子和圣人即使在"无恒产"的贫困处境下也能自觉守道,这种道德境界当然很高,但对于大多数普通人而言这是比较虚幻的,饿着肚子却还要始终坚守礼仪是很难做到的。解决的办法不是强制大家都去达到那个其实只有少数人才能做到的境界,而是如孟子所说的"制民之产",为百姓开辟正当的取利致富之道。先以"利"导"义",再以"义"导"利",这是任何经济社会由初级阶段向高级阶段发展的基本规律。因此,取利"有道"不能只从个体道德层面考察,从宏观上看,经济和社会发展的良性机制的建立和运行才是更为根本的"道"。而在旧的体制(旧道)尚未让位于新的体制(新道),抑或

---

① 《论语·里仁》,见朱熹《四书集注》,岳麓书社1985年版,第94页。
② 《论语·宪问》,见朱熹《四书集注》,岳麓书社1985年版,第186页。
③ 《孟子·梁惠王上》,见朱熹《四书集注》,岳麓书社1985年版,第256—257页。

新的"正道"还没有形成或尚不完善的情况下，长期禁欲而没有很好的疏导方法，冲决毁道、"歪门邪道"就很难避免。对于处在这样的转型期的温州创业者来说，这意味着两种结果：一种是投机冒险，虽然获取暂时利益，但却付出惨重的法律和道德代价，被扣以"原罪"。走私贩私、生产销售假冒伪劣产品就属于这一类（"炒房团"是否属于这一类有很大的争论）。另一种则是敢为人先，为新的体制投石问路、抛砖引玉。温州人创造的许多推进制度改革的全国先例以及著名的"温州模式"就属于这一类。

在温州人看来，要实现"取利"的目的，仅仅停留在遵守既成法则的"有道"上是不够的，尤其是在我国经济和社会转型的发轫期，相关的法制和道德观念也正处在转变和重构的过程中，如果一味地强调遵制守道，就有可能成为因循守旧、不思进取。由此，温州人通过"取利"实践，把"有道"观念从一般意义上的道德法规进一步推演为经商牟利的策略和方法，变成在取利之道——即改革发展之道上构建敢为人先、开拓进取之道。正如鲁迅先生说的：世上本没有路，走的人多了，也便成了路。邓小平同志也说改革开放没有先例，只能是摸着石子过河。而温州和温州人正是处在探路和摸石子的前沿，可谓"春江水暖鸭先知"，也可谓第一批"吃螃蟹"的人。温州经验和温州模式一时成为全国取利之道的经典。

除了敢为人先，温州人信奉的取利之道还有很多，譬如，脚踏实地、吃苦耐劳之道，敢闯敢拼、勇于创业之道，精明睿智、通权达变之道，以小见大、抱团合作之道，等等。这些我们将在后面的章节中从不同角度作进一步介绍。

四 利义并举的实现途径

儒、道传统文化观都着重于强调义、利的对立性，而忽视了其中的统一性。叶适反对这种偏颇，倡导义、利并重和统一。他认为："物之所在，道则在焉。""既无功利，则道义者，乃无用之虚语尔。"颜元则针对董仲舒之言反其意而用之："正其谊以谋其利，明其道而计其功。"永嘉学派认为，以"利"为目的的商业行为，本身就包含着"义"的因素，也就是叶适所说的"四民交致其用而后治化兴"。宋代以来，我国东南地区工商业有了较大的发展，永嘉学派的学者们通过自己的观察和体验，深知工商经济对于人们生活和整个社会运营的重要性。从这个宏观意义上讲，发展商品经济乃是实现社会民生之"大义"。永嘉学派反对空谈抽象的、形而上学的"义"，而强调实践和有实效的"义"，即把"义"落实到"利"上。经商取利，只要取之有道、合法合理，就是"义"。做买卖，交换有无，互相满足需要，利己也利他，这就是利义并举、利义统一的最重要意涵和实现途径。

当然，永嘉学派产生时代的传统手工业与现代工商业相比，无论在规模、效应还是所带来的后果上，都不可同日而语。因此，站在今天来看工商业的义、利统一性问题，又有了新的意义层面。

一方面，现代工商业的发展推动了现代社会各方面的进步。在温州，如果没有在功利观念推动下迅猛发展起来的个私经济的贡献，今天的面貌会是怎样将是不可想象的。1982年就曾因错误打击私营企业而几乎导致温州经济的全面崩溃。温州的国营经济比重很小，倘若个私经济再萧条，温州民间和个人手里没钱，政府财政同样要面临危机，届时将百事无成，社会公共事业和民生"大义"也就无从谈起；个私经济活跃，大家努力赚钱，即使藏富于民，政府只要善于利用民间途径——一如近代温州维新变法思想家所提出的"贷民财"，同样能做到百事兴旺。同时，大量的个私民营企业吸纳了数量巨大的劳动力，尤其是农村剩余劳动力，解决了他们的就业和基本生计问题，也为国家和社会减轻了负担。这就是实现国家"大义"。

另一方面，现代工商业所带来的与环境、管理等诸多方面矛盾的凸显，也把企业的社会责任与义利观更加直接、紧密地联系了起来。尽管按照永嘉学派的工商观点和不少企业经营管理者乃至学者的看法，企业追求利润和承担社会责任两者并不矛盾，但在现代工业化过程中——尤其是当前发展中国家和地区正在进行的工业化过程中，两者的冲突现象却不能不令人关注——这些冲突在永嘉学派时期的"前工业（机器）时代"并不明显。新的历史条件下产生的新的义、利矛盾及其协调解决，对于像温州这样正由传统手工业向现代工商业交织转型的发展中区域来说，又具有非常典型的意义。

米尔顿·弗里德曼（Milton Friedman, 1912—2006）认为，企业只有一种社会责任——在法律和规章制度许可的范围内，利用它的资源从事旨在增加它的利润的活动。商业的本质就是营利，否则就是对自由市场体制的破坏。显然，米尔顿的观点对于发达国家已经成熟的工业和市场经济体制而言是相对适合的。但就发展中国家和地区来说，问题的症结恰恰就在他所说的"法律规章制度"这个基本前提的缺失、不完善和执行不力。于是，在企业盈利和股东利益最大化的观念驱使下，不合理占用土地、破坏生态、污染环境、侵犯劳动者权益等有悖于人文理念和企业社会责任的"不义"现象，就从很大程度上破坏了义、利的和谐与统一。

事实上，即使在市场经济发达国家和地区，实现完全自由竞争的各种条件也不可能是完善无缺的，因此通过补充和扩展传统的企业责任，来弥合制度间的冲突和距离，就显得十分重要。正如管理大师彼得·德鲁克（Peter F. Drucker，1909—2005）所认为的，企业应该承担社会责任，尽管这种责任是有限度的。所谓企业的社会责任，一般是说公司在谋求股东利益最大化的同时所负有的维护和增进社会利益的义务。或者说，公司在进行自己的经营活动时，应当考虑这些活动可能对于公司雇员、消费者、社区、供货商等利害关系人和自然环境的影响，不应以侵犯人权、破坏环境的方式来谋求自身利益的最大化。有实证研究表明，那些富有人文精神，能够成功地平衡多重利益关系的企业，比那些仅仅关注利润目标和股东利益的企业，具有更好的发展势头。

温州一些成功企业的创业和发展历程正是体现了其从传统层面上的义利观向现代企业责任意识不断补充、升华的过程。随着创业发展，把利义统一的社会责任观念作为自己人生追求境界和企业文化内涵的温州企业已越来越多。

首先，我们看到，一些成长壮大起来的企业和个体，已经把回报社会、奉献爱心的理念融入到自己的价值观念体系之中，他们在取得创业成功的同时，一直关注和热心于社会公益和慈善事业。例如，据不完全统计，创业8年，红蜻蜓集团累计资助公益事业超过1000万元。其中包括在西部地区援建希望小学和一对一资助失学儿童的"绿草助学计划"，以及支持西部地区的人才培训和保护母亲河工程等。不仅公司出钱，"红蜻蜓"也经常发动员工为灾民和身患绝症的不幸者提供援助。钱金波[1]把创造财富、经营文化和奉献爱心立为"红蜻蜓"的三大支柱。"财富与责

---

[1] 钱金波（1964— ），温州永嘉人。红蜻蜓企业及品牌创始人，红蜻蜓集团现任董事长。高级经济师，十届浙江省人大代表，曾获第七届中国青年五四奖章，素有"中国鞋文化第一人""文化商人""慈善企业家"等美誉。

任"就是他在复旦大学、上海师大等高校演讲的主题。他说:"红蜻蜓需要绿草地,大自然只有和谐才会美丽,文化和爱心便是和谐之源。"前述美国康龙集团、上海康麦斯保健品有限公司董事长兼总裁叶康松,立志做健康事业的慈善家,2004 年捐资 200 万元成立叶康松慈善基金会。奥康鞋业股份有限公司也于 2006 年出资 2000 万元成立王振滔①慈善基金会,该基金会以"爱心助学"为主题,更以"爱心接力"为国内首创模式,在对贫困学子给予物质援助的同时,进行爱心教育——即获得帮助的大学生都将成为"爱心接力手",毕业参加工作后也资助一名贫困学生,让该基金变成"种子基金",使受助的学生呈几何级数增长。在 2011 年建党 90 周年之际,基金会又情系革命老区,捐资 1000 万元用于"红色助学"活动,计划资助 300 名贫困学子。

而曾在公立大学任教 10 年,"下海"后又凭自己出色的业绩进入了天正集团公司核心领导层的周星增②,后来又把自己的人生坐标定位在了创办教育事业上。他瞄准上海这样一个高校林立的知识密集区,在浦东创办了上海建桥学院。该校在上海民办高校中规模最大,建设速度最快,设施最好。著名社会学家费孝通说:"周星增办学,标志着温州商人群体整体素质的提高,同时也说明温州商人在更高的领域拓展空间。"2001 年 6 月,时为国家副主席的曾庆红在视察学院时问他:"企业办学校当然也要考虑一定的经济效益,但主要是社会效益。你考虑过回报吗?"周星增回答:"我注重的是社会效益,大学办起来了,社会反响好,我已经得到了回报。这是精神的回报,对我来说,造福社会,精神回报更重要。"

温州人的公益爱心创意也与创业一样富有淳朴的"草根"特色。温

---

① 王振滔(1965—),温州永嘉人。奥康集团有限公司董事长兼总裁。1988 年,他以 3 万元起家,将一家家庭作坊发展成为中国最大的民营制鞋企业,企业主导品牌"奥康皮鞋"成为中国皮鞋行业的唯一标志性品牌。由于经营有方、业绩突出,当选为第 15 届"中国十大杰出青年",在中国民营企业家中第一批荣获"全国五一劳动奖章",并荣获"中国民营工业企业行业领袖""中国十大魅力英才""中国最聚人气企业家""中国民营经济十大风云人物""中国慈善特别贡献奖"等多项殊荣。

② 周星增(1962—),温州乐清人。1983 年毕业于江西财经大学工业财会系,先后在贵州工学院、温州大学任教。1993 年辞教从商,创办电气企业。1999 年,赴沪创办上海建桥(集团)有限公司、上海建桥学院、新建桥企业集团有限公司,任董事长。现为上海市第十二届人大代表、上海市南汇区政协常委,民盟上海市委常委,还先后荣获"上海市十大杰出青年"(提名)、"上海市十大青年经济人物"称号。

州许多社区的"爱心伏茶"已成为一个民间慈善文化品牌。每年伏暑期间，温州各地凉亭、街头巷尾或商店门口，常有个人或众人设置伏茶，供过往人们防暑解暑和止渴。而在温州市区出现的"5元爱心餐"更是不胫而走。原先经营一家鞋厂的郑先生参加了温州首届公民道德教育论坛，在一名义工朋友的提议下开了一家素食馆，一餐5元吃到饱，但不能浪费，否则罚款10元。仁寿素食馆得到了一帮义工朋友的支持和另一名企业家的资助，很快在市区桥儿头开张。这位郑先生转让了鞋厂，全身心投入到素食馆的经营中。2011年7月，位于市区新桥镇六虹桥路上的仁寿素食馆分店也开业了，这家店的装修与租金合计就花了近30万元，还有原先桥儿头店从别人那里转让的费用7万元和年租金6万元，都是由一名企业家资助的。仁寿素食馆有20多种菜式可供选择，实惠又干净，对食客不分富贵贫贱一律招待，这样算来，光是餐费一项，一个月就要亏损近2万元。如此生意，金山银山恐怕也会吃空吧？但郑先生并不担心资金问题。因为许多爱心人士知道后纷纷上门捐款，还经常有人自发送来米、菜、油。素食馆还聚集了100多名义工，以中老年人为主，他们自己排班到店里帮忙，并且吃饭也都交钱。吃饭的客人吃完饭也都很自觉地把碗筷收拾好，拿到洗碗处，不少客人还卷起袖子主动帮忙洗碗。正如郑先生所说，行善从来就没有很高的门槛，通过一餐5元的素食也能实现；行善是会互相传染的，温州的"伏茶传统"感染了一批爱心人士携手撑起了仁寿素食馆，而素食馆的"仁寿精神"又召唤了许多群众也参与到这样一项公益慈善活动中来。

其次，越来越多的企业日益注重人文关怀，努力构建企业与员工的和谐关系。近年来，随着国家中西部发展战略的实施，中西部地区经济快速发展，其与沿海地区收入水平的差距在不断缩小，使得东部沿海地区对人才的吸引力在减弱，许多务工者选择了留在当地就业和发展，从而使许多东部企业出现了"用工荒"。据温州市经贸委2011年一季度的调查，855家被调查企业中有74.5%的企业表示用工较缺，这个比例比上年同期提高了14个百分点，其中1/4左右被调查企业因缺工而不敢接单。[①] 仅湖北一省2011年来温务工人数就比去年减少3万左右，并且今后将会呈现逐年

---

① 芮文正：《约1/4企业缺工不敢接单》，《温州商报》2011年4月25日第7版。

下降的趋势。① 用工荒、电荒、融资难已成为近年来困扰东部（尤其是浙江、尤其是温州）企业生存发展的三大瓶颈。人才市场由"招方市场"开始转变为"应方市场"，企业"抢人"和"留人"愈演愈烈。这一方面让越来越多的企业认识到转型升级和产业结构调整已是箭在弦上，同时让我们的城市和企业开始反思：除了工资待遇，也许城市的认同和老板的尊重、文化的感召，更能挽留住他们。因此，温州企业纷纷打出了"加薪牌""福利牌"和"亲情牌"。例如，吉尔达鞋业、浙江俊尔新材料有限公司、浙江瑞立集团、奥康集团等2011年初实行了开工送红包，对特殊工种的员工进行额外奖励。金龙控股有限公司则为员工提供免费午餐，尽管仅此一项公司每年要投入600多万元，但自2010年底推出以来，就赢得了很多员工的心，2011年初，70%以上的老员工都到岗。为让员工把企业当成自己的家，越来越多的温州民企建起了职工文化乐园，改变员工每天往返于工作场所、食堂、宿舍"三点一线"的枯燥生活。如金龙控股有限公司拿出100万元专项经费建成了集职工书屋、职工学校、职工俱乐部为一体的新型职工文化平台，并在每周四、周六晚及法定节假日对职工开放。如今，这个700多平米的文化乐园已经成为企业3000名员工业余时间最爱去的地方。巨一集团更是投资3500万元，建起2000余平米的员工活动中心，包括电影院、阅览室、台球室、乒乓球室、健身房、KTV等，集学习、健身、娱乐于一体，丰富员工的业余生活。其他如康奈集团的职工春晚、金州集团的"孝亲家和"、人本集团的篮球文化节、三科电气的国学月、仪邦集团的文化早餐等温州民营企业"十佳职工文化品牌"，都是意在满足员工的精神需求，增进文化福利。

湖北省阳新县的"阳新鞋匠"远近闻名，在温州打工的"阳新鞋匠"就有七八万人。2007年11月，阳新县劳动保障局还专门派人到温州调查采访，推出了《阳新鞋匠在温州》的调研报告。中国台湾宝加鞋业正是因为看好当地的劳动力资源，于2008年在阳新建起了鞋厂。可令这家企业没有想到的是，他们需要的4万多工人，还有1.8万人的缺口。这两年来，当地劳动部门和企业都在想方设法留住返乡的阳新鞋匠，而温州老板也在积极行动。2010年正月初六，名典鞋业集团董事长赵少忠就坐镇阳

---

① 苏亦锋、张露剑、梁坚义：《今年湖北来温务工者少了3万人》，《温州商报》2011年3月29日第8版。

新镇人力资源市场，开出优厚的条件现场招工。由于春运买票难，温州一些企业春节包专车送员工回家过年已经相当普遍，而赵少忠这几年还长途驱车亲自到一些老员工家里拜年。因而正如阳新县劳动保障局工作人员曾祥应所说的那样，从温州返乡的阳新鞋匠还不算多，从东莞返乡的更多。温州能留住阳新鞋匠最重要的原因，是温州老板的人性化管理和关爱做得不错，阳新鞋匠在温州得到了认可和尊重。

温州民企打出的"亲情牌"也令人耳目一新。我们知道，改革开放以后，随着大批农村劳动力外出务工，农村留守儿童的生活和教育成为一个严峻的社会问题。为了维持必要的亲情沟通和父母教育，近年来，越来越多的孩子开始随打工的父母来到城市，民工子弟的入学问题也引起了政府部门和社会各界的重视，纷纷建起了一些民工子弟学校。然而，由于务工父母平时都忙于工作，根本没有多余的时间来照顾与陪伴孩子，家庭教育方面的知识也比较缺乏。据2011年初温州团市委联合温州大学的调查所发布的温州务工人员子女生存状况白皮书，近半务工人员与子女每周交流不到2小时。2011年"六一"前夕，鹿城团区委在11所民工子弟学校进行的问卷调查也显示，"新温州人"子女业余生活单调，近七成孩子没去过电影院，最想去科技馆和电影院，他们希望爸妈能腾出时间陪他们一起学习、游玩。而随着暑假的到来，一些仍然留守老家的孩子也迎来了与父母团聚的难得机会。可是把孩子接到身边后，由谁来照顾却成了一大难题。为了解决这个后顾之忧，一些企业开始开办起外来员工子女夏令营。红蜻蜓鞋业股份有限公司从2011年7月17日起以"爱在蓝天下，快乐小蜻蜓"为主题的员工子女夏令营开营，招收了100名5—8岁的儿童入营，为期35天。报喜鸟员工子女夏令营招了170多名员工子女，时间由2010年的24天延长为45天。奥康集团员工子女夏令营人数从2010年的210名增加到2011年的283名，营期为两个月。金帝集团则成立了暑期托管班，每天都有八九十名员工子女来托管班学习。这些企业除了扩大营员人数和延长营期，还聘请专门的师资团队，为孩子们量身打造课程计划。如奥康夏令营课程邀请了来自中国台湾的专业教育机构，安排晨练、游戏、读《弟子规》、作业辅导和才艺表演，还有野外求生、急救训练、脑力激荡、礼仪训练等。红蜻蜓公司也请专业教学团队安排动感体操、作业辅导、国学启蒙等课程，同时还邀请心理导师进行辅导。报喜鸟集团夏令营除了邀请5名专业教育机构老师外，还有5名集团资助的大学生自愿参加夏令营，与孩子们互动。课程上还特意安排了学说温州话、英语等。由于温州民企越来越重视外来员工子女的夏令营活动，使得旅行社、教育培训机构也开始尝试接单这项新业务。如今，"员工子弟夏令营"已成为像奥康这样的企业员工喜爱的品牌活动。这种特定的人文关怀方式，在加强少年儿童思想文化建设的同时，拉近了企业与员工的距离，促进了企业的活力与和谐。从员工的利益出发，解决员工最切实和关心的问题，也就是企业承担社会责任、履行社会管理和服务职能的现实途径。

最后，越来越多的成长起来的企业开始向环境伸出"绿色橄榄枝"。毋庸讳言，改革创业以来，温州与其他许多地方一样，付出了沉重的环境代价。以连接起鹿城、瓯海、龙湾和瑞安三区一市的温瑞塘河水系为例，昔日"母亲河"美丽的容颜已经不在。当年可以淘米洗菜的清波，后来变成了发绿发黑的臭水；原来风景如画的河岸，则布满了各种各样的垃圾和违章建筑，工业和生活污水直接排入河里。人们把维系这座城市千百年来血脉的母亲河调侃地称作了"黑龙江"。生态环境的恶化，不仅严重丑化城市形象，破坏人们的生活品质和幸福感，而且已经成为影响招商引资、吸引人才的不良因素，成为温州经济发展和社会进步的卡壳"瓶颈"。随着转型发展时代的到来，温州市提出了"三生融合、幸福温州"建设的口号，展开了"城市转型发展攻坚破难大行动"。温州人越来越认识到环境这个公共福利对于经济的可持续发展和人生幸福的重要性。2010年11月开始，温州市开展了温瑞塘河"两拆两绿"专项行动，沿塘河的许多企业自觉发起了保护母亲河的倡议。至2011年7月，已有两批共331家沿河企业与单位参与，拆除围墙6270米，完成绿化15.5万平方米。①与此同时，全市轰轰烈烈的拆围去丑、拆违建绿行动也在强力推进。至2011年5月，已累计拆除各种藏污纳垢的"遮羞"围墙5.3万米。企事业单位、个人各种各样杂乱无章的违法建筑是丑化环境、损害公共利益的毒瘤。在温州，"市区现在人均公共绿地仅一张床，违法建筑却是人均一间房"。为了"把违建一间房变成绿化一间房"，自2011年4月5日城市转型发展破难攻坚大行动动员大会以后，温州各地按照"违必拆、六先拆"的要求，全面发动、全力突破，强力推进拆违工作。截至6月15日，

---

① 王丹荣：《让母亲河重现美丽容颜，切实优化温州发展环境》，《温州商报》2011年7月6日第2版。

市区共拆除违法建筑97.3万平方米。① 以龙湾区为例，仅8月31日第二个"突违日"就拆除违建26.58平方米，违建户大多配合，自拆率达70%。② 温州正在全力以赴地打一场环境建设的翻身仗。

综上所述，现代企业的社会责任思潮越来越使缘自永嘉学派的传统义利观在新的时代得到进一步的发展提高，也对企业的"义利并举"提出了更高的要求。这对温州广大创业者和企业——尤其是正处在成长中的中小民营企业来说，既是目标，更是责任和挑战。

第二节 自立自强与老板情结

如前两章中所述，温州的自然资源条件并不优越。一是地少人多，难以自给；二是交通不便，死（水）路一条；三是台风频袭，天灾常有。虽处东南沿海，但在历史上属于偏远蛮荒之地。即使新中国成立以后，也是作为海防前沿，国家投资很少，基础设施落后。诸多方面的条件都不能与杭州、宁波等具有先天优势的地方相比。但温州人并不因此"认命"和陷入对"救世主"的幻想之中。地少不能自给，就发展工商业，形成农商并举、通商惠工的观念，发展了经商谋生的技能；为了早日解决交通不便的问题，就积极变通，自己筹划，自集资金，建起了机场、铁路；台风灾害年年都有，但温州人就是没有等、靠、要的习惯，他们只习惯于自己动手。你自救了，上级政府的救灾款项自然可以少给一点，但温州人没想那么多，因为他们靠自己靠出了甜头，靠出了境界。如果不是这种靠自己的精神，温州迄今可能还是落后地区。

一 自立自强的"四自"精神

温州创业者把自己的独立意识概括为"四自"精神：自立改革、自担风险、自强不息、自求发展。或者叫作"三不"主义：不等、不靠、不要。从创业角度来说，其核心理念就是自主创业、自谋发展。改革开放以来温州若干重大事业的发展和无数个体创业经历就是最好的例证。

---

① 王丹荣、陈佳寅：《以拆违成效围护公共利益》，《温州商报》2011年6月18日第2版。
② 陈佳寅、卢胜峰：《违建户大多配合，自拆率达70%》，《温州商报》2011年9月1日第4版。

"要致富，先修路。"这是改革开放以来人们常说的一句话，也是许多地方改革开放脱贫致富的经验之谈。温州的改革致富是走在全国前列的，但靠的却是蚂蚁搬家的精神——把全国各地的原料运进来，再加工成小商品运出去。当时有句流行语是："汽车颠，温州到。"进出温州，可谓苦不堪言。交通成了制约温州发展的瓶颈，温州人盼望阳光大道。可直至80年代末90年代初，温州的铁路和机场都还不在国家计划之内。1987年，温州市委市政府痛下决心：市机关三年不买小汽车，不建干部宿舍，"勒紧裤带""砸锅卖铁"，自筹地方资金，也要建造全国第一个以地方投资为主的机场。可预算总投资需要1.32亿元，这对当时财政还处于严重赤字的市政府来说，是一个天文数字。但令人意想不到的是，1989年，当国务院和国家计委还在考虑该不该批建温州机场时，温州市政府已经筹起80%的建设资金，机场工程已经完成90%。国家有关部门深受这种自立精神的感动，于是暂时拉掉西宁机场的建设计划，破例批准兴建温州机场。

建造一条铁路是温州人的百年梦想。金温铁路自孙中山先生在《建国方略》中描出蓝图以来，曾倡修七次，工程几上几下，均未成功。主要问题在于巨额资金。20世纪80年代末，温州人提出广泛发动社会力量，包括借鉴中外合资办厂的经验，用到海外筹资的方法兴建铁路。在著名温籍学者南怀瑾①先生的努力下，这一想法得以实现。1992年1月，香港联盈兴业公司和浙江省地方铁路公司签订了《合资兴建金温铁路合同》。11月19日，浙江金温铁路开发公司成立。12月18日，铁路开工。1998年6月11日，铁路全线投入运营。金温铁路耗资30亿元，其引进外资进行基础设施建设的做法，又一次突破禁区，创造了先例。

1994年8月，温州遭遇了百年一遇的17号强台风。濒临东海的瓯海区，海岸线长44.7公里，地理位置特殊，损失特别惨重。当地政府决定重建沿海堤塘，可上亿元的款项一时难以到位。瓯海区委、区政府采取以资代劳的方式，即群众捐资、劳工出力、专业队伍施工。短短11个月，

---

① 南怀瑾（1918—2012），温州乐清人，国学大师，诗人，中国传统文化的积极传播者。他的著作是学习中国传统文化的捷径，对无法直接了解典籍的人作了一个重要引导，其内容往往将儒、释、道等各家思想进行比对，别具一格。代表作有《论语别裁》《孟子旁通》等。此外，南怀瑾还热心社会事业，1998年6月11日由他协助筹资兴建的金温铁路建成通车。

就完成了中国第一条高标准堤塘的建设任务,被水利部鉴定为国内样板堤。

1995年11月1日,乐清市南塘镇山马村一线塘也展开了史无前例的修堤大会战。而这次,这条长达2055米的堤塘竟是该村农民黄永斌独资承建的。3年苦战,投资460万元。竣工后经省水利厅勘察,工程完全合格,而且原来10年一遇的四级标准堤被提高到了20年一遇的三级标准堤。黄永斌得到的回报是堤塘内原属镇集体所有的总计1000亩的盐田、养殖田、泥涂23年的开发使用权。

自立、自强、自主创业的观念也渗透到了众多温州人个体的血液中。

在太原,山西财经大学附近的街道旁有一个"女主角时装屋"。女老板是财大金融系的在校生、21岁的温州女孩林影。对于学生在学期间经商,曾经争议纷纷。反对的理由当然是经商影响学习,学生应以学为主。但在有志于创业的温州人看来,"学习"的概念远不限于学校、课堂和课本,创业、经营、交往等诸多领域的社会实践更是其应有之义。毛泽东也说过:"学生以学为主,兼学别样。"这里的"别样",主要就是指各种社会实践。而温州学生所喜欢的社会实践,又大多与创业经营有关。林影的小店一般是下午营业,平常雇人照看,自己则是抽时间过来关照。她实行效益工资制,即按销售量给营业员提成。大家以为林影开店一定是有家里的支持和帮助的。确实,林影的父母从事电器生意十几年,也算富商,要帮助女儿开个小店并非难事。但实际上,在小店已经开业的情况下,他的父母还一无所知。租房、装修、买货架、进货、雇人等一系列事务,全由林影自己做主。由于恰当安排了上学与经商的关系,林影并没有让自己的学业受到明显影响。父母希望林影毕业后到合资或外资企业工作,而她却另有打算,她只想独自闯一闯——或许就留在山西,因为她觉得相对浙江来说,山西的经济发展要滞后些,可这里的商机也许更多。这正好符合"哪里有市场哪里就有温州人,哪里没有市场哪里更有温州人"的温州人创业精神。

由于中西文化与教育理念的差别,中国年轻人的独立意识普遍比较薄弱。缺乏独立的个性和能力,不能适应艰难的生活和激烈的竞争。许多人仍在祈望父母为自己找个好工作、铺垫个好前程。而像林影这样的温商后代已经在自觉离开父母的"保护伞",尝试着独立自主的人生之路。

在温州人中,父子、夫妻、兄弟姐妹之间互相竞争、各自创业的现象也不少见。连朋金在创业初期赔过不少钱，后来他也到了山西，从做服装生意到开了一家海鲜餐馆。连家兄妹五人全在外面闯荡。有在济南做五金的，有在杭州做羊毛衫的。就在太原，他还有个哥哥也是做海鲜生意。但连朋金却说："他做他的，我做我的。他现在做得比我大，就是做的时间长些。"言下之意，他做的时间长了，会比他哥哥做得更好，自己不需要哥哥的照顾也能自立。

特别值得一提的是，温州的女人在生意场上绝不比男人弱。在太原柳巷的校尉营有一家有名的"阿微海鲜馆"，常见女主人阿微围着一条围裙，既当老板又当厨娘——这正是典型的温州人做派。1989年，阿微来太原闯荡是因为丈夫做船的生意赔了十几万元，家里还欠着高利贷。她开始只能靠摆个小摊，做温州人喜欢吃的鱼丸汤，积累了一点"原始资金"。第二年，她与同在太原做点小本服装生意的弟弟合伙开了个小餐馆。因为来吃饭的温州同乡较多，弟弟免不了有些虚荣心，怕被人看见自己在当厨子，连炒菜都打着领带，炒完了赶紧溜出厨房，装着老板的样子。阿微则心地坦然，至今还保留着创业初期的习惯，既上厅堂，又下厨房。天冷起冻，阿微照样挽着袖子洗菜洗碗，常常胳膊上都结了一圈冰碴子。阿微的海鲜馆生意日渐红火，但她的丈夫因为眼睛不好，又嫌太原太冷，不愿来太原，经济上要靠她。阿微只好每年春节回一趟家。在她的帮衬下，她的哥哥也来到了太原开海鲜馆，店面就在自己的对面。为了培养孩子的自立精神，阿微把20岁的儿子带到太原，让他学经营，艰苦创业。她最爱说的一句话就是："是温州人，就要学会做生意。"

温州人的自立精神还深刻地影响了外地人。康奈集团老总郑秀康①的女婿邓东华是湖北人，刚来温州时他不太认同温州人看重金钱的观念。但当2002年初，他老家法院要招人，父亲打电话要他回去的时候，他已经不想回去了："我已爱上温州，温州人改变了我，我想在温州发展。"他已有了一个温州女友，女友家很有钱，但他不想别人说他"靠关系""吃软饭"，也计划自己当老板，大干一番。已是公司部门经理的邓东华果然辞职自立门户，自己创业。结婚时，郑总要给女儿女婿房子、车子，女婿

---

① 郑秀康（1949— ），温州市人。康奈集团董事长，企业创始人。高级经营师、高级制鞋工艺师，兼任中国轻工业联合会副会长、中国质量协会常务理事、中国皮革工业协会副理事长、中国皮鞋旅游鞋专业委员会主任。

则说要自己挣。

二 宁为"鸡首"的老板情结

温州人的自立精神在很大程度上表现为"老板情结"。拿破仑说"不想当将军的士兵不是好士兵"。而温州人则认为"不想做老板的人不是温州人"。换句话说,温州人从来不喜欢为别人打工,而只肯为自己做主和拼命。与其说这是"私有"观念和"面子"心理在作怪,更不如说是温州人内心深处自由意志的宣泄和满足。因而,为了这种自由和自我的实现,哪怕只是用一点小资本摆一个小摊,哪怕只是凭一手小手艺缝衣补鞋,再苦再累,也在所不辞。于是,又有了"宁为鸡首,不为牛后"的执拗。难怪有人说温州人"十个人中九个是老板,还有一个准备当老板""在北京,你一脚能踩到三个官,而在温州,你一头能撞倒五个老板"。

特定的地域环境和历史沿革,使瓯越文化始终不被传统主流文化所完全驯化,造就了温州人一无依傍的自由性格,不安于循规蹈矩、按部就班的生活模式。再者,国家和政府不在这里搞大建设和办大企业,对于绝大部分温州人来说也就无缘进入这些国家体制的围墙里。没有"铁饭碗",只有自己做"泥饭碗"。话说回来,围墙里面有保障,但缺乏的正是温州人追求的自由——自主和自我实现。庄子说:"泽雉十步一啄,百步一饮,不蕲畜乎樊中。神虽王,不善也。"① 水泽里的野鸡觅食辛勤劳累,但还是不希望被关在笼子里;而被畜养在笼子里的鸡,虽然健旺,却并不自在。鱼和熊掌不可得兼,这就要求你须懂得自己真正的需求,学会舍弃。在现代社会,自由不再是形而上的绝对理念,选择自由同时意味着舍弃已有和偿付现实的代价——吃苦的代价、失去"身份"和庇护的代价。

20世纪80年代初,北方一所著名高校流传着这样一个故事:学校门口不知何时来了一位摆摊补鞋的漂亮姑娘。她的手艺不错,生意很好,引起了大学生们的好奇。有的男生甚至偷偷向她递纸条,她只笑不语;一些男生则觉得美女补鞋,多少有些让人于心不忍。更多的人猜测,她家里一定发生了什么不幸的变故。一天,一位年轻的男教师来补鞋,和她拉起了家常:"姑娘,你是哪里人啊?""我是温州人。"姑娘诚恳地回答。"你这么年轻漂亮,大庭广众之下为人家补鞋,不觉得丢面子吗?"姑娘一边低

---

① 《庄子·养生主》,见韩维志译评《庄子》,吉林文史出版社2001年版,第17页。

头熟练地补着鞋,一边不卑不亢地回答:"靠手艺挣钱么,丢什么面子呀?"男教师一时语塞,继而说:"那你就这样一直补啊,将来有什么打算呢?"姑娘将补好的鞋递给男教师:"您试试吧。"男教师穿上鞋,很舒适,便掏出两元钱给她。姑娘笑着说:"这活只收一元钱。我补鞋走了很多地方,就数这大学门口生意最好,我已打定主意了,以后要在这附近开家鞋店,还需要你们常来照顾我啊!"不久后,这位温州姑娘果然开了一家专卖温州皮鞋的店。又几年后,她就在闹市区开了一家鞋城,专门对外批发温州鞋。后来她成为拥有千万资产的女企业家。

有老板情结,就要想方设法让自己当上老板。温州人当老板的途径和方式很多。办厂、开店是最常见的,买辆出租车也能当上老板。在温州打的,你很少能听到司机讲温州话。因为几乎所有的出租车都包租给外地司机了。偶尔有讲温州话的,那十有八九就是老板,这车是他自己的。这种情况一般是老板开上午或白天,而让外地司机开下午和夜班。尽管车子不贵,可在温州,出租车的营运证曾被炒到天价。因此,曾几何时,拥有一个出租车牌证资源,就可以做身家百万的老板。其他如做零配件加工、品牌代理、各种中介服务、培训学校等,也能让你过上老板瘾。

在马斯洛关于人的需求的五个层次中,生理需要是指维持生活所必需的各种物质保障,自我实现则是一种最充分发挥个人潜能,以最高度的自觉方式表现自己的技能、才干和情绪的愿望。如果说温州人早先的自立意识和老板情结更多的是基于个体物质生活保障层次的需求,那么后来,随着经济的发展和物质水平的提高,越来越多的创业者已经把自己的创业理想定位在自我实现这样一个既满足个人物质和精神需求,又担当社会责任的道义层次上——而这正是一个走向成熟的创业社会的激励机制。

第三节 信义为本与失信的代价

诚信是"义"的重要内涵,因而也是取利之道的根本。诚者,诚实、真诚也。诚实就是不欺骗、不作假;真诚则是认真踏实地做事,诚恳真心地待人,即既敬业又敬人。信者,信用,即遵守承诺,践行成约。实际上,诚实、真诚、守信和义是互为前提和结果的一体。一个把经商创业作为经世之事业来对待的人,就一定会认真做事、追求质量、树立品牌,也一定会从长远利益考虑问题,信守有形无形的承诺。市场经济是契约经济，任何人想在市场经济和契约社会中安身立命，就必须遵守诚信规则，像爱护自己的眼睛一样爱护自己和企业的诚信形象。而这一切，也正是利和义的根本保障。

一 "火"的教训

然而，在市场体系尚未完善的情况下，在短期利益最大化欲望的驱动下，要保证每个企业和个人——尤其是那些规模小、层次低、质量次的企业，都能安贫守道、呵护诚信，还真是不太可能。饮鸩止渴的现象还是不可避免地要发生。而这种严重违背商业道德的假冒伪劣行为，恰恰群体性地爆发在崇尚义利并举、具有优良的商业文化传统的瓯越之地，不能不令人痛心惋惜！

温州人永远记得那"火"的教训。那是1987年8月8日，杭州武林广场。愤怒的消费者在该市技监局和消协的主持下，将5000双温州人用纸板和胶水制作的"瘟鞋"（也叫"晨昏鞋""星期鞋"）当众烧毁，使温州人和温州鞋声誉扫地。继而大火又蔓延到了南京、长沙、株洲等地。于是，全国很快掀起了一场工商管理部门明令禁止销售温州皮鞋和消费者自发抵制"温州货"的风暴。一时间，"温州货"成了假冒伪劣产品的代名词。

1987年8月8日，杭州武林门广场火烧温州鞋

城楼失火，殃及池鱼。现已为奥康鞋业集团总裁、当时正在武汉推销皮鞋的王振滔，他那并不属于假冒伪劣的4000多双鞋也被工商执法人员收缴了。

乐清柳市，这个因生产低压电器产品而闻名的小镇，在全国性围剿假冒伪劣产品、治理整顿市场秩序的活动中，也陷入了前所未有的困境。正如乐清市委一位领导所说的，柳市已经被市场逼到了绝路。

这就是市场的力量。这就是违背诚信所要受到的惩罚。这样的代价远不是违规被逮而罚款了事所能比的，它不只是对温州某个企业、某个行业的毁灭性打击，而且是整个温州经济、温州形象的灾难。或者更深刻地说，这是一场历史性悲剧。而这个悲剧之所以注定要发生在温州人身上，又不能不说与温州人逐利性的文化性格有所关联，因而又属于"性格悲剧"。恩格斯认为，悲剧就是历史的必然要求和这个要求实际上还不可能实现之间的矛盾冲突。致富和诚信都是历史的必然要求，但在特定的历史阶段两者可能会处于某种尴尬的矛盾状态。如果诚信经营，就很难满足迅速致富的欲望，甚至还要亏本；而若抛弃诚信，用短期行为和侥幸心理取代诚信品质，又等于自断后路、自掘坟墓。这种两者不能同时实现的尴尬和矛盾，大概就是由威廉·菲尔丁·奥格本（Ogburn, William Fielding, 1886—1959）所谓的"文化堕距"①所致。在社会文化的变迁中，各个部分的变迁速度是不一致的，其中物质经济及其观念的变迁总是先于非物质文化。这种失衡、差距或错位必然导致社会问题。联系到温州的诚信危机，也就是说，当温州人的功利观念和逐利性能量随着改革开放的号角被充分释放出来的时候，引导和规范这些能量的制度轨道却还来不及铺设好，结果必然是失控出轨。温州人和温州为此付出了经济、道德和形象的代价。当然，代价换来的是诚信意识的觉醒和二次创业的行动。

二 质量是诚信之本

大火过后，温州的制鞋业陷入了绝境，尤其是鞋业集中的鹿城区，经济蒙受灾难性打击。为了整顿规范鞋业的生产和销售，鹿城区政府组织鞋业界成立了鞋业协会。在会长余阿寿的联络下，370多位鞋厂厂长联名向全市同行发出"确保质量，重树温州皮鞋形象"的倡议。1400多家鞋企积极响应。余阿寿还带头捐款，并用两个多月时间向数百家鞋厂挨家上门筹集经费，准备赴京召开介绍温州鞋业整顿情况的新闻发布会。

---

① 威廉·菲尔丁·奥格本着重研究社会变迁问题，认为社会变迁是社会在一种发明打破旧均衡状态后，调节以寻求新的均衡的过程。由于调节并不是迅速发生的，所以常常导致"文化滞后"。

温州人知耻而后勇。温州鞋业在大火后终于涅槃重生,并有了一个崭新的名字——中国鞋都,产生了康奈、多尔康、吉尔达、奥康、耐宝、东艺等著名鞋企和中国名牌产品。在1998年北京国际展览中心举行的国际皮革展和中国真皮标志产品展上,意大利、德国、西班牙等鞋业王国的专家们称赞上述温州鞋企的展品完全可以与国际一流水准的产品相媲美。

温州鞋业还在这次展会所设共计10个特等奖和一等奖奖项中,一举捧走了5个。

1999年12月15日,同在杭州武林广场,温州做鞋人也点了一把火,将数千双冒牌温州名鞋的假冒伪劣鞋付之一炬。媒体报道:"12年前一把火,烧温州人假货;12年后一把火,温州人烧假货。"

当年的大火不仅烧醒了鞋业,也给温州所有的行业、企业和创业者敲响了警钟。市政府更是发出了以"质量立市"和创建"信用温州"为主题的"二次创业"的号召。而中国申请加入世贸组织,质量和信用问题更是成为人们期待和担忧的焦点。跌倒后爬起来的温州企业和创业人能否挺过这一关,为"二次创业"和融入国际化游戏规则交出满意的答卷?

1993年12月,正泰集团一批产品准备出口到希腊,船期已定好。这是正泰产品首次出口欧洲,在南存辉[①]看来,这不是利润高低的问题,而是质量、品牌能否打响的问题。做好了,就有希望进军欧洲市场;做砸了,则意味着欧洲市场的大门会对自己紧闭。因此,务必万无一失。想到这里,南存辉坐不住了。他赶到仓库,货已大部分装车,马上可运往港口。此时,细心的南存辉却发现产品外观色泽有些差异。他的眉头开始紧皱,立刻问在场的员工:"这是怎么回事,你们是怎么把关的?"工作人员知道南董是鸡蛋里挑骨头,正想解释。可南存辉不等解释,便果断下令:所有产品全部开箱检查,直到没有一点问题为止!看着工人们将货一箱箱卸下搬回仓库,负责运输的经理急了。他提醒南董这会误了船期,不能按时交货,外方会提出索赔的。南存辉不为所动,站在那里,冷着脸一言不发。等到全部开箱检查完毕,果然已误了船期。离交货期限日近,怎

---

① 南存辉(1963—),温州乐清人。正泰集团股份有限公司董事长兼总裁。北京商学院(现北京工商大学)企业管理专业毕业,硕士研究生学历,高级经济师职称。九届、十届全国人大代表,全国工商联常委、中美企业家协会副会长、中国机械工业联合会副会长、中国质量协会副会长、中国青年企业家协会副会长、中国国家认证机构认可委员会副主任、中国工业经济联合会主席团主席和浙江省工商联副会长。

么办？负责运输的经理去请示。"空运！"南存辉大手一挥，斩钉截铁地说。话音一落，大家都惊呆了。精明的助手一算账，如果这样，这批产品非但赚不到钱，还要亏损80万元。天下哪有愿做亏本生意的？南存辉似乎看出了大家的心思，他冷静地说："大家的心情我理解。但企业的信誉、产品的品牌更重要。我们今天损失80万，但有了信誉，我们以后可以赚更多的80万。""我们宁愿少做一个亿的产值，也不能让一只不合格产品流向市场！"

2001年9月初，茗熔集团一批出口意大利的产品经过员工加班加点，也已包装完毕，等待启运。董事长黄春芳在听取检验员报告。报告说产品整体质量过关，只是在焊接方面有点小小误差，但不影响出口。"不行，有一点误差也不行，必须全部拆掉！"同样是面临延误交货和索赔的问题，但黄春芳决心已定。不久，需方——意大利著名的ISF公司代表来了。当他们在车间看到工人们正在拆装产品时，不解地问："黄董事长，你们现在还没有装配好产品，交货期可赶不上了！你们一向很守信用，这次到底怎么了？"黄董向客人说明了情况。"但这些产品我们看质量不错呀。"客人拿起几只未拆的成品说。"质量是大事，如果出现一点闪失，我们企业就会失去信誉，更关键的是你们这家大公司也要跟着倒霉呀！延期交货，我们愿意按合同规定赔偿。"茗熔集团以最快的速度和最高的要求完成了装配工作，向外商交上了一份满意的质量答卷。老外也充分理解了茗熔集团的质量诚信行动，主动延迟了交货时间。但开箱重装，本身就意味着公司要损失几十万元。

在奥康集团同样流传着这样的故事：有一次，因员工疏忽，误将一双不合格皮鞋包装入库。总裁王振滔知道后立即下令拆包检查，但这双皮鞋已发往外地。他马上通知全国各地办事处，要求将这次所发的货全部退回厂部检查后再发。这不仅需花费很多的人力、财力，还耽误销售季节，很多人不理解这一行动。然而正因为非同寻常，使得这个故事在奥康广为流传，成为奥康文化的生动载体。而那双鞋也被放在企业形象展示中心，成为培养员工质量意识的教材。

其实，即使在假冒伪劣产品充斥市场的时期，温州也有像李振铎这样坚守质量信念而不随波逐流的创业者。他和几个股东在低压电器行业竞争激烈的情况下创办精达开关厂，为资金、技术、设备、人才四处奔波，好不容易将设备安装好，人才请过来，开始试制。为了尽快推向市场，他们加班加点,熬夜苦干,终于生产出了一批小型断路器。但经检验,绝大部分不合格。这犹如劈头一盆冷水,把大家浇愣了。怎么办?股东会议讨论很激烈,有的说低价出售有路,可以挽回部分损失;也有的主张报废。而报废意味着一下子损失 30 多万元。最后,董事长李振铎拍板:声誉要紧,全部报废处理!

正如李振铎所说,质量是一个企业的生命,任何时候都不能拿自己的生命开玩笑。

三 践约是诚信之证

一次,奥康集团国际贸易部接下了意大利客商一笔 20 万美元的订单,双方谈好产品单价为 23 美元,并签订了合同。但在投产时,公司发现生产部门在核算成本时将皮料价格算得过低,按实际成本计算,每双鞋的出口价格至少要增加一美元。当员工请示是否与外商洽谈加价时,王振滔表示:"既然签了合同,就是亏本了,这笔买卖也要做。"消息传到客商耳朵里,他们主动提出增加一美元,但王振滔婉言谢绝。这种恪守信用的做法令意大利客商十分感动,他当即决定按每双 24 美元的单价追加 100 万美元的订单。这就是奥康"一美元换来大订单"的故事。

一位朝鲜客户答应与温州华东钢管公司天津分公司签订一个购货合同,但提出要 7 天内交货。总经理林宗芳觉得有点悬,但考虑到这是天津分公司的第一笔订单,还是咬牙答应了。客户还是有点不放心,林宗芳就拿起笔加上一句:"若 7 天没到货,我方愿出货款的 30% 作为赔偿。"然而,想不到的是,当他与总公司联系时,那种型号的钢管正好缺货。林宗芳急得与总公司的人大吵一架。信誉要紧,无论如何也要想办法赶出来!7 天后的深夜,林宗芳饿着肚子帮朝鲜客户将钢管装上了车。

信用的建立不是单靠口号喊出来的,也不是只用一张质量保证书、一个防伪标志、一个三包承诺、一个合同或一个投诉电话就能让人确信,确证它的是一次次实实在在的践约行动。

四 服务是诚信之境

诚信的表现是方方面面的,如质量诚信、价格诚信、广告诚信、服务诚信等,而随着市场的成熟和竞争的深化,服务信用和水平的高低已越来越成为人们关注的焦点,因而也成为优秀企业追求的目标和修炼的境界。

完整的服务概念是贯穿于销售、售后整个过程中的。但有的商家在销售环节中服务热情有加，而在售后服务方面则冷淡无情，甚至寻找种种理由推卸责任，或试图通过回避、拖延等方式让顾客气馁而自动放弃保修或理赔；有的面对大单喜形于色，而当你只买一点小东西，量少利薄时，马上就爱理不理，嫌麻烦；有的厂商则往往在质量保证或维修条款中暗含"霸王条款"，为日后赖账埋下伏笔。对于诸如此类的"势利"服务和"霸王"服务而言，"上帝"不是顾客，而是厂商自己。他们只是关心自身的利益能否得到保障，而压根不把客户和消费者的利益和需求放在心里。

那么，怎样才是高档次、大境界的服务呢？

大境界正是体现在小买卖中，把客户的需求当作自己责无旁贷的责任，急客户之所急。有一次，一位客人前来购买一种少见的产品，并且只有11元钱的业务。尽管店里没货，但当店主陈仁春得知客人已多方寻访没有着落，而该产品是急需的关键件时，便二话没说接下了这笔业务。他立刻冒着滂沱大雨骑自行车消失在雨幕里。两个小时过去了，当浑身湿透的陈仁春终于颤抖着把用塑料袋包了一层又一层的货物交到客人手里时，客人紧紧握住他那被雨淋得冰冷的手说："太谢谢你了!"后来，这位客人成了陈仁春的固定客户。

2003年春节，一位顾客在温州千歌服饰有限公司安徽宣城连锁店买了一件休闲服，后来在一次外出活动中不慎掉了一颗纽扣。她跑了许多商店都未能配到同样的纽扣，便试着给温州千歌服饰有限公司总部打了一个电话。一个星期后，这位顾客收到了公司寄来的纽扣。但遗憾的是，寄来的纽扣颜色深了一点。于是她再打电话到温州。又一周后，这位顾客收到了一包5颗装的全套纽扣。这位顾客和她的爱人被温州企业的服务精神深深感动了，他们给温州媒体发来了一封感谢信，信中称道："这颗小小的纽扣，让我们看到了一种'温州诚信'，一种'温州精神'!"

大境界还体现在把客户的困难当作自己的困难来解决，帮助客户等于帮助自己。1998年，乐清虹桥动力制造有限公司为国内一家知名摩托车生产企业提供水冷发动机。但对方在装车后发现由于其自身原因，匹配不理想，整车无法售出。对方将情况告知了赖国贵总经理。对于赖总来说，全部货款已到手，产品质量又没问题，完全可以将责任推脱得一干二净。而如果这样，客户损失将达300万元。赖总感到客户的困难就是自己的困难，应该伸出援助之手。他让对方将整车发到虹桥，由自己厂帮助解决技术上的问题。为减少对方损失，赖总还帮助对方将整好的车子就地处理。为此，自己公司损失了200多万元。真诚的付出总有丰厚的回报，对方厂家从此都在虹桥动力购买发动机，而且经常是货未发出，款已到账。

一次，上海某大厦来电称其大厦内安装的茗熔牌熔断器质量不行，引起了电线短路，请茗熔公司派人前往。黄春芳经初步了解，发现公司并没有将RT18型号的产品销售给该大厦，但他还是决定派工程师去上海。到了上海一看，该大厦使用的是假冒的"茗熔"产品。工程师通过认真检测，用事实说明引发短路的原因，并拿出自己携带的样品给他们看，证明他们所使用的不是"茗熔"产品。厂方认真负责的态度和真实可信的分析，使大厦领导感动不已，当场决定撤换所有假冒产品，而长期使用真正的"茗熔"产品。

叶茂西可谓把真诚服务的理念推到了极致，他常说的一句话是"客户永远是正确的"。一次，由于客户自己校对时失误，印制的几百张海报出现文字错误，不能用了。按合同规定，这种情况承印方是不用承担责任的。但叶茂西本着"服务"这个大原则，决定无偿重印。他说："不能让客户吃亏，这点损失，就当是让工人为熟悉技术交的学费吧。"青岛的一位客户印制一批皮鞋立牌广告，按约定时间来拿样品时，发现自己的设计人员把色彩标号搞错了，要重新做。正常情况下，从电脑出小样到制版、晒版、再到印刷，需要两天时间。但这位客户已经买好了第二天的机票，非常着急。叶茂西说："您的需要就是我们的需要，我们连夜给您赶制。"第二天上午客户取到了样品，十分高兴地上了飞机。叶茂西的哲学是：能吃亏才能赚便宜。就凭这一点，摩托罗拉、诺基亚、可口可乐、柯达、网易、联想、雪碧、平安保险等名牌大腕都与他有了业务往来，中国香港的一些企业也跑来了。

真诚的服务犹如强大的磁石，对客户具有不可抗拒的吸引力。

五　品牌是诚信之标

如果说现代市场犹如商品的海洋，那么品牌就是产品和企业的形象识别标志。而品牌和商标的寓意又是企业自我砥砺的精神动力。

毋庸讳言，在改革开放初期的温州，具有品牌意识的战略型创业者还真不多。以个体的家庭作坊式生产为主，缺乏行业管理，在高额利润面前，许多人就经不住诱惑，盲目生产，粗制滥造，致使行业和市场出现无序竞争的状况。在这样的氛围中，如果你随大溜，也完全可以借机大捞一把。但周大虎①一开始就不这么想。面对温州当时3000多家大大小小的打火机厂家的无序竞争，他坚信只要坚持抓质量、创牌子，最后的胜利一定属于自己。为此他第一个重大举措便是注册商标。商标不仅是产品的合法标志，更是名牌的"准生证"。为了突出鲜明的品牌个性和诚信决心，周大虎用自己的名字命名了"大虎打火机厂"和"虎牌"商标。从中我们可以感受到一股威武轩昂、凌驾群伦的王者之气。

许多企业是在发展到一定规模以后才认识到品牌建设的重要性的。从自发的无序竞争，到质量立市，再到品牌战略和文化建设，正是改革开放以来，温州创业所走过的基本路程。而大虎打火机在创业之初就能认识到品牌的意义，这种难能可贵的超越意识，使得它在众多同行中脱颖而出。凭借过硬的质量，"虎牌"打火机成了温州、全国乃至世界打火机行业的一个金字招牌，国外的客商纷纷争夺"虎牌"打火机的经销权。一位西班牙客商来函说："我愿花3000元人民币恳请你们为我制作一块中西合璧的招牌，以示我们销售的是正宗的'虎牌'打火机。"

1985年，国家允许个体户办私营企业的文件刚刚下发的当天下午，郑秀康就去工商局注册了"鸿盛皮鞋厂"和"鸿盛"商标——在这之前，他已在家里那狭小的手工作坊里做了5年的鞋。不久，质优价廉的鸿盛皮鞋就进入了杭州、上海等大城市。可自从武林门火烧温州鞋之后，全国众多城市的大商场相继将温州鞋扫地出门。尽管后来温州市组织了皮鞋行业协会，成立质检中心，没有中心检测盖章不许出售，但一时也难以挽回市场。不少厂家为了求生存，只好借牌生产。郑秀康的"鸿盛"鞋因为公

---

① 周大虎（1952— ），温州市人。温州烟具行业协会会长，浙江大虎打火机有限公司董事长。1992年，他从夫人下岗安置费5000元起家，经过十来年努力，把一个家庭经营的小作坊发展成为中国金属外壳打火机生产的龙头企业、商务部重点培育和发展的中国出口名牌企业、中国工业经济旅游示范企业，当选为中国轻工业联合会常务理事单位、中国五金制品协会副理事长单位，获得浙江省首批诚信示范企业、浙江省文明单位等200多项荣誉。其本人被评为第二届"中国优秀民营企业家"、中国最受关注的十大法治人物、中国民营经济十大风云人物、首届浙商十大风云人物、浙江省首届优秀私营企业家、连续八届温州市突出贡献经理（厂长），系中国五金制品协会副理事长、中国轻工业联合会常务理事、中国五金制品行业专家委员、浙江省诚信企业促进会副会长、浙江省人大代表。

认质量好，属于质检中心的免检产品，但在上海照样被驱逐出柜。商场经理对他说："不是你的鞋不好，是你的'出身'不好。只有换成上海牌子才可以重新上柜。"郑秀康明白，要让温州鞋翻身，重塑温州和温州鞋形象已到了刻不容缓的地步。在借牌之痛和不甘中，郑秀康坚定地选择了做品牌。注册"康奈"商标就是这一时期提出来的。生性好强的郑秀康发誓要让温州鞋从他这里把"头"抬起来。1990年，他请一位画家根据他的意愿画出了一个昂首挺胸、目视前方、充满自信的中年男人头像，注册为"康奈"商标。这是我国商标史上第一枚具有"划时代意义"的人头像商标，寓意"健康发展，其奈我何"。

郑秀康敢于亮出自己的牌子，大胆唱响自己的理念，是有自己深厚的底气的。当年他33岁时利用工余时间拜师学做皮鞋，老师傅正是被他的诚恳所打动。设计、画图、划料、夹包……整整45天，郑秀康把做鞋的整套工序学了下来。当他兴奋地将自己的"处女作"拿给师傅看时，师傅端详良久，满意地笑了："你真行啊!"后来，他向"鸿盛"的职工提出的就是"修造质量的长城、信誉的长城"的口号。有了这些品质和观念的累积，品牌的打响只是机会的把握问题。由此，从1993年首次代表温州鞋业赢得"中国十大鞋业大王"的称号开始，康奈囊括了包括中国驰名商标、中国名牌、中国重点出口品牌等在内的几乎所有国字号荣誉，成为名副其实的中国鞋业"大哥大"。

2001年初，"康奈"又向国际名牌进军，相继在巴黎、纽约、罗马等地开设了专卖店，率先代表温州乃至中国皮鞋品牌登陆欧美市场。不久就扩展到全球20多个国家，近百家店，并且全部实现当年赢利。2005年12月，郑秀康将法国百货连锁商店"ADVANCED VISION"的老总请到温州并签订合作协议，意味着以后5年"康奈"产品将长驱直入欧盟200个中高档商店，从而进入欧美发达国家的主流消费领域。在中国皮鞋平均每双出口价不到6美元的时候，"康奈"皮鞋在国外最高价已卖到每双150美元，平均价60美元。

名牌是什么？正如海尔集团张瑞敏所说："别人卖不出去，我能卖出去；别人卖得少，我卖得多；别人卖得便宜，我卖得贵。"凭什么？凭的就是名牌所承载的品质、品位和诚信内涵，这是无法简单地用金钱来衡量的价值。难怪有厂家想用高额利润挂靠"虎牌"，周大虎坚决不答应。由于考虑到正在建设之中的公司新园区还不能马上投产可能会延误交货而影响诚信形象,"康奈"婉言回绝了沃尔玛 9 万双皮鞋的订单。他们都视品牌为生命,决不会为了眼前之利而砸掉自己辛勤经营起来的牌子。

当今社会,品牌消费已从产品消费演升为符号消费和文化消费。而一流企业正是消费文化的缔造者和引领者。

第四节 人脉资源与人情理性化

我国自古以来一直是一个以宗法血缘关系为纽带的农业社会,它强调人伦,重视人际关系。孟子说:"天时不如地利,地利不如人和。……寡助之至,亲戚畔(叛)之。"① 可见,"人和"是力量之源、胜利之本。而"人和"的起点在于"亲和",亲缘关系是传统人伦关系中的基础,其次则是友缘和地缘关系——此"三缘"构成了传统社会人情关系的巨大网络。为人处世需要留意这张网络,为官经商更需要刻意经营和利用这张网络。于是,"世事洞明皆学问,人情练达即文章"就成为仕途经济的至理名言。

我们暂且不说儒家形而上的"人和"理想如何被演化成形而下的人情经营理论,就温州这个地方来说,即使忽略儒家传统的影响,其人情观的形成本身也具有必然的地缘性因素。如前所述,温州人是追逐财富的群体,而创富的主要资源无非三种:自然条件、政策优势和人力资源。众所周知,前两扇通往财富的大门被命运之神无情地锁闭了:地少贫瘠,资源缺乏;再加台海前沿,交通不便,不宜国家投资。既无资源优势,又无资本积累,剩下的只有人的因素和对人的开发利用。难怪温州的领导得出这样的结论:温州最宝贵的资源就是温州人。这一巨大的人力资源库,蕴藏的当然不只是聪明才智,更不是"1+1=2"的劳动力累加,而是 700 多万温州人(其中 200 多万散布在全国各地经商办厂,50 多万在海外众多国家和地区谋生创业)所构成的各种关系功能,如信息功能、融资功能、互助合作功能、消费功能等,这是任何其他力量都无法取代的效应。由此看来,温州人的重人情、建人情、用人情,也是情势所向、个性使然。

---

① 《孟子·公孙丑下》,见朱熹《四书集注》,岳麓书社 1985 年版,第 297 页。

第三章 传统观念与现代意识的交结

一 人情人脉即资源

改革开放以后，温州虽仍处东南一隅，但并不像有的偏僻地区那样，还是信息闭塞、流通不畅，从而长期处于贫困落后状态。温州商品经济的信息一点也不闭塞，产品的销售流通也总是很顺畅，靠的是什么？就是密如蛛网的人际关系所构建起来的信息和销售流通网络，加上温州人对商业信息的灵敏嗅觉和善于分析资讯的精明大脑。所以，人情网络就是信息资源。

温州的家族企业特别多，往往是一人创业，稍有发展，就会拉拢家人、亲戚齐上阵。即使企业做大了，亲缘裙带关系还是老板最倚重的关系。虽然从现代管理的角度来看，这种家族制、唯亲式的管理模式有很多弊端，但在温州人看来，亲缘就是高效的人力资源。都是自己人，一损俱损、一荣俱荣，所以做起事来容易齐心协力，少了来自外人的掣肘和拆台，少了相互之间的扯皮和推诿，工作放心又尽心。这样的企业，对内是温馨的家庭亲族，对外是握紧的拳头，出击起来的力度和速度都可以提高。

温州人对人情资源的利用还典型地表现在外出经商创业的"集团作战"方式和"连锁效应"的结果上。其特点：总是有散兵游勇在到处寻找商机，一旦有人在某地发现了赚钱机会，除了自己先期扎下根据地，便是写信回家搬兵，先是家人、亲戚、朋友、同乡，再由这些人你传我、我带他，纷纷拥来。于是很快就在一个陌生的地方聚集起一大批温州人，形成一个"温州商城"或"温州街"。然后，与之配套的其他服务文化也跟了过去，譬如饮食。难怪北方、西北或西南的一些城市也出现了一些海鲜楼、鱼圆摊（店）之类的温州特色餐饮，原先主要是为聚集到这里经商的温州人服务的，后来当地人也受到"感染"，生意红红火火。温州人这种呼朋唤友的经商情形与一般人所理解的"商道"很不一样。通常人们对自己费尽心血探来的财路是严加保密、不予分享的，更不会对后来者提供指点和帮助。温州人这种做法的出发点到底是什么呢？精明的温州人自有道理。一方面，可以说是既照顾了亲友乡邻，也能从中培植信得过的帮手，还可借此树立自己的威望，能在日后的发展中起到呼唤领头的作用；另一方面，其实也是最重要的一点，就是借用了庞大的人情网络资源创造市场和扩大市场，壮大了自己所从事生意的声势。有了威望和市场，才能施展拳脚，纵横驰骋。池大水深了，自然就能养大鱼。

"星星之火，可以燎原。"温州人往往能抓住一点商机，做成大市场，甚至在没有市场的地方也能创造出一个市场来，其凭借的"独家资源"就是以人情资源为主要依托构建起来的经济社会网络。这个网络是温州人无论在本地还是他乡别国生存、发展和融入的重要法宝和资本。其实，对于许多温州人来说，个人资源和综合素质是有限的，甚至在某些方面比其他许多地方的人还差一些，但他们却能满世界地流动，经商、办企业，就是这个网络为他们提供了支撑。反过来，他们的迁居、融入、创业又不断地扩展了这个网络，从而有助于他们降低生产和经营成本，减少在外生存发展要面临的风险。有了这样的网络，温州人即使不懂当地社会的语言和习俗，也能迅速适应和生存下来，并获得很好的发展。

温州人有钱的名声早已在外，这除了温州人热情好客、花钱豪爽等特点外，还有一个让外人难以看懂的现象恐怕是更主要的原因，那就是在别人看来有这困难、那问题的事情——这里关键当然是资金的问题，而温州人总是说干就干成了。大家知道温州都是个体私营企业，不是银行信贷的宠儿，而温州那么多人却都能当上老板，于是只能断定温州人都很有钱。客观地说，温州人对商品经济的"悟道"和"出道"相对较早，许多个人手里有一些积累，那是不假。但是否多到一般个体想做多大生意就能自己拿出多少资金的地步，就很难说了。其中的门道，温州人概括为"巧借东风"，我们将在后面的章节中加以介绍。这里只就与利用人情网络最相关的融资方式来说一说。既然温州人那么注重亲缘、友缘、乡缘关系的开发利用，自然也就不会忽视其可以作为一种融资渠道的功能。譬如你急需一笔钱用于某项经营，自己积蓄或向个别亲朋好友借都难以解决问题，此时你若有足够的人际网络资源，你就可以出面邀一个"会"，跟大家讲明筹钱的用途。假若你需 10 万元，而总共邀到了 20 个"会员"，那么第一个月每人出资 5000 元，就能为你凑足所需的金额。而 20 个会员再通过抓阄来决定谁先取得"会金"，每月轮换。这样每个人都有机会获得 10 万元资金，可以用于自己所需的项目。由于这种方式没有利息，完全是一种互助，所以又称"干会"。另外还有一种"活会"，是有利息的，即越早用钱的人便越多支付利息给越迟用钱的人。以这种方式筹资一般都是为了投资经营，并能获得可靠的预期收益，以及时偿还借款。但经营场上难免风险，如果出现特殊情况一时无法按期归还"会金"，人情关系就能发挥它的真诚作用。因为与"会"者都知道生意场上风险与机会并存,所以应邀入"会"时都会有心理准备,一旦发生意外情况,一般都能够用人情关系原则来做自我调节和安慰。而一时还不了钱的人也会顾及人情面子,早晚想办法挣出钱来及早还账,而不会愿意因一笔钱而落得个"亲戚畔(叛)之"的结局。正是对人情关系的倚重,维系了这种民间融资借贷的诚信原则。

二 人情交往拓门路

俗话说:"在家靠父母,出门靠朋友。"由此可见亲情、友情在中国人生活与事业发展中的重要性。亲情源于天然,友情则是缘分加经营。经商需要人脉,所以温州人就善于交友建立人脉,关键时候总能用得上。

1979年,在部队当了4年文艺兵退役的陈加枢没能如愿安置到县里的文化部门,便从复员安置费中拿了点钱,带着订单到了上海推销徽章。上海人对温州人有偏见,对推销员更是没有好态度。他一个个单位地上门推销,许多单位却二话不说便将他拒之门外。整整跑了一周,走了无数单位,结果却是一无所获。苦闷的陈加枢开始思考:为什么自己不行,而那些学历、阅历都不如自己,脑子也没自己灵活的温州人反而能行?是不是自己不适合干这行,还是没有找到窍门?反思几天来的经历,终于得出了结论:推销这活,仅靠努力和吃苦是不够的,得学会利用人际关系。中国是人情社会,有人脉就能走遍天下,没有人脉有时寸步难行。

第二天,陈加枢就离开上海直奔太原矿务局。原来,他在当兵时曾多次到这里演出,和这里的领导认识。该局下辖的很多煤矿有许多学校,而他与局里分管教育的负责人关系不错。陈加枢先是打通了矿务局的关系,由局主管教育的部门发了一个文,他拿着这个文件跑到一个个学校。一周下来,签下了7000元的校徽合同,他从中可赚到3000元。这对于陈加枢的激励作用是巨大的。之后,他又紧紧抓住这些学校客户,每年向他们推销一些其他产品,便有了相当稳定的销售收入。在此基础上,陈加枢又由推销产品转为自己开办徽标厂,最终成为金乡徽章企业的"领头羊"。

王月香夫妇是在西安经营服装的温商。一次两人搭乘陕西地质学院的旅游车前往浙江海宁,准备回温进货。邻座的一位老先生途中不慎丢失了钱包,身无分文,路途遥远,进退两难。正在万分焦急之际,王月香夫妇伸出了热情的援手,将1500元钱塞进了老人手中。萍水相逢,慷慨救急,如此古道热肠，老人自是感激万分，于是他们很自然地成了患难之交。原来老人是地质学院的教授，多年来一直参与西北地层石油蕴藏的勘探研究。在介绍中，老人不经意地向王月香透露出一个惊人信息：陕北地区的地下油矿不属国家重点，只交由当地政府主管，而当地政府则鼓励民间投资开发，谁抢先一步，谁就能赚上。正想扩大事业的王月香听出了商机，当即表示出对投资石油的浓厚兴趣，老教授见状也表示愿做向导兼顾问。然而，开发石油是一个高难度的工程，王月香筹资480万元开钻了三口油井，历经300多个日夜，资金消耗殆尽，却毫无出油的动静。且祸不单行，先是丈夫积劳成疾不幸离世，后是转管被井壁卡住，动弹不得，这就意味着投资失败，巨资要打水漂。万分为难之时，老教授亲临现场，给王月香鼓气，告诉她此处的石油层确定无疑。增强了信心的王月香充分利用在当地结下的人脉，在教授和延长县政协一位领导的帮助下，请来了工程技术人员。最终，不仅拉出了卡壁的钢管，而且获得了三口油井全部喷油的巨大成功。俗话说，有的人命运中总有贵人相助。温州人相信，这"贵人"就是朋友。经商之道就是处世之道，也就是人际关系之道。

不仅在民间，温州的政府也深谙人情之道。我们前面提到过金温铁路的成功建造得力于南怀瑾先生的帮助。南先生祖籍乐清，1949年离开大陆到台湾，1988年迁居香港。南先生是海内外有着广泛影响的国学大师，素来对家乡有深厚的感情，而且热心于内地的慈善事业。由于复杂的社会政治原因迟迟不得回归，家乡尚有高龄老母和结发妻子多年不曾联系，思念之情时时流露在诗文中。1988年，温州市领导借到香港公干的机会拜访了南怀瑾先生，在闲聊家乡变化的话题中，提到了建造金温铁路之事和资金短缺问题。老先生果然十分关切家乡的建设事业，而在言谈之中也流露出对家乡老母与发妻的思念。回温后，市委书记刘锡荣亲自坐镇邮电局，在除夕开通了南宅老家到香港的直拨电话。南先生听到分别40年的妻子的声音，感动万分。市领导知道南先生是有名的孝子，而南母当时已过世，于是想方设法从他的发妻那里找来老太太的灰白头发（这是她为婆婆梳头时留下来的），请发绣大师魏敬先绣成《南太夫人像》，作为礼物送给南先生。南先生看到母亲的肖像，激动得双膝跪地，泪流满面，当即表示要为家乡人民做些事情。之后，南先生总筹资30亿元，金温铁路终于在1992年开工。

温州商会如今已遍布全国乃至世界各地，成为温州人的信息联络和投资互助中心。在异地组织地方性商会也是温州人领头，刚起时一些地方的政府甚是敏感和担忧，生怕这种带有同乡会性质的团体会像旧社会的帮会组织那样滋扰生事，危及社会稳定。后来才发现，温州人组织的商会不但没有滋事生非，而且对当地经济的发展起到了很大的推动作用。因为有了温州人，就有了市场，就带来了投资；有了商会，则可以聚集起更多的温州人，产生更大的投资项目。而且商会又是一种自助、自律组织，政府可以利用它架起自己与企业、商人之间的桥梁。总之，温州人用事实使那些一时还不习惯于民间组织的存在和壮大的政府转变了观念，从禁止、默许到欢迎，温州商会就这样遍地开花。在温州市政府看来，各地的温州商会正是市政府联络在外创业的温州人和温商企业的"情报站"，所以一开始就很支持，并且设专门的机构负责联络，还经常乘逢年过节各地温州商会会长回乡之际请他们来座谈，共商家乡发展大计。"世界温州人大会"的策划和召开进一步明确表示了政府对温州人乡情资源的重视。

三　人情消费的目的理性

商品经济社会是生产与消费的循环系统。不过，马克思将这一社会财富和物质的增长动力归结于生产技术的进步，而韦伯则认为，理性主义——企业组织的高效和清教徒式的勤勉而又节俭不可避免地导致了资本的积累和生产的扩大。两者观点尽管针锋相对，但却都是从生产的角度对商品和资本社会的起源问题作了理性的解读。而维尔纳·桑巴特（Werner Sombart，1863—1941）的消费主义①视角颠倒了马克思和韦伯的生产主义视角，他认为，是消费而非生产导致了现代资本主义社会。让·鲍德里亚（Jean Baudrillard，1929—2007）更是用符号或形象消费②的概念宣告了生产性社会的终结。于是，生产和消费的关系变得如同鸡与鸡蛋的先后关系

---

① 桑巴特认为对资本主义精神具有重要影响的不是韦伯所谓的新教伦理，而是犹太教，并认为奢侈消费产生了资本主义。相关著作有《犹太人与现代资本主义》《资本主义的精华》《奢侈与资本主义》等。

② 鲍德里亚的消费社会批判运用结构主义和符号学理论揭示了现代消费社会由"消费符号"向"符号交换（消费）"的转型。他从媒介批判角度指出后现代社会是大众传媒控制的拟像（符号）世界，其间模型和符号构造着人们的经验结构，符号、模型与真实之间的差别，媒介与现实之间的界限消失了，人们对真实的体验以及真实的基础也已消失，转向超现实。相关著作有《消费社会》《象征交换与死亡》《媒介的内爆》《拟像与模拟》等。

一般难以厘清。但事实是，这个世界鸡与鸡蛋是并存的。拿温州来说，它既是一个创业社会——生产社会、商业社会，又是一座消费城市、休闲娱乐城市。我们不妨从人情消费的主要方面来看看温州人是如何将其与经济发展结合起来，使两者互为因果表里的。

夜幕降临，华灯初上，大街小巷，车来人往。各个饭店餐馆、酒楼茶座里，人影晃动，座无虚席。男女服务员托盘端菜，忙碌地穿梭其间。此时此刻，你想找一个人少清净的去处悠闲地吃饭恐怕是很难的，因为往往所有的雅座、包厢都已有人预定了。这就是温州都市日常夜生活的情景之一，人声鼎沸，应接不暇。各种饭局、亲友聚会、业务洽谈，还有热闹非凡的婚庆喜宴——人情消费，是这里永恒的主题。

温州人情花费的高昂，也是其他地方的人难以望其项背的。就拿习俗性人情花费来说，无论是亲戚、朋友，还是同事、同学，结婚毫无疑问要送礼，孩子出生、满月、周岁（温州人称"对对"）要有所表示，乔迁新居免不了贺礼，丧事也要送丧礼。如今的礼包，少于四位数是很难拿出手的，关系特别重要的可以达到五位数。因此，碰上人情花费的高峰期，一户家庭的支出每月在万元以上，已是见多不怪。而这些礼金的大部分又总是被送进酒店的收银台。因此，温州人年均可在酒店饭馆里吃掉几十个乃至上百个亿，觉得也很平常。人情消费构成温州餐饮业的支柱，从而起到推动经济发展的作用，这一点毫不夸张。当然，这也导致了温州餐饮业的激烈竞争和不断地重新洗牌。

韦伯把社会互动中人的行为模式概括为目的理性行为、价值理性行为、情感行为和传统（习惯）行为四大类型。那么，温州人的人情消费、关系经营是否仅仅是一种情感行为、传统行为，抑或只是像乔治·巴塔耶（Georges Bataille，1897—1962）所说的"耗费"①——即这种消费不是为了一个事后的有用性结局而实施，而只是纯粹的丧失，或者说属于不必要的奢侈呢？我们不妨来听一听一位陈姓温商的表白。这位温州老板在上海锦江饭店友谊厅设宴款待上海朋友，与会者有100多人，其中既有厂长、

---

① 乔治·巴塔耶被誉为"后现代的思想策源地之一"。他上承尼采，下启拉康、福柯、鲍德里亚等，为他们引出对理性、主体和有限经济的批判。代表作有《内心体验》《可恶的部分》《文学与恶》《色情》等。《耗费的观念》一文是其"普遍经济学"的引子和基础，他指出了"生产性"的消费和"非生产性"的消费概念。

经理、银行行长、信贷主任,又有工商、公安部门领导,乃至政府文秘人员。东道主解释说:"这不是一次订货会,而只是一次感情联络会。人不能只盯着眼前利益,所有的关系不知什么时候就会用得着。这就叫作朋友。我最反对临时抱佛脚。"确实,像这样的感情联络会,或者同学、朋友、老乡的聚会,在温州人中间司空见惯,并非每次聚会消费都是直接指向一个当下有用的目的,但正如这位陈姓老板所说的,淡化眼前功利,瞄准的却是长远利益。由此看来,现代商品社会并非起源于耗费性的奢侈,温州商人实行的人情消费尽管具有传统和情感行为的色彩,在一些场合也免不了炫耀性的奢侈,但本质上还是积累性的生产经济,每一次消费其实都紧盯着一个额外的实用性靶子,都是为了回报,为了在一个理性的目的论中有益地循环。一言以蔽之,都是理性的消费,是为了功利性的延期价值。温州人对这个目的理性并不讳莫如深,因为忌讳功利不是他们的观念。资本主义源于理性精神,而理性对情感的成功驾驭和利用正是许多温商的取利之道。

第五节 从"耗费"到积累

前面我们引过永嘉学派叶适的话:"夫物之推移,世之迁革,流行变化,不常其所,此天地之至数也。"世界是不断运动变化的,因而作为要以认识和改造世界为目的的人,一方面要不断地把握无论是来自自然还是社会的各种变化;另一方面则须认清变化动向,做到与时俱进,促进发展。正如叶适所说的,射箭应是"矢弓从的而非的从弓矢也"①。千变万化,发展才是硬道理,是变化的目的。同样,创业创新也必须沿着发展的方向,才能生生不息。温州改革开放以来的历程以及众多温州人的创业行动,从各个角度印证了这一基本规律,从而也建立起与时俱进的创业创新发展观。

一 财富的"耗费"与资本的积累

巴塔耶在讲到中世纪与现代商品经济社会在消费文化方面的区别时,

---

① (宋)叶适:《水心别集卷之十五·外稿·终论七》,见《叶适集》,中华书局1961年版,第830页。

用"耗费"这一概念概括了中世纪的特点。在中世纪，牧师、军事贵族和生产者形成一个统一实体，生产者屈从于牧师与军事贵族，只为他们劳动，并换取他们道德和安全上的保障。这样，生产和消费只是在一个静止而封闭的内部系统里循环，它并不导向一个额外的增长目的，所有剩余的、超出生存必要的财富和价值也将拿来消耗——消耗在炫耀性的景观铺张中，消耗在繁文缛节的宗教活动中。因此，耗费性的奢侈，成了中世纪封建贵族的基本消费活动。而有别于耗费型的生产经济，现代商品经济和资本主义实行的是积累和扩大型的生产经济，生产与消费的循环不再是不断重复原来的封闭型轨道，而必须是螺旋式上升的。

中国传统社会的生产与消费，也恰恰是类似这样一个封闭的循环，我们通常称其为自给自足的"自然经济"或"小农经济"，新中国成立以后的情况，又叫"计划经济"。长期的"小农经济"滋生了"小农"意识，"小富即安"的心态就是其中之一。所谓见好就收、急流勇退，其实并不只是怕吃苦受累，而是长期封闭式的环境和生产生活方式让人看不到扩大生产或改变生产和消费方式所能带来的结果，同样也就无法应对由此可能造成的风险，只能本能地采取抵制或回避的态度，以保守既得的眼前利益，这就导致了鼠目寸光和不思进取；而"计划经济"则干脆养成等、靠、要的习惯，将人性中惰性的因素通过体制弊端间接加以肯定甚至鼓励。

温州人由于生存条件艰苦，大多愿意吃苦耐劳；又由于历史上曾经工商文明和事功文化的洗礼，看到了摆脱土地束缚的谋生途径，故在温商创业者观念中，创业、赚钱是永恒的主题。拥有多少财富才算富翁呢？万元户，那是20世纪80年代初的概念；十万元？那也只能算是"贫困户"。温州人早已认为，百万元才起步，千万元才算富。而如今的温商动辄筹措上亿元、几亿元的投资，也是司空见惯。在成功的温州商人看来，一个人赚钱志向的大小、眼界的高低和目标的水准，决定了他今后赚钱的多少。但目标不是空想，必须付诸行动；目标也不可能一蹴而就，所以要学会"滚雪球"，要把有限的积累投入无限的发展之中——按巴塔耶的说法，资本主义"更喜欢财富的增长而不是财富的直接利用"[1]。温州民资的涌

---

[1] 张一兵：《巴塔耶——没有伪装，没有光与影的游戏》，见《人文与社会》，2009年8月11日，http://wen.org.cn/modules/article/view.article.php/c12/1315。

动就是一大见证。

但曾经的穷困也构成一个挥之不去的心理包袱，当某一天忽然间面对富裕的现代化的时候，急切地想甩掉这个包袱，摆脱贫困的梦魇，就成了许多人的心态。于是，炫富就成了掩盖过去"失败"而压抑的自我用以证明当下"成功"的自我价值的一种有效模式，因而也往往演变成宣泄性的张扬和耗费。

许多创业者都有过"第一桶金"的喜悦。通常这"第一桶金"的赚取是很辛苦的，正因如此，如何处置这桶金往往成为一个考验人的问题。有的人有生以来从没见到过这么多钱，于是开始心满意足，沉湎于提笼架鸟、吃喝嫖赌的享乐主义；有的财大气粗，到处炫富摆阔，把钱消耗在景观铺张甚至封建迷信活动中；更有甚者，有恃无恐，招徕一些社会上的闲杂，整天前呼后拥、横行霸道，俨然做起黑社会"老大"。在温州，这些情况也是相当典型的。以前外界对温州老板的一个普遍印象就是个个看起来像"暴发户"，主要原因恐怕就是温州人花钱豪爽，能摆谱，凡事都喜欢用钱摆平，用钱彰显自我能力和价值。

在 20 世纪八九十年代，我们曾看到过一些地方的暴发户用百元大钞撒大街或糊婚车招摇过市的报道。在温州，类似的摆阔、攀比也曾有过一道独特的"景观"——大造坟墓。那段时期只要你乘车经过温州，就可看到公路两旁的山上到处是白色的造型如太师椅一样的坟墓，成为闻名全国的一大"奇观"。大片大片的坟墓既有碍市容市貌，又造成青山白化，严重破坏生态环境。有钱人相互攀比，坟墓越做越大、越做越牢固（从普通砖土到用钢筋水泥和花岗岩、大理石），甚至用炸药都难以清除。市县政府虽然一再下决心清理，但还是屡禁不止。104 国道丽岙路段曾经可以看到一座堪称"壮观"的坟墓"巨无霸"，宫殿般的坟墓不仅有亭台楼阁，还专门修建了一条水泥路通往山脚，连接台阶通到墓门口。这样的坟墓工程在当时的 80 年代末和 90 年代初少说也得花费五六十万吧？

"暴发户"心态是我国改革开放初期一些创业者的一种普遍性现象，一系列非理性的，奢华、过度、偏执的耗费其实是小农意识和小生产者心理的一种另类表现，是面对现代化的一种不知所措和无所适从，它暴露了早期一些创业者精神文化素质的缺陷和观念现代化滞后的问题，构成改革和发展的障碍。

然而，真正的温商富者大都为人低调，处事沉静得体，喜欢踏踏实实地发展事业，铺张花巧的事，可免则免——除非具有战略性的用途。于是，经济生活中经常出现这样的悖论：越有钱的人越感到钱不够用。其实，有钱人口袋里没钱，是因为他把钱用于投资了；富翁不随便乱花钱，也是因为他要把钱用于扩大和发展生产。以前我们把这样的人叫作"吝啬鬼"或"守财奴"，认为他们是"哭穷"，实际上是我们不懂经济学，或者说，我们的观念还是停留在巴塔耶所讲的"耗费"经济时代。

成为美特斯·邦威老总的周成建①当年用自己自学的裁缝技术，在妙果寺服装商场前店后厂制作销售服装，成功地赚到了"第一桶金"，至1993年他拥有了资产四五百万元。他接着做出的惊人之举便是将所赚的钱注册成立了美特斯·邦威公司，专门制售休闲服装。十多年过去，他终于创建了年销售额近20亿元的服装"王国"。

像周成建这样开始只是凭借小技艺、小作坊、小商铺而不断积累、扩大、发展成为著名企业的例子，在温商企业中举不胜举。创业者也从当初的小工匠、小商贩成长演变为后来的企业家，他们的创业动机和目标也从养家糊口的个人意愿发展到企业和社会的责任意识。

二 "草根"的与时俱进

创业发展要研究的不仅仅是企业经济目标、资产规模这些层面，还应该包括知识、观念、制度、文化的与时俱进问题。在当今信息化、全球化和知识经济环境下，如果知识贫乏，目光短浅，观念和制度落后，即使你有很大的目标或规模，也会难以实现，甚至面临衰退和淘汰。所以，聪明的温州人往往能审时度势，把握经济发展的动态，抓住每一个赚钱的转机。

---

① 周成建（1966— ），浙江青田人，在温州做裁缝开始创业，知名休闲服饰品牌"美特斯·邦威"创始人，上海美特斯·邦威股份有限公司董事长。周成建及其家族以20亿美元资产在2008福布斯中国富豪榜中排行第5位；2009年胡润百富榜第29名，胡润服装富豪榜第1名；2012年福布斯中国富豪榜以170.1亿元排第19位。由于企业转型不利，2016年11月21日，周成建从美邦服饰辞职，公司由其女儿胡佳佳接掌。

有人用眼镜、股票和期货来排列新湖集团的创业者黄伟[①]的前三桶金。毕业于温州师专的黄伟早年在瑞安中学、温州市委党校教书,但时间不长他就"下海",到杭州开了一家眼镜店。1989 年,国内股票市场兴起,他把卖眼镜赚的加上各处借来的共几万元钱一下子投到了股市。等到股市开始走下坡时,他已赚了钱接着开始做新起的期货生意,并且做得越来越大。据说当时很多基金都跟着他玩,他能指挥几十亿资金。正是在做期货的过程中,黄伟跟金融界有了很深的交往,这对他后来做房地产有很大帮助。后来,新湖旗下拥有 20 多家房地产公司,在 20 世纪 90 年代中后期开始的中国房地产风起云涌的时期,他到底积累了多少资产恐怕不是一般人所能想象的了。据说,他在房产公司以外运作的资金就有四五十个亿。《第一财经日报》的一篇报道这样描述黄伟:"传说他很有钱,有人说温州人中最有钱的不是周庆治就是黄伟,但谁也不知道他到底有多少钱,他没上过任何排行榜,没接受过任何采访。他的厉害之处不仅是会赚钱,还体现在他没有在新湖集团及相关公司中担任任何职务,却是它的幕后掌控人。"

温州的早期创业者中,文化程度高的并不多,像黄伟和天正集团总裁高天乐[②]那样大学毕业又教过书的知识人可谓凤毛麟角。说温州创业经济是"草根"经济、"民生"经济,一是因为创业者多为来自社会底层的平民,即所谓的"草根阶层",没有显赫的地位支撑,没有优越的条件凭借,基本上是白手起家;二是由于历史和现实的原因,这些人接受教育的程度有限,平均大概为初中毕业;三是他们创业的初衷往往很单纯朴素,就是为了谋生,养家糊口,摆脱贫困;四是这些人四处闯荡,落地生根,并迅速蔓延,形成聚落,开创市场;五是由于资金、技术等条件的限制,

---

① 黄伟(1959—),温州苍南人。1983 年毕业于温州师专物理系,曾在瑞安中学、温州市委党校任教。80 年代末在杭州卖眼镜赚到"第一桶金" 2 万元,后又借炒股票认购证完成原始积累,1994 年创立浙江新湖集团股份有限公司,开始涉足房地产业。2000 年控股"绍兴百大"改名"新湖创业";2004 年入主"哈高科";2006 年新湖房产借壳嘉兴"中宝股份"实现上市。2010 年被福布斯排行榜评为温州首富,2013 年黄伟夫妇以 145.87 亿元位列中国家族财富榜第 32 位。

② 高天乐(1963—),温州乐清人。1982 年毕业于温州师专数学系。1990 年初辞去柳市中学教职,赴中国香港创办鸿汇国际贸易有限公司,同年 9 月回柳市创办乐清长城变压器厂。任中国天正集团有限公司董事长,先后获"中华慈善突出贡献奖""中国十佳民营企业家""十大中华经济英才"等称号。

他们喜欢，也只能从贴近人们日常生活的小商品做起，小商品、小作坊，劳动密集型，小利润，以量多和劳动力成本小取胜，而像黄伟那样能紧密准确地踩住现代市场经济进程的每一个转折点，并且较早就选择在资本市场上大有作为而又举重若轻的创业者，少之又少；六是人情化、家族制的经营管理模式以及民间化的投融资途径。这些平民化、世俗化的特性，在市场经济的发育期发挥了空前的活力，成为温州经济发展的原动力。

然而知识经济时代很快到来，科学发展的要求越来越迫切。显然，在现代化进程的标准下，温州"草根"经济的特点不再简单地等同于优点了；相反，有的成了制约发展的因素。尽管熟悉温州的本土经济学家认为，温州经济的上述特色仍然适合温州一段时期的实际情况，因而并不像外界某些学者在十多年前所断言的那样，温州创业经济的模式已经过时。那么，一个开放的、现代的温州是否能够置身于现代化的发展潮流之外呢？实际上，进入21世纪，温州的发展压力确实越来越大，对于上述问题的讨论也越来越激烈。但是，不管温州的企业是不是都要走现代企业之路，也无论温州的自然条件和文化环境是否真正适应现代型企业的发展要求，温州的企业家们却早已意识到了危机的存在和学习、转型、提升的必要性。温州市委、市政府也因势利导，提出了建设现代化新温州的"第三次创业"口号，倡导学习型企业、学习型社会的创建。温州老板的知识化追求，现代企业制度的构建，一时也成为时尚。

2004年6月16日，由神力集团、奥康集团、法派集团、泰力实业、国光房产、远洋眼镜、耀华电器、星际实业和新雅投资集团9家分别来自鞋业、服装、房地产、电器、眼镜和印刷等行业巨头组成的中国最大的民营财团——"中瑞财团控股公司"在温州发展大厦挂牌运营，这是温州创业发展史上由"小"意识向"大"观念转变的一个标志性事件。有人说温州人这种财团整合完全是国内民营企业的一种创新。如它的人才引进模式使温州人原先那种"人人自当老板"的观念和经营管理模式走向过时；它突破了传统的行业发展模式，为不同行业的大联合大合作作出了示范；它整合了产业资本、商业资本和金融资本，构筑起民营投资控股的经营与扩张平台，其可运作的项目资金超过100亿元。

中瑞财团在酝酿发起之初，还聘请了国内知名专家团队组成"中瑞财团战略发展委员会"，着手研究和制定战略发展规划，并就中国民营经济的历史、现状、发展和制度创新等设立课题研究小组，完成一批专题研究论文，为后来财团的成立和运作奠定理论基础。这对温州人原先创业文化中实践在先、理论置后，或者只重实践、不要理论的观念和做法，也是根本性的改变。

再看它的投资方向和项目。中瑞财团以实业投资、商业贸易、资本运作为三大方向，宣称旨在聚集和调动一切合法的社会资源，参与国家重点建设，参与企业改组中的并购和转股改制，带领国内企业参与国际竞争。这对温州创业者来说，既是一种前所未有的理想追求，也是一次更加冒险的探索，更需要制度上的再创新。

中瑞事件是温州民间经济发展到一定阶段的产物，它预示着温州模式的再创新已成为时代的要求和创业者的更高自觉。

改革开放以来，温州的"三次创业"意义非凡。从作坊到企业集团，从单挑独斗到股份合作，从家族制到科层制，从假冒伪劣到质量和诚信立市，从模仿、套牌生产到品牌和文化战略，从商品市场到资本市场，从做、卖到炒作和投资，从小富即安的小生产者心理到策划中国、策划世界的雄心壮志，从养家糊口的初级创业动机到安身立命的企业责任意识……每一个观念和行动的发展进步，都为温州创业创新文化注入新的活力。

第四章

生命意志的创造与实现

亚瑟·叔本华（Arthur Schopenhauer，1788—1860）认为，意志乃是世界的本质，万物都是意志的表现——也就是说，这个世界就是人的意志的表现、意志的产物。这个意志也就是人的需求。在叔本华看来，人只有从意志（欲求）的驱使中解脱出来，才能获得解救。而救赎之道，无非是对神（宗教）的皈依、道德的修行，抑或在对自然和艺术的直观中达到自失而超逸之境。儒家主张克己、节欲，道家崇尚心斋、忘我，佛家宣扬通过持戒等方式来控制或平息人的意志和欲望。但尼采（Friedrich Wilhelm Nietzsche，1844—1900）所批判的正是那种基督教上帝所代表的"最高价值"，以及柏拉图式的虚构的超感性世界。他强调，凡有生命之处便有强力意志的存在，生命意志是永恒的创造和生成，是日神与酒神的狂欢和陶醉。没有什么是美的，只有人——具有生命意志的人是美的，没有什么比衰退的人更丑了。因此，尼采所崇尚的生命自由和解放不是虚幻的超脱，而是用生命的强力意志去创造和实现，哪怕是悲剧，也要从中得到对生命的肯定。

从心理学上讲，意志是自觉地确定目的、克服困难、调节和支配自己的行动，坚持实现预定目的的心理过程。明确的目的性、克服困难的毅力和自觉的能动性是意志行动的心理特征。自觉性、果敢性、坚持性和自制力是意志的品质。

温州人具有创造财富的强烈动机和明确目的性。但从发展经济的条件而言，温州没有广东的大气候，没有深圳的特区政策，没有上海的地理区位优势。是什么原因使温州人取得先发成功？温州在改革开放前期创业发展的奥秘在哪里？从不同角度去解读自然会有不同的答案。如上一章所述的意识先导和观念革命是重要的因素，但在观念、想法与目标的实现之间，在行动的实施中，还需要意志力的支撑。温州人吃苦耐劳、执着顽强的毅力品质，敢闯敢冒险、敢为人先的果敢胆识，既脚踏实地又灵活应变，既独立自主又抱团合作的能动心理机制等，正代表了其在财富创造和竞争中的生命意志诉求和实现，具有尼采式的超现代性精神气质。

第一节　灵与肉的救赎

实现预定目的的行动过程中，需要克服困难和付出身心磨砺的代价，这是意志的心理特征。自觉、充分地认识意志行动的意义和目的，并以此来支配、调节自己的行动，去实现目的。这种意志品质来自于人的观念、信仰。

《孟子·告子下》云："舜，发于畎亩之中；傅说，举于版筑之间；胶鬲，举于鱼盐之中；管夷吾，举于士；孙叔敖，举于海；百里奚，举于市。故天将降大任于斯人也，先必苦其心志，劳其筋骨，饿其体肤，空乏其身，行拂乱其所为，所以动心忍性，曾（增）益其所不能。……然后知生于忧患，而死于安乐也。"[①] 温州创业者同样来自农民、小工匠和小商贩，他们往往白手起家，没有优越的条件可以凭借，唯一可以依靠的就是自己的体力和脑力，只有通过勤奋和吃苦来弥补先天条件的不足。因此，创业的温州人相信实干、苦干，相信天道酬勤，即使天上真能掉馅饼，也不会把人生的希望都寄托在这上面。

一　敢于承受生命之重

常言道"在家千日好，出门一日难"。可为了谋生，温州人不得不四处奔波闯荡。说起其中的艰辛，不能不提到温州创业初期的推销员。温州有号称"十万大军"的推销员奔波在全国各地。那时的交通和通信条件远没有现在好，更何况温州既没铁路，也无机场，高速公路更是后来的事。长途跋涉饱受汽车的颠簸和路阻等待之苦，乘火车买不到座位票，只好买站票，被挤得"上不着天，下不落地"，有时只能"金鸡独立"，实在撑不住了，只得钻入别人的座位底下睡觉。为了节省差旅费，宁可住低档旅社饱受蚊虫的叮咬。德力西集团董事

[①]《孟子·告子下》，见朱熹《四书集注》，岳麓书社1985年版，第441—442页。

长胡成中①当年跑供销就是在这样司空见惯的经历中熬过来的。

徐勇水，威力打火机公司的老板，其公司一度成为世界最大的金属打火机生产企业。当年为筹集创业资金，徐勇水将东北的铝锭"倒运"到温州卖。由于没钱雇人，他自己搬运铝锭上火车，结果被脱手的铝锭砸伤脚；为了"押运"车皮，他几天几夜没敢合眼。

林建芳，1994年从瑞安四中毕业后跟着哥哥林建光赴长春推销汽车零配件。当时他没有任何积蓄，天天骑着二手的破自行车走街串巷去推销。东北的严寒实在让来自南方的林建芳难以承受，但每次快要坚持不下去时，他总是以"温州难得一见白雪皑皑的场面，在长春看雪景也不错"的想法安慰自己。"那个时候温州货根本没有人要，我们费了好大劲儿才说服他们"。为了让客户接受他的产品，林建芳想出一个法子，让客户试用一段时间再付钱。靠这种促销手段，林建芳发展了一些固定的客户。但也有被骗的时候，一些客户在试用了产品后借口质量不行拒不认账。林建芳只能将满肚子的委屈咽下去。

做了三年的推销后，林建芳不仅有了一定的积蓄，而且建立起良好的销售网络。经过艰苦的创业，2002年，林建芳在长春创办了吉林瑞鹏汽车电器公司，还成为天津一汽、哈飞、南京长安、沈阳华晨金杯等知名汽车厂家的合作商。

季中良原为效益不佳的温州市运输公司汽车站的职工，但妻子多病，孩子幼小，仅靠一点可怜的工资维持全家生活，他感到了生活的艰难。挣扎在温饱线上的季中良落魄不堪。当时在温州城里，做生意致富的人已经不少，他最怕遇见发了财的熟人，因而偌大一个汉子上街去竟要溜着墙根走。

终于有一天，艰难度日的季中良打了辞职报告。在没有本钱的情况下，他开始向命运宣战，做起了"破烂王"，走街串巷收购起啤酒瓶子来。一个瓶子挣几分钱，月末结算一下，倒强了工资许多。后来他又在公园门口卖从福建漳州进来的水仙花。毕竟一家老小的生计要紧，哪里还能

---

① 胡成中（1961— ），温州乐清人。中国德力西集团董事局主席兼总裁。1984年与南存辉等人一起投资生产电器，创办求精开关厂。1994年5月组建浙江省首个省批股份合作制电器企业"浙江德力西集团"；1996年晋升为全国大型乡镇企业、全国无区域企业"中国德力西集团"。曾任浙江省人大代表、省工商联副会长、全国工商联执委、浙江大学特聘硕士生导师。2012年胡润百富榜第301名。

顾及什么"面子"问题？所以就算遇到熟人，季中良再也没有丝毫的不自然。

"每天拖着疲惫的双脚，顶着月亮回家，口袋里是哗哗作响的钢镚儿。"回忆这段经历，季中良说："满天都是星星，但我相信，终归有一颗是属于我的。"1986年，他借了700块钱，跑到小商品市场摆摊子，又东奔西跑做起了服装生意。为了省钱，他舍不得住最便宜的旅店，时常露宿车站和码头，遭虫叮咬，被地痞敲诈。后来，他办起了自己的纺织品公司。1992年，他承包了与自己有几年业务往来的亏损企业——兰州国营三毛服装分厂，一年扭亏为盈。1993年，季中良在大西北站稳了脚跟，出资1000万元，与美国田仁股份投资公司共同创办了西北最大的西服企业——中良西服有限公司。

1987年的一天，年仅16岁的罗云远随身携带100多元钱，只身闯荡到了武汉。不久，身上只剩下了几十元，他只能去吃最便宜的清汤面。几天后，连吃面的钱也没有了，只好挨了三天饿。走投无路的他只得向老乡求助，借钱租了一个门面，开起了一间简陋的小店。几年后，又转入五金行业。1995年，罗云远在一个偶然的机会中得知湖北省要进行电网改造的内部消息，他以商人特有的敏感，觉察到了其中的商机，立即赶回浙江，找到了一家中外合资的五金厂，在无人竞争的情况下，得到了该厂电表在湖北的独家代理权。那时湖北市场上符合国家标准的电表还不多，手握优质产品的罗云远一下子就获得了两三千万元的销售额。后来他又与飞利浦集团合作，在广东中山古镇这个世界最大的灯饰市场，建起了自己的企业。又在武汉筹建了一个占地1000多亩的温州工业园，首期投资就接近两个亿。

温州人以"既能当老板，又能睡地板"为荣。的确，别看温州的老板住洋房、开豪车，可当年的创业史都是一部部"辛酸史"。

在西班牙的华侨中，西班牙三E公司总裁王绍基先生算是闯荡商海的佼佼者之一。当年踏入商海时，他曾经历了种种艰难、困惑、迷茫、无奈和挣扎。1985年，原先学音乐的王绍基在一个朋友的帮助下到马德里谋生。初到西班牙，身上只有20美元的王绍基做过中餐馆洗碗工、跑堂，还到邻国葡萄牙跑过小买卖。后来，他又在一家小小的成衣加工厂里做熨衣工，度过了最困难的时期。简陋拥挤的车间，白天在此工作，晚上也在此睡觉。没有床，就睡在从马路边捡来的破床垫上。炎热的夏天，通风不良的车间气温有时高达 40℃，熨衣工手握滚烫的熨斗，更是热得难以忍受。王绍基负责熨烫裤子，半分钟必须熨烫好一条，这在常人看来，的确难以想象，但他却坚持了下来，而且还时常抽空到华人办的西班牙语学校学习。在西班牙，语言不通几乎是所有华侨都遇到过的一个难题。不通当地语言，等于睁眼瞎，更谈不上有大的发展。但西班牙人语速很快，不经过多年苦学是很难掌握的。王绍基经过勤学苦练，终于逐步攻克了语言难关，为以后的发展打下了基础。

20 世纪 90 年代初，经过几年的苦心经营，王绍基创办的三 E 公司已经成为西班牙进口中国商品的主要合作伙伴。而且从 2003 年起，他又将触角伸展到了新闻媒体领域，创办了一家中文报纸《欧华报》，使他的事业有了更大的拓展。

在创业成功者中，侯仲嘉也是历经苦难的典型之一。一心想到外面谋发展的他偷渡来到了经济文化高度发达的法国。先要还清"蛇头"的钱，他只能在一家餐馆里做杂工，不仅工作劳累，还有让他感到心劳力竭的身份问题——因为他是偷渡来的，总要东躲西藏。此外还要尽量避免让当地人甚至其他店的打工者看见，因为大家都是在餐饮业打工谋生，会有利益冲突。因此，侯仲嘉成了店里的"重点保护对象"，除了牛马一般埋头劳作，只能像见不得阳光的囚犯一样被禁闭在阴暗的小屋里，没有自由可言。

侯仲嘉经过一段拼命的劳作，总算还清了债，获得了自由。他希望获得居住权，于是又开始与留学中介联系，并把剩余的积蓄交给了他们。但他做梦也没想到那家留学中介公司是非法的，根本没获得过法国教育部门颁发的资质证明，等侯仲嘉闻讯赶到时，警察已经抄了那家公司，人去楼空。

忍辱负重挣来的钱就这样付诸东流了，侯仲嘉当时整个儿懵了。但他还是暗暗告诫自己，不能就此倒下，"我就不相信，我在国外连生存下去的能力都没有"。尽管注定还要经受更多的磨难，但他仍能扛起别人丢弃的沙发，面对法兰西人奇异的目光，坦然地走在街上。

后来，侯仲嘉又在一家远离市区的地下印刷厂工作了一段时间。印刷行业本来就污染严重，巨大的水池都是铅锌溶液，有剧烈的腐蚀性，加上是黑厂，劳动保护措施不齐全，侯仲嘉的手都被腐蚀得蜕了皮，其情形惨不忍睹。挣了些钱后，他便断然离去，联系了一所学校。他又花掉所有的法郎，买下了一张留学证明。他重新在一个餐馆找了份服务生的工作，并挤出时间来学习法语，学习周围的一切。承受过常人无法承受的命运折磨，侯仲嘉改变了自己的处境，终于走上了生活和事业的正途。

二　主动选择生存磨炼

古谚云：自古英雄出磨难，从来纨绔少伟男。然而磨难对于绝大多数人来说，是命运的不可抗拒性，或者说是人的生存发展的无限性与现实时空条件的有限性之间不可避免的冲突——正是因为认识到了这一点，许多人才能坦然而勇敢地去面对人生的苦难。而从人性的本能——"本我"来说，追求舒适和快乐总是第一原则，没有人愿意自讨苦吃。

然而"纨绔子弟"周鸿儒却给了我们一个惊异的回答，让我们充分看到了"超我"战胜"本我"的强大意志力，从而感悟到人的本质力量的升华。

周鸿儒出生于1965年，个子很矮。40多岁头发就掉得差不多了，头顶光亮可鉴，再加上大框的眼镜，白净的皮肤，斯文的举止，还有软软的普通话，夹杂一点英语，果真有点"鸿儒"的气质。事实上，这个美国波士顿大学的汽车机械硕士，最切合的身份还是商人。他阅历丰富，家资巨万。

周鸿儒从小衣食无忧，生活舒适。他父亲在一家汽车厂当技术员，待遇不错，平时还搞点外快，头脑灵活的他，胆子也大，1978年十一届三中全会之前就已经开始做自己的买卖了，1980年正式辞职下海。奋斗3年之后家里就有了好几百万。

1989年，周鸿儒即将从一所毫无名气的大学毕业的时候，他父亲的企业已经有了上千万的资产。周鸿儒自己说实话：家里有钱，他就不爱读书，大学是花钱上的，不是考上的。本来父亲希望儿子能成为一个文化人，所以才给他取名"鸿儒"，但他对书本没感觉。父亲看儿子在文化方面没什么发展希望，也就不勉强。他给鸿儒很多零花钱，说随你便吧，你是什么人就是什么人，钱不能帮你也不能害你，你自己看着办吧。

1989年，周鸿儒大学毕业，父亲送了一辆价值10多万元的小吉普给他作毕业礼物。他就天天开着车在大街小巷上飞驰，有时候一高兴还驱车跑到杭州、苏州和上海去。他挥金如土，特别慷慨，有些朋友简直把他看成了神仙，随时随地准备为他效劳。

毕业后的周鸿儒没有找工作，也没有真正地想过未来。他还是向父亲要钱，而且越要越多。后来他甚至偷偷从家里拿钱。他总觉得钱很好挣，现在趁年轻赶快享乐。终于，父亲开始为儿子担心。

有一天凌晨，他和几个朋友喝醉了，从酒吧里出来，到朋友那里睡觉。朋友用艳羡的口气问他："鸿儒，你运气真好，有个大款爸爸，一辈子不用愁了。你每个月要用掉多少钱？"他很得意，就顺口说："万把块钱吧。"

朋友的问话倒好像提醒了他，酒醒后回到家里，他开始仔细回想那个月里所有能记起的花销。不算不知道，一算吓一跳，已经超过3万元，那可是普通公司一个员工一年多的收入啊！他突然就产生了一种负罪感，突然感到非常空虚和害怕。他开始反思，躲在屋子里反复衡量，整整一个星期没有出去玩。父母以为儿子病了。而他头不梳脸不洗，的确像是病了的样子，后来就真的病了。在病床上，周鸿儒发现父亲已经很老了，很脆弱、很可怜。

病好之后，周鸿儒对父亲说："我要去打工。"父亲没说话，转过身去，周鸿儒知道他流泪了。

要想彻底脱胎换骨，矫枉必须过正，就要干最苦最累最贱的活儿。什么活？当矿工。为什么？因为矿工苦啊，有危险。这对养尊处优的他最具有挑战性。于是周鸿儒来到山西大同的一个小山区。为了断绝享乐的念想，他没带多少钱出来，坐完火车，已经差不多一无所有了。

刚下矿那几天，周鸿儒就严重缺氧，加上矿井里弥漫的尘埃，头晕得厉害，饭吃不下去，胃里的东西倒全都吐出来了。活儿很累，每天浑身像散了架，倒在地上永远也不想起来。矿很薄，容易塌，很危险。老板为了节省成本，根本不顾矿工的生命安全。矿工的生活不是论年，而是过一天算一天。周鸿儒在矿里干了3个月，同矿工建立了深厚的感情。

有一次，矿里塌方，砸死了一个矿工。尸体拉上来，脑袋压碎了，肢体也残缺不全了。旁边一个塑料袋，里面装着这个人的内脏。整个场面惨不忍睹。但想不到，危险也让周鸿儒碰到了——这次是瓦斯中毒，那个煤矿在深山区，交通不方便，不能及时送医院，工友们用尽各种传统的急救方法都没灵验，以为他没救了，一群人都哭起来。他在昏迷中只觉得有股嘈杂的声音震耳，就想看看是谁在吵闹。这样一想，眼睛就睁开了。工友们一看周鸿儒醒来了，都高兴得笑起来。直到现在周鸿儒仍然认为，底层劳动者的感情是最真挚的。

不久,他回了趟家。在矿上的劳累不但没有累垮他,人反而变得高大、强壮了一些。父母非常高兴,周鸿儒从来没有见过他们那么高兴。在家住了3天后,他又出发了。

周鸿儒这次到了成都,在一家宾馆里当上了清洁工。本来他可以找到更"体面"的工作,但他还是禁不住想要锤炼一下的想法,便跑去当没有人愿意干的清洁工。那是冬天,很冷,他坐在一个工作台上,吊在大楼的外面刷洗墙壁。

做清洁工还不算太累,所以周鸿儒又准备找一份新的工作。宾馆里的另一位清洁工是从四川山区来的,他说他们那里有很多木头要砍伐,他就做过伐木工。周鸿儒立刻辞了职,跑到了四川夹江的深山里。那里景色很美,他感到心情很舒畅。他的工作是锯树,然后拴上绳把它拉倒。辛苦是免不了的,有时还危险。他手上起满了泡,一用力,钻心地痛。怎么办?咬紧牙关,让意志去对待疼痛。就这样他干了4个月。

1991年,在外漂泊了将近一年之后,周鸿儒回到了瑞安。他认为自己差不多脱胎换骨,可以正式开始自己的事业了,就要求去汽车公司里做工。所有的工人和管理人员都知道他是总裁的公子,对他唯恐照顾不周。他只得辞职。

周鸿儒要远离父亲的光环,寻找真正属于自己的位置。他提着一个简单的行李,穿着旧牛仔裤,坐上拥挤的火车去深圳。在深圳,他住在最便宜的旅馆里,吃最便宜的东西,其余时间全部用来找工作。在口袋里还剩最后几毛钱的时候,他来到了郊区一家小工厂的门口。他就不信在深圳自己活不下去。老板是个东北人,看中周鸿儒有做煤矿工人的经验,吃得起苦,所以要他马上上班,职务是这家木箱厂的业务员,名片上印的是业务主管。

归周鸿儒联系的是一家轻工机械厂,周鸿儒的任务是收订、运送他们所需的木箱。时间久了,他就发现一些问题。有一次,他去取这些木箱的尺寸时正好看到机械厂的运输工人将一批货物打包装箱,他发现以统一件数入装的木箱很多都不是最恰当的尺寸,不是太大就是太小。箱子小了,为了封住,工人只好拼命往下压,封上的顶板不平整;箱子太大,机械就松松垮垮地在里边四处移动。他主动向机械厂提出,在他们生产完毕即将定箱时,他会前去为他们免费计量尺寸。

3个月后，机械厂厂长找到周鸿儒，让他全面负责装箱运输业务，基本月薪1000元，包吃包住，这比原先在木箱厂的工资高一倍。因为工作努力，3个月后，周鸿儒成为厂里的销售部经理，月薪达4000元。他有了干净舒适的住处，有了久违的热水澡，虽然他很小的时候就把这种舒适的生活看成了理所应当的，但这次不同，因为这是自己挣到的。

很快半年过去了，周鸿儒攒下了将近3万元钱。这个数目当时对他来说是个大数目。于是他又辞了职，回到温州家里。他把深圳赚的几万块钱几乎全部交给了父母——虽然他们有的是钱，但他把钱交给他们时还是很自豪。

紧接着，他找到了关系，突击了一个月英语，然后到了美国。1993年，周鸿儒带着1000美元、一个皮箱，到了波士顿大学读汽车工程专业。下飞机后第三天，他就到一家中餐馆去打工、洗碗，后来又到一家大酒店去做清洁工。

周鸿儒周围的中国大陆学生不多，而从中国台湾和中国香港来的多一些。中国台湾学生比较有钱，一来就买车，大陆来的学生虽然没钱，但他们基本都有全额奖学金。周鸿儒是中国留学生中最清贫的一个，连床都没有，就睡在地板上。后来挣了几个钱，才买了一辆旧自行车。

由于他对汽车机械有非常大的兴趣，而且有一定的基础，所以学业对他来说难度不大。起初，语言是他最大的障碍，学英语把他的头发都累掉了。

毕业后，周鸿儒去了加拿大，在一家汽车公司做工程师。那是1996年。周鸿儒去的第一天，一个加拿大人第一句话就问他："你们为什么不回到自己的国家工作，偏来加拿大同我们挤？"他的脸上是一副很优越的样子。周鸿儒盯住他，微笑着说："因为你们加拿大人太笨了，没有人才，只好花钱请我们来。"加拿大人翻翻眼皮，停了一下，又不甘心地拿出个东西问周鸿儒这是什么。周鸿儒就告诉他这是什么系统上的几个零件。加拿大人一下子愣在那里，周鸿儒就对他讲："这东西很简单，在中国高中生都学过，都会做，你在这里是工程师，怎么倒不会了呢？"

1998年，周鸿儒已经属于职业经理人了，有了自己的别墅、跑车，也加入了经理人俱乐部，加入了加拿大国籍。他喜欢那里的自然环境。

这年，周鸿儒到北京出差，第一次接触了卡丁车这项运动。那段时间里，他结交了中国国内许多优秀的赛车选手，也学到了许多关于卡丁车的知识。他知道了卡丁车是所有赛车运动中最平民化的运动项目，应该是城市新兴的极有前途的娱乐项目。于是，一个念头在周鸿儒的脑海中渐渐形成。在后来的商务旅行中，他开始腾出时间对全国各地进行考察。整整一个月，他跑遍了北京、上海、广州、沈阳、天津、郑州等地，回到加拿大后，仔细地整理了一下材料，决定要在中国各大城市开办大型的卡丁车俱乐部。他做了一份详细周密、切实可行的市场调查报告和投资计划书，然后寄了一份给国内的父亲，提出要与他合资开发这个项目。同时，他向公司递交了辞呈。他的打算是，如果父亲不愿合资他就自己做，没有能力在全国开展那就从一个城市开始，慢慢辐射全国。

周鸿儒的计划书打动了父亲。父亲并不懂卡丁车，但他懂得投资。1999年春，父亲投资500万元，周鸿儒投资150万元，准备在杭州开办卡丁车俱乐部。周鸿儒第一次自己做老板，夜不能寐，一方面是紧张，另一方面是兴奋。

辛苦了几个月，卡丁车俱乐部终于开张了。生意很好，不久他就把俱乐部开到了别的城市。两年后，上海、广州、南京等一共15座城市都有周鸿儒父子俩的俱乐部，而且他们的俱乐部在当地都是最火的。

周鸿儒挖空心思寻求新思路，一点不敢懈怠，在俱乐部里修建了年轻人喜爱的小型酒吧、网吧、玩具吧、车迷吧，在周围修建了小餐厅，还斥资近千万元购进中央空调安装在卡丁车俱乐部赛场，以改善运动环境。后来又研究决定，每年都将在俱乐部所在城市举办全市卡丁车大奖赛，用丰厚的奖品奖励优胜者。周鸿儒甚至还筹划将这项运动发展成为全国性的比赛项目。赛车是他最钟爱的体育运动，当他能将赛车运动和自己的事业结合在一起时他体验到了一种从未有过的兴奋。

周鸿儒每年一半时间在中国，另一半年在加拿大，料理他父亲的公司在加拿大的业务。

后来，周鸿儒有了太太，又有了儿子，责任多了同以前却是不一样了，有些太过危险的事慎重了，商业也不敢太冒进。但他说，如果儿子将来像他一样也要去冒险，那他会支持的，当然要尽可能地做好保护。周鸿儒最害怕的就是儿子重蹈自己的覆辙，他已经开始认真地考虑自己的财产，到底应该留多少给儿子。甚至，他还考虑到底要不要让儿子知道老爸很有钱。当然，瞒着儿子不太现实，不过他一定要让儿子受受苦，接受生存的磨炼，否则就不会通世故人情，而不通世故人情就肯定一事无成，无论是从商还是从政或从事其他工作，都难成大器。周鸿儒在这些方面有着经验和教训。

第二节 韧性的炼狱

在温州人经商的意志品质中，还有一个特点叫热情。热情为何也是意志品质？因为无论对人还是对事，产生一时的热情不足为奇，而要始终保持热情作为一种处世态度却并非人人都能做到。对一个商人来说，对客户的热情往往是由直接的功利目的支撑的，对并无交易意向的人也要始终笑脸相迎、热情接待，实际上是很不容易的事。所以，热情不仅是一种乐观自信的心态，也是坚持不懈的意志，是构成温州成功创业者商性人格的一部分。

热情同时也体现在对事业的热爱和执着追求中。意志品质中的坚持性又叫毅力和韧性。有毅力的人总是充满信心地为实现目的而坚持不懈地努力，不怕困难和挫折，善于总结经验教训，坚持到底。温州创业者相信，在热情和执着面前，没有什么不可融化的坚冰，也没有什么不能镂刻的金石，回报只是迟早的事情。

一 献出热情，就像播撒种子

时至今日，大家当然都知道顾客是上帝的道理。但在三十几年前，许多地方的人却并没有这种意识——尤其是被计划经济体制供养惯了的人们。那时甚至经常遭遇这样的尴尬局面：你走进一家商店准备购物，柜台后面两位女营业员正坐在那里边打毛衣边聊天——那时还没有现在通行的开放式超市购物。你围着柜台转一圈，她们全当没看见；你指向某样商品要求拿来看看，她们只当没听见；你再说一次，得到的回答很可能是："要买就买，不买别看。"而在温州，情况完全不同，你一走进店里，营业员（有时就是老板）一定是主动搭理，问你想买什么，然后会不厌其烦地给你介绍、挑选，还可以讨价还价。那时出差如果忘了带粮票，就有可能饿肚子——因为那时的粮油等食品还是国家计划供应的，所以上餐馆、饭店吃饭除了付钱，还得付粮票，并且必须是先"买单"，再凭单自个到窗口排队取饭——热情服务这环节压根就没有。但在温州早已不是这种情形，一般都是先招呼客人落座、点菜，然后由服务员——很多时候是老板或老板娘亲自端菜，吃好了再结账。没有粮票不要紧，换算成钱就行了。譬如在 20 世纪 80 年代中期，拿最简单的一碗肉丝面来说，两毛钱加二两半粮票，没有粮票就加五分钱。吃完了饭起身要走，老板都会客气地说一声"走好"。有的人正是因为在温州被"惯坏"了，所以出差就会忘带了粮票，结果就有可能吃不上饭。碰到这种情况解释也没用，只得沿街寻找温州餐馆，一般不用太费劲就能找到，一切就都解决了。

一位到过温州进货的外地客商对温州人的热情好客印象非常深刻，他说自己在龙湾状元一带看货，到了中午时分，硬是被一店家拉住吃饭，他表示还得到别的地方看看再说，店家说没关系，先吃饭。酒菜款待之后，这位客商并没有下单，店家也不介意，还客客气气地送他出来。

如果说一般商家对客户的热情大多出于可见的生意目的，只是把热情作为一种战术，那么，像徐勇水这样的温州商人已经习惯于把热情当作随手播撒的种子或无心插下的柳枝，往往在不期然中得到丰厚的回报。在我们看来，这样的热情更像是一种战略眼光。

徐勇水是一名退伍兵，开始是从销售打火机起家的。他从温州厂家批量进货，转手批给广州客商，赚取差价，积累起一定的资本。

说起打火机的生产，20 世纪 80 年代末，温州正处于该行业的兴旺发达期。但实际上，打火机的核心技术并不为温州厂家所拥有。譬如高压陶瓷电子这一不可缺少的点火装置，必须从日本进口，而且也只有日本的 TDK 公司能生产。这就意味着谁掌握了 TDK 公司的代理权，谁就拥有了控制温州打火机行业"供货脖颈"的能力，当然也就具备了垄断赚钱的机会。但当时大大小小的温州打火机厂家也许并不知晓，负责该核心机件在中国内地销售的总代理，是中国香港的佘氏德辉公司。

1988 年 9 月，佘氏集团中的一位关键人物——佘德辉的弟弟佘德发到温州巡察商情。或许是他来得不巧，温州打火机厂家当时还没有形成自己的行业协会，群龙无首，因而对他的接待并不热情。温州厂商不仅对德辉公司的重要性缺乏认识，而且对这个既不订货又无投资合作意向的港商相当冷淡，全然不知佘德发态度变化有可能带来的危险。

徐勇水其实也与其他厂商一样，并不知道佘德发是怎样一个关键人物，但所幸的是他是一个从销售做起的商人，加上天生的热情好客，因而懂得待人之道，对专程前来的佘德发热情有加。在徐勇水眼里，佘德发是中国香港来的客人，而德辉公司所代表的是一种活跃于国际市场的先进技术力量。徐勇水对佘德发的款待当时并不是急功近利的，也没有明确的目的。正缘于此，佘德发才把徐德水视作朋友，给了他一个很大的商机。但佘德发当时对徐勇水的热情并没有明显的感激，临走也只是给徐勇水留下了一张名片，说了声"有事就给我打电话"而已。

1989年12月，为了控制市场而提升高压陶瓷电子产品的价格，德辉公司突然停止了对内地的供货。正所谓"一夫当关，万夫莫开"，货源断了，仰赖于TDK产品的温州打火机行业立即引起了无米之炊的恐慌，春节过后便全面陷入瘫痪。一些资本雄厚一点的厂家，工人放假，而对于贷款生产的厂主来说，就几乎是死路一条了，生意做不了还要赔利息，以至于有的人连跳楼的念头都有了。徐勇水虽然不是借钱办厂，但生产停了，日子同样不好过。直到此时，他才想起了中国香港的佘德发。

佘德发让徐勇水到广东走一趟。于是徐勇水赶到了广东顺德，到佘家的一个亲戚那里交了10万元定金，佘德发的亲戚让他在顺德耐心等待。心急火燎的徐勇水度日如年地等了9天，佘德发终于打来电话，告诉他高压陶瓷电子单价2.8元，一批供货50万枚，总价140万元人民币，一口价，款到付货。徐勇水觉得佘德发是个真正的商人，正是"东边日出西边雨"——看似无情也有情。50万枚供货不算少，够意思，但他手里只有60万元，佘德发听了表示爱莫能助，跟他开玩笑说："那你要一半得了，剩下的别人急着要。"徐勇水当即表示要想办法全部买断，宽限几日，容他找人弄钱。

徐勇水也要做一个"真正的商人"，他不想让佘德发小瞧自己的魄力和实力，更不想让别人抢走市场的主动权。此时他想到了在广州做生意的温州人——只有温州人在借钱上特别大胆。于是他凭着自己在广州做过生意，温州同乡们认识他又知道他在温州有实业的条件，到广州一条温州商业街上公开借贷，条件是每借5万元打6万元的欠条，还款期限为10天。结果可以想象，70万元的融资当下便解决了。

徐勇水立刻赶往顺德，交款提货又连夜赶回温州，连打个盹的时间都没有。高压陶瓷电子凌晨3点运到温州，徐勇水交代了应当注意的事宜倒头便睡。而等到他8点钟起床的时候，50万枚高压陶瓷电子已按4.2元的单价全部售完。用徐勇水自己的话说，这笔生意"很艺术"地赚了70万元。

正如徐勇水所说，佘德发对徐勇水的情意是不动声色的，道是无情却有情。不到一个月的时间，佘德发给徐勇水打来电话，请他再赴广东。这一次是一个更大的惊喜，在佘德发的推荐下，徐勇水与TDK公司及德辉公司签订了合作协议，成为TDK在中国内地的销售总代理。

徐勇水与佘德发以及与广州温商们的交往无不体现了热情、负责、诚信的处世态度和为人原则，其中更体现了一个商人的精明、肯吃苦和讲究效率的品质。正鉴于此，他才赢得了非常注重这些条件的中国香港德辉公司和日本TDK公司的看重与信任。由此，徐勇水在不到一年的时间里，成为温州打火机行业中的骄子。

二 忍耐坚持，犹如精神炼狱

在温州打火机行业，周大虎和他的大虎打火机厂有着很高的知名度，但徐勇水和他的威力打火机厂也闻名遐迩。徐勇水更有"温州打火机之父"的美誉，他的身上不仅具有热情果敢的性格特点，更体现着一名企业家坚忍不拔、锲而不舍的创业意志。他与日本广田株式会社的合作，可谓开创了温州打火机行业的新时代。

而这段"姻缘"的由来，又与上述徐勇水和佘德发的故事有着惊人相似的情节。

1989年的秋天，阴雨连绵，有位台商屡赴温州，在打火机厂家中进进出出，也像当初的佘德发那样，这儿看看，那儿问问，既不言订货也不谈合作，使得本来对他还有几分热情的厂家渐渐地心生厌烦。徐勇水则还是一如既往地接待了这位姓王的中国台湾客商，不仅在王先生来厂里参观时热情接待，还不卑不亢，不断地陪同他到各处走动。徐勇水对这位中国台湾客人的了解也不多，只知道他是中国台湾一家打火机厂执行董事的女婿。在接下来近两年的时间里，这位王先生16次赴大陆，辗转来温州，一来就好几天，依然是到处看。在同徐勇水的接触中，他也始终没有谈到关于生意上的事。徐勇水则认为有朋自远方来，作为一名温州商人，尽一尽地主之谊也是应该的。当然，他也知道中国台湾的打火机产品质量接近于日本，比温州要好，和这位来自中国台湾的同行的交流可以获得一些技术或销售方面的信息，也是有益的。

转眼到了1992年。这位王先生再赴温州，却不急于考察，而是拍着徐勇水的肩膀，承诺说要将一位日本客人介绍给徐勇水，假如徐勇水能有缘与其合作，还有可能成为亚洲最富的打火机厂商。见徐勇水很淡然地笑着和他握手，王先生说："我不断地来温州，到处听，到处看，并不是闲极无聊，也不是出于私利，而是受人之托，为一家日本打火机厂商物色一家做 OEM 业务（定牌或贴牌）的生产厂，在温州生产日本打火机。"

从这位台商口中徐勇水得知，想在温州进行定牌生产的日本打火机厂商，正是世界打火机市场上有名的霸主企业——广田株式会社。作为世界著名企业的总裁，广田良平的名字如雷贯耳，但凡不是只顾埋头生产伪劣产品的温州家庭作坊，哪一个打火机生产商没有见过"广田"的产品，没听说过"广田"的大名？！王先生说出的这件事，使得徐勇水几乎不敢相信会是真的，他觉得这可真是天上掉下的馅饼，天大的好事"砸"到他头上了。

此后不久，广田株式会社的代表果然在王先生引领下来到温州，这使徐勇水觉得就像是做梦、演电影一般。广田株式会社考察了徐勇水小小的威力打火机厂，决定对他进行先期扶持工作。双方合作意向形成后，广田株式会社便不断地给资料和图纸，威力厂也按月将调试出产的试制样品寄往日本。接受了广田方面的技术指导，使徐勇水真正感觉到了温州打火机产品与世界著名品牌的质量差距，尽管威力厂在日本方面的技术指导下质量大幅提高，而且在徐勇水看来已经提高得很不错了，但总也达不到日方要求。这使徐勇水真正认识到生产出国际标准的打火机，实现为广田株式会社的贴牌生产并不容易。

面临着一次又一次的调试，一次又一次的失败，徐勇水总不后退，最终感动了日方总裁，使得温州厂商们敬佩的广田良平第一次踏上了温州的土地，亲自到威力厂与徐勇水促膝谈心，了解他的处世之道和经营理念，最终签订了贴牌生产的协议。之后，广田株式会社将两个集装箱的高级模具和先进设备运抵温州。威力厂没花钱就得到了来自国际著名企业的强大技术支持。

徐勇水认为，作为打火机生产的王牌企业，广田有许多值得自己学习的方面，技术和管理的差距之大是温州企业不得不承认的事实。因此，向先进企业学习，生产优质名牌产品是必由之路。与巨人同行，总胜过暗中摸索，可以实现跨越式发展。

思想上理顺了，行动上才能跟得上，并能泰山压顶不弯腰。在合作前期，徐勇水和他的威力厂经受的考验是空前的，不仅设备调试和技术适应长达八个月之久，其间没有生产出一只合格的打火机，而且还面临工人跳槽的尴尬——威力厂投入新产品生产之前,全厂工人仅剩五名。经济上的损失也是巨大的,前后两年多,威力厂不仅没赚钱,还贴进去 100 多万元——这在当时是个不得了的数字,弄得徐勇水几乎到了倾家荡产的地步。

徐勇水毕竟也是凡夫俗子,难耐的压力把他的心理承受能力推向了极限。但他还是坚信苛刻甚至严酷的技术改造是企业走向更广阔市场的必由之路,是超越和领先其他企业的唯一通道,他要借此机会认真地锻造威力厂,使之名副其实。为了发放调试人员的工资以及弥补其他损耗,他不得已卖掉了自己的富康车——据说这是温州的第一辆富康车。鉴于威力厂的困难,广田良平也颇为体谅,伸出了援助之手,以 50 万元的投资补贴徐勇水。

1994 年底,威力厂新生产线的调试最终告捷,所生产的产品完全符合日方的要求。在生产出大批量的优质打火机的同时,徐勇水既赚得了贴牌生产的利润,更赢得了打造名牌的技术优势。贴牌生产的成功给威力厂带来了前所未有的利好,产量一路飙升,利润像滚雪球一般,第二年产值即达到 1500 万元,不仅大大弥补了两年当中的亏空,而且创温州同业之最——当时温州一般厂家的年产值不过几十万元。

回顾威力厂与日本广田株式会社合作的缘起,当年那位来自中国台湾的王先生成为人们谈论的话题。不少温州打火机厂商都曾见过或接触过他,为此不能不为自己失去的商机而感到愧悔。

为广田贴牌生产后,其他日、韩及欧洲的打火机厂家也纷纷来温州,谋求合作对象。这一前所未有的机遇,给温州打火机行业带来了全面提升生产技术和产品质量的动力,使温州产品从质劣量大阶段走向质优价廉时代,同时也为温州打火机开拓了广阔的市场前景。

第三节　实干中的参悟

意志与认识有密切关系,意志的产生和趋向以认识为前提。在意志行动中,所确定的动机与目的,以及所选择的方法、途径、步骤,通常都要审时度势。分析主客观条件,预测将来结果,拟订各种方案,权衡斟酌,作出决策,这一切都与知识、技能和以往经验分不开。温州的历史和现实条件培养了温州人的务实观念和求实意志。

而当达到预定目的的道路迂回曲折时，这种求实意志又会促使你寻求更为有效的新途径。在意志行动的执行阶段，碰到的困难或矛盾是很多的，其中如长期形成的思维习惯、心理定式的干扰，传统观念下的舆论的讥讽，政治、自然环境的艰险所带来的心理压力，知识经验的不足等，这些都是创业行动历程中所要克服的障碍，需要创业者作出更大的意志努力。在这一过程中，对困难的态度、应对策略和超越能力更体现出一个人或群体意志品质的个性特征。

一　脚踏实地谋发展

《论语·里仁》有言："君子讷于言而敏于行。"温州人并不讷于言，却更敏于行。也就是说，温州人敢于想、善于言，但不妄想不空谈，不作无谓的怨天尤人，更不耐于被动的依靠和无聊的等待，他们坚信只有实际行动才能改变一切。靠薄技吃饭，靠勤劳赚钱，靠点滴积累，温州人能走南闯北为人理发、美容、补鞋，能摆摊设店，卖衣服、卖鞋、卖包、卖眼镜……总之，他们总有干不完的活，做不完的生意，营生虽小，却能让人充实，所以也就没有时间和兴趣埋怨空叹。

长期的艰苦谋生创业养成了温州人求真务实、脚踏实地的观念和做事风格。所以，以前在温州有一个看起来似乎有些奇怪的现象，那就是当股票、期货市场在国内方兴未艾的时候，温州的证券营业厅很少，并且门可罗雀。热衷于赚钱的温州人哪里去了？头脑精明灵活的温州商人怎么会放过这种可以令人一夜暴富的机会呢？这种情形与当年的上海、杭州等地大不相同，因此成了上海报纸的新闻。问题的症结就在于温州人不喜欢玩虚的。在他们看来，股票不过是一纸空文、一个泡影，它可以让你一夜暴富，也能够使你瞬间赤贫。既然吃不准，那么与其整天盯着屏幕上的红绿数字跳得心慌，不如老老实实回去干活，赚个真金白银心里踏实。明白了温州人的这个特点，那么对他们后来在房地产市场上的兴风作浪也就能够看懂了——温州人并不是不会搞投资炒作，而是他们偏爱实物性操作，看得见摸得着，不赚大不了自用。而实际上，大凡温州人看准了的实业，就会扎下去，总能赚钱。

素有"电缆大王"之称的上海亚龙投资集团有限公司董事长张文荣用中医原理来比况自己求实稳妥的经营之道："一次我去检查身体，一位老中医对我说，人的病不是一天之间得的，而是因为不良的生活习惯日积月累导致的；同样，治病也不能寄希望于一针见效，也要靠一天一天的调养。我认为这个道理同经营企业是一样的。那种一夜暴富的资本玩家我没有本事当，也不想当。"所以，张文荣的投资一直以实业为本，并且以自身积累发展为主。他曾自豪地说，在亚龙集团投资房产之前，没有一分贷款。后来他的企业负债率仍保持在30%以内。

务实让人理性精明。曾有一位酒店老板愿把评估价1.6亿元的酒店以7000万卖给张文荣。按照评估价，张文荣可以向银行贷款1个亿，等于不用自有资金就可以拥有该酒店。但他没有要。因为他作了调查，觉得酒店以后的租金收益率可能不抵贷款利息。

务实也使人心态稳健平和，眼光长远开阔。由亚龙集团投资开发的亚龙酒店公寓公开出售，这个位于浦东的房地产项目从品质和地段来说，均可卖到每平米8000元，但张文荣坚持售价7000元。这一决定招致了来自小股东方面的质疑。张文荣表示，价格上的优势可以使资金迅速回笼而投向下一个项目，更重要的是，在保证足够利润的前提下，亚龙开发的房产好而不贵，等于为公司未来的项目做了广告——实实在在的广告，而不是空头支票。

务实也使得温州企业家大多为人低调，做事踏实，不好大喜功。因为不喜张扬，哪怕是生意不好时做调整，一个项目或关或停，都只有圈内人知道，不会在社会上闹得沸沸扬扬，搞得政府、媒体、客户、银行都来找麻烦。老板们的低调，源于他们对社会环境的深刻认识，体现了他们精明的生存策略。

务实教会人直面现实，自觉实干。"要想创造未来，首先要直面现实。"在东北创业的温州商人王鹏如是说。他16岁闯关东，只穿了一条单裤抵御东北的严寒，靠在长春市西四马路胡同口摆了个眼镜摊起家，硬是靠着不屈不挠的实干精神，在东北开辟了一片属于自己的世界。当年，40岁刚出头的王鹏每天都忙得不可开交。他创办的吉林王鹏眼镜公司后来成为吉林省最大的眼镜连锁机构，建立了多店连锁、局域网络销售为一体的销售体系。谈到自己成功的经验，王鹏说，最重要的是认清现实，脚踏实地，一步一个脚印往前走，千万不能好高骛远。

在东北生活了20多年的王鹏深有感触地说，在东北老工业基地振兴过程中，东北人一定要具有这种直面现实的精神。许多东北人不愿做小生意，觉得脸上挂不住，宁肯每个月拿300元工资也要在国企里工作。下岗工人不少，还是有许多工作没人肯做。王鹏举了一个例子，一次他听朋友说有个工厂想招上百名宰牛工人，可最后只来了两人，因为大家都觉得这个工作又脏又累，没人愿意干。

大多数温州创业者都有着和王鹏类似的经历。长春市温州商会副秘书长栾天翔说，温州人在长春闯荡大概经历了几个阶段：20世纪80年代初期擦皮鞋、弹棉花；20世纪80年代后期沿街叫卖纽扣等小商品；20世纪90年代初期开始租柜台经营；到20世纪90年代中期有了品牌意识，着手经营自己的产品；后来走上了多元化经营道路。正是凭着脚踏实地的精神，才有了温州人今天的成就。

二 巧干巧变创商机

随着市场经济的发展，仅仅靠吃苦精神已经很难在市场中占得先机。要发现或创造先机，不仅要苦干，而且要实干加巧干、巧思。宋人罗大经《鹤林玉露》中记载一位尼姑的悟道诗："尽日寻春不见春，铁鞋踏破陇头云。归来笑拈梅花嗅，春在枝头已十分。"是讲禅宗的顿悟，但灵光闪现的前提是踏破铁鞋的寻觅。没有"消得人憔悴"的意志磨炼，哪来那"蓦然回首""灯火阑珊处"的发现！

温州人王红和丈夫双双下岗，只得在家附近摆个香烟摊谋生。几年的辛苦好不容易积攒起20多万元，却不料上了一个朋友的当，连同借来的总共50多万赔了个底朝天。伤心欲绝的王红整日以泪洗面。可她想，伤心又有什么用呢？还是想办法从头来吧！但拿什么去翻本呢？就是卖稀饭，也要本钱呀，丈夫叹息着说。稀饭？王红混沌的脑海里忽然一亮——为什么不可以从卖稀饭开始呢！卖稀饭利虽薄，但投入少。于是王红决定就卖稀饭。哪怕一碗稀饭只赚几分、一角，只要量上去了，还是可以赚钱的。

夫妇俩说干就干，只好硬着头皮再向亲戚借了点钱，在县城找了一个只有6平方米的门面开起了稀饭店。

但这稀饭却不好卖。两口子起早贪黑地干，生意并不见好。开张3个月就亏本3000元。王红急得寝食难安。她明白再这样下去就要雪上加霜，增添新债。怎么办？王红想来想去，感到生意不好的原因在于没有特色。单一的白粥偶尔喝点爽爽口是必要的，但要把它当正餐来吃，肯定不能满足大部分人的需要。所以，只有改良品种，推陈出新，既可口又有丰富的营养才行。例如"鱼稀饭"系列、"腊肉稀饭"系列、"斑鸠稀饭"系列、"肥肠稀饭"系列,等等。另外再配置各种菜品。这样,就把正餐的饮食要素结合进来了,卖稀饭也就不再是微利生意了。

于是,王红在当地电视台做了一系列广告,大胆提出"改变稀饭传统吃法,把稀饭当成正餐,把稀饭当成营养餐"的新餐饮理念。这一招立竿见影,许多人赶到王红稀饭大王店来尝鲜。新品稀饭正式推出那天大早,店里熬了五锅不同类型的稀饭,免费供顾客品尝。客人们吃后赞不绝口,都觉得稀奇,稀饭也能翻出这么多花样!从此,前来吃稀饭的人络绎不绝,日客流量达到上百人次,营业额有时达两三千元。

面对喜人的生意,王红又有了新的点子。为了营造稀饭的品牌,她在稀饭的名称上做起了文章,推出了"萎龙花粥""金玉满堂粥""龙须银耳粥""珍珠翡翠粥"等一系列滋补、养颜、养脾粥,结果大受顾客欢迎。她就迅速注册了"王红稀饭大王"的商标。

后来,王红又添加了中餐和小吃等项目,由于味道好,价格合理,同样让顾客喜欢。"王红稀饭大王"的日营业额有时竟高达数万元。

"山重水复疑无路,柳暗花明又一村。"成功后的王红感慨地说,做生意既要有踏踏实实、吃苦耐劳的意志,又要有精明善变的头脑,两者缺一,生意就会失败。可见,温州人崇尚的实干、苦干,并非盲干、傻干。我们在下一章里将进一步说到温州人的灵活变通思维。

第四节 "狼性"与"狼群"

意志行动总是由一定的动机激发和推动而指向一定的目的。动机是行动的直接内部原因,说明了人为什么选择这样的行动目标,为什么去追求这个目标。而目的则是说明人的意志行动将要达到什么。动机往往是推动人选择目的的依据,动机水平决定了目标(抱负)水平。而动机和目标水平更会影响意志行动中方法和策略的选择。

温州创业者的动机和抱负水平如何,他(她)们又是选择怎样的方式来实现自己意志行动的目的的呢?

一 扎堆、抱团的"狼群"战术

众所周知,温州是个体私营经济的策源地,从一般意义上理解,温州人应该是个体意识强烈、相互竞争激烈的群体。但在温州和温州人群体中的某些现象，却总让你觉得事情不是那么简单。不错，商性人格决定了温州人具有浓厚的竞争意识，他们人人想发财，人人想自我独立当老板，但他们又往往喜欢粘在一起、抱成一团，扎堆经营。尽管同业竞争非常激烈，他们却时常沟通信息，分工协作。这就像生活在贫瘠山地上的狼，艰苦的环境更加练就它们为生存而觅食的狼性和技巧，但它们也深知单独的捕猎行动往往很难奏效，唯有群体合作才能捕获大的猎物。

譬如行业的群聚。温州人喜欢同一行业扎在一块，制造规模效应。如早期闻名国内外的十大专业市场，就是这样形成的。这些市场又带动各县区、乡镇，一乡一业，一村一品，连片发展小型制造业。一个地方同一行业的集中，形成了细密的分工协作关系，使得行业成为一个巨型的生产企业。这样，一方面降低了产品的成本，就能以低价和数量规模取胜；另一方面，还能产生意想不到的速度效应。例如，2005年4月，温州苍南的金乡徽章厂接下了可口可乐公司一批手机吊链的生产订单，客户要求一个月内交货，如果按常规的生产流程，这是不可能做到的。但是，金乡徽章厂动用了全镇1000多人来加工，最后只用了20多天就保质保量地完成了任务。工厂规模不大，用来压铸制坯的设备只有3台，但一旦有了紧急业务，金乡镇就会有几十台这样的机器帮着徽章厂压模，徽章厂只须把好质量关就行了。徽章厂甚至都不需要建设大的仓库，要什么原料或配件，打个电话马上就会有人送过来。

温州人这种聚集在一个行业共同发展的现象，曾被经济学家形象地称为"小狗经济"，意思是一群小狗团结起来，能够战胜强大的对手。而温州人自己更愿意称作"森林经济"，一片森林里有大树，也有灌木、小草，在生态上相互支持，远比单打独斗有活力。

温州人同样把这种扎堆经营的模式推向全国乃至世界各地。我们在上一章讨论温州人的人情观一节中已经简要地描述了这种情形，这里不妨再举几个具体的例子。

永嘉人邵国锋、邵东萍夫妇是一对裁缝。1988年，经历初步创业实践的夫妇二人由陕北移至山东，在济南驻足。那时温州人的加工销售大军已在国内各地初具形态。但邵氏夫妇在济南的发展并不顺利，于是邵东萍来到莱芜寻找商机。没想到偌大一个莱芜竟然还是一片未经温州商人开发的处女地，这让她意外又惊喜。她来到莱芜市人民商场，找到商场负责人，询问能否在这里租一个柜台做服装生意。对方听说她是温州人，立即表示欢迎。为了吸引外地商户入驻商场，借机搞活经营，商场方还特意为邵东萍开出了免费一季度试营业的优惠条件。欣喜万分的邵东萍随即在人民商场开出了第一家温州人的服装柜台，打出了"温州服装"的旗号。邵东萍款式新潮的西装让莱芜人大开眼界，纷纷割舍中山装，争先恐后地穿起了当时还被称作洋装的西服。生意如此火爆，邵东萍于是电报急招丈夫和孩子一同来莱芜落户。夫妻二人的裁缝技艺引得许多客户慕名而来，一时间顾客盈门，二人连喝水的空儿也没了。于是，邵国锋又招来弟弟、弟媳、妻妹和妻妹夫等人独立经营，邵家的远亲近邻也纷纷而至，一天天扩充形成了莱芜的服装加工村，最终发展成了温州服装一条街。当时，邵氏夫妇的生意火爆时，平均每天要接做100余套各式服装。为了扩大战果，邵国锋又开办了布匹超市，服装加工兼卖布料，共招收员工30多人。后来，邵国锋被选为莱芜市温州商会副会长。

以前我们老是就如何"共同致富"这个问题作形而上学的研究，而温州人却用实际行动为我们提供了最生动和最有说服力的答案。

20世纪80年代初，温州人敏锐的商业嗅觉就已经嗅到了福建厦门这个风水宝地。那时的厦门还未展示出特区的风采，除了正在建设的、到处是钢筋水泥脚手架的湖里工业区外，这个海滨城市尚可炫耀的无非是它的集美学村、厦大校园，以及鼓浪屿、万石岩等老牌的旅游观光点。但温州人在改革开放的气息中感到了这里的商机，捷足先登，带去了温州的小商品，在"竖起买卖旗，便有钞票赚"的时期，精明的温州个体户掘到了"第一桶金"。到了90年代，越来越多的温州人接踵而至，逐渐形成了庞大的温州军团，并一举占领了厦门的五金、服装、眼镜、低压电器等行业，形成行业垄断。后来，从文灶到后江埭一带，六七十家经营低压电器的商户排开，形成了颇具规模和影响力的电器一条街，这条街也被厦门人称作"温州街"。

几乎在每个城市的商圈，人们时常可以听到一群操着奇怪方言的人在一起兴奋地交谈，让旁人一头雾水。不用说，那十有八九是"扎堆"的温州人。扎堆行动的结果是让"温州街""温州城"遍布全国。

温州商人侯旨良早年闯荡到成都，想在青年路服装市场一试身手，无奈这里寸土寸金，已租不到摊位。不甘就此打道回府的他经过调研，决定退而求其次，在城北火车站外的城北街立下招牌。这里虽然还没有青年路那样的名气，但却是外地商户到青年路进货的必经之路。占据这个要津，诚信经营，没准能和青年路比上一比。他又联络了一批温州商人，共同开辟了城北服装市场，先是把经过此地到青年路批发服装的商人拉了过来，而后将青年路的其他客商也吸引到这里。同时，温州商团不断扩充，大批温州人加入到侯旨良的行列中来，共同托起了这个市场。市场做出了名，客户们也在不自觉间给这个市场起了一个"荷花池市场"的芳名，而外地客户更愿意直呼其为"温州城"。

温州人形象地将"扎堆"比喻为"狼群战术"，老虎、狮子遇见狼群也会心存余悸。

生产加工要扎堆，经营办市场要扎堆，投资理财也要扎堆。纵横上海、北京、杭州、南京等主要城市的"温州炒房团"，也被人惊呼为"狼群"来了。如果说当初温州人喜欢扎堆主要是因为个体势单力薄，乃形势所迫，因而带有自发性质，那么后来在扎堆经营中逐渐完成积累的温商，就开始了有意识、有组织的抱团合作，上升为一种商业文化。最明显的如各地温州商会的纷纷兴起。于是，表面上我们看到温州企业总是联手出击，背后却是商会、行业协会在提供信息，整饬调和。不仅如此，商会或行业协会还在应对危机方面发挥了关键作用，如温州打火机企业集体应诉欧盟反倾销案就是一个典型例子。

相信随着温商资本的不断积累，更大规模、更高层次的抱团合作形式也一定会不断出现。

二 盈亏共担的股份合作机制

据新华社报道，一块证实温州农民在清乾隆年间就将股份制运用于造纸业的石碑，在西岸乡塘宅村一座古老的造纸水碓内被发现。该碑立于乾隆五十年（1791年），碑文记载此水碓为当地纸农潘子玉等七人"共承七脚（股）"集资建造，并明确"不许加脚"，否则将"罚钱一千文"。200多年来，当年立碑的七位纸农的后人一直按先祖在碑文上规定的股份制形式，合作使用该水碓捣竹造纸。这块碑文证实了温州人很早就具有资本与权利相匹配的股份合作意识。这种融资方式，显然比改革开放初期温州出现的民间融资组织"抬会"更为规范和先进。

如前所述，近代温州维新变法思想家如陈虬就明确提出过股份制公司的经营方法。改革开放以来，温州个体和私营经济抱团合作的模式是多层面的，除了"扎堆"经营这一大景观外，股份合作制自然也没有被忘记，而且在 20 世纪 80 年代初，伴随着家庭工商业的发展，这种股份合作经济的雏形就又在温州出现了。

1984 年，因"投机倒把"罪被捕入狱，后又被作为改革英雄迎出监狱的郑元忠①，在乐清市成立了第一家股份制企业，注册号为 001 号。他所创办的这种股份制，带有鲜明的温州特色，即几个合伙人各出一股，大家当老板，出资人就是企业经营者，其后的发展依靠利润来滚动，或仍以集资、抬会等方式解决资金困难，而不是以股份去吸纳社会资金。这种资金合作加上人员合作的方式被人们成为"股份合作制"。这类企业既不是规范的现代股份制，又不是传统的合作制，但具有两者合理的内涵。

温州南方啤酒有限公司的前身——苍南县桥墩门啤酒厂，是温州第一家规范化的股份合作制企业，也是中国第一个股份合作企业示范章程的诞生地。

1985 年，吴祖宗还在桥墩卫生院当一个本分的牙医。一天，几个做啤酒批发生意的朋友找上门来，告诉他他们决定利用当地优质的泉水创办一家啤酒厂，需要投资 35 万。因为没有向银行贷款的可能，他们希望吴祖宗一起参股。在大家的劝说下，吴祖宗同意了。在群龙无首的情况下，不懂技术但心细的吴祖宗被推举为厂长。为解决资金问题，吴祖宗以 5000 元一股广招股东，筹集了 40 来万。按照当时人们的观念，办厂总得找家挂靠单位，可是这么一家股份合作企业却没有人敢收。这国营不国营、集体不集体、个体又不个体的单位，算什么性质呢？最后，工商部门开了半扇门，给办了张临时营业执照。没有靠山，反而成就了这小小啤酒厂。他们推行所有权、决策权和经营权分离，正确划分股东、董事会、厂长的权利与业务的做法，成了中国规范化股份合作企业的典范。1990 年 2 月，农业部颁发的《农民股份合作企业示范章程》，其蓝本就是这家企业的章程。

1996 年 8 月，经浙江省人民政府批准，全国首个全部由 15 家股份合作制公司发起组建的浙江长江电气股份公司正式成立，公司股本总额

---

① 郑元忠（1952— ），温州乐清柳市人，是温州这片民营经济蓬勃发展的热土上屈指可数的将个人命运与中国改革开放大潮紧密相联，并始终站在风口浪尖上的弄潮儿。他于 1973 年开始创办实业，成为"柳市八大王"中的"电器大王"。出狱后继续从商，后创办庄吉集团，任董事局主席。庄吉集团曾是中国民营企业 500 强，有成员企业 18 家，涉足服装服饰、船舶工业、有色金属、房地产和金融投资等领域，年产值 20 多亿元。

2130万元，每股面值1元，全部为记名式法人股。15家企业中所占股本不等，最高的占35.2%，最少的占1.4%。这标志着温州的股份合作制企业开始告别家族时代，并且跨越温州地域空间和温州人群体范围的局限，向真正的现代企业制度迈进。

综上所述，从自发扎堆，到自觉抱团，再到制度理性层面的整合，温州创业者合作途径和模式的全面展开和不断提升，同时也是其创业抱负不断壮大和超越的过程，而这一切，又充分体现了其创业意志的自决精神和努力程度。

第五节 冒险和挑战

敢于冒险和挑战是意志的果敢性品质，即在确定目标、辨明方向的基础上，不失时机地采取行动并实现目标。如前所述，这也是海洋性文化和资本主义精神的特质，是山海地理和边缘化环境中孕育的温州人爽性个性，它与上述的韧性、狼性一起构成生命意志的几个侧面，成为创业创新主体要素。

著名社会学家、原全国人大常委会副委员长费孝通三访温州后，在《瞭望》周刊撰文阐述"温州人精神"："就是不甘落后，敢为天下先，冲破旧框框，闯出新路子，并且不断创新。温州人从家庭作坊、摆摊叫卖、沿街推销、设店开厂，到股份合作、企业集团、资产经营、网络贸易，我也似乎看到了中国的市场经济从初期的萌芽到和国际经济接轨全过程的演示，并且觉得可以从中捉摸中国市场经济发展过程中的一些内在逻辑和规律。"[①]

"平安值千金，冒险半生为万贯。"在创业致富的市场大潮里，温州人的胆大、敢冒险是出了名的。他们从胆大包"地"开始，包"天"、包"海"，无所不包；他们勇闯体制禁区，敢为市场先例，由此创造了诸多"全国第一"；他们一掷千万金，拔得市场头筹，抢占市场先机。敏锐和果敢使得他们总能占据市场经济的先发优势，赚到他人赚不到和还没想到去赚的钱。

温州人为何如此胆大？解释可以很多。有的说这是无知者无畏，因为早期创业的温州人文化素质普遍不高，根本就不认得那么多条条框框，再加上

---

① 费孝通：《筑码头，闯天下》，《瞭望》1999年第7、8期。

温州长期以来处于偏僻边缘之境，造成主流意识形态观念薄弱，自由化思想明显；也有的认为这是因为温州人太穷，穷到了实在没有什么好怕的地步，所以如果不采取实用主义的做法，就没法生存发展。也就是说，温州人的胆大冒险完全是出于自发的因素，因而也就必然带有盲目、莽撞的性质。然而，仔细考察温州人的"胆大"，你就会发现，这种"胆大"其实并非"妄为"，而是理性和果敢的心理素质，是温州人求实创变思维的必然选择。

一 勇于突破边界

我们在上一章中提到过"文化堕距"的概念。在我国开始实行改革开放，从计划经济体制逐步向市场经济体制转变的过程中，许多观念、制度的转型与最活泼的生产力发展相比总是处于滞后的状态。这对向来习惯于求实务进的温州人来说，无异于戴着镣铐跳舞，怎么也无法获得轻松自由的舞姿。于是，挣脱"镣铐"，改写这"舞蹈"的规则，成了温州创业发展过程中频频触发的火花，这些火花产生的亮点缀成了一连串创造先例的"全国第一"：第一批农村专业市场，第一批个体工商执照，第一家实行利率改革的农村信用社，第一座商标城，第一个推行"土地转包"的地方，第一座农民城，第一个评选"富民书记"，第一个地方性挂户经营管理规定，第一家私人钱庄，第一个股份合作制企业，第一个股份合作制城市信用社，第一个关于私营企业的地方性法规，第一个股份合作制企业的地方性法规，第一个集资建造的机场，新中国最早的典当行，第一个股份合作制乡村卫生院，第一个农民跨国农业公司，第一家私人包机公司，第一条股份合资建设的铁路，第一个卖"首席观众"的体育场，第一个制定"质量立市"的地方性法规，第一条民间集资修筑的海堤，第一个私人承包开发海域的公司，第一条农民独资修建的标准海塘，第一家由股份合作企业发起组建的规范化股份公司，第一家私人承包开发江河的公司……诚如瑞士经济学家弗里德·卡尔文森所言："这里是我所见过的中国最具活力的地方，这里有中国最具活力的人。"[①]

我们不妨看看温州个体私营经济的蓬勃发展是如何催生金融体制的改革的。

1978年以后，苍南钱库的经济发展很快，一些家庭工厂需要大量的

---

① 转引自赛格编著《跟温州人学经商·序言》，石油工业出版社2009年版。

流动资金，但国有银行和信用社的贷款很难。1984年，在苍南一家国营医院收发室工作的青年人方培林从《温州日报》刊登的《市区可办信用社融通资金》一文中受到启发，决定创办钱庄。经过市场调查，他确信办钱庄能弥补信用社的不足之处。同年9月29日，他挂出了"方兴钱庄"的招牌。这是新中国成立以后第一个由私人挂牌经营的金融机构。开张当日，方培林就贴出了一张比银行更为优惠的存贷广告，并准备在经营管理中采取"董事会制""财产法人承保制"。但开业第二天，市农行就上门抗议。方兴钱庄不得不转入地下，并顽强地生存了5年之久。

1986年11月1日，鹿城城市信用社在温州市区隆重开业。美国《纽约时报》报道说，这是1949年以来中国第一家私人银行。这家信用社的创办者杨嘉兴也是这样想的：既然国家银行不给贷款，我们就自己开办一家银行，办国家银行不办理的业务。于是，他和几个朋友倾其私囊，又四处借钱，共筹到30多万元，开办了这家信用社。

鹿城城市信用社开办两个月，就吸收12300多户个人储蓄2284万元，为849户贷款1529万元。第二年吸收各项存款8180万元，发放贷款6105万元，全年实现利润106万多元，占当年全省53家城市信用社利润的1/4。

1988年2月9日，温州金城典当服务商行开业。这是1949年后中国最早的两家典当行之一。该行以股份合作制形式，由集体、银行、个人三方面投资入股。

温州经济的发展和多种金融成分（包括大量的"地下金融"）的出现，使长期受传统金融体制束缚的国有银行、信用社陷入重重困境：一方面眼看着经济的发展使得民间借贷空前活跃，融资渠道不断增多；另一方面则受制于信贷制度和不合理的利率体制、结算方式等，无法满足大规模商品生产发展的需求，只能面临亏损的局面。因此，在个体经济发达的温州，金融体制的改革早已是势在必行。

在金融改革中，利率可谓是最敏感的因素和最灵活的杠杠。而在传统体制中，利率是全国统一的铁板一块，谁也无法撬动。1980年10月1日，苍南县金乡镇信用社终于率先突破了这条"高压线"，实行了浮动利率，结果不到3个月就扭转了26年来的亏损局面。推动这项大胆改革的人物就是该信用社的主任陈礼铨，我们在后面将有较详细的介绍。

到了1986年，温州全市有88%的农村信用社实行了浮动利率。1987年9

月，中国人民银行总行终于批准温州市为全国唯一实行利率改革试点的城市。

二 敢从险处掘金

天下之大，商机无处不在。所以这世界上就没有温州商人不敢去的地方。越是没有人愿意去的地方，温州人就越想去试试，喜欢占个先。

吴建海不顾家人的反对，把自己的海外创业定位在了非洲的喀麦隆，那里的杜阿拉市不算繁华，还没有一家中国商店，他带去的中国货很受当地人欢迎。于是他就成立了专门经销中国商品的"海兰国际贸易有限公司"。他克服了语言、环境、风俗不适的困难，很快在喀麦隆扎下了根。从1997年开始，越来越多的中国商人踏上了这块异域土地，但由于语言不通、店面难找以及治安问题等一系列困难，许多人只好半途而废。鉴于此，吴建海有了一个大胆的创意，就是在喀麦隆创办一个"中国商城"，将中国商人汇聚一堂，形成规模经营——这正是温州人的习惯做法。1999年，在中国驻杜阿拉领事馆和瑞安市政府的支持下，吴建海独资创办的"中国商城"终于立起来了。这家商城建筑面积4000平方米，25间店面，使得中国商人在遥远的非洲有了稳定的经营场所。更重要的是，他们把中国货，特别是温州的眼镜、皮鞋、服装等小商品带进了成千上万非洲人的生活。

选择非洲作为经商创业的据点，其主要的困难还只是语言、风俗，安全风险也有一点，但是到阿富汗、伊拉克这样战乱和恐怖活动频仍的地方去找寻商机，就无异于在刀尖或枪口上玩命。然而，只要枪口下有钱，温州人还是敢去拿的。

有一对温州人朋友，在巴基斯坦经商有年，阿富汗战火稍停之际，他们就从伊斯兰堡前往阿富汗，想在那里寻找商机。谁都知道阿富汗很乱，经常有人趁乱打劫。他们两人就通过关系，以每天每人相当于150元人民币的报酬，请了4个荷枪实弹的巴基斯坦民兵一路护送。到达喀布尔后，塔利班的商业、水电等六个部的部长先后与这两位温州商人洽谈生意。两人发现六个部办公室中的电话都还是最老式的摇把子。部长们明言，塔利班非常需要他们提供的乐清低压电器，只是他们没有外汇积蓄，最好通过以货易货的方式来交易。两个温州人觉得这是一个很好的商机，当初不少温州人也是从这种购销买卖中发起来的。于是他们就报价，结果部长们连连称赞中国货便宜，当场提出的订货单价值就达数百万美元。

但是，在阿富汗赚钱没那么容易。一次，这两人因对准路人拍照而被塔利班士兵抓了起来。按照塔利班规定，在阿富汗严禁对人拍照，违者要受到严惩。好在塔利班的水电部长闻讯后马上出面，三四个小时后两人才获释。虽是虚惊一场，但也足以让人捏把汗。

伊拉克战火纷飞，硝烟弥漫，当世人都在关注美国与伊拉克战事进程的时候，一批温州人已经冒险奔赴中东地区，尤其是伊拉克周边的沙特、科威特、约旦等国——当然不是去观战，而是为抢占商机提前布点。一旦战事结束，温州商人将有集体动作。一家温州外贸公司的总经理从中东回来，立即着手筹划，准备将温州产品运往那里。他信心十足地说："伊拉克重建时，我们这些商品肯定会走俏。"

三 该出手时就出手

大胆、细心、果敢是一个优秀创业者必备的心理素质，也是许多温州企业家的看家本领。王均瑶就是其中的典型。

王均瑶[①]原本是温州苍南县龙港镇一个青年农民。20 世纪 80 年代初，市场经济的大潮把年仅 16 岁的王均瑶推进了 10 万供销大军的行列。此后的许多年，闯荡市场的磨砺，造就了王均瑶敏捷的思维、开阔的思路和超前的见识。一次偶然的机会，一个忽然的念头，改变了王均瑶平凡的生活。

那是在 1990 年，王均瑶还是民航温州机构驻长沙办事处的一名普通的供销员。当时，温州机场刚刚建成，虽已正式通航，但却没有温州至长沙的航班。在长沙经商办事的人回温州一般都要乘长途汽车，有 1200 公里的漫长里程，其间要翻山越岭，需要数十个小时才能到达。时间就是金钱，这对当时在长沙的温州商人们来说，是非常无奈的事情。但每逢过春

---

① 王均瑶（1966—2004），温州苍南人。1983 年辍学经商。1991 年 7 月开辟温州与长沙之间首条私人包机航线。1994 年 6 月在"一杯牛奶强壮一个民族"的感召下，创办温州均瑶乳品公司。1995 年 5 月创建温州均瑶集团有限公司。1998 年 2 月温州均瑶宾馆建成运行，集团开始向产业多元化发展。1998 年 10 月以 68 万元每辆的高价拍下百辆温州出租车经营权。1999 年 12 月均瑶集团总部移师上海。在浦东征地 200 亩，建设均瑶集团总部。2002 年 3 月以 18%的股份入股东方航空武汉有限公司，成为中国第一家投资国家民航主业的民营企业。2002 年 10 月在上海肇嘉浜路收购上海"金汇大厦"，命名为"上海均瑶国际广场"，成为上海首座以民营企业命名的甲级商务楼。紧接着又收购了无锡商业集团。2003 年 3 月被推选为全国政协第十届委员。2004 年 11 月王均瑶因劳累过度，患肠癌，英年早逝，年仅 38 岁。

节，温州商人仍然要成群结队从全国各地涌回家乡。

1991年春节前夕，24岁的王均瑶和温州老乡一起租了一辆豪华大巴，从长沙赶回温州。路途遥远，个个归心似箭，王均瑶情不自禁地说："坐汽车太慢了！"这话被邻座的一个老乡听到了，引起了同感，便随口说道："飞机快，要是能坐上飞机就好了！"是啊，为什么不能坐飞机呢？王均瑶的大脑开始快速运转起来。为了省去转车的麻烦，可以包租豪华大巴，那么，可不可以包租一架飞机往返长沙与温州之间呢？在长沙的温州发财商人不下万人，市场前景相当美好。"承包飞机"这一闪念，浮现于王均瑶头脑里，就如同一块金子一样不断闪耀着光芒。就在这1200公里的颠簸路途中，王均瑶觉得捕捉到一个巨大的商机，回到长沙后便开始了实际的行动。

但是，与改革开放初期很快引入多元化市场竞争机制的公路运输不同，航空业历来是国家严格控制的行业，王均瑶大胆包机的想法被当时很多人认为是异想天开。然而，有着温州人"敢为天下先"精神的王均瑶开始了他永不气馁的追求。一开始，他到了民航湖南省局，在运输处处长面前，激情洋溢地提出了自己的构想。考虑到私人包机一事非同一般，一个运输处处长不能擅自做出决定，但这位处长认为"可以考虑考虑"。为此，王均瑶先后几次跑到浙江省民航局、湖南省民航局，并进行了客源的调查、论证，写出了一份构思严密、数据可靠的可行性报告。湖南省民航局迅速研究了这份可行性报告，并经过考察，终于与王均瑶达成了包机的协议。

王均瑶正是依靠超人的胆识，果断地抓住了航空领域的第一个商机，开创了中国航空业由政府全面垄断到私人经营的先河。承包了长沙到温州的航线后，航班几乎班班爆满，证实了这的确是一个赚钱的机会。其后，这个年轻人成立了天龙包机有限公司，又在两个月之内开通了上海至温州、上海至黄岩两条包机航线，同样生意奇佳。短短几年，王均瑶的天龙公司已与国内20多家知名航空公司合作开辟了航线承包和航空货运代理业务，包机业务很快遍布全国，成立了10多家分公司，每周有400多次航班。

王均瑶"胆大包天"的事例在温州乃至全国广为流传，成为温州人"敢为天下先"的创业精神的生动写照。然而人们在钦佩王均瑶"胆大"的时候，往往忽略了他"心细"的一面。其实我们不难发现，这种"心细"也是温州人务实思维的必然延伸。王均瑶的想法在当时看起来似乎有点天真,但却并非不切实际的妄想,而是有感而发、有需而动;正因为来自现实需要,所以他能马上付诸行动;因为行动不是空口无凭,而是有严密的调查论证,所以才能令人折服,最终取得成功。一切从实际出发,这就是温州创业者"胆大包天"的强大心理基础。有了这个心理基础,他们在创业致富中就不会沉湎于寻求空想、幻觉和梦境来作为"替代的满足"——根据弗洛伊德精神分析学理论,人的欲望的宣泄有众多途径,幻想和梦就是其中常见的情景。不过,对于创业欲望特别强烈的温州人来说,虚幻从来不能让他们有真正的陶醉和满足,于是只有一条宣泄途径可以用来摆脱那种梦幻带来的困扰,那就是像伏尔泰的《老实人》所说的那样,要去耕种自己的田地。

由此可见,温州人的胆大、冒险心理素质与其实干精神是一脉相承的,构成温州人创业意志的两个侧面。

"该出手时就出手,风风火火闯九州。"这是电视连续剧《水浒传》的主题歌曲中的歌词。有学者提出这个唱词有悖现在法治社会的伦理,会产生很不好的负面影响。但持此观点的老先生有所不知,新历史主义认为,一切历史都是当代史,历史与经典的生命力永远在于接合当下情境。这个歌词描述的是封建社会绿林好汉的生存斗争情景,实际投射的却正是现代商品经济社会里人们创业和追逐财富的精神面貌和生存状态,是现代"财富英雄"的写照。譬如,温州人四海为家,开发市场,不就是"风风火火闯九州"吗?温州人抢占市场,一掷千万金,不正是"该出手时就出手"吗?

温州人为了抢占市场制高点,舍得花大本钱。改革开放初期,温州人就盯上了上海这个中国开放的大门户。这里是中国金融、经济、生产的最大基地,也是人才、信息、资金等诸多生产要素的富集区。因此,大量的温商纷纷抢占上海滩。他们通过联营合作或租赁摊位开设"窗口"的方式,在此经营自己的事业。一些发展到一定规模的温州企业,更是把上海作为扩张的基地。为此,他们在这里投资动辄数以亿计。

均瑶集团投资数亿,购买了200亩地,在上海建设航空服务基地。1991年,温州日月集团斥资12亿,在南京路建造了6个楼面近1万平方米的上海名牌银楼。奥康集团的大型专卖店也于同年3月在南京路开张。而为了进驻这一"中华第一商业街",温州商人郑德荣的做法也令人折服。

郑德荣出身海岛渔家，他创建的华东电器集团在上海悄然崛起。他在离南京路步行街仅有百米之遥的河南中路与天津路交叉口建起了一幢颇具档次的6层楼，并把公司总部搬到了这里。按理说，这里已经是上海商业的繁华区，但在郑德荣心里，进入南京路，取得商界名流资格，赢得更大效益才是自己企业规划中的理想目标。2001年夏，机会终于来了。上海新世界集团在南京路上兴建的一幢9层大楼竣工，打算整体出让。信息一透出，便迅速传到北京、广东等地，有人闻讯而至，与新世界集团谈判交涉。由于该大楼占据南京路要津，因而新世界集团待价而沽，并不着急。郑德荣得知情况后，立即与新世界集团进行接触，准备购买大楼。他当然知道这幢楼的价值，也明白新世界集团的意图，所以决定动真格的，敢出别人不忍出的大价钱。为了一锤定音，断了其他竞争者的念想，郑德荣早已从各方面将新世界集团开列的条件打听清楚，拟出了几套预案。当双方坐下寒暄后，郑德荣便开门见山，将一份详尽的购楼意向书递交对方，以显示自己的诚意。新世界集团原以为这次谈判会旷日持久，所以对成交并不抱太大的希望，但想不到郑德荣会如此爽快，于是也爽快地公开了自己的底价，未经几番口舌，便以3亿元的价格签约成交。

3亿元对一个民营企业来说不是一个小数目，但在郑德荣看来，能在南京路经营自己的公司和产品，对于打出自己的品牌是一个巨大的优势。打品牌就要有大手笔，该出手时就出手。越来越多的温州企业进军南京路。南京东路工商所所长感慨地说："照此下去，闻名全国的南京路将成为温州人的天下。"

当然，不仅是上海，全国乃至世界各地都有温州人抢占的风水宝地。例如北京大名鼎鼎的雅宝路，上一节中刚提到过的成都荷花池市场，等等，都有温州人撒下的千金万银，最终也都成为温州人的商业天下。

从上可见，在务实创富的目的论下，温州人表现出强烈的创业意志和生命力，其生命意志中的韧性、爽性与活性被充分激发出来，且呈现为互为因果表里的整体性、统一性关系。而灵性、活性、创变正是务实目标和意志努力下的思维应变和策略选择。

第五章

务实事功驱动创变思维

　　文化的基本结构包括物质生产文化、制度行为文化与精神心理文化。其中，精神心理文化内化于人类文化发展的各个层面，长久地积淀在各民族或族群文化的深层，构成其独特的心理结构。该结构中最核心和最难以改变的部分就是价值观念和思维方式。不同地域或不同族群之间文化差异的关键即在于此。

　　所以，文化既是特定人群观念形态和生活方式的整合，也是其思维方式和行为习惯的外在显现。一方面，思维方式在不知不觉中影响着一群人的思想意识，左右着其行为，因而必然影响文化的创造；另一方面，观念文化作为人们自觉创造的产物，在获得自身独立生命意识以后，又必然反过来影响文化的存在和发展，促进或制约人们的思维和行为。这就是思维方式与观念意识乃至文化整体相辅相成、相互促进又相互制约的辩证关系。

　　也就是说，温州区域文化的特质，不仅是温州人物质和精神生活观念的投射，也与温州人独特的思维方式相关。观念是"道"，思维是"术"；观念是"德"，思维是"智"。"术"以载"道"、"道"为"术"用，两者在温州创业文化结构中是水乳交融的一体。

　　与意识和观念一样，温州创业创新思维深受区域文化影响，是务实事功的必然结果。而作为中华文化的一个子系统，其思维方式又不能不深受我国传统文化思维方式的熏陶。其中最主要的是被称作"对待观点"的辩证思维和独具中国特色的直觉方法。纵观主导中国文化数千年的儒、道思想和《易》《老子》《庄子》《孙子兵法》等对后世影响巨大的众多文化典籍，无不充满辩证思维，使之成为中国传统智慧的精髓，被广泛应用于医学、养生学和政治统治、战争、经商谋略等各个领域。温州商人们驾轻就熟的灵活变通思维、逆向思维、以小观大思维和"巧借东风"等方法也正是辩证法在商业创富领域的移就和推演；而超越理性思维的直觉感悟则与他们对商机和财富超乎常人的灵敏嗅觉异曲同工。

可以说，温州创业创新思维的许多方面正是温州人务实事功的观念，韧性、爽性和活性结合的意志形态与中国传统文化的智性思维方式，以及近现代以来西方资本主义商性智谋的不谋而合。

第一节　计利以听和因利制权

《周易·系辞下》指出："《易》穷则变，变则通。"[①] 讲的就是穷则思变、变通则赢的道理。这里的"穷"可以有两种理解：一种是指尽头。事物发展到了尽头，要想继续存在，就得谋求变化，寻求新的形式，也就是"否定之否定"。另一种是指人或事陷入困境，如物质上的贫困，生存危机，或事业发展途中的困难、障碍等，一时走投无路了。但与其消极等待或放弃，不如另辟蹊径。假如另辟的路径也不通，就要找出原因，设法改变它。一时无法改变的，则要设法打通或超越这种障碍。所以无论是人还是事，只有变才能通，通才能达。这既是积极主动的谋事态度，又是灵活机智的处事思维。

孙子的谋略思想深受《易》学的影响。《孙子兵法·计篇》有云："计利以听，乃为之势，以佐其外。势者，因利而制权也。"[②] 意思是说，作战要有筹谋，好的筹谋得到采纳，就能营造出对我有利的形势，这是取胜的外在条件。那么如何才能造出这样的"势"呢？就是要根据对我是否有利而灵活实施权变。"权变"是孙子"诡道"思想的核心，它要求在战争实践中善于超越一般成规和常法，而从敌我双方和战场的不同情况，灵活运用一切策略和手段，创造最有利于我的作战态势，夺取和控制战场的主动权。孙子是从用兵的角度揭示了人在竞争态势中被激发出来的一种主动性和灵活性的思维特质。

俗话说：谋事在人，成事在天。但温州人认为，成事也在人。如前所述，温州在天时地利上没有优势，如完全靠天，只有"死（水）路一条"。所以，前温州市委书记李强概括说，温州最大的财富就是温州

[①] 《周易》，郭彧译注，中华书局2006年版，第381页。
[②] 中国孙子兵法研究会：《孙子兵法读本》，广西师范大学出版社2007年版，第5页。

人——富于创业精神和创造思维的温州人。因而，也只有从以人为本的角度，才能真正读懂温州。

文化人类学则从生物进化和人类文化创造、文化机能的角度更彻底地阐释了这一点。

所有生物为了延续生命都必须满足物质上的需求，而环境与资源是满足这种生存需求的基本条件。如果生物和环境的关系难以正常维系，或者获得和使用它们的方法与工具没有发明和进化，那么它就面临着生存危机。假如一头狮子所要捕食的动物都消失了，或者它的牙齿、爪子和消化系统退化了，那么它就有可能饿死。人类有时也面临同样的问题，所幸的是我们与其他生物相比有一种压倒性的优势：人类创造了文化。倘若我们的肉食供应不足，我们可以改吃蔬菜或别的什么，如大豆，并把它加工得像肉食一般；当我们的工具失灵了，我们就发明更好的替换它们；即便当我们的胃不能有效消化食物，我们也会设法将食物软化和烧制成更容易消化的形态。我们像所有生物一样受制于生存的需求和压力，从这一点上来理解人类的行为是十分重要的。而理解这一点的关键概念是"调适"（adaptation），即有机体在其环境方面造成的变化与环境在有机体体内造成的变化之间的相互作用过程。调适过程确立了人口的需求与其环境潜能的动态平衡。处理和维持这个动态平衡是所有文化的基本事务，从而产生了使他们持续生存下去的观念、活动和技术途径。也就是说，人类通过文化调适，形成各种做事的方式，这种方式适合于他们拥有的可用资源。在特殊地区，生活于类似环境的人们往往借用在那种环境中看来有效的方法，一旦获得成功，调适可能长期被肯定下来，成为一种文化基因。①

可见，文化的基本职责就是保证那些按其适合的规则生活的人们持续生存下去，这种保证就是文化调适，也就是通过变通来超越现实环境和种种不利因素的制约。

联系第一章、第二章所述，我们不难理解，温州人的穷则思变、因利而制权的创业思维正是上述调适理论的典型例证。如在文化理论上，以叶适为代表的永嘉学派，将儒家义利思想调适为经世致用的功利文化观。在经济生活中，个体私营经济模式与公有计划经济体制的博弈惊心动魄。更

---

① ［美］威廉·A. 哈维兰：《文化人类学》，瞿铁鹏、张钰译，上海社会科学院出版社2006年版，第161、162页。

有意思的是，温州创业文化不但调适自己，也调适政府的理念，转变执政者的观念与思维，乃至影响全国。其中许多事例和做法成为我国改革开放以来市场经济体制与现代文化构建的传世经典。

一 "变"与"乱"的生存博弈

20世纪80年代初，准备来温州的人可能会听到这样的告诫：温州很乱。

一个"乱"字，既概括了对历史大动乱时期梦魇般的痛苦记忆，又描述了在风云际会的改革开放前夜温州人躁动不安的情态——它预示着一场史无前例的大变革将从这里开始演绎。

温州人争强好胜，这是这片在历史上曾被称作"蛮荒"之地上的"蛮夷"的性格特征。与天斗、与地争、与大海搏，没有这样的性格不行。"永强"这个地名似乎就蕴含这样一种生存诉求的心理，"金乡""钱库""钱仓"等一连串金钱地名的出现，也不是一种偶然和巧合。环境和文化赋予了温州人要为生存及其象征符号——金钱而拼搏。在这种生命的"力必多"（Libido）面前，儒家的温良恭俭让就显得有些虚伪孱弱，老子的"不争"思想也过于高蹈。竞争是财富经济的灵魂。西方文艺复兴和启蒙运动，唤醒了人的生命意识，激起的正是金钱欲望和对古希腊英雄主义、征服文化的崇拜。对财富的追求和拥有，对财富英雄的崇拜心理，经过新教伦理的装扮，变得合理化、人性化。所以，西方资本主义社会里个体生命中的原动力和财富欲望较早地得到了理性的疏导和释放。

然而中国的情况不同。传统农耕文化及其相应的专制体制将农民牢牢地拴定在土地上，离开土地而谋生的作为是非本分的，哪怕你脚下的土地并不足以养活你的人口。根据这一文化逻辑，再加上西方19世纪以来的批判现实主义对资本主义固有矛盾的揭露，在财富欲望驱动下发展起来的资本主义被我们描述为万恶之源。因此，想在金钱财富上表现你的生命欲望，将被定性为"恶"；任何偏离既定文化模式和体制轨道的动态，无疑就是"乱"。这样，温州人为财富而动的欲望注定要被压抑。

但温州人的生命原动力太强烈了，因而被压抑而导致的畸变和爆发也格外惊心动魄。20世纪60年代后期开始，"文化大革命"爆发，"潘多拉的盒子"一下子被打开。于是群魔乱舞，在整个民族的歇斯底里症中，温州人也疯狂了，压抑太久的生命力不得其途，终于畸变为派系之间激烈的武斗。中华大地就像在高烧中痉挛颤抖，温州人也在这场闪电雷鸣的暴风雨中狂笑、宣泄，那张不知是因极度痛苦还是快感而扭曲的脸变得那么狰狞可怕。

温州的武斗持久而激烈，惊动全国。1967 年 3 月 31 日，温州区军事管制委员会成立，对温州地、市实行军管。然而，7 月 10 日始，两派群众组织还是展开了激烈武斗，至月底进一步升级，动用枪炮。7 月 27 日至 8 月 3 日，五马街口邮电分局、新华书店、钟表店、美术公司和县前头解放电影院以及周围民房计 24495 平方米，在武斗中被烧毁。8 月 11 日，中国人民解放军 6297、6299 等五支部队不得不进驻温州，组成"中国人民解放军进驻温州支左部队联合指挥部"。8 月 15 日，省军管会发布《关于温州地区当前局势的公告》。12 月 28 日，经省军管会批准，改组原温州区军管会，成立"中国人民解放军浙江省温州区军事管制委员会"。①

武斗持续两年之久，20 世纪 80 年代初的温州马路上还到处可见的用土制炸弹炸出的坑坑洼洼，据说就是那场大发泄的见证之一。

武斗当然被控制了，人还得回到吃饭生计问题上来。疯狂的宣泄终究替代不了生命的最本质需求。而把生命力消耗在如此无聊的闹剧上，是时代的悲剧，也是人生的不幸。

其实，在改革开放之前，温州人早已开始了生存之路的探索，只是这种"本质力量"并没有得到及时的顺势利导。农村实行家庭联产承包责任制，可谓 20 世纪 80 年代初中国经济体制改革打响的第一枪，其原型却被追溯为安徽凤阳农民的"捺手印"包产到户。而在永嘉，早在农村集体化搞得如火如荼的 1956 年，就有许多公社悄悄实行了包产到户。如此胆大妄为的举动，带头实施的竟是县委副书记李云河等人。他们还写了 5000 余字的专题报告，历数公有化集体体制的弊端，宣扬包产到户的好处。这些冒险家的结果当然可想而知。"包产到户""多劳多得"被打成了资产阶级个人主义的典型，李云河、戴洁天等人也被打成右派，下放劳动，"文革"中自然也成了首当其冲的批斗对象。直到 1981 年 7 月，中央书记处研究室一则《1956 年永嘉县试行"包产到户"的冤案应该彻底平反》的简报，终于唤来了李云河他们放开手脚的一天。

农村改革的成功推动了正在起步的城市改革，温州人在中国改革开放

---

① 温州年鉴编辑部编：《温州 4500 年历史大事记》，中华书局 2000 年版，第 88 页。

历程中的先驱之功由此也可见一斑。

然而，文化心理和意识形态的惯性是巨大的，即使时至今日，也还是有人不能理解和接受20世纪80年代初以来的这场经济和社会大变革，更何况在改革初始的破冰阶段，更何况对温州这样的私有经济的策源地和从不安分守道的温州人。改革之途从来荆棘丛生，曲折和反复难以避免。温州的"乱"出了名，"治乱"就成为上级部门的当务之急。

20世纪70年代中后期开始，许多胆大妄为的温州人就偷偷在自家门口和院内搞起了"第二职业"，个体私营经济已如"杂草"丛生，走私贩私和"投机倒把"活动非常猖獗。至于邓小平讲了"让一部分人先富起来"以后，温州的私营经济更如猛虎出笼。前店后厂（家庭作坊）随处可见，推销人员遍布全国各地。许多"先富起来"的温州人陶醉在"真生活"的兴奋和快感中，一时竟然忘了"割资本主义尾巴"的危险。

以乐清的柳市为例，温州的低压电器就是从这里起步的。1978年柳市出现了第一家低压电器门市部，仅仅3年后就发展到300多家，销售队伍达1万人，年产值2200万元。这个数字是惊人的，在当时相当于一个中等县的GDP，而柳市仅仅是当时经济并不算发达的温州乐清县的一个镇。柳市作为中国最早的轻工产品生产基地就此发展起来，迅速带动了当地经济，其他行业也都如雨后春笋般生长。短短几年里柳市就出现了许多富户，其中以"螺丝大王"刘大源、"五金大王"胡金林、"目录大王"叶建华、"线圈大王"郑祥青、"矿灯大王"程步青、"供销大王"李方平、"机电大王"郑元忠、"旧货大王"王迈仟这"八大王"最有名。

可是，辉煌刚刚拉开序幕，形势就有了变化。1981年8月，新任市委书记袁芳烈，作为浙江省最年轻的副省级干部，受命到温州"治乱"。袁芳烈下定决心要把温州这条"资本主义尾巴"割掉。下车伊始，他并没有去市委，而是直奔温州最繁华的五马街口。多年以后袁芳烈回忆说，他出现在那里时有一种强烈的感觉：自己陷入了"敌占区"，这里完全不是社会主义。

袁芳烈雷厉风行，迅速组成工作组，在全市范围内打击经济领域的犯罪活动。摸底后发现，问题最为严重的就是柳市。于是市委和乐清县委组成联合工作组进驻柳市。其后，"八大王"中有7人以"投机倒把"罪被逮捕、判刑，1人在逃。

随后的1982年，中央发出一号文件，主旨是反对资产阶级自由化，清除精神污染。这看起来似乎和经商做生意无关，自由化主要是指精神层面的。但文件中还有一个主题，即打击经济领域的严重犯罪，这便与生意人有关了。

客观地说，像温州这样的地方，真要打击经济犯罪，即使以现在的眼光找一找，也不是个别，更何况在当时的政治气候下。20 世纪 80 年代初，有关温州姓"资"姓"社"问题的争论异常激烈。有人举例，在温州，一个连普通话都不会说的老太太也能成推销员。温州推销员不需要专业学校的文凭，也不需要有关部门核发资格证。这个老太太颇有心计，背着自家作坊生产的一堆小商品，一只手心叫人写上"有权不用过期作废"，另一只手心写上"买我的产品，给你 20% 回扣"。这一招果然十分管用，老太太赚了不少钱。像这样的行为不是资本主义难道还是社会主义？即使现在看来也是变相行贿，怂恿腐败。所以，争论的结果是"姓资论"占上风，这也是中央下达一号文件的前提和基础。在这样的大背景下，袁芳烈可谓是肩负使命而来，如果不能将温州的资本主义歪风扭转，就是失职了。

这场严厉的打击，震醒了温州人的财富梦。柳市的几千家工厂和商店先后关门，个体老板们被抓的被抓、躲的躲、逃的逃。不仅柳市，整个温州就像遭到了强台风，所有个体户都不敢做生意了。

但是，事实很快教训了这位年轻气盛的市委书记。1983 年初，袁芳烈拿到了上一年的财政报告。实用主义的温州人没有用其他一些地方政府惯用的"放卫星"式的虚报来为领导脸上贴金，这份财政年报令袁芳烈十分难堪。一个巨大的负增长数字摆在他面前，简直让他不敢相信自己的眼睛。原本以为资本主义歪风被自己重拳打下去了，社会主义经济就会健康成长，没想到私营企业关门后，温州经济不仅仅是滑坡，而是崩溃。仅柳市，工业产值就比上年下降了 53.8%。他拿起电话向有关部门核实，希望听到是弄错了。没料听到的回答是，1982 年的情况还是因为上半年有较快的增长才好看些，预计 1983 年会更糟。

尽管可以认定打击经济犯罪是自己的巨大政绩，可最终衡量政绩的标准还得看 GDP，这个惨淡的数据等于宣布了他一年多执政的失败。袁芳烈不得不反思一年多来的经历，他发现，温州当地的干部表面上对自己是客客气气的，实际上很不以为然。那时他还自负地以为，只要财政上去了，大家就无话可说。可现在，事实摆在面前了，投的是反对票。看来，自己得好好地重新认识一下温州了。想当初自己刚来温州时，这里的小商品市场是何等热火朝天，现在呢，差不多成了死城。这一切真是对的吗？如果是对的，老百姓为什么不拥护，甚至消极抵抗呢？带着这种疑惑，他决定改变工作思路和方式，深入基层去调研。

他来到瑞安塘下的一间地下家庭作坊。这里只有半间小屋，5台简易机器，老板兼工人是一位在家带孙子的老太太。她每天早上领料，守着机器操作，晚上把制作好的松紧带交给小贩。5台机器的投入是500元，年收入高达6000元，而当时已是副省级的袁芳烈所有收入加起来也只不过千元左右。

袁芳烈走了很多地方，看了很多此类地下工厂，发现整个温州的国有经济几乎可以忽略不计，其经济支柱正是这些私营工厂，自己将其一窝端了，温州经济不崩溃才是怪事。他也听到了一些群众的抱怨，说共产党的政策是初一和十五的月亮，说变就变。

调研让袁芳烈意识到，温州不发展私营经济，肯定没有出路。中央一号文件要打击经济领域严重犯罪，但并没有改变允许一部分人先富起来的政策，也没有宣布所有个体经营都属于违法。打击经济领域犯罪与保护经济发展之间的界限太难把握了。但事实证明，他的"治乱"行动是对温州经济的打击，也是对政府在温州人心目中威信的打击。此时的袁芳烈意识到"八大王"抓错了。可那也是省委的决定，自己也不能公开反对。怎么办？无论如何，要想办法纠正这个错误，扭转这一事件造成的消极影响。袁芳烈别出心裁地召开了一个"两户代表大会"。大会极其隆重，在惊恐不安中被请来开会的个体户和重点户们终于从领导的表态中感受到了一股新的气息。

袁芳烈的改变对温州经济后来的发展至关重要。"八大王"之一的郑元忠被抓后一直没判，根本原因就在袁芳烈的改变。1984年，中央又一个一号文件下达，明确指出："供销员是流通领域的一支重要力量，而且对农村商品生产的发展起着重要作用。供销员是农村发展生产的催化剂，是国营商业和合作商业所代替不了的，应该得到大家的肯定和支持。"富有戏剧性的是，市委正在传达学习这一文件的时候，传来一个"虾米案"的消息：洞头县一些农民把渔村的虾米收购起来运到外地销售，被当作"投机倒把"抓了起来。市委给洞头县打电话，要求立即放人，并召开全市乡镇干部电话会议，传达中央文件精神。正是这次会上，市委决定对"八大王"事件进行慎重复议。复议的结论是，除一些轻微的偷漏税外，他们的行为基本符合中央精神，这是一起错案，立即予以平反。

有人曾将温州个体和民营经济的发展总结为四个阶段。第一阶段是"对着干"或"偷偷干"。上面一再打击"投机倒把"，甚至开了杀戒，可温州的私营经济就像产生了抗药性的"病毒"一样，根本无法根除。第二阶段是宣布改革开放后，可以"公开干"了。但政策出现几度反复，"八大王"被抓。第三阶段是"放开干"，以袁芳烈的转变为开端。这一时期，甚至一些看上去可能违法的探索试验都得以通行。如利率改革、土地改革和私人钱庄的出现。同时，也许有点矫枉过度，太放松了，假冒伪劣产品开始大量涌现，市场真的有些乱了。由此，政府意识到放开的同时必须进行有组织的引导，进入"扶着干"时期。

袁芳烈的放开给温州带来了巨大活力的同时，也引发了一些问题。历史地看，这些问题是发展初期难以避免的。但在上级看来，这是失控，责任当然应由一把手承担。于是，1985年，任期未满的袁芳烈被调离，省委派董朝才任温州市委书记。1984年，时任金华地委书记的董朝才曾考察过温州，温州的经济活力给他以极大的震撼，他甚至也想把金华搞成第二个温州，只是不知为何，成效甚微。因此，他一直想再有时间到温州进行一番仔细调查。

当时浙江省委对温州所发生的一切也是喜忧参半，难以准确地作出是非判断。董朝才上任伊始，没有通常新官上任的"三把火"，而是选择了长达数月的深入调研。然后，他用一份极其详尽的《温州考察报告》提出了观点："一种经济形式占支配地位，当然要达到一定的比例，但这并不意味着这种经济形式非要达到比重上占多数的地步不可。"他这里指的就是国有经济形式。由此可见，董朝才此时已经站在了温州这边。正如他后来所说的："我是一个正统的共产党员，可我不能不正视现实，不能不认真考虑：为什么几十年计划体制下的国有企业，仅仅几年工夫就让人家民营企业超过了？这里面到底有什么秘密？"

有了市委书记的这个立场，许多问题就有了新的思路和解决办法。例如挂户经营问题，因为一开始政策不允许私人创办公司，温州人便想出了一种"创造性的骗术"：让私有企业挂靠一个集体企业的对策，美其名曰"红帽子企业"，温州这样的企业有10余万个。柳市物资储运服务站就是这样一个由两个人合伙出资，挂靠在集体企业的公司，集体企业不仅没有出资，而且从他们那里收取了高额的挂靠费。但当两个合伙人分了8万多元利润后，公安部门却以贪污集体资产的罪名将其逮捕，第二年两人被判刑。此案在挂靠户当中引起了恐慌，他们通过各种关系向上反映情况。董朝才了解情况后也暗自吓了一跳。给私营企业戴"红帽子"正是他鼓励支持的，如果柳市物资储运服务站的两个人被定为贪污罪判刑，那么整个温州犯了同样罪应该被判刑的可能超过 30 万人，那将不仅是温州民营经济完了，对集体经济来说也是灾难。与此同时，又有人向他介绍了中频电源厂廖冒畴事件。该厂是廖等人集资搞起来的，国家没有一分投资，可它属于集体制，私人投资者不仅拿不回投资，还不能得到任何分红，只能拿工资。心里不平衡的廖冒畴因此私自又搞了个地下工厂，生产同样的产品，结果被当成"投机倒把"抓起来判了死刑。董朝才听后再也坐不住了，他召集有关办案人员详细了解情况，最后拍板表态："不能把个人合伙企业当传统意义上的集体企业处理。"法院随后宣告了两个合伙经营者无罪。

有人据此认为，董朝才的这一调子实际上是从法律角度肯定了股份合作经济的合法地位。因此，温州的股份合作制开始迅猛发展。而时任苍南县委办调研室副主任的黄正瑞更是直接提出了他的股份合作制理论。黄正瑞注意到苍南的私有经济模式从简单的家庭作坊到"红帽子"企业，后来又出现了农民联户、合股等形式，非常之多，产值占当时温州整个工业总产值的 27.8%，发展势头异常迅猛。他根据大量调研数据，大胆地提出了一个"骡子理论"，即将按劳分配和按资分配进行杂糅，形成一个新的股份合作制分配方案。这一方案彻底解放了那些"红帽子"企业，使得千千万万的小企业生产规模几十倍地扩大。董朝才看到了这份方案，立即指示市政府认真研究。当年 11 月，全国第一个关于股份合作制的地方法规——《关于农村股份合作企业若干问题的暂行规定》出台。

正如黄正瑞说的，温州所有的办法都是形势逼出来的。政策不允许私有制，温州人只好用给私人企业戴上"红帽子"这样的"创造性骗术"来缓和个私经济在这一问题上与中央有关文件规定的矛盾，也为地方政府官员在维护个私经济发展中的努力减少意识形态风险，同时还有助于从官方得到信贷和纳税的便利。① 后来又搞起了股份制；要发展，缺资金，可

---

① 参见［美］帕立斯（K. Parris）《地方积极性与国家改革：经济发展的温州模式》，《中国季刊》1993 年第 134 期，译文见《上海市委党校文献情报》1994 年第 4 期。

国家银行不给贷款,他们就自己办信用社、基金会,甚至私人钱庄,发展民间金融;政策不让农民进城市,不能解决城镇户口,他们就自己建起一座农民城;城里的国营商场不卖温州农民的产品,他们便将国营商场的柜台租下来自己经营,在全国一下子租了5万个。有人用"上有政策,下有对策"来概括温州人的变通思维,其中不无揶揄之意。其实,我们更愿意说,这是一次次为生存发展的博弈。这种博弈所揭示的民间途径以及政府所扮演的角色,对我国现代化进程中的制度建设和文化进步具有深远的启示意义。

二 民间路径彰显的市场力量

中国具有丰富的民间文化传统和悠久的"民本"思想渊源。历史上儒、道等思想文化体系虽然在许多具体观点上针锋相对,但在民本、民生的主张上却殊途同归。如果说在封建专制社会里,"民本"思想只能立足于形而上的目的论,那么近现代以来,孙中山先生的"三民主义",尤其是以毛泽东等为代表的中国共产党人根据马克思主义历史唯物论所揭示的人民群众是历史创造之主体的观点,就进一步从方法论角度指明了"民本"的实现途径。也就是说,"民本"不仅是回答为谁发展这一"终极关怀"问题,更要解决怎样发展和依靠谁来发展的"技术路径"问题。现代社会的民主化进程越来越证明历史唯物主义的正确性:那就是相信群众、依靠群众,保护和引导群众的积极性,充分发挥群众的创造力。而民间路径正是蕴含无穷的群众性创造力的源泉。

然而,在历史上的许多时候,"民本"的途径问题总是被异化为意识形态的霸权,"主流文化"对"非主流文化"的压抑,或者干脆就是政府对民间的强权管制。"民间"往往成为一个敏感词,民间力量更成为禁忌和压制对象。

而温州之所以比较"异端",恰恰是因为温州经济是民本经济,温州文化是民生文化,温州改革走的是民间路径。"民间"在温州意味着一股顽强的生命力,意味着一个巨大的市场及其无穷活力。因而,在这里,"民间"就是主流,就是创造。从经济改革到社会发展,从政策理论到日常生活,许多都是从民间发起,由民间路径实现。所谓"政府一毛不拔,事业兴旺发达",就是温州民间力量的生动写照,也是政府从民间思维中受到启发而因利制权、因势利导的成果。

地处浙南一隅，只有"死（水）路一条"的温州想要经济腾飞，必须要有一座现代化机场。这是温州人的梦想，也是几届领导班子的共识。但直至 20 世纪 80 年代末，国家尚无在短期内建造温州机场的计划。如前所述，温州人没有等、靠、要的思维习惯，于是一个史无前例的"被迫之举"又开始了：民间集资解决机场建设资金缺口。

1990 年 7 月 4 日，全国第一个以地方集资为主建造的温州机场举行了首航仪式。本来这是一件可喜可贺的大好事，可令人头疼的问题却来了：按国家相关政策法规，机场要交由中国民航总局经营管理，而民航总局是不会用钱来"买"这个主要用民间资本建成的机场的，他们只消按政策"收编"就行了。

这可急坏了时任温州市委书记的刘锡荣。温州政府和民间花了巨资建这个机场，还给所有民间投资者作了承诺，如果机场就这么"无端"地被拿走了，政府如何向投资者交代？刘锡荣是抗战时期牺牲的中共浙江省委书记刘英之子，算是地道的温州人，熟悉温州思维。他想，人民机场人民建，使用者就应该付钱，否则谁还敢来投资搞建设？于是，市政府下文，"机场建设费"应运而生。

温州此举一出，全国各地一些机场也开始效仿。但民航总局认为"机场建设费"属于乱收费，专门下文予以制止。于是，在温州机场出现了一道匪夷所思的奇特景观：一张盖着国家民航总局大印的《关于禁止收取机场建设费的通告》和另一张盖有温州市人民政府大印的《关于收取机场建设费的通告》并排贴在售票窗口旁。两个红头文件顶了牛。刘锡荣决定上北京找民航总局谈判。

据说，在北京，刘锡荣据理力争，从温州机场增收机场建设费说到亟待改革的中国民航，从中国民航的连年亏损说到民航制约经济发展的利害关系。不到半年，民航总局重新下发了一个文件，宣布正式在全国机场收取"机场建设费"，用于新机场的滚动开发建设。

关于"机场建设费"，迄今还争论不休，而始作俑者温州机场，效益一直不错。

美国学者帕立斯（K. Parris）在《地方积极性与国家改革：经济发展的温州模式》中有精彩的概括：温州模式的形成是当地社会普通百姓与地方政府和国家中央机关相互冲突、妥协和长期谈判的结果，其中地方干部起着关键的作用；温州新的经济体制、可选择的价值观念及组织的出现，反映出了当今中国国家和社会之间界限的转变以及两者之间关系的重新确定。①

有了造机场的成功经验，温州政府也就顺着这一市场思维把民间路径玩得得心应手。

1993年，温州筹建大型体育中心，规划耗资8100万元，可财政拨款仅为3000万，怎么办？办法总比困难多，温州人的妙计是：先把灯光球场以1800万元的价格出让10年的经营权，再将一楼的门面卖出1500万。剩下的1800万缺口卖座集资，单位5万元，个人2万元即可买断一个贵宾席，据此在10年内可免费观看体育中心的每次演出或比赛的头场。此招一出，果然有效，资金很快落实，一个现代化的体育中心就屹立起来了。这一生花妙笔不仅为温州的文化建设添上了浓浓的一笔，还起到了意想不到的示范作用——上海大戏院师从温州的这一做法，如法抛售剧场包厢，也解决了融资的大问题。

当然，改革开放以来温州创业史上最神奇而壮观的民间行动，应该算苍南陈定模发起的农民造城运动。它成为20世纪末以来中国经济和社会大变革史上的经典传奇。

苍南县的小渔村龙港靠海，可以建设优良港区。1983年，县里报浙江省批准设立龙港镇。但是省里县里都没有钱，龙港镇新城也就只能存在于一位乡村画家的水彩规划图里。

1984年6月的一天，有一行人来到了龙港。为首的一位四十出头，卷着一高一低两只裤腿，站在一块沼泽地前。目光所及，一条弯弯曲曲、坑坑洼洼的老街，两边有数十间泥坯农舍，歪歪斜斜，了无生机。远处，便是一大片滩涂。此人3天前刚被任命为这个新规划的龙港镇的镇委书记，叫陈定模②。他身后的几位也是像他一样自告奋勇前来"造城"的

---

① 参见［美］帕立斯（K. Parris）《地方积极性与国家改革：经济发展的温州模式》，《中国季刊》1993年第134期，译文见《上海市委党校文献情报》1994年第4期。

② 陈定模（1939— ），温州市苍南县钱库镇人。1981年任钱库区委书记兼区长，该区率先实行包产到户，钱库"小商品批发市场"成为温州市十大专业市场之一。1984年任龙港镇委书记，大胆提出土地有偿使用和梯度移民的设想，敢于创新、勇于改革，使原来的小渔村成为了中国第一座农民城，为中国农村城镇化开辟道路，引起了中央领导和全国各地的关注。1989年任苍南县体改委主任时，开始股份合作企业规范化工作的探索。1993年在山西太原与人合作创办太原商贸城。1996年创办龙港巨人中学。曾被老百姓公投为浙江省八大风云人物之一，被评为温州改革开放二十年十大风云人物之一，温州市改革开放十七年十七位有杰出贡献的人物之一，2008年10月获第四届中国发展百人奖（农村）个人奖。

干部。

陈定模带来的除了手下 7 人外，就只有他亲手绘制的一张皱巴巴的《龙港建城规划图》。县里答应给他的钱，除了 8 个人的工资，其余一分钱也没有着落。他们租了当地唯一的一幢公家建筑——港口建设指挥部招待所的几间房子开始办公。房租和办公经费也是后来陈定模向河底高村的村支书借来 3000 元才解决的。这 3000 元便是龙港镇的启动资金，因而也成了龙港传奇的一部分。

时隔 30 多年后的今天，也许我们根本无法理解当时上级政府的思维。既然要建城，为什么又不给钱，非要叫人家搞"无米之炊"呢？要弄懂这一点，恐怕真得好好研究一下政治哲学。有人说温州是"藏富于民"，政府没钱，所以经常是"一毛不拔"。这倒确实符合温州的实际情况。政府的民间思维和民间途径正是由此而来的。当然，在建龙港镇这件事情上，当时的苍南县或温州市政府是否也是这样想的，我们已无法妄猜。只是有一点，古往今来，条件好而不办事或办不好事的，也并不少见。《左传·曹刿论战》中说的"肉食者鄙，未能远谋"就是这种现象。

陈定模主持的龙港镇首次干部会议开了几个小时，没有听到一条建设性意见。陈定模说，既然我们大家走到了一起，就是一个团队，从现在起，我们的命运便和龙港相连。回应他的是沉默。是啊，你陈定模再有本事，总不可能靠这借来的 3000 块钱建起一个镇吧？在其他人看来，这事情也只能过一天看一天。可陈定模想，自己主动请缨，不是来这里耗着的，既然大家没主意，那就我来考虑，你们按照我的意见去做就是了。

一连几天，陈定模待在招待所里思考两个问题：一是如何才能弄到钱。在他的规划图里，街道、楼房、市场、医院、学校等，都已各就各位。整个新城呈"井"字形，街巷纵横，一目了然。可龙港要建城，仅道路、供水、排污 3 项公共设施，起码就要 500 万元。二是人。如果有人来了，自然就会带来钱。可这样一个荒滩靠什么吸引大家来投资呢？设身处地地想想，那些外商要到一个地方投资，这个地方必须具备几大要素：一是丰富的资源，二是便利的交通，三是低廉的劳动力，四是优惠的政策。这四大条件中，陈定模能够提供的恐怕只有第四条，但也要看是什么政策，针对什么人有效。

几番估摸推测，陈定模心里的目标对象便只剩下一类人，那就是改革开放后致富的乡下人。陈定模长期在农村工作，对于农民的需求最了解。例如，在长期计划体制下，国家对户口的严格控制形成了城镇户口和农村户口的两极分化，户籍不仅是城乡差异的利益杠杆，更成为身份地位的符号象征。所以，对于农民来说，获得城镇居民户口，就是获得一种绝对的物质和心理优势——尤其对于刚刚富起来的农民而言，这种心理的需求变得越来越强烈。可对国家来说，农转非首先涉及粮食等物资的计划供应问题，这在农业人口大国，物质又还贫乏的时期，是谈何容易的事情。那么，有没有可以变通的地方呢？陈定模想，我这儿既然是一个镇，按国家有关规定自然就有城镇户口，假如迁来龙港的人一律办自理粮户口，那户籍政策上的主要顾虑不就消除了吗？这算不算破坏政策？陈定模虽然是个满脑子活跃着创新思维的改革家，但几十年的从政经验提醒他，在当时情形下，如此大胆的举措要顺利推行，最好还是找个理论依据支撑一下。尽管只读到初一便辍学了，但他好学，1977年被调到平阳县委宣传部任党委委员、理论组组长。因此，对理论问题他不乏敏感性。他发现，1984年中央一号文件上有句话："允许农民自理口粮到集镇落户。"同年6月4日的《人民日报》评论员文章也说："鼓励农民自理口粮到小城镇务工经商，凡在小城镇有固定收入和住所，允许自理户口到所在地落户，作非农业人口统计。"在今天看来，这种户口没有意义，后来实际上也自行取消了，可在当时却是了不得的喜事，政策一旦出台，周围的农民肯定会积极进入龙港。陈定模策划龙港的突破口就在这里了。

但农民进来以后怎么办？每家每户乱搭破棚户？那岂不成了难民营？既然镇政府盖不起房子，不如让这些进城的农民自己盖房子建街道。但农村宅基地在当时是无偿的，如果在龙港也实行土地无偿，一旦人们蜂拥而至，肯定要乱套。况且公配设施建设的经费从何而来？

陈定模考虑再三，最终形成了一个大胆的想法：将土地和自理粮户口捆绑在一起卖！就是将土地划块，有偿出让给进城的农民，让他们自己在上面建房，然后将"卖"地得到的钱用来搞公共建设。这就是俗话说的"羊毛出在羊身上"。可谁都知道，土地国有，严禁买卖，弄不好是要杀头的。那么，如何才能既实施改革，又尽量避免成为意识形态原则和现行政策的挑战者？深谙马列著作的陈定模终于找到了马克思引用威廉·佩蒂的一句话："土地是财富之母。"又查到恩格斯说过："地租，土地所有者凭借土地所有权而获得的收入。"由此看来，现状是政府没有很好地利用

龙港允许农民自理口粮落户的文件

土地的价值，显然违背了价值规律。龙港的土地所有权属于国家，也即属于代表国家掌管这片土地的镇政府。这样，镇政府凭借土地所有权而收取"地租"也就顺理成章了。

7月，一则《龙港对外开放的决定》刊登在当地报纸上，旁边就是陈定模绘就的那张规划图，公布的优惠政策有八条，提出"地不分东西，人不分南北，谁投资谁受益，谁出钱谁建房，鼓励进城，共同开发"的口号。陈定模还组成几个宣传队，分赴全县12个区镇大做广告。结果，到8月底，申请到龙港落户的专业户就有2000多家。农民们提着大包现金排队交钱，生怕政策变了失去机会。

最终收盘一看，共1.2亿元。中国第一座农民城梦幻般出现在人们面前。

后来的龙港发展成有23万多人口、年产值近100亿的明星镇，是全国最大的印刷包装、毛纺毛毯、塑料编织基地之一。

然而，陈定模发动农民造城的壮举留给后人的绝不仅仅是一个经济学意义上的龙港，它在政治学、社会学和文化学层面上的启示也许更为深刻。改革开放后出生的人们可能已很难理解那个时代到底具有怎样的特殊性，为什么不"违法"就办不成大事，为什么办大事的人总要遭受责难，为什么马克思、恩格斯的片言只语却又具有超越现实法规和世俗偏见的神圣权威？一切看来都显得有些荒诞。陈定模是国内尝试把国有土地有偿交给农民使用的第一人，他成功了，龙港出名了，可随之而来的是质疑、谣言和查处。尽管他百般努力，有时甚至不无妥协，但在他任龙港镇委书记期间，一直没有从争议的旋涡中挣脱出来。一方面，龙港在日新月异地发展，越来越多的参观考察团蜂拥而至；而另一方面，对陈定模和龙港的各种清算也一刻没有消停。

有人看中了龙港这块肥土，暗中活动要将其控制在自己手中；有人认为陈定模是在搞资本主义。告状信雪片般往上飞。第一次工作组来，查的是"毁田造房"。可新镇的规模是省里划定的，所开发的土地远远还没达到向规划外扩展的地步。于是，又查"非法买卖土地"，这可是大罪！关于这个问题，《农民日报》于1987年还发表了一篇措辞极为严厉的批评文章。为此，陈定模还力邀该报总编前往龙港实地考察。报社组织了一个由十余名著名理论专家和教授组成的考察团聚会龙港，与"土理论家"陈定模展开了一场别开生面的论辩。结果，陈定模舌战群儒，他用级差地租理论回答了专家们国有土地怎么能商业化的质问，又列举专家们所在城市存在的各种问题与龙港效益作鲜明的对比，用事实和数据打消了他们关于这套做法是否适合国情的疑虑。为了减少意识形态的风险，陈定模不得不大段引用马列著作来为自己的做法辩护，将一帮专家教授驳得哑口无言。

如果说上述的调查、论辩主要还是来自意识形态的阻力，那么，下面几起滑稽闹剧展示的却是人性的痼疾。

有人不甘心，又弄出新的招数，状告陈定模违规建私房。这次，省、市、县三级纪委组成60多人的调查组，前来"清理干部私人建房"。检举箱也挂出来了。此时，谣言四起。"陈定模被抓了！""陈定模家被抄了！"传得活灵活现、有板有眼。有人居然还说亲眼看见陈定模被戴着手铐押上警车。调查组仔细一查，还真有一套私房的户主叫"陈书记"，造价数万。陈定模作为镇委书记，每月工资几十元，哪来钱造数万元的楼房？某些人正暗自欢呼，却不料"陈书记"原来是一个人名。

该闹的都闹了，但谁也没料到针对陈定模的闹剧最终是这样谢幕的：1989年12月，陈定模81岁的老母过世。他深知此事是个关节，凭自己在龙港的威望，一定会有很多人借此机会来表示一下，也一定有人睁大眼睛盯着自己。因此他特意在讣告上写明："遵照先母遗嘱，丧事简办，谢绝送礼。"并与各单位作了解释。即便如此，陈定模料到还是会有人来的，只得吩咐家人对每位来客进行登记，如果是送花圈便接受，其他一律当场退回。有趣的是，丧礼刚结束，调查组就来了，原因有两个：一是有很多人送礼了。陈定模说只收到花圈186个，但调查组暗中派人数过，明明是260个。二是出殡走到一半时，其兄陈定汉把一个表示戴孝的草绳圈扣到了他头上，这是党员干部搞"封建迷信"。

几天后，新的任命下来，陈定模调任县体改委副主任。名义上是平调，实际上是被降职了。陈定模改革的结局是一场悲喜剧。因为对他本人来说，除了苦干、受屈和苦笑之外，确实没有别的更多的"奖赏"；而对于龙港的发展以及全国的土地制度改革和房地产事业来说，又绝不是悲剧。

我们发现，温州改革开放初期的关键性人物，如从市委书记级的袁芳烈和董朝才，到基层镇委书记陈定模，都有惊人相似的命运，即任届未满被调任，没有升迁。但他们在温州人的心目中还是留下了好感，甚至1998年评选"改革开放20年温州10大风云人物"时，早已退休赴外地经商的陈定模仍以高票入选。改革和创制实在太艰难复杂了，处在变革旋涡中的人，有时是很难把握自己命运的。天降大任，就需要一些人去承担他们注定应该承担的历史责任。

农村基层改革家陈定模

当然，与社会历史的进步相比，个人命运的沉浮确实算不得什么。就拿陈定模和他的"龙港传奇"来说，其社会和文化史意义其实早已超越了个别性事件和现象学层面。正如著名学者秦晖所言，就社会发展史本来意义上的"城市"（city）而言，中国内地严格地讲只有龙港这样一座"城市"。龙港是座移民城市，这个由乡下的民间行为创生的新城，是中国唯一由既摆脱了共同体的束缚又失去了共同体的庇护，具有独立人格并自己对自己负责的人们建立的"市民社会"，就像当年西欧那些脱离了采邑、村社的羁绊而取得"两种意义上的自由"（即摆脱束缚的自由和失去保护的自由）的人们建立的 city 一样。"城市的空气使人自由"，而自由的空气也带来了机遇与风险，带来了市民的权利与责任，带来了由身份到契约，由统治、服从到交换关系，由习俗、指令经济到市场经济，由臣民到公民的社会转型。[①]

三　在直面现实中超越自我

理想与现实的矛盾是人类命运斗争的永恒命题。现实与理想的距离似乎永远无法消弭，古往今来，引得多少英雄扼腕长叹。温州人充满创业的理想，但他们又是最能面对现实的族群。他们知道现实是强大的，传统观念的影响也是根深蒂固的，当个人的力量无法扭转和改变这一切的时候，无谓的坚持换来的只能是有限生命的耗散和事业的蹉跎。当个人无法超越现实时，就要设法超越自己；当理想与现实无法协调平衡时，就要懂得通权达变。山不转水转，选择现实主义，虽然少了西西弗斯式的崇高悲壮，却多了温州人实至名归的成功。

赵章光[②]这个名字不仅在温州家喻户晓，他发明的"章光101毛发再生精"早已从20世纪80年代后期开始名扬海内外。这位曾在大陆富豪榜上位列第17的亿万富翁，早先却是一个乡村"赤脚医生"，为了他的

---

① 参见胡方松、方韶毅、刘旭道《温州评判》，文汇出版社2005年版，第41页。
② 赵章光（1943—　），温州乐清人。中学没念完便辍学务农，在父亲启蒙下接触中草药，并通过卫生系统组织的短期培训成了一名赤脚医生，自此开始一边从医一边自学钻研的艰难历程。历经多年试验，于1974年调配出专治斑秃的"独门偏方"章光101。1985年创立郑州脱发专科医院，任院长；1987年创立郑州市毛发再生精厂，任厂长，同时任北京市毛发再生精厂技术厂长；1988年创立浙江章光101有限公司，任董事长；1993年任北京章光101集团董事长，1999年公司改制为北京章光101科技发展有限公司，担任董事长兼总裁；2004年，成立北京市101毛发研究院，任院长。

"101"试剂,历经艰难,甚至沦为云游郎中。

赵章光出生于乐清雁荡山下的象东乡,自幼聪颖,只因家境贫寒,仅仅上到初二就辍学回家,当了父亲——一名乡医的助手。其父擅长中医药的配制,因此他常随父进山采药和配药,逐渐成长为一名少年老成的乡医。邻村名医林光华十分赏识他的从医天赋,不但收他为徒,还把女儿嫁给他。尽管民间有祖传秘方和技艺传子不传女、传媳不传婿的传统,但林光华还是将一种专治疑难疱癣的祖传秘方破例传给了这位在他看来聪明可造的女婿。赵章光不负岳父厚望,使这一秘方更趋完善。

有一种古怪的皮肤病叫"斑秃",俗称"鬼剃头",在我国尤其是南方颇为多见,自古难治。女孩子要是得了这种病,原本飘飘秀发就会脱落一大片,露出一块秃斑,要多难看有多难看,不但遭人歧视,嫁人也成问题。有几名得了"斑秃"的姑娘听说赵章光善治疑难杂症,便找上门来。但最初的治疗无效,她们含泪失望而去。赵章光很是同情和内疚,决心向这一顽症挑战。他参考岳父传授的秘方,只身上云遮雾绕的雁荡山采药。他用遍了秘方中的珍稀草药,家里的瓶瓶罐罐泡满了各种药汁。1974年,历时6年的试验终于成功,患者使用试剂后头上长出了茸茸的新发。

赵章光历尽艰辛,终于得到回报,他把研制成的试剂命名为"101",意即经历上百次失败换来的成果——其实何止百次,他所耗费的心血更是无法计量,试验花费的成本也让他家一贫如洗。然而这一成功带来的却不是喜悦,而是沉重的打击:一个初中都没毕业的乡村郎中自称发明了一种神奇的药剂,解决了自古无人能治的"秃斑",这个医疗奇迹无论如何也无法让医政部门相信。就这样,县卫生局不仅驳回了赵章光要求在县城行医治秃的请求,反而以他不守本分为名,取消了他的行医资格。赵章光"弄巧成拙",连赤脚医生也当不成了,看病的人只能晚上偷偷找他。赵章光求天无路、告地无门,只好借着1980年大批温州人外出创业之风离开家乡,投进了十万推销大军的洪流。

赵章光不认输,他不会忘记当初从上海专程到乐清求他治病的父女的请求,不相信自己在当代也会落得两千多年前的卞和那样怀抱宝玉而无人赏识的命运。可世事就是奇怪,尽管他有悬壶济世的理想和情怀,现实中却是四处碰壁,甚至被人当成江湖骗子。他走一处求一处,所发明的"101毛发再生精"总也得不到医管部门的认可,要想注册生产更是难上加难。而且,各地管理部门明令禁止他行医,声称一旦发现即以行骗处理。羞辱和失望啃噬着这个温州汉子的心，冰冷的现实引起他的思索：既然我不是骗子，为什么就不能使自己的发明成果为人们造福呢？到底怎样才能使"101毛发再生精"注册投产，推向市场呢？

"衣带渐宽终不悔，为伊消得人憔悴。"

1984年的某一天，远在中原的郑州街头，已沦落为无证游医的赵章光站在一块广告牌下，思绪万千。广告牌上是一家化妆品公司的美发广告：一个秀发飘逸的少女，含笑注视着远方。赵章光本能地被少女的秀发所吸引，驻足观看良久，忽然灵光闪现，冒出了一个想法：自己的出发点就是还那些得了"斑秃"的少男少女们一个青春容颜，这既是治病，同时又是为了美——而"101毛发再生精"虽然是以药品研制的，又何尝不是一种美容品呢？既然把它作为药品申请未果，何不变换一下思路，将其作为美容品提出申报呢？药品必然要和医疗责任联系起来，因而管制极严；美容品是有质量要求的商品，安全要求方面应该没有药品那样苛刻。

"众里寻他千百度，蓦然回首，那人却在，灯火阑珊处。"

这一思路的转变果然开出了灿烂的花朵，章光"101毛发再生精"在郑州出产，不久即作为外用美容品，投放市场，立即引起轰动效应。无数患者用它祛除了多年的顽疾，找回了青春和自信。它不仅适用于青年"斑秃"患者，也适用于毛发早衰的男女，使他们再次焕发出青春活力。"101"火爆了，1986年通过了国家技术鉴定，在日本也引起轰动，被媒体誉为"来自中国的神水"。1987年10月，赵章光获得布鲁塞尔第36届尤里卡国际发明博览会个人最高奖和一等骑士勋章。1988年4月，又获得第167届日内瓦国际发明与新技术展览会最高荣誉奥斯卡发明奖。1989年4月，在巴黎又获得第80届国际发明博览会最高奖及一枚产品金牌。同年7月，获北京首届国际发明博览会金奖。1991年6月，他的"101D"和"101E"在纽约第14届国际发明博览会上获得两枚金牌。与此同时，赵章光的事业不断拓展。1989年元月，北京、郑州、乐清三家毛发再生精厂在北京人民大会堂举行联合总厂成立大会，由赵章光任总厂厂长。其产品行销五大洲40多个国家和地区，日本、美国、法国、意大利等国都有"101"的代理商。一连串的成功很快将这位当年浪迹天涯的江湖郎中推上了中国亿万富翁的宝座，中国天文馆的一颗小行星也以"赵章光"命名，以彰显他为社会作出的贡献。

赵章光终于实至名归。我们在艳羡他命运陡转、否极泰来的时候，更应该钦佩他的通权达变思维。在他左冲右突都不能突破壁垒的时候，他改变思维定式，终于精彩地完成了临门一脚，实现了曲线求成。从中我们不难体会到，无论面对冷酷的现实还是变化无常的市场，重要的都不是与阵地共存亡的愚顽，而是机智权变的灵性思维。正如犹太人所说：再坚固的城墙，也一定能找到突破口；活用一切有利条件，就能充分发挥自己的潜能。

四　变下岗失业为转岗创业

在市场经济社会中，失业其实并不是什么值得稀罕的事情。往积极方面说，合理的失业率有利于劳动力资源的优化配置和调动劳动者的积极性，也有利于劳动力市场的形成和完善。当然，失业的风险作为一种外在的强制力量也促使劳动者提高劳动技能，以使自己在求职竞争中处于有利地位。然而，由于长期生活在计划经济体制的庇护下，我国许多地方——尤其是国有经济庞大的地区的干部职工，失业意识淡薄，失业风险的承受能力更是脆弱。因此，当20世纪90年代后半期开始的国有企业改制潮流到来的时候，企业的倒闭、破产、停产或重组、兼并、收购等使得千万国企职工下岗，不少下岗工人因丢失"铁饭碗"而唉声叹气，或到政府门口静坐、请愿示威，怨声载道。有那么多的下岗人员等待政府的救济和安置，失业于是成为影响社会稳定的隐患，成为国家经济和政治生活中的大事。

温州的政府部门也作好了相关的应对准备。但奇怪的是，想象当中的现象并没有发生。当其他一些地方的政府被下岗职工再就业问题搞得焦头烂额之际，温州的新闻却报道：温州国企及城镇集体企业职工下岗再就业难题不难，可谓轻轻松松。温州有关部门负责人甚至介绍说："我们一直为难以贯彻执行国家和省里对下岗职工的诸多优惠政策而忧虑，原因是找不到下岗职工，几乎没有人来打听或申请这些优惠政策。"

在有如此多的人哀叹就业难的今天，温州的这种情况是真的吗？2007年温州市举办的首场再就业招聘会又一次作了证明。10月31日《温州商报》以《首场再就业招聘会遇尴尬》为题报道说：现场28家企业提供了650个工作岗位，然而，让主办者和参会企业想不到的是，仅有400多名失业人员到场，半数以上岗位没有招到人，达成意向的仅280个。人本集团、蓓蕾早教、好又多、大世界超市、万盛真生活便利店等企业提供的岗位开出的月薪约1300元，没有要求学历、工作经验等"苛刻"条件，却只吸引为数不多的人前来咨询、登记。据承办方温州市职业介绍指导服务中心工作人员分析，出现这种情况的原因有几个方面：一部分下岗失业人员可能已经隐性就业了；一部分可能认为招聘的岗位不适合自己；还有一部分也许不知道首场招聘会的消息。

那么，是否还有第四种原因，即温州下岗失业的人员本身就很少呢？据温州失业保障机构1996年对当地国有及城镇集体企业的抽样调查表明，温州下岗失业职工总数约10万人，下岗比例比全国同期平均数还高出16个百分点。这又是怎么回事呢？其实，对温州人来说，这也不难理解。当其他地方的许多职工因面临下岗的危机而惶惶不可终日的时候，温州早已有很多人主动"下岗"了——被称为"饿不死也撑不饱"的所谓"铁饭碗"对他们来说本来就没多大吸引力。正如前面"主体自觉"和"自立观"等章节中讲到的那样，温州人血管里涌动的是自主创业的热血。10万下岗职工当然不会从人间蒸发，他们或自办作坊和企业，做了自家的老板，或者云游四方去经商闯事业。即使最没有办法的，面对温州如此多的民营企业，也不至于走投无路。温州人因而能自豪地说：温州没有下岗一说，下岗即转岗。

好一个"转"字，转的是观念，是思维，结果转出了无数的"创"字。老子云：福兮祸之所伏，祸兮福之所倚。只是创业的温州人早已不把等待和依靠作为"福"，也不认为下岗失业就是"祸"。辩证法又一次突破了在旧体制中养成的思维惯性和惰性，实现了温州人从下岗到转岗、从失业到创业的嬗变。

第二节　反者道之动

都说温州人"胆大包天"，但说到大胆变通，光有胆还不行，还得有识。有胆无识，犹如有勇无谋，乃欲变而不知变者也。那么欲变和敢变者应该从何入手呢？

《易·乾卦·象》曰："终日乾乾，反复道也。"[1] 天地运行之道，在于"无往不复"[2]，行远必反（返）。故老子云："大曰逝，逝曰远，

---

[1] 《易经上·乾》，参见郭彧译注《周易》，中华书局2006年版，第6页。

[2] 《易经上·泰》，参见郭彧译注《周易》，中华书局2006年版，第65页。

远曰反。"① 那么"反"回哪里呢？老子又云："万物并作，吾以观其复；夫物云云，各复归其根。"② "常德不离，复归于婴儿""复归于无极""复归于朴"③。事物的发展到了一定阶段必然要循环回归，这就是老子说的"反者道之动"。④ 反（返）自是动，反自是逆，逆而后顺，故曰"玄德深远，与物反，然后乃至大顺"。⑤ "道"的本性在于"动"，即变化和发展——发展是硬道理，而"动"的规律则是"反"——从远处回到事物发生发展的本初规律上来，从而推陈出新，开始新一轮的发展。

求变的原因无非是已有的、习惯的思维行不通，效果不佳，所以只有改变积习，突破已经定型僵化的思维，才能绝处逢生。如果我们把传统思维、习惯性思维、封闭僵化思维从方向上统统定性为顺向、定向思维，那么它往往是这样的：遵循自上而下、按部就班、循规蹈矩原则；上令下行，无令不行；理论在先，行动随之，实践服从既定理论。其结果往往是作茧自缚，故步自封，无路可走。而温州模式中的思维方向恰恰与之相反，它是：自下而上，因地制宜；实践领先，理论服从实践，制度跟上，从而为改革开放及制度建设作出示范表率；敢于突破，敢于冒险，敢于承担压力，敢于坚持；敢想敢干，少说多干，以实际业绩来证明，获得承认。这就是逆向思维，实际上是从意识形态的形而上学回归朴素的实践论。而这一回归正是改革开放的新开端和新历程。

观念引导思维，思维决定命运。逆向思维改变了温州的被动命运，获得了改革开放和创业富民的先行权和主动权，从而领全国风气之先。

一 自下而上，行大于言

我们回顾改革开放初期温州人的创业精神，在说明这种精神对于个体创富意义的同时，更不能忽视其巨大的社会历史价值——这就是温州创业者对改革开放进程中制度变迁的推动作用。在这场史无前例的经济和社会大转型中，温州创业者扮演的是弄潮儿和探险家的角色。

制度从本原上虽然是自下而上形成的，即如萨姆纳所谓的由民俗发展

---

① 《老子·二十五章》，参见朱谦之《老子校释》，中华书局1984年版，第102页。
② 《老子·十六章》，参见朱谦之《老子校释》，中华书局1984年版，第65、66页。
③ 《老子·二十八章》，参见朱谦之《老子校释》，中华书局1984年版，第112、113页。
④ 《老子·四十章》，参见朱谦之《老子校释》，中华书局1984年版，第165页。
⑤ 《老子·六十五章》，参见朱谦之《老子校释》，中华书局1984年版，第266页。

到民德，再发展成制度。但制度一旦成型，便拥有了自上而下的权力意志和正统地位，是不可能轻易被"反"的，这也就容易形成制度的"惯性"和"惰性"。

然而，正如马克思所言，一定社会的制度是在一定社会物质资料的生产方式基础上产生的，因而，当原有的制度不能有效地满足新的生产方式需要时，"越轨"现象必然产生，制度改革也就势在必行。

如果把市场经济看作一个有机的生命体，那么资金就是维系它运转的血液。肌体能否健康成长，则取决于血液的流动能否保持顺畅与旺盛。温州那么多的个体、私营企业要发展，没有充沛的资金渠道怎么能行？然而，当时的国有银行并不能解决他们的燃眉之急。因此，温州人除了发展出许多独特的民间借贷融资方式之外，胆大"妄为"者开始拿国家金融制度开刀，由此催生了中国金融体制的改革。

苍南县金乡镇虽地处偏远，但在1980年的时候，个私民营经济已经相当发达，不少农民手中有钱。然而，金乡镇信用社的境况却很差，连年亏损。作为信用社主任的陈礼铨，走到县里，受上级批评，发不出奖金，员工抱怨，家人不满，可谓处处受气。陈礼铨知道，要改变现状，首先得动员大家把钱存入信用社。于是，他凭借自己的人际关系挨家挨户上门拜访动员，理由当然是将钱存到信用社既保险又有利息。岂料这些人听了直摇头，原因有多方面：一是利率太低，没有吸引力；二是统一的息口下，信用社与银行相比没有竞争力，即使有钱要存，也宁可存到大银行；三是服务太差，办事程序太繁复，对于做生意的人来说，取用不便；四是贷款被严格控制，影响了储户对金融机构的信任。

要想翻身，只有改革。但上述的每一个原因，其实都涉及国家金融政策，而对于金融政策，即使在美国这样的自由资本主义国家，也是由联邦储备委员会来控制和调节的，中国就更不用说了，任何非央行机构对现行金融政策的改变都是违法的，任何一位金融业工作人员都清楚这一点。所以，改革谈何容易！

陈礼铨思考再三，认为问题的焦点就在利率上。不突破利率瓶颈，农村信用社既不能与温州发达的民间借贷相比，也不可能与其他商业银行竞争，就无法吸引到存款，那么即使改革贷款额度限制也是"无米之炊"。

也许当时金融业人员中想到这一问题的，陈礼铨并不是唯一的一个，但将此付诸大胆改革行动的却只有这位地处温州偏远乡镇的小小农村信用社主任。他敏锐地觉察到改革开放兴起以后，出现了一系列的价格浮动改革，如随着农村包产到户的改革，农副产品的购销模式也开始改变了，粮食购销有了双轨制，出现了议价粮，市场活跃了，百姓的吃饭问题得到了解决；作为国民经济重要能源的煤炭也有了议价。这些迹象让陈礼铨感到原有计划经济体制下的价格体系开始受到冲击，正在发生裂变，一个更加趋向价值规律的新的价格体系可能在不久的将来形成。他富有前瞻性地将银行利率纳入到整个市场价格体系中来考虑，认为既然要变，与其坐等，不如先行。

许多时候，温州人的所思所行天真而又务实，改革富于传奇而又实在。陈礼铨准备在金乡信用社推行议价利率，这似乎是一个不自量力的行动。但他还是向上汇报了自己的思路。没想到的是，上司竟然同意他进行试点。当然，这种试点是悄悄的，如果更上一层的领导知道了追究起来，那是得有人承担大责任的。陈礼铨当然明白，这个责任不能扔给支持他的上司，因此他当即表示出了事就往他身上推，决不连累领导。

当年年底，局面迅速扭转，信用社存款余额为21万元；到了第二年，跃升到54万元；个人存款增加到871户，171万元；累计发放贷款252户，计217万元。年终财务报表显示，已扭亏为盈1.6万元。

信用社活了，并不仅仅是赚到了利润，更为重要的是为全镇经济建设提供了活水。陈礼铨的改革被上级肯定，议价利率随后在全县推广。

不过此事后来还是闹了一场风波。1982年，浮动利率在苍南全县推广，龙港信用社以为有了上级指示，就可以放开手脚干了，于是，为了揽到更多的储户资金，开始向隔江对望的平阳县鳌江镇揽生意，竟然还将利率浮动改革的宣传画贴到了工商银行鳌江营业点的大门上。他们不考虑，苍南的工商银行等金融机构是因为在县里的统一领导下，才对于信用社的浮动利率即使不满也无可奈何，但鳌江隶属于平阳县，人家当然不认这个账，对于如此公然的挑衅，鳌江工行岂能容忍！于是他们拍了照，派专人将材料送到了人民银行省分行。一位副行长看后勃然大怒，当即在材料上批示："这是严重干扰国家金融市场的行为，务必彻查，并严肃处理！"

照理说，这确实是一起极其严重的事件，肯定有人要受到处理。然而奇怪的是，事情并没有查下去，后来不了了之了。1985年，全国终于开始了浮动利率改革，并将温州列为试点区域。到了1986年春，温州400家农村信用社全部实行浮动利率，统计数据显示，当年实现利润1528万元,比上年增长约一倍。

如今,大家对银行利率的浮动早已见多不怪,越来越多的人明白利率是经济发展的一个重要杠杠,对经济运行起着重要的调节作用。但有谁知道,当时用实际行动推进这样一个历史性认识的人,却并非什么政治大人物或经济学权威,而仅仅是温州一个穷困乡镇信用社的主任。他在当时环境下所冒的风险,恐怕也是如今的我们难以体会的。而这样一起在当时看来明显违背国家金融政策,甚至可以戴上"破坏国家金融秩序"罪行帽子的行为,居然没有得到追究,也恰恰再次证明了美国学者帕立斯的观点:温州模式的形成是当地社会普通百姓与地方政府和国家中央机关相互冲突、妥协和长期谈判的结果,其中地方干部起着关键作用。事实上,温州人创业和发展中的许多改革成果,正是老百姓、地方政府官员和中央政府三方博弈的结果。这一改革进程表明了现行的国家制度和意识形态是如何去适应地方行为的,最终在个体和私营利益合法性有限地不断增加的过程中,促进了地区经济的发展。或者说,在地方需要和地方积极性基础上,新的经济体制形成了。所以改革不仅可以自上而下,也可以由注重实惠、为满足当地需要而对国营控制的经济不足做出反应的个人、家庭和群体自下而上地发动。① 我们前面讲到的私人企业"挂户"经营、"戴红帽子",以及"龙港传奇"等,无不如此。

二 虚以实之,抢占市场

老子认为:"天下万物生于有,有生于无。"② "故有无相生,难易相成,长短相形,高下相倾。"③ 然而,能从无中看到有,须具备战略眼光和胆魄。就拿炒股票来作比,尽管大家都知道低买高卖的道理,但在实际情境中,大部分人还是会像羊群那样不由自主地盲目跟风从众,结果往往是买涨杀跌,不是被套就是亏本。理性的投资者则往往能在众人失意时不失时机地赚钱。温州商人中不乏具有这种辩证法和逆向思维的战略家。

"五十米内有酒店,百米之内有宾馆。"有人对1999年昆明旅馆业这

---

① 参见[美]帕立斯(K. Parris)《地方积极性与国家改革:经济发展的温州模式》,《中国季刊》1993年第134期,译文见《上海市委党校文献情报》1994年第4期。
② 《老子·四十章》,参见朱谦之《老子校释》,中华书局1984年版,第165页。
③ 《老子·二章》,参见朱谦之《老子校释》,中华书局1984年版,第9页。

样描述。众多的酒店宾馆大多是为迎接1999年世博会而建的。但世博会一过,这些酒店宾馆就面临空前的淡季。据当地媒体报道,有的酒店有时一个客人也没有,有的一天只能开出两三间房。官方统计数据显示,1999年12月的平均住房率为30%。面对不知何时才有转机的惨淡局面,昆明人纷纷以低价出租宾馆酒店的经营权,一家有着近百间客房,配套齐全的二星级饭店,年租金仅百万元。昆明温州商会从中发现了商机,认为这正是低成本进军昆明旅游宾馆餐饮业的大好时机,相信随着西部开发的进程,昆明的旅游业将日益火爆。商会建议温州同乡乘机进军,一承租经营,二买断改建。

后来中央关于西部大开发的决策和云南旅游业的迅速发展证明了这一眼光的正确性,我们只消了解一下近年来各地旅行社云南游线路的火爆情况就可见一斑。

温州的地域特点从某种程度上决定了温州人的商性,也决定了温州商人是不可能安于既定空间的"游牧族",哪里有"水草",他们就迁徙到哪里。而与一般游牧民族不同的是,哪里还没有水草,他们也要过去"引水种草",然后安营扎寨,繁衍生息。

有一个颇有意思的现象值得一提。20世纪90年代开始,随着我国东南沿海地区经济的进一步活跃和发展,北方、东北和中西部地区的大量人口往东南迁徙,其中既有数量庞大的民工流,也有不少被地方政府与企事业单位引进的中高级人才,一时间,有能耐又有机会的人都想来这边"掘金"。温州发达的民营经济和活跃的市场氛围,自然成为这些移民们的最爱,以至于在市区范围内,"新温州人"与"老温州人"几乎达到了一比一的程度。可以说,在不到20年的时间里,温州已经演变为一座移民城市。然而,与此相反,有300万左右的温州人却选择了离开温州,向外拓展市场空间。他们并不认为温州乃至东南沿海是唯一的财富胜地。哪里有市场,哪里就有温州人;哪里还没有市场,哪里就更吸引温州人。于是,南下、东进的劳务、人才大军与北上、西拓的温商队伍形成了20世纪末中国社会流动蔚为壮观的景象。

成都是西部最大的商业城市,也可以说是温州游商一块肥沃的栖息地。四川在温的务工者少说也有几万,而在四川的温州人却有约15万,光成都就有约8万。早在20世纪80年代末,温商就为当地创造年产值160亿,属于最大的外来创富群体。

有23个交易区的成都荷花池市场年交易额达50亿，是西南最大的小商品市场。市场是成都人创办的，但很快被江浙人，尤其是温州人占领了。成都市副市长何绍华也认为，温州人的经商理念给了四川商界许多启发。他还介绍说，四川贫困的广元地区在20世纪80年代就有温州人在那儿创业。现在广元市中心最漂亮的景观就是"温州商城"。广元位于西安与成都之间，川陕交界之处，是两地物资交流的重要支撑点。这样的商业地位，西安人没有看到，成都人也没有发现，偏偏让远道而来的温州人抓住了，而且在此做得很漂亮。

在重庆，经历多年发展形成的解放碑、朝天门和石桥铺三大商业圈，80%的经营户来自浙江，其中一半是温州人。用重庆人的话说，重庆的主要商业圈被温州人"包围"了。而温州人所到之处，店价、房价大为提高。美特斯·邦威公司2001年以350万的天价租下一个1000多平方米的店铺，造就了重庆历史上铺面年租金之最。

在上海、北京、杭州、南京等城市，且不说别的领域，光是温州炒房者所掀起的一波波房市浪潮，就已让全国惊骇。温州人到外地购房的目的主要并非自己居住，而是用来投资。他们往往以抱团形式，用大资金进入二级市场，囤积一段时间，抬高房价后倒手卖出。当当地人惊醒过来，大喊房价贵的时候，他们的许多房源早已控制在温州人的手里了，房市几乎成了温州人的房市。如果说十几年来房价的直线飙升是中国经济社会发展中的必然现象，那么温州人就是这场汹涌浪潮中的推波助澜者。难怪"温州炒房团"都可以进入经济学辞典了。

在国内，北到漠河，南到天涯，西到伊犁，无论大中城市，还是区县小镇，温州人和温州市场几乎无处不在。在新疆，做边贸的温州人近8万，每年撒入新疆50个亿。在世界屋脊和雪域高原的西藏，也活跃着数千温州人。他们早在20世纪70年代末就开始陆续来这里创业。"这里的市场比较落后，信息闭塞，资源又缺乏，所以只要我们能找到当地需要的东西，没有卖不掉的。"1980年就进入拉萨的郑月球这样描述当地的市场。80年代末，在拉萨的大多数温州人经营低压电器、服装。后来，看到商机的温州人越来越多地涌入，娘热路、青年路、林廓北路——拉萨最繁华的几条商业街上，温州人经营的店铺几乎占80%。他们除了卖电器、服装、礼品等，还做工程，涉及数十个行业。

在国外，数十万温州人的足迹遍布全球，开辟温州人的市场。在欧洲，中国移民最多的是浙江人，尤其是温州人。意大利是温州人在南欧的主要定居地，据说意大利的皮货制造一半以上出自此间的温州人。原来由犹太人垄断的一些商业领域，不但被温州人蚕食，还让犹太人当了打工仔。在美国纽约，温州人约有10万。以法拉盛商业区为例，温州人开办的超市，规模与效益胜过许多老牌超市。当地媒体惊叹：短短10年，温州人在美国，特别是在纽约的发展，令人刮目相看。当然，亚、非、拉的发展中国家、落后国家和中东等地区，也不会被寻找商机的温州人放过。

三　实以虚之，先声夺人

俗话说"酒香不怕巷子深"，意思是说只要你东西实在，不用吆喝也自会有顾客找上门来。货真是实，吆喝是虚。货不好，还要吆喝，那是诈。所以，"王婆卖瓜，自卖自夸"向来也被赋予贬义。但是，在现代工业化、信息化条件下，无论是产品、品牌的种类、数量，还是其更新发展和信息传播的速度、广度，都是传统社会所无法比拟的，如果不吆喝或吆喝不好，那么你可能很快就会被商品和信息的洪流淹没。因而，由传统社会以人际传播为主的信息传播模式向现代组织传播和大众传播为主导的模式转变，是人类从小农（自然）经济走向商业（市场）经济的必然结果。

2000年，永嘉人金利群创办了永嘉县华夏游乐制造有限公司。这是当玩具推销员的他在经历了一次差点出产品质量事故的事件后做出的决定，即一定要自己办厂，并发誓要把质量做好。由于对质量和品牌的严格要求，2004年企业升格为温州华夏游乐设备有限公司，产品在市场上有了一定的知名度，甚至一些人开始假冒他的产品。尽管如此，金利群还是认为"虚实要结合，酒香还须勤吆喝"。所以坚持一手抓质量，一手抓广告宣传。21世纪初，互联网进入中国还没几个年头，刚刚开始自主创业的金利群就敏锐地感觉到了互联网的时代脉搏，推销员出身的他成了永嘉桥下镇教玩具业界最早做网络营销的企业家之一。当时他每年都会在网络上投入五六十万的广告费，使得华夏公司在网上的认知度得以迅速扩大，各种订单也随之而来。

在人们的习惯思维中，一般总是认为既然是推销产品，就应该以实证虚，用实实在在的产品来做营销和广告推介。反之，空头的广告或公关策划，不过是作秀和炒作。因此，一般新产品上市采用在媒体上作直接广告的形式比较多，成本往往很高，而效果并不都能如意。因为广告宣传从让公众产生印象、形成记忆和认知到最终付诸广泛的购买行为，需要相当一段时间，这期间往往还要营销人员的第二、第三乃至更多次的推销，才能让消费者接受。再加上千篇一律的广告模式，容易使受众产生厌倦心理。如何避免常规广告的麻木效应，激活受众的兴奋灶和期待心理？实以虚之的造势和炒作，被事实证明是有效的。譬如采取逆向操作，在产品上市之前就充分造势，炒得家喻户晓，让消费者从观念和意识上先了解和接受新的产品或品牌。由于提前消弭了从宣传到购买的时间差，产品一上市往往就形成抢购风。个别汽车厂商就学会了此法，结果新车型未上市就在消费者中形成了强烈的购买欲，出现了排队预订、加价抢购等现象。而制造噱头，引起轰动效应，则是其中更加玄虚的一种广告运作方法。

2000年秋，从温州传出了一个爆炸性新闻：法派服饰欲以200万美元的代价请克林顿卸任后任其公司的形象代言人。该新闻炒作的热点不仅在于破纪录的代言费，更重要的是，他们要请的是美国前总统，这绝对是前所未有的大手笔和奇思妙想。法派向白宫发出了邀请邮件，白宫还礼节性地回复了由第一夫人希拉里签名的回函。此事被世界各地媒体竞相刊载。尽管合作未果，但它所引发的媒体聚焦和社会轰动效应等于为法派作了免费的大广告。借此，法派集团后来在温州电视台打出了"法派总统系列西服，中国限量上市"的广告，广告中还有集团总裁彭星与美国前总统克林顿见面的镜头。

作秀、炒作，往往为传统观念所不齿，但运用巧妙，却是现代市场经济的一种有效的传播和营销策略。

第三节　以小见大的力量

"合抱之木，生于毫末；九层之台，起于累土。"① 这就是老子"为大于细"的哲理。"积土成山，风雨兴焉；积水成渊，蛟龙生焉……故不积跬步，无以至千里；不积小流，无以成江海。"荀子劝学的道理，在温州人看来，也是正合了他们的劝商、劝业之思维和方法。

---

① 《老子·六十四章》，参见朱谦之《老子校释》，中华书局1984年版，第259页。

一 小商品，大市场

把小商品做成大市场，用大市场来经营小商品，这可以说是温州经济早期发展模式的显著特色之一。温州的"小商品"，不仅是指形体上的小，还包括技术要求不高、主要产自家庭作坊、大多属于日常生活用品、价格低廉等特征。因为携带轻便，所以可以走街串巷地推销，形成了自由空间的"大市场"，所谓"十万推销大军"把温州的各色小商品带到了全国乃至世界各地。因为品种多、数量大，小货郎的形式当然不能满足批量销售的需求，温州人又到全国各地租柜台租店面销售温州货，乃至发展了各种专业市场或大型商城作为他们商品的集散地。

1985年，著名社会学家费孝通首次来温州考察后写下了《小商品、大市场》这篇著名的文章，文中还很感性地描述了温州人形成"小商品、大市场"的历史传统——正是在永嘉桥头遇到的小货郎，使得费老想起了1937年在柏林的一件往事：那年夏天他从伦敦到柏林去和哥哥一起度假，一天，一个手拎着手提箱的中国人敲开他们的门。虽然因彼此方言不同而话语不通，来者却极有礼貌地鞠了个躬，然后打开手提箱，一看里面都是一些日用小百货——原来是来请他们买东西的。后经哥哥介绍，费孝通才知道像这样的小生意人在欧洲各大城市数以万计，他们大多来自温州、青田一带。起初他们背着青田石漂洋过海，在意大利、法国、德国做石刻手艺，石头用完了，就转而做小买卖。这些人靠着挨家挨户地送货上门和彬彬有礼的服务赚钱。费老认为，正是这样的历史传统，推动了改革开放后温州农村经济以商带工的"小商品、大市场"格局的形成。

由于地处偏僻、交通不便，温州商品要迅速打开市场，必须首先依靠推销。而在20世纪80年代，传媒还没有现在这样发达，故一大批走南闯北的供销员就成了温州民间推销队伍的主角。在本地"前店后厂"从事经营的坐商，往往也依赖供销员这样的行商去承揽更大的业务额。但是，跑供销的工作异常艰辛，尽管温州人"既能当老板，也能睡地板"，可天南海北奔波的差旅开支也是一笔不菲的成本，再加上供销员的收入仅靠业务额的回扣率，对于人人想当老板的温州人来说，不可能有长久的吸引力。事实上，号称"十万大军"的供销员，从个体来看，其业务额并不大。据调查，1985年前后，供销员中一年承接业务额在30万元以下的占71.58%，其中不足10万元的又占一半以上，60万元以上的不足10%。

由此推算，一个供销员一年能净挣万元已经算是不错的了。① 因此，绝大部分供销员在取得市场经验后纷纷开始分化重组：有的成为具有相对稳定的契约关系的中间商、包卖商，有的成为商场或柜台承包商，有的则自办企业自主营销。与此同时，通过以供销员为主的大规模行销而打开市场的温州小商品已名满天下，为本地坐商在经营方式上从零售为主转为以批发为主，并建立大规模的专业市场打下了基础。一时间，外地客商云集温州采购，公路交通物流业也呈现一片繁忙的景象，民间"托运部"也随即成为这一时期最赚钱的行业之一。

然而，随着生产规模的不断扩大和全国各地在改革开放进程中市场经济环境的改善，更多的温州人开始涌往交通更便利、政策更优惠的外地开辟市场，温州本地的专业市场日渐萎缩。20世纪90年代，上百万散布在全国各地的温州商人以各种方式自发组织和聚集在北京、天津、西安、成都、昆明等众多城市，形成一批以销售温州产品为主的专业市场，创办了特色鲜明的"温州街""温州城"，把这些地方变成了温州人的创业移民聚落。

广大温州企业也在吸取"假冒伪劣"的教训后，通过"二次创业"提高产品质量，树立品牌，日益壮大起来，从对人际推销和专业市场的依托中脱颖而出，构筑起自己全方位的现代营销网络。不少企业的产品还从内销为主转为外销为主，开拓国际市场。例如，温州长城鞋业公司在1980年开办时是一个皮鞋作坊，产品主要依靠市区来福门鞋革市场的摊位销售。后来，公司发展成为年产40万双、总产值2500万元的皮鞋企业时，产品销售渠道与方式随之发生了变化。在每年春、秋季由中国百货协会举办的全国鞋帽订货会上，长城公司堂而皇之地和为数不多的国有鞋类大企业坐在一起。北京王府井、上海一百、杭州解百等著名商厦都纷纷邀请长城公司前去开设精品专柜，来福门市场的销售额已降至公司总产值的5%左右。正如公司总经理说的那样，他们已经丢开了专业市场这根曾经赖以生存的拐杖。再如，苍南县金乡镇曾经是温州著名的"十大专业市场"之一的徽章产销基地，作为龙头企业的金乡徽章厂最初也是靠推销员和专业市场沟通产销。经历10年后，企业拥有了资产800万元，技术水平和产品档次今非昔比，在北京、上海等大城市都成立了办事处，产品开

---

① 《温州民营经济发展30年·发展综述卷》，浙江人民出版社2008年版，第100页。

始远销东南亚和欧美，乃至美国的三军徽章、亚特兰大奥运会纪念章等订单也下到了该企业。

费孝通先生在三访温州所写的《筑码头，闯天下》一文中概括了温州市场的发展："在发展中有新的变化，在变化中有新的发展。"过去是企业依赖专业市场推销产品为主，现在的推销渠道是专业市场和市场网络并存；过去以本地市场为主，现在转向本地市场和在外市场并举；过去以内销为主，现在转向内销和外销并举；过去以有形市场为主，现在转向有形市场和无形市场并举。从这些变化可以看到，温州的区域经济正在向现代市场经济靠拢，并同国际市场接轨。①

二 小利润，大积累

要说温州小商品的小，最典型的自然莫过于纽扣，但永嘉县桥头镇却靠着它走上了集体致富之路，成就了千万产业。

在第二章第二节中我们提到永嘉人的"耕读文化"中有"勤耕贸迁"的传统。由于人多地少，桥头这个地方历史上就有不少农民靠这种农商结合的"兼业"方式谋生，在务农的间隙游走四乡做些弹棉花之类的小本营生。桥头人对纽扣的兴趣起自20世纪70年代末，当时他们发现江苏镇江玻璃纽扣厂生产的一种纽扣像金鱼眼睛，于是买回来用作一种塑料丝编织的金鱼工艺品的眼睛。这种"金鱼"推销出去时，一些商店（场）觉得这些用作眼睛的纽扣非常漂亮，要求进购纽扣。于是，桥头人开始采购纽扣推销给外地商店。1979年8月，一对漂泊在外替人弹棉花的叶氏兄弟叶克春和叶克林，有一天在台州黄岩的路桥纽扣厂门口看到处理次品纽扣，便买了一袋带回桥头镇，在自家门口摆了个小摊卖纽扣。谁知一堆次品纽扣把叶氏兄弟推上了创业之路。由于销路好，他俩很快就由现买现卖发展到自产自销，并且引起邻居群起效仿，一直发展到全镇人家家户户都前店后厂地生产和销售纽扣，硬是把地处偏僻山沟的桥头镇做成了20世纪80年代路人皆知的全国最大的纽扣生产批发市场，被中国香港《文汇报》誉为"东方第一纽扣市场"。据说当时10亿中国人衣服上的纽扣，十之八九出自永嘉桥头。

下列数据可以说明小小的纽扣是如何让桥头人发家致富的：1979年

---

① 费孝通：《筑码头，闯天下》，《瞭望》周刊1999年第7、8期。

春,桥头镇出现了最早的两个兼营纽扣的流动摊贩,同年8月,上述叶氏兄弟自筹400元从路桥批发一批纽扣在桥头摆摊试销。此后桥头的纽扣摊位和贩运纽扣的人逐渐增加,纽扣的花色品种也越来越多。1980年,纽扣摊位有30个,1981年达到100个,1982年有300多个小商品摊位主要经营纽扣,1983年2月,桥头纽扣市场正式开放。到了1985年,桥头镇共有店、摊1030多个,其中经营纽扣的就有700个,全国300多家纽扣厂生产的1300多个品种的纽扣在这里都有销售。与当时温州许多行业的销售模式和推销员的创业途径一样,桥头人也外出承包柜台。如1985年,王永铮等人承包了天津劝业商场、北京西单商场的纽扣柜台。到1987年底,桥头人在全国承包了3000多个柜台,批零兼营,掌握信息,组织货源,建起了销售网。从销售额上计算,1984年桥头镇销售的纽扣就有50多亿颗,成交额8000多万元。仅1984年3月,购销员陈亮把广州百货站积压5年的24吨纽扣全部运来桥头,40天就销售一空。1987年出口纽扣也达5600万颗。从从业人员来看,仅在摊位上从事经营的就不下2000人,还有大量外出奔跑的购销员大约8000人——仅1983年开办外出购销证的就有16169人次。更重要的是,纽扣市场的不断扩大,引起了拉链、服装辅料、表带、皮带、装饰品等相关小商品的联动,并且开始用经商积累的资金办厂,形成了产业链。1987年,桥头有纽扣厂110家,还有拉链、服装辅料、服装加工、表带、皮革等工厂474家,其中家庭工业占47.5%,年总产值3220万元。①

桥头纽扣城内的繁忙景象

---

① 《温州民营经济发展30年·发展综述卷》,浙江人民出版社2008年版,第84、85页。

以小聚大，小利润滚成资本大雪球。正是不起眼的小纽扣，成就了多少创业者的财富梦想。"纽扣大王"邹文聪一开始就是跟着温州人的推销大军外出卖纽扣，或摆地摊，或到摊贩那里销售，以赚取蝇头微利为生。推销员的工作苦况，难以尽述，人们描述他们是："走遍千山万水，吃尽千辛万苦，说了千言万语，想尽千方百计，服务千家万户。"邹文聪的推销同样具有鲜明的温州人特色，如当别人不订他的货时，他非但不露愠色，还递烟打火，极为谦恭地请人家对产品提出意见建议，由此他再去组织货源，心中就有数了。后来他辗转到了大连，发现在这座城市做纽扣生意很有前景，就租了一个摊位，由单纯的推销进而变为设点与推销相结合。经过几年日积月累的打拼，邹文聪终于有了自己的商店。他的店专营纽扣、拉链等商品，门类齐全、式样新颖，很快成为当时大连首创的专营店之一。他善于观察市场变化，自己设计出新产品，造就了"迈利达"纽扣及 YYY 拉链品牌，连美国航空署也不远万里送来订单。

苍南金乡镇的徽章、塑片产业的兴起也是温州农民创业和农村经济发展的一个典型。金乡是一个海滨小镇，20 世纪 80 年代，这里的人均耕地只有 0.36 亩，因此，占劳动力半数以上的人苦无出路。1978 年还发生过待业青年包围镇长要求就业的事件。实行搞活和开放政策以后，广大农民终于可以走出狭小的耕地，在农业以外寻找谋生途径。金乡这个地方也有手工业传统，许多人会做徽章和塑料薄片。这些小产品虽然技术简单，但用途很广，机关、学校、企业、部队还有一些庆典或纪念活动都有需要。譬如那个年代还没有现在流行的电子刷卡，机关企事业单位食堂用的饭菜票，就需要用不易损坏的小塑片印制。东西虽小，用量却相当可观。于是，从 20 世纪 80 年代初开始，金乡人就开始用"一双手、两条腿、三分邮票"，来生产和销售"四种产品"——徽章、塑片、红膜、标牌。当时的信息传媒主要靠报纸和邮局，因此他们就订了全国各地的众多报纸，收集信息，分析四面八方的需求，然后做出样品，到邮局发信征订。由此，金乡邮局的业务量大增。据统计，1977 年该地日均发信件约 300 封，而自从"四小品"产业及其信息业兴起后，1984 年的日均发信量达到了 30000 封，增长了 100 倍。大量的信件发出，又有大量的订单寄回，于是，从收集整理信息，到写信、填写信封、封口、贴邮票、送邮局盖戳，再到拆阅回信、统计订单等一系列工作又催生了信息专业户群体。看似不起眼的"四小品"却带动了百业兴旺，使大批农业剩余劳动力集中到信息、生产、销售环节，并带动了第三产业，解决了上万人口的生计问题。短短几年时间，"四小品"的产值达到了 3500 万元，使得人均年收入接近 600 元，小镇金乡成了当时真正的"金乡"了。①

由此可见，在市场经济大潮中起步创业，商品大小的选择并不是决定性因素，因地制宜，从自身实际条件出发，把握消费者需求，生产适销对路的产品，才是积累创业资本的关键。同样，企业的大小，创业者的身份、地位等因素也不是不可改变的因素。小作坊可以大联合，小工匠能成为大老板，也是温州创业史上的普遍现象，这些将在第七、第八章中作进一步介绍。

第四节　发现之眼与创造之机

法国艺术大师罗丹说：对于我们的眼睛，不是缺少美，而是缺少发现。同样，对于商人来说，商机也是无处不在的，关键在于你如何去发现并且创造。

一　见微知著，抢占先机

欧元的流通也让温州人赚了一笔，这听起来有点匪夷所思。然而事实不假。欧元启用后，长虹皮件公司专门生产了 40 多款总价 230 多万欧元的票夹，不仅很快销售一空，而且大批订单又接踵而来。究其原因，原来欧洲原本的各种货币尺寸都小于欧元。别的皮夹生产企业还没有想到这一点，而温州人却提早探获了欧元的尺寸，从一点微妙的变化中发现了蕴藏的商机。真是世事洞明皆学问，处处留心皆商机。精明的温州人能从看似与自己毫不相干的事情中发现和捕获商机，通过小小的钱夹子，让欧洲人的钱进入了自己的钱夹子。

1991 年 10 月，上海浦东开发区的相当一部分土地还是一片希望的田野，精明的上海人正在耐心地等待着政策的不断出台。然而，这一点也逃不过温州人的眼睛，要等到政策明朗，那就晚了。

在比田间机耕路强不了多少的杨高路上，两个操着上海人谁也听不懂的温州方言的中年汉子，像勘察队员一样正在从最南端的杨高路到最北端

---

① 《温州民营经济发展 30 年·发展综述卷》，浙江人民出版社 2008 年版，第 88 页。

的高桥张望，画画写写，用了整整5天。随后，他们悄悄回到温州。

紧接着，一次大规模的集资行为在温州龙港农民中间开始了——"根据我们在上海浦东得到的信息和现场调查，浦东开发缺少一条贯穿南北的干道，杨高路的拓宽改造是势所必然的，因此，将来的杨高路必将繁华无疑，我们要抢在改造前租下一批店面房屋……"说这番话的，就是前往浦东刺探商情的陈氏两兄弟中的老二。在此以前，他曾有过在深圳深南东路抢先一步租下店面发大财的辉煌往事。

第二天一大早，陈氏两兄弟提着一个脏兮兮的蛇皮袋——里面装有65万元巨款——匆匆坐上了开往上海的长途汽车。当然，他们没忘记在家乡带上一本不知什么名称的集体企业营业执照副本。因为温州人谁都知道，以公有制为主的大上海，谁都害怕与个体、私营经济打交道。

尘土飞扬的杨高路上，提着蛇皮袋的陈氏两兄弟叩开了一个又一个单位的大门。令上海人诧异的是，他们所看中的都不是沿马路的门面，在浦东严桥乡，陈氏兄弟看中的竟是离杨高路有30米之遥的一间仓库。自然，有上海人窃笑这两个人不开窍。可是，陈氏兄弟心里清楚得很，你们上海人才不开窍呢！根据他们掌握的信息，杨高路要么不改造，一改造必是6车道、8车道无疑。到那个时候，再看谁笑谁。

到1991年11月底，陈氏兄弟的65万元投资全部落实了。尽管他们的上海合作伙伴有村办企业、市属企业、部队大院之分，但是联营协议的主要内容是一致的——上海方以地皮为投入，温州方出资改造成活动房式店面，由温州方经营管理，收入二八分成，5年不变。

事情的发展果然以得了大头的温州人的意愿为转移：1992年春节，邓小平在杨高路留下足迹；紧接着，耗资8亿多元的杨高路改造工程被列为上海头号工程。

1992年12月7日，杨高路竣工仪式前夜，陈氏两兄弟在他们上海的居所乐呵呵地说："65万元投资共营造了活动店面109间，现已出租98间。还有11间不是租不出去，而是我们不舍得租，因为行情还在看涨。目前每间租金年均8000元，65万元投资已经收回了。你算算，一共经营5年，我们能赚多少？信息真是金钱啊！"

该轮到上海人目瞪口呆了。

二 冷处着眼，无中生有

哪里有市场，哪里就有温州人；哪里还没有市场，哪里就会来温州人。

前面我们已经讲到了温州具有战略眼光的商人是如何抢占市场的,这里再从发现和捕捉商机的角度举几个例子。

温州商人叶世光1995年准备到南京投资,但对投资什么心中无数。他注意到当时南京的饮食、休闲行业很火爆,便多次去消费,了解情况,准备投资该领域。与此同时,他又看中了城南闹市区夫子庙一幢在建的高楼,并多次与该楼开发商洽谈租赁事宜。但最终他还是放弃了这个项目,因为他发现当时南京的办公用房多为高档写字楼,过高的租金往往让人望楼兴叹。于是,他决定投资数千万元开发中低档商务办公楼。这一招正中市场空当,他的诺亚商务中心建成后,立即吸引了许多中小公司承租,几年来,出租率始终保持在95%以上。与此形成鲜明对比的是,大量高档写字楼因为租金太贵而闲置。

叶世光算得上一位典型的理性投资者,他没有去盲目追求时尚和热点,市场越火,投资反而越谨慎。最后,他从冷处着眼,发现了市场需求与供给的矛盾,这个矛盾就是最好的商机。

上海总部之都建设发展有限公司董事长柳向春也有同样的眼光。几年前,上海的房地产市场开始低迷,许多房地产商叫苦不迭。但是,柳向春却觉得市场并没有饱和,只是大部分人没有看到真正的市场需要。在柳向春眼里,尽管商品住房、商场市场显得有些低迷,但办公兼商住的房子需要还是很大。他决定在上海松江新城开发这种被他称为"总部经济"房产的办公兼商住房,专门为那些总部迁到上海的外地企业提供配套用房服务。柳向春这样评价自己:"与别的房产商特别是实力雄厚的大开发商比拼商住楼盘,我多半要落下风,但搞'总部经济'房产我是独此一家,市场空间相当可观。"

三 上兵伐谋,迁想妙得

发散思维和跳跃思维是诗人的擅长。温州人是务实事功的,但在商机的发掘和创造方面,有时却也像诗人般具有想象力。据说唐代诗人贾岛走到哪里都背着个袋子,里面备有纸笔,行吟推敲,偶有妙得,即记以入袋。而温州人满脑子想的则是生意经,行吟推敲,妙悟的当然是商机。

温州人范鸣强携妻儿到北京旅游,登上天安门城楼,他感慨万千,神思遐想。忽然,他来了灵感:为什么不在城楼上开一家"马列书店"?店内以红黄国旗色为主调，悬挂马克思、恩格斯、列宁、毛泽东、邓小平等伟人像，专售经典著作，在这个万众景仰的地方，还怕没有销路？得知这一想法的朋友无不笑他"太痴狂"："你就等着吃红灯吧。"

1999年，新中国成立50周年，也正是马克思主义传入中国100周年之际，范鸣强觉得时机到了，他神色肃穆地叩开了天安门城楼管理处的大门。结果是在范鸣强的想象之中，许多人的意料之外，管理处不仅当即拍板同意，表示对这块"红色阵地"的支持，还破例免收书店租金。

心中有生意，眼前就有商机。灵感总是光顾那些有准备的人。

1991年，在温州市委任职的王建辉毅然辞掉公职，去匈牙利发展。遗憾的是，出师不利，从国内出口的圣诞礼品，因为运输延期，错过了圣诞节，因此不得不打折销售，大大亏本。王建辉也因此气得胃出血而住进了医院。

后来，王建辉又去阿尔巴尼亚。在阿尔巴尼亚，王建辉遭到了歹徒的打劫，又一次住进了医院。

两次住院，王建辉最大的感受就是医药费极其昂贵。尤其是阿尔巴尼亚，因为药品主要依靠进口，价格就更加昂贵。王建辉灵机一动，为什么不做药品生意呢？于是，王建辉找到了赚钱的机遇。

1995年1月1日，阿尔巴尼亚开始实行药品注册登记，王建辉成了阿尔巴尼亚卫生部第一个注册的药品商，也是其中唯一的中国人。后来，王建辉的公司成为中国药品进入阿尔巴尼亚的全权代理，进口量占阿尔巴尼药品进口总量的40%。

第五节　巧借东风的手段

对《三国演义》里诸葛亮草船借箭和借东风的故事大家一定不陌生，只是能把这种智谋思维巧妙迁移到经商和资本运作上的，恐怕不是很多。温州人不一定都熟读《三国》，却往往能把诸如此类的技巧演绎得炉火纯青，不免要令那些空谈《三国》的人汗颜。

一　差序运作的融资手段

这里不妨再回到前面讲到的首创私人银行"方兴钱庄"的苍南人方培林。有人曾完整地记录了他的一个典型工作日：上午10时，一经营南北货的老板来到钱庄，要求贷1万元，准备下午去温州市区进100箱味精。此时尽管钱庄里没钱，方培林仍然接下了这笔业务。他立即前往经营百货的老陈家，向他借1万元。老陈面露难色，表明下午两点要向外汇出2万元，手头这笔钱不能动。方培林表示自己只借用4小时，保证不误他下午汇钱。10时20分，方培林将这笔临时挪来的钱交给了经营南北货的老板。11时，有人存进1万元，方培林并不急于将这笔钱还给陈老板，而是将其应付了另两位求贷者。下午1时30分又有人存进1万多元，这时方培林才将1万元还给老陈。在4个小时里，方培林将这笔钱周转了3次。正是靠这种灵活的运作和优质服务，钱庄开张不到一年，其资金周转总额便有500多万元。

又是苍南，还有"赊货变现"进行融资的绝活。温州不产参茸，可奇怪的是，这里一度出现全国最大的参茸市场。人参价格比产地东北的长白山每公斤还便宜100元，全国参茸市场因此落户苍南。人们不禁纳闷，温州商人为何要做蚀本买卖？其实，这只是温州人融资的一种手段。开始的时候，一般大批量订货，一手交钱、一手交货，以此赢得东北人的信赖。等关系熟络后，再先付20%至30%的定金，卖掉后年底结清。由于价格便宜，海内外客商纷至沓来抢购人参，一笔巨资由此而生。变现的资金一年可以做好几回其他生意。人参生意虽然亏本，其他生意却赚得钵满盆赢。原来，温州人低价销售人参，并不为赚人参的钱，而是为了套借资金，至于"堤内"的损失，完全可以在"堤外"补回来。如此巧借东风的手段和胆魄不能不令人叹服。后来，由于违反相关规定，这里的参茸市场被取缔，但很快又崛起了海产品市场、礼品市场，成为浙闽地区水产品和礼品集散中心。

以上两个巧借资本的例子，我们又不妨称为"差序运作"，即利用资金流转的时间差、见缝插针、物尽其用，可以让一元钱发挥三元、五元甚至更大的效应。

当然，这样的方式并非没有风险，一旦链条的某个环节卡壳或脱节，青黄不接的危机就有可能发生。所以，从长远发展的眼光来看，终究只是权宜之计。温州人种种不依赖银行的独特融资方式，也是特定时期和体制的产物，如果金融改革早已到位，温州人也许用不着这么挖空心思去盘弄资金。不过，事实是，温州人运用这些权变的方法不仅积累起了雄厚的资本，从此有了畅谈发展的底气，更广泛而深入的意义是，它为我国的经济体制改革和发展作出了探索、示范,起到了推动作用。为此而牺牲一些小节,承担一些所谓的道德代价,也是在所难免的。

二 虚拟经营的扩张策略

对于绝大部分没有强大背景支撑,甚至白手起家的中小创业者来说,资本的积累和品牌的树立往往有一个艰难曲折的过程。而温州恰恰遍地都是这样的私营企业。他们不乏艰苦奋斗的精神,但在创业初期,由于资金、技术和品牌等条件的缺乏,模仿、冒牌和造假的现象就不可避免地出现了。实际上,假货也有两类,一类是假冒伪劣,另一类则是借别人的技术和牌子生产,但质量并不劣,只是没有得到技术或品牌拥有者的授权,因而也是违法的。由于模仿和冒牌生产的成本相对较低,加上改革开放初期制度的不够完善,因此通过这种方式在较短时间内积累起一定的原始资本成为可能。然而,无论从制度环境的不断改善,还是企业自身发展的要求来看,冒牌经营都不是长久之计,品牌战略才是企业发展的必由之路。

从20世纪90年代开始,温州开始了质量和品牌的自觉和自立。"美特斯·邦威"公司就是较早走上品牌之路,并运用虚拟经营策略迅速壮大起来的企业之一。

"美特斯·邦威"的老总周成建原先只是一个小裁缝,含辛茹苦积蓄了点钱,进入了妙果寺服装市场,白天卖衣服,晚上做衣服,一天工作16小时以上。1992年,来自福建石狮的风雪衣和夹克衫风靡温州,他紧跟市场行情制作这类衣服,一年下来赚了几百万,初步完成了原始积累。几年的磨炼,培养了他敏锐的经商眼光。当时温州服装业大多生产西服,款式大同小异,而国外少数几个休闲服品牌在温州刚刚露面。周成建感到休闲服装将有很大的市场潜力,于是他成立了专门生产休闲服装的制衣厂,并打出了"美特斯·邦威"的品牌。但建厂后,周成建能支配的资金就很少了,作为小型民营企业,从银行贷款也很艰难。无奈之下,他想到了利用外力弥补自己资金不足的办法,用他自己的话说,就是借鸡生蛋、借网捕鱼的"虚拟经营"。

首先,在生产上,采取委托加工、定牌生产的方式,先后与广东、江苏等地的80多家具有一流设备的服装加工厂建立长期合作关系。这些企业具有1000多万件(套)的年产能力,而如果完全由自己来投资生产这些产品,则需要两三亿的投入。其次,在市场营销、扩大市场份额上,周成建采取了特许连锁经营的策略，即公司将特许权转让给加盟店，加盟店要使用"美特斯·邦威"的商标、商号和服务方式等，并向公司缴纳一定的特许费。后来在全国，除很少部分直营店外，这样的连锁加盟店发展到800多家。如果这么多营销网点都由自己来投资经营，也需要2亿元左右。

对于定牌生产和特许经营，"美特斯·邦威"的主要工作就是做好管理和服务。首先，严格选择委托加工的企业，制定一系列质量检验标准，严把质量关。实行绩效评分，对于不合格的产品和厂家予以淘汰。对于专卖店，一是加强招商的规范化、择优化；二是实行形象、价格、宣传、配送、服务五个统一，并为其提供包括物流配送、信息咨询、员工培训等在内的各种服务。

虚拟经营可以使企业将核心专长的业务与一般业务分开，将一般业务外包给擅长的协作企业，自己则将集中有限的资金从事核心业务。"美特斯·邦威"用上述扩张方式节省了大量资金，就可以把力量集中投放到设计、管理和品牌经营上。如果说质量是服装品牌的基础，那么设计就是其灵魂。早在1998年，公司就在上海成立了设计中心，培养了一支具有国际水准的设计师队伍，并与法国、意大利、中国香港等地的知名设计师开展长期合作。公司又投入大量资金，建立信息化管理模式。走进公司总部，没有厂房和生产线，却有许多排列整齐的电脑，这是包括生产、销售、管理等各个环节在内的终端联网的"信息高速公路"。公司在品牌宣传上也是不遗余力。从2001年起，先后聘请郭富城、周杰伦等明星担任形象代言人；在温州、杭州、上海、武汉、成都、重庆6地举办"与城共舞——'美特斯·邦威'ParaPara之夜"；赴法国拍摄2003年度广告；等等。通过形象代言、极具创意的品牌推广公关活动和广告三者结合，迅速提升了其知名度与美誉度。

虚拟经营不仅实现了扬长避短、借用外部资源迅速扩张自己的目的，同时使协作企业的资源得到充分利用，提高了其效益。它启迪了一种新的投资和经营思维，即企业的发展并非非得"大而全"，在资金有限的情况下，采取垂直资源配置方式，大量建立或收购生产线，操作成本和风险成本均会提高。因此，在未来的竞争中，除了比谁拥有关键性资源外，还要比谁组合得快；除了比技术上的领先性外，还要比经营模式上的优越性和超前性。而温州经济模式的特点和优势正在于其经营思维的灵活性、迅速性和超前性。

总之,创变思维先是让不安分的温州人"偷吃"预尝了市场的"禁果",又曾使其站在改革的风口浪尖,而最终能立于先富的前列。在这一过程中,温州和温州人创造了一系列奇迹奇闻,一度引领了商品经济和市场化的潮流,成为改革创新的"弄潮儿"。

第六章

效实践行中形成创业创新能力

创业不仅需要务实的观念、坚强的意志和灵活创变的思维，还必须把这些因素有机地融入到种种实践活动中去，而能力正是顺利完成某种活动所必需的个性心理特征。

然而，经商创业的能力不是与生俱来的。尽管温州人受事功实学地域文化的熏陶，具有较为普遍的商性人格"基因"，但要将这种精神因素转化为行动能力并取得成功效益，必须通过不断地实践和学习。由于历史原因和客观条件的限制，改革开放后活跃于工商经济舞台的早期创业者们普遍缺乏良好的教育背景和学历层次，更极少有人能通过专门的高等教育来掌握相关的专业知识和技能，但他们中的许多人后来却能成为所从事行业的行家里手，甚至专家型人才。这种能力形成的途径可以概括为效实践行，即在实践中学习知识和锻炼能力。早期温商创业者就是其中的典型。

作为人们实践活动之一类的经商创业活动，是需要集各方面能力要素的综合活动。通过分析和总结温州人创业创新能力的形成方式和构成特点，也许可以对温州文化有一个更加全面和具体的认识。

第一节　创意与策划技巧

干什么和怎么干，是创业者从事创业活动时首先需要思考的问题。温州人相信实干、苦干，但也不是埋头傻干、闷干。既然在技术和管理体制上一时难以取得特别的优势，如能在经营策略上卓尔不群，在形象策划上不遗余力，也是一种因地制宜、灵活应变的手段。在这方面，温州人同样表现出胆大心细，善于出谋划策，甚至敢于"兴风作浪"。

一 营销策划与消费文化

营销是温商的长项，温州的许多老板都有营销的经历。不过早年那叫推销，是"拿自己的热脸贴人家的冷屁股"，被动甚至有些可怜。但那时的温州人尽管文化水平低得可怜，却已在反复实践中摸索出种种"创意"推销的方法。譬如，上门推销产品不会讲普通话怎么办？事先叫人把要说的话写在纸上，说不清楚时就拿出来给人家看。改革开放前夕和初期，我国还是以计划体制为主，温州人上门推销的对象都是机关、国营企事业单位或集体企业的领导和主管人员。温州人向来认为公家的钱好赚，但公家的人难伺候，怎么办？一只手掌写上"买我的产品给你20%回扣"，另一只手掌写上"有权不用过期作废"，关键时刻亮出来，效果往往不错。于是，"吃回扣"开始流行起来，成为腐败的一大根源。但温州人又有了新的概念创意，认为"回扣"和"合理的佣金"要加以区别。实际上概念创意或概念游戏打的是政策的"擦边球"，它最终挑战的是不合理的单位采购和决策制度。

像奥康集团总裁王振滔这样的人物，同样有温州人"狡黠"的一面。他也打过"擦边球"。在温州轰动一时的"五一"风波就是他的"代表作"之一。

2002年4月25日至26日，奥康公司在《温州日报》《台州日报》《丽水日报》等媒体上宣布："五一，钱要翻倍花"——只要你找到号码尾数为"51"的人民币，这期间到奥康专卖店，准你100元当200元，50元当100元买奥康皮鞋、皮带和皮包。

找到"51币"，像中了彩；没有找着的，一日三趟往银行里跑。银行的存款被10万元、20万元地提取，然后又在清点"51币"后存入；银行工作人员在惊诧于不同寻常的工作量时，自个儿也偷偷地检索人民币上的每一串阿拉伯数字。

有人惊呼：奥康扰乱金融秩序！为了促销而"抬高"人民币价值，实际在制造"虚拟"人民币！

4月26日的广告最终引起了金融部门的关注。根据国家货币管理条例，像这样选定人民币号码作为吉祥数字使其变相升值的做法是扰乱金融秩序的违法行为。因此中国人民银行永嘉县支行有关负责人先电话通知奥康公司，后下达文件（永银发〔2000〕034号），要求奥康专卖部立即纠正。

于是有人开始传言：活动被取缔！银行里又恢复往日的秩序。

但是，顾客"围剿"奥康的行动还是开始了。柳市专卖店店门被挤碎，多名工作人员遭打骂；乐成直销点门面踏破，货源紧缺；上塘直销处店面挤坏；苍南专卖店玻璃被砸。尽管紧贴在柜台前的《敬告消费者》上写着："……为回报浙江消费者对奥康产品的厚爱……4月29日至5月1日期间在奥康专卖店购物享受五折优惠。"可是谁也没理它，前来排队的人手里捏着的仍是"51币"，不知此一时非彼一时了。

从厂内临时增派的工人蹩脚地充当着帮手，总部调来的保安头痛地维持着再也难以控制的秩序，亲戚朋友为了此刻的红火，卖力地为店主东一犁西一耙地收着货款。这种场面只有在20年前计划经济凭票购物时有过！

2万双销完，尽管店主声称："货已卖完！货已卖完！"等了几个钟头的顾客还是不甘心，纷纷冲进仓库，把春秋鞋甚至冬鞋一扫而光，最后只剩狼藉的货架和有气无力的售货员了。

而此时一场由媒体主持的舆论"制裁"活动也轰轰烈烈地展开了。5月2日，《温州侨乡报》以"100元=200元？"为题，抨击奥康违法促销。5月3日再次追击。5月7日，《钱江晚报》以"人民币不是兑奖券"为题评论奥康："在台州各地的皮鞋经销处，竟打起了利用人民币编号进行促销活动的主意，结果被台州工商部门及时查处。"紧接着《北京晚报》、新华社杭州分社追踪报道"查处事件"，并竞相克隆新闻，大有"痛打落水狗"之快感。

事实上，有些方面言过其实了。在接到人行的有关通知后，奥康高层立即召开圆桌会议。《更正启事》于4月27日在《温州日报》第四版紧急刊登："根据有关规定，人民币不能作为广告用语，对4月25日至26日在《温州日报》第四版刊登的广告予以更正。"专卖店也重新张贴了《敬告消费者》。至于"黄岩、椒江、路桥、临海等地工商部门对奥康当地直销处的查处事件"，更是捕风捉影，压根儿没这档事。然而，正如疯狂的顾客一时无法辨析"100=200"与"五折""清仓大甩卖"等概念之间有什么本质区别一样，媒体也压根没意识到自己被卷进来为奥康作了免费"广告"——大家都被这突如其来的营销"风暴"击懵了，瞬间丧失了理性判断能力。尤其是消费者，不知不觉中被导入了群体模仿的状态，由此引起了一场抢购的"集合行为"。

有人问:"打折再打折,商家还赚什么?少卖点就少卖点,总比赔本赚吃喝强。"奥康一位负责人没有正面回答这个问题,但他介绍说,商家看的是长远利益。随着企业的做大做强,品牌连锁专卖成为现代品牌营销的流行方式。在年终结算时,供货商会根据各个零售商的销售额大小来决定返奖比例,谁的销售额大返奖率就高。代理商是决不做亏本生意的,因此有时为配合整体活动总部也得忍痛割爱,暗地里给他们实惠。但不管怎么说,这场"风暴"搅得满城风雨,吊足了胃口,引起了注意,叫响了牌子,还有什么比这更具有效果的?

实际上,即使从眼前效益来讲,也是立竿见影,极其可观!短短3天竟抵平日两个月。仅温州片区专卖店营业额就逾数百万,浙江省内参与此活动的共30余家专卖店,合起来算了一下,真了不得。再者,代理商清了仓,商家缩短了资金流动周期。至于企业火了品牌以后的效应,据专卖店负责人透露:丽水、台州,一个专卖店后来每天仍可销个六千八千的。万把元的广告费,既能掀起消费者的激情,又能引起媒介的特别关注,还能把鞋卖个精光,有什么比这更具广告效益!

"五一"热销,奥康皮鞋满足了成千上万的消费者,在市场上着实火了一把。但热销之后、兴奋之余,带给商家的不仅是鼓舞,还应有冷静反思。"五一"风暴虽然不乏形式创意和轰动效应,但其基本思路仍然是沿着温州传统营销中的低价扩张模式。奥康慷慨五折,直逼同行,打了个漂亮仗。这说明无论对于消费者还是企业,价格竞争始终是最直接敏感的因素。但从真正长远的战略高度来看,这种低价路线和"擦边"营销,对于品牌意识的培育和消费文化的引导反而不是积极的。

从推销走向营销,从产品销售走向品牌经营,温州人在一步步适应市场形势的要求。而作为温州代表性的优秀企业,还应肩负着引领消费文化、提升行业整体品质的时代重任。而这正是进入转型升级时代一些温州企业发展遇到的瓶颈。

二 形象包装和传播

许多人可能对"形象包装"一词没有太多的好感。温州人过去搞"假冒骗",现在又弄什么"形象包装",这葫芦里卖的是不是同一种药?

在当今这个竞争的年代里,企业的形象包装、形象策划或形象设计是企业直接向社会公众传达企业理念,展现企业的精神风貌和产品品质,塑造企业自身形象，提高企业知名度的重要工具。全方位深层次地导入企业形象设计系统，已成为具有远见卓识的现代企业家们的必然选择。许多中国企业在企业文化建设中大多已实施了形象策划战略，有力地提升了企业自身形象。温州企业重视形象塑造也是历史的必然。

"庄吉"迅速成功地走向全国，就与三位老总漂亮地打出了形象大使、首席设计师和"庄吉"号火车三张"王牌"不无关系。

2000年9月1日，"周华健代言庄吉新闻发布会"在湖北武汉东方大酒店举行，集团董事长陈敏、常务副总裁兼营销公司总经理吴邦东亲自到会主持，武汉市领导及各界嘉宾、《中国服饰报》及武汉主要新闻媒体和温州媒体共500余人出席。制作精美的周华健形象广告片、150套多色系精工制作的庄吉西服等系列服饰，以及由北京新丝路模特公司专业模特演绎的动态展示，博得与会嘉宾的阵阵掌声。

在国际服饰市场上，形象代言人对于一个品牌的塑造和宣传具有举足轻重的作用。因此，庄吉公司要打品牌，也要寻找一位合适的形象代言人。"庄吉"产品的消费者多为商界、政界和文化界的成功人士，那么做"庄吉"的代言人，不仅要有知名度，更要被其消费群体认可。

两岸三地明星如云，但要找到一位在行为举止、品貌气质等方面与"庄吉"的关注社会、关爱人生、注重品牌亲和力和西服穿着人的文化品位等品牌定位相吻合的人，却并非易事。通过不断筛选，"庄吉"最终把目标瞄准了"好男人"形象——中国台湾歌手周华健。良好的社会认知度、健康、时尚感与都市成功男性的形象是周华健与"庄吉"携手成为朋友的最佳契合点。"庄吉"希望通过周华健时尚健康的外形来塑造一个"好男人"形象。周华健也认为能为国产品牌尽一份力，很值得骄傲。在"庄吉"的品牌升位新闻发布会上，周华健还特意走到"庄吉"首席设计师——意大利著名设计师巴达萨里先生面前，真诚地握着巴达萨里的手，说了一句"庄重一身，吉祥一生"。当时的场面很感染人，在场的众多媒体记录下了这一刻的画面。随后，周华健以朴实而真挚的情感为各位嘉宾以及"庄吉"的朋友们现场演唱了一首《朋友》，热烈的气氛为这次整体亮相画上了句号。

一个能深入到品牌的文化内涵中，与企业站在同一高度的优秀品牌形象大使不容易找到。"庄吉"不是业界第一个请形象大使的企业，但"庄重一身，吉祥一生"的广告语和"好男人"周华健可说是天作之合，切准了定位,提高了品位。通过举办新闻发布会,借助媒介传播,形象大使周华健把"庄吉"从温州带到了全国各地。

"庄吉号"列车首发现场

毛里齐奥·巴达萨里,意大利的著名设计师,正装休闲概念的倡导者,成了"庄吉"首席设计师。正装休闲这个在中国首次倡导的时尚化概念,正是巴达萨里在"庄吉"举办的正装休闲化介绍会上提出的。于是,温州男装休闲化逐渐风行起来。聘世界著名设计师、倡导正装休闲化是"庄吉"高瞻远瞩,进一步走向全国、与世界接轨的大手笔。在世界时尚之都米兰设立"庄吉"服饰工作室,则是欲将欧洲的流行时尚与中华传统文化有机融合,占领入世"桥头堡"的具体措施。正像聘请周华健不等于做一个广告一样,巴达萨里的加盟"庄吉",也不只是一个设计师与企业的简单组合,而更深远的意义还在于文化的引领和企业形象的国际化提升。

将列车冠名权拍卖给企业,恐怕也只有温州人才能想到。1997年12月的一天,从杭州开往上海的"西子号"列车风驰电掣地行驶在浙北大地上。坐在窗口位置上的陈敏却仔细玩味起这趟列车的冠名。西子号?一个闪念突然从他的脑海里跳将出来!

回到温州后,陈敏与郑元忠、吴邦东等商议后,与金温铁道公司联系,该公司领导说命名这件事倒不曾想过。但几个月后,金温铁路列车拍卖2辆对开的列车的冠名权,参与拍卖的企业有六七十家。第一辆从5万元起拍,代表"庄吉"的郑元忠志在必得,他一直高高地举着牌,举到

180万元左右时只剩下一个对手。当郑元忠举到271万元时，对方亮出了273万元，他便停止了竞争。接下来拍另一列车时，许多企业也许屈于郑元忠咄咄逼人的气势，举牌者寥寥，最后"庄吉"竟出乎意料地以89万元成交，大大低于原先预定的200万以内的心理定位。从此，"庄吉"品牌宣传又多了一个生动、活泼的形象载体。火车从温州开往金华，开向杭州，开到全国各地，"庄吉"也从温州走向金华，走向杭州，走向全国各地。

第二节 交往与沟通理性

在第三章探讨自立自创一节中，我们从主体理性的视角解释了温州人如何从自己身上来获得创业的根据，即通过自我对世界的筹划并使之实现。这种主体的理性自决精神，正是现代性的一个重要原则。但正如尤尔根·哈贝马斯（Jürgen Habermas, 1929—）认为的那样，作为主体行为权利的自由意志也给现代社会带来个体主义的弊端，引起个体与个体、个体与社会共同体之间的矛盾。因此，就有必要构建一种"交往理性"和"交往行为理论"，[①] 着眼于主体之间的交往与沟通，以求得对事情的共识，从而达到对行为的协调。

是商品交换社会培育和强化了人的交往和沟通理性，使之成为人们创业行动中不可或缺的技能。温州人正是在长期的市场交往中挖掘出许多堪称"独门"的沟通绝技。

一 有理有节，成竹在胸

经商办厂，少不了要跑腿磨嘴皮。业务上的沟通不用说，办证、盖章等事务也有一大堆，因此与有关"衙门"的交往也是不可避免的。而在市场经济地位尚未确立的那会儿，温州人的个体创业行动就成了"逆流而上"，就会遭遇种种阻力。要克服这些阻力，没有一定的胆量和韧性是做

[①] 哈贝马斯是德国哲学家、社会学家，法兰克福学派的第二代代表人物。他建立了作为社会批判理论的交往行为理论体系，认为要克服现代社会的动机和信任危机，必须重视互动和沟通过程，只有通过沟通行动才有可能把人类从被统治中解放出来。这方面的理论著作有《沟通与社会进化》《沟通行动理论》《交往行为理论》等。

不到的。而且，在长期"官本位"意识下，门难进、脸难看、话难说的现象比较普遍，造成普通百姓与政府部门的交往沟通往往会有心理障碍。温州人走南闯北，练就了胆大心细的心理素质，能克服"衙门恐惧症"。

瑞安人谢炳桥16岁开始闯天下，几经波折，到了1991年，经过"八年抗战"的他总算还清债务并有了一点原始积累。此后，他在北京、青岛等地开辟了食品加工、旅游用品和眼镜专柜等项目。但这些只能挂靠在别人名下，生意运作十分不便。为此，他一心想在北京注册一个公司，参与市场公平竞争。但那时，个体办公司还没有被社会普遍接受，尤其在首都，听到"个体户"就像听到"狼来了"一样，更何况是来自"假冒骗"老窝温州的个体户。所以他频频受挫。

1992年春，谢炳桥南下广东进货，正巧遇上邓小平到南方巡察并发表重要讲话。平时爱读报纸的他在《羊城晚报》上看到一篇题为《东方风来满眼春》的文章，读过之后，兴奋不已，将报纸装入口袋，掉头就回到北京。妻子问他从广州进了什么货，他掏出那张报纸说："你看，全在这儿。"

之后几天，谢炳桥跑遍了东城区的有关部门，但还是被拒之门外。北京正在清理整顿公司，根本不可能再申报新的公司。谢炳桥只好到工商所死缠硬磨。他揣着那份从广州带来的报纸，就去找当时抓他赶他的工作人员，想把邓小平的南方谈话内容说给他们听。可是还没等他开口就被工作人员训斥了一番："现在正在整顿，你还凑什么热闹！"被训得呆站在一旁的谢炳桥这才想到把报纸掏出来给他们看。工商所的同志看过这张报纸后态度有些变化，就说："先放这儿。"接着问："你想报什么公司？"谢炳桥说："我是瑞安人，待在北京很多年了，能否办一个带'京瑞'字眼的贸易公司？""那经营范围呢？""什么都有，譬如眼镜、钟表、照相器材等。""性质呢？""股份制嘛。""除了你的股份还有谁的？""还有我的姑父等人，有三个人就可以办股份公司了。""可你是外地人怎么办？""外地人怎么啦，首都离得开外地人吗？"说完之后，那位工作人员还是不敢办理。谢炳桥说："过两天邓小平从南方回来，你们马上都会知道的。"后来他的第一个公司终于在北京合法注册。

二 有胆有识，无往不通

从20世纪90年代中期以来，我国改变了大学毕业后由国家统一分配工作的制度，大中专毕业生的就业开始与市场接轨。这对长期以来在计划体制统包统揽下生活惯了的人们来说，是一个痛苦的蜕变过程。随着教育需求的膨胀性激增，高校连续地扩招，高等教育很快从精英时代跨入大众化时代，就业遂成一大严峻的社会问题。形势变了，但人们的观念并没有马上适应，相关的能力发展也需要一个过程——如自谋职业或自主创业首先就碰到交往与沟通能力的问题。按照中国人的通常逻辑，找工作不是国家和政府包，就是父母包，亲戚朋友包，自己只须坐等。应试教育的模式也没有把交往和沟通能力作为重要的能力素质来对待。所以，缺乏交往和沟通意识、胆识及其能力，实际上也构成了中国学生就业难的一个"瓶颈"。

但长期在商性环境熏陶下的人往往有所不同。

不知大家是否还记得我们在第三章第一节中提到的那个从小就懂得买卖之道的方德华？后来他就读于杭州师范学院，毕业以后，他放弃了工作分配，独自去了人生地疏的北京。

在北京西单附近租下一间小房子之后，方德华并没有急于找事做。他花了整整两个月时间到处走、到处看，寻找属于自己的商机。

他把所有时间都用在了街上，服装店、录像厅、饭店、酒吧、商场、旧物市场，几乎所有地方都留下了他的身影。他花 100 元买了一个自行车，近的地方骑过去，远的地方坐公交车去，每天一大早就起床，晚上筋疲力尽才回来。

两个月后，方德华身上只剩下了不到 1 万元，他留下 1000 多元，用其余 8000 元开办了一间"德华文化传播中心"，这实际上是广告公司的雏形。

他从家乡找了一个朋友，两个年轻人开始热火朝天地选择地段、租房子、置桌椅、买办公用品，并策划出第一个方案：把北京大大小小的宾馆和酒楼向消费者宣传。

谁知这些宾馆和酒楼根本不理睬这两个年轻人，更没有一家肯出钱宣传自己。一个多月过去了，方德华和朋友跑细了双腿事儿也没办成，8000 元开办费却花得精光。那个朋友终于泄气了，准备回老家。方德华向人家描述的美好理想没有实现，觉得有些过意不去，就给了朋友 1300 元。朋友走了，房租马上要到期了，方德华身上却只剩下 100 元。20 多年来，方德华第一次陷入了困境。

方德华身上有一种特性很让人钦佩：乐观豁达。

把朋友送上火车，方德华马上回到西单，走进一家饭店，花40元钱美美地吃了一顿，然后又花了10元钱去洗了个热水澡，浑身舒舒服服地回到自己租来的小屋里，好好地睡了一觉。多年来的实践经验让方德华对自己有着充分的自信，他根本就不相信自己会没有饭吃、没有地方住，他根本就不忧虑自己的将来。他觉得当务之急是上床睡觉。一个月来的劳累，让这个年轻人很快就进入了梦乡。

醒来之后，方德华开始认真思考下一步怎么办，先是要把能卖的都卖了，这样可以收回一点钱。三下五除二地处理了办公用品之后，手里又有了4000多元。

然后怎么办呢？方德华意识到，在北京这个与杭州很不相同的城市里，他的经验实在是太有限了。他需要了解北京，了解北京的商机到底在哪里，还需要结交一些朋友。

他买了几张报纸，挑出一些感兴趣的单位，然后开始挨家挨户地拜访各种各样的公司。21岁的方德华当时又瘦又小，皮肤晒得黝黑发亮，说一口别别扭扭的普通话，简历也没有什么出奇的地方，所以很难受到欢迎。态度好的，说对不起，我们不缺人；态度不好的，干脆就一把推来，咣的一声把门关上。

后来到了一家百货公司门口。方德华没有贸然进去，而是跑到附近花上一元擦亮了皮鞋，又到公共厕所里洗了脸。然后，方德华挺胸抬头，旁若无人地走进去，问总台小姐他们的总经理在不在。小姐说，在，你预约了吗？方德华大大咧咧地说，我和你们总经理是好哥们儿，他知道我今儿来！然后就若无其事地往里走。总台小姐疑惑地看了他一眼，没作声。

方德华很庆幸自己过了这一关。但在总经理办公室门前还是忐忑不安。幸好总经理没什么事，就很和气地接待了方德华。方德华表示，如果公司真的不需要人，那么他可以不要报酬，工作一段时间再说。总经理姓孙，湖北人，对面前这个瘦小但看上去很精干的浙江人很有好感。他欣赏方德华的勇气和魄力，而且凭感觉他相信这个年轻人会成为一个优秀的商人。

于是方德华留在了这个叫作"百姓百货公司"的地方，开始了另一番尝试。孙老板答应负担方德华的食宿，但第一个月不发工资。如果双方满意，再谈待遇。一个月很快过去了，方德华出色的表现让孙老板非常满意。

开始,方德华被安排搞业务内勤工作,接听电话、收发传真、接待来往客户等。这项其他工作人员可能不屑一顾的工作,方德华却做得格外认真与投入。所有的业务活动与相关数据,方德华都工工整整地记在值班日志上面,一天下来,他就掌握了当天的商品流通信息,久而久之,就能对整个商品流通信息作一估计和预测了。每次有客户来访,方德华都热情接待,倒水倒茶。碰上相关负责人不在,他就热情招呼,和客户交谈商品销售情况。幸运的是,方德华对面坐的恰好是业务副总经理,只要有客户来访,方德华都可以见到,于是方德华就有很多机会了解业内的人和事,也可以跟副总经理学习怎样同客户谈业务,怎样做好商品的售后服务工作,等等。这种打杂的工作方德华一干就是半年。半年之后,方德华对公司各项业务流程掌握得清清楚楚,他觉得寻求进一步成长的机会成熟了。

方德华想当采购员,孙老板马上同意,并立刻就交给了方德华一个任务。

那是1987年,有一种高档皮箱在北京市场上销售势头很好,孙老板想取得这种皮箱在北京的总经销权。皮箱生产厂家在浙江镇海,所以孙老板马上想到了年轻能干的浙江人方德华。方德华接受任务后连宿舍都没回,当晚就乘上火车,赶往浙江。

第二天,风尘仆仆的方德华好不容易找到该皮箱厂,但当时皮箱厂因为产品受欢迎,需求量大,所以已经决定将这种皮箱价格提高。而孙老板交给方德华的任务是按原价获得皮箱的经销权。于是,方德华和厂领导磨破了嘴皮子。最后,皮箱厂负责人说:"小方,你如果真想获得经销权,又想按原价,那么你应该带一份详细的促销方案给我们。我们价格不涨,但销量一定得涨,否则我们不可能给你。"

方德华马上回到招待所,花了整整一个下午加一个通宵,把一份详细的"促销方案"写了出来。一清早,方德华就将这份促销方案送到了皮箱厂负责人的手中。皮箱厂负责人是个老商人,他只看了一半就不再看了,而是抬头一言不发地看着方德华,然后问方德华想不想到自己厂子里来干。方德华婉言谢绝。老商人没办法,也就不勉强。

方德华成功地得取了那种高档皮箱在北京的总经销权,而且还是原价格,一分不涨。不但如此,浙江之行他还带回了另外几种商品的信息,结交了几个难得的朋友。

1988 年，方德华开始暗地里寻找突破口，自己有出类拔萃的商业头脑，为什么不自立门户、痛痛快快地干一场？

辞职之后的他马上在西单附近开了一家日用消费品批发和零售商店。他决定继续做大众消费品的批发和零售，争取把它做大。他把自己的公司取名为"大众百货"，包括河北和天津的某些地方也是他的经营范围。

公司所在地繁华，里面装潢讲究，方德华又请了一位北京当地的退休教师来作接待人员。老人须发花白，文雅有礼，让所有来谈生意的人都产生一种舒适可信的感觉。就是凭这种让人信任的环境，方德华从郊区县赊了很多的日用百货，再把这些日用百货拉到其他的郊区县去卖，回款之后，再把欠款还上。因为交款及时，没有差错，信誉度越来越高，资金的问题越来越小，买卖也越做越大，商品和资金流通越来越快。在北京城内的仓库里，所有的商品都只是放一下，马上就再装车运走，有时候干脆直接从甲处拉到乙处。除了在郊区县活动，方德华也利用原有的关系，把部分商品打入了城内的著名商场。事业在艰难中缓步发展着。

有一次，方德华去河北保定做市场调查，发现那里还有很大的市场空间。为了占领这里的批发市场，方德华一改以前的坐销方式，自己带头开着货车，带领业务员走遍了保定大街小巷，甚至到乡下去推销。每到一处，方德华就留下自己的名片。这种行销的方式效果出奇地好，不出一年，方德华就建立了大约一千家的分销终端网络，取得了众多供应商的支持。更重要的是，公司的名气越来越大。

1991 年，方德华已经有了两个公司，一个是"大众百货"，另外一个是"大众运输公司"，两个公司在北京附近的郊区县拥有分公司十多家，年仅 26 岁的方德华的个人资产超过了千万元。原本在西单的总部搬到了朝阳商务区的一个豪华写字楼里，总部员工已经有三十多人。

公司还是保持自己独特的风格。在总部的办公区，一进门，就可以看到总台后面慈眉善目的招待员——年纪大，给人笃实诚信之感，使客户产生了信任感。另外，公司还专门配置了一定数额的香烟，香烟都是特制的，质量上乘，而且每支上面都印有"大众百货公司客烟"字样，用以接待客户，更在信任感上增添了亲切感。

但从 1992 年开始，方德华的大众百货公司开始受到冲击。世界各地的连锁超市开始大举入驻中国，中国本地的大型百货公司也开始兴盛起来，竞争越来越激烈。方德华又开始炒股，因为投机心理太过强烈，也因为对经济形势判断失误，赔掉了近千万。为了挽回损失，方德华投资房地产，也没有成功，在众多房地产老手的尔虞我诈中败北，又损失了上千万。这是方德华有生以来最大的失利。

1994年，他退出了自己苦心经营的大众百货公司。当时，他刚刚离婚，情绪低落，看着空旷的房子，手里拿着300万，有点不知道如何是好。经思考再三，方德华选择了出国。通过朋友关系，办好了去加拿大移民的手续，在一个酷热难当的夏天他独自一人登上了寻求梦想的旅程。

到了加拿大，方德华感受到了孤独和压力，首先是语言不通。虽然在大学里学过英语，但除了ABC之外差不多已忘光。在准备出国的日子里，因为走了后门也没怎么学英语。到了加拿大，他才发现自己几近哑巴。

可是方德华还是像当初刚到北京时一样，根本就不相信自己会没饭吃，根本就不相信自己有过不去的坎，他相信自己无论在什么地方都会有自己的事业，因为他有天赋有经验——不光有成功的经验，还有失败的经验，他什么都不怕。所以，方德华很快就调整了心态。

他首先请朋友教他用英语说一句话："我来给你当工人，不要报酬，什么都不要。只要学英文。"朋友懵了："学了这句话干吗？""找工作。"方德华直截了当地说。

方德华口中念念有词，终于把这句"English"念得顺口了。第二天一大早，方德华好好打扮了一番，走上了街头，走进一个巨大的超市里，来到一个身材高大、应该是个主管的白人面前，把学来的那句话原封不动地搬了出来。起初，那个白人以为听错了，方德华就重新说了一次。那个白人对这个衣着体面、气质不俗的中国人感到很好奇，就把方德华引到了商场老板那里。老板也很奇怪，但看到方德华不是个可疑的人，就接受了。

方德华于是就在这个超市里干了起来，当然只能听当地工人的吩咐，给人搬送货物、结算数字什么的。他特别留心生意场上的各种词汇，尤其是接待顾客的交易术语，很快他便可以上柜台独当一面了。

后来，老板了解到方德华原先在中国是个百货公司的老板，就让他承担更复杂一点的任务。半年过去，方德华基本上掌握了日常用语，特别是市场交易上的用语，可以比较流利地与当地人用英语对话了。方德华于是离开了那家超市。

在后来的一年中，方德华先后在娱乐公司、意大利餐馆、快餐店、保险公司和学校里工作过,一方面是为了赚钱,更主要的是学习语言,了解风俗民情,寻找创业的机会。在蒙特利尔的一家快餐店工作的时候,每两周领一次薪水,只有100多加元,这在北京还不够他晚上出去喝酒付的小费。但是,方德华仍然苦干实干,一星期工作七天,事无巨细都全力以赴,不管有没有加班费,就是想学东西、长见识,积累经验,以求东山再起。他觉得离自己大展身手的日子不远了。

1996年,方德华拿出两年来所有的薪水,还有自己从国内带出的钱,在皇后区开了KFC和必胜客二合一店,他认为这样经营成本比较低,开两家店付一份店租,一份保险,员工也可以互相支援,客人选择性也多,可以选更快更便宜的KFC,也可以选稍微费点时间和钱的必胜客。

1997年,方德华的二合一店在蒙特利尔已经有了三家分店,经营状况非常好。他的经营秘诀是对店面包装不遗余力,每当业绩冲到瓶颈时就更新地毯、重新油漆、换新窗帘、壁纸等,还在店里放一些非常舒缓的或让人非常愉悦的音乐,力求与众不同,以便在顾客心中留下印象。

2000年,方德华又成了加拿大一家食品机械公司和美国一家百货公司在中国的总经理。

方德华说,就经商而言,在天赋和能力上,上天给了他很多,比一般人多,这一点用不着谦虚。而在性格上,他还远远不够优秀。他最佩服李嘉诚那种"谋事在人,成事也在人"的气魄和境界。方德华认为,作为商人,虽然不能太投机取巧,但也不能过于谨小慎微,否则就不可能成为大企业家。做企业必须有胆量,也就是说在深思熟虑之后要敢于行动。有的时候,甚至时机并不十分成熟也要行动。这就需要一种商业上的敏感,以及性格上的乐观自信。

什么是商业上最主要的才能呢?方德华最强调的就是与人沟通的能力。人际交往的能力非常能够体现做人的素质、修养。生意场就是各种关系的综合体,做生意就是搞好各种关系。有了广泛而且可靠的人际交往,就有了最有用的信息,就有了缓解困境的后路,也就有了财源。有时候还可以用人际交往来代替资金。方德华说:"当初在西单开店的时候,我没多少钱,所有现金差不多都用在了店面装修上。开门办店,每一样都要钱,为什么偏偏搞装修呢?我有自己的想法。我把一位供货商请来,要赊销5万元的货物,三个月后付款。厂长跟我不熟悉,看我没有抵押物,根本就不同意。于是我就指着自己的门面对厂长说,用这个做抵押物还不够吗？厂长想了想，就同意了。就用这个办法，我从3个厂家那里赊销了20万元的货物，而且按照预定的时间补足货款，很快就建立了合作关系，打开了局面。"

由此可见，交往和沟通不仅是言语上的传达和接受，还包括行动上的证明、诚信上的感召等方面，是人的主体性和综合能力的全面体现。

第三节 适应和拓展的能力

按照进化论的观点，人是有而且必须有适应环境的能力的。譬如人的生命原型是来自大海，后来爬上了陆地，就适应了陆地的生存环境。陆地的环境也不是一样的，有酷热，也有严寒，有湿润，也有干旱，人类在生存历程中都适应了，并且发展出各种不同的文化特色。然而，这只是从人类发展的宏观视角所看到的情况，就具体而言，不同群体和个人的适应能力却是有所区别的。对于一般人来说，一旦在时间的长河中习惯了某种环境——即使这种环境看来并不理想，也会很难在短时间内适应另一种不同的环境。这就是人性中与进化能力同在的惰性。因此，投入陌生化的环境是对一个人生存发展的意志和能力的考验。

而善于适应环境，拓展生存发展的空间，正是温州创业者的一大特点。一位在法国定居的温商说：我们温州人四海为家，就像蒲公英，随风吹落到哪个地方，就在哪个地方生根、开花、结果。这正是温州人超强适应和学习能力的写照。

一 立根乱崖中

郑板桥题竹诗云："咬定青山不放松，立根原在乱崖中。千磨万击还坚劲，任尔东西南北风。"借以形容温州人的创业精神和生存能力正是恰当。哪里可以赚钱，温州人就会出现在哪里。温商四处闯荡，寻找适宜生长壮大的空间。条件越艰苦，越没有人去的地方，温商们越愿意去，并且总能生机盎然。前面我们已经提到过，从20世纪80年代开始，温商已经在新疆、西藏安营扎寨，90年代开始，到西部创业的温州人越来越多。兰州美时恋床上用品公司总经理庄爱香就是其中之一。

庄爱香面容清瘦，说话还有些害羞的样子，但她的创业历程却表现出一个外柔内刚、性格坚韧的女强人形象。她从1992年至2000年一直在北京经营服装，也在洛阳做过皮装生意，像许多温商一样，生活一直比较动荡。1998年她曾到兰州考察市场，但由于受不了这里的气候而作罢。2002年，一个做床上用品生意的朋友劝她再去兰州，于是，她又一次到了兰州。这一次她铁了心要在这片气候恶劣的土地上生存下来。

2002年9月，她在兰州看中了一块6亩的地皮，年租金6万元，她租了20年，下决心要在兰州创出自己的牌子。然而，来到一个陌生的空间，人要适应的东西很多，除了恶劣的自然环境，一些风土人情、潜规惯例也是不得不面对的。从租厂房、盖房子，到买进口设备，其间的艰辛自不必说，但最让人难受的还是不时会有一些部门的人过来"关照"，一"关照"就得"意思"。庄爱香虽然气愤，但为了事业的立足，还是忍了下来。

后来，她注册了"美时恋"商标。因为看多了温州低档商品所走的弯路，她从一开始就选择中高档层次，走质量和品牌建设之路。从原材料的采购，到生产、售后服务，她都要求员工注意到每一个细节。她的车间虽说不大，但非常整洁，工人都要脱鞋进入现场。在产品抽查中，哪怕只是发现一个线头跳线，她也一定要返工。开始时有些员工不理解，后来回头客越来越多，大家终于明白质量对一个企业生存发展的意义，也理解了庄总的良苦用心。

有人问庄爱香是否有回乡发展的打算，她说等积累了足够的资金再回乡投资也说不定，但目前还是要一心一意把在兰州的企业做大做强。

温商精明能干，肯吃苦创业，不肯随遇而安，爱乡而不恋乡，所以被称为"中国的犹太人"。像庄爱香这样远离家乡在艰苦环境中创业的温州人是很普遍的。而像朱仲荣那样年近古稀还要到海外创业的，更是令人感佩。

二 老骥不伏枥

曹操《步出夏门行》有名句云："老骥伏枥，志在千里；烈士暮年，壮心不已。"诗中以老骥自许，表达了一种不甘衰老、主观上仍要积极奋发的精神，只是因为年老力衰，故只能伏于槽中，不免令人扼腕长叹。于是，只得以"养怡之福，可得永年"的安慰来实现对自然的超越和精神生命的延伸。

人生有限，而生命总是期望得以拓展。但在温州人看来，生命的拓展不应只是精神层面的玄想和升华,而是始终与创业行动联系在一起。

1989 年,68 岁的朱仲荣来到纽约,开始一种全新的生活。我们知道,对于大半辈子生活在封闭型的乡土环境中的老年人来说,突然之间改变其习惯的环境,无论在生理上还是心理上都会产生很大的不适应乃至排斥。我们时常也有听到一些老人随子女到国外定居,但过不了多久就由于适应不了当地的气候、饮食、语言、社会关系等环境因素而不得不打道回府。所以中国有俗话说"金窝银窝不如自己的狗窝""在家千日好,出门一日难"。照理说,68 岁的年龄也该是待在家里安享晚年生活的时候,但朱仲荣却选择了许多老年人不敢面对的新的挑战。他到纽约可不是来旅游或安享晚年的。1992 年,朱仲荣老人与女儿在缅街街头开办了"朱记锅贴"。他每天从早上五点开锅,一直卖到晚上十点收摊。最初五年,无论日晒雨淋,年届古稀的朱老先生能在路边站上一整天,没有叫过一声苦,为儿孙们做出了榜样。

由于朱家有二十多年制作锅贴包子的经验,加上饺子皮是手工制作,且现做现卖,品质和口感都比机器加工和冷藏的要好,因此很受华人欢迎。到了 1997 年 8 月,他们租下了四十一大道潮坊餐馆旁的店面,增加人手,扩大经营。"朱记锅贴"不再是单一的锅贴,还包括了其他面食品种。后来,"朱记锅贴"又开出三家连锁店,两个女儿和小儿子各分管一店。每天晚上,朱老先生看着自己用辛勤劳动换来的美元,心中感到无比的自豪。

"温州人纽约十年铸就传奇,朱记锅贴香飘美国纽约",这是美国《世界日报》对朱氏老人在纽约成功创业报道的标题。作为华人中年龄最大的移民创业成功者,朱仲荣老人的事迹有口皆碑。在纽约,人们提起"朱记锅贴",可谓是无人不知。

三 跨海斩长鲸

温州是全国重点侨乡,自古以来,温州人就有不断向海外迁徙拓展的历史,最早可以上溯到北宋。现今侨居海外的温州人几十万,分布在世界各地,其中包括一些你平时也许根本没听到过的国家和地区,譬如布基纳法索——一个西非小国,苏里南——一个南美洲小国,等等。只要能生存和拓展事业空间,温州人可以在地球的任何一个角落里安家落户——相信如果科技条件具备,温州人也会到火星上去做生意。但他们是如何敢在缺乏必要的知识准备的情况下，大胆跨出国门，又能迅速地融入当地的环境，开拓自己的事业的？这确实是值得我们反思的问题。假如现在选派你出国去做事，你会考虑些什么呢？除了所去地的自然环境、风土人情等，最重要的肯定是语言——语言不通，如何开展工作？于是，出国前各方面的培训、学习是必不可少的。我们在学校里花费那么多的时间和精力学外语，其中也有这样的意义预设。然而，众多在外经商的温州人，他们当初并不具备这样的前提条件，有的即使学过一点，但那一丁点皮毛根本派不上用场——这样说当然不是否定学习和培训的必要性，而是进一步证明温州人适应和拓展能力的不一般，他们所具备的条件和面临的困难实际上磨砺了他们的意志，也锻炼了他们的各种能力。

黄加珍是瓯海郭溪人，1979年高中毕业，没能考上大学，家里便托人让他到了梧田镇的一间五金厂当学徒工。妻子鲁海燕也是农民出身，没读过多少书。成家之后，夫妻俩只能靠黄加珍那二十几元的月工资过日子，还欠着结婚时借的债。这个时候正是温州人创业的发轫期，黄加珍有技术，鲁海燕勤快，两人一次次商量，想自己办厂，可苦于资金没有来源。

其他地方很多有技术的人也常常动办厂的念头，往往也都卡在资金这道坎上。于是为了积累资金等了一年又一年，结果十年八年还是没有等到，最初的那种锐气、勇气、灵气和运气也都渐渐磨没了，最终不了了之。温州人也有没钱的时候，但他们不会干等，而是有自个的门道。没事的时候到各厂转转，拉拉关系，偶尔遇到别人需要技术人才的时候露上那么一手，便结交了很多朋友，然后通过这些朋友不时接点小活回来。没有加工设备？不要紧，到别人的车间，趁着工人休息的机会将活干了，便可以交货。这样做当然很辛苦，但只要你勤奋，也比在工厂打工强。等有了一点资本之后就自己购置小型机器，作坊工厂就算成立了。许多温州人最初就是这么干起来的，黄加珍也是这样。白天在厂里上班，晚上便揽点私活干，后来就慢慢购置了一点设备，在自家房子里干起了夫妻厂。等有了一定的业务关系，小厂已不能满足需要，他们便请求父母帮一把，把积攒了一辈子的钱拿出来，进几台高级一点的设备，扩大经营。惨淡经营几年后，黄加珍将厂子进一步扩大，正式挂出了"郭溪液压标准件厂"的牌子。

直到1989年，黄加珍总算积攒了100万的家底，有了一些底气，也请了一些工人。他和妻子商量，进行了一番分工，由他在外跑业务，家里的一切由妻子全权处理——这是典型的温州家庭经济模式，许多成功的温州企业也都是这样走过来的。然而此时，夫妻感情和事业发展的矛盾却出现了。黄加珍在外开疆拓土，居家守业的妻子很难做到对丈夫的完全放心。事业越做越大的结果是夫妻聚少离多，感情日益紧张，最后闹到了要离婚的地步。

黄加珍对妻子说，难道你希望我像有些男人那样，喝点小酒，打点小麻将，整天单位家庭两点一线地陪着你过日子？鲁海燕沉默了。她知道，丈夫所说的那种男人确实很多，她并不希望自己的丈夫是这样的人——温州女人大都不希望丈夫是这样的，而温州男人也大多不甘于做这样的角色。这里大概也有一个相互容忍和适应的问题。如果把男人看作是船，那么一旦码头修好了，可以扬帆起航了，就一定得出港，而且会越航越远——明白了这船和码头的哲学关系，也就没有解决不了的感情与事业的矛盾。因此，在朋友的斡旋下，鲁海燕作出了让步，家庭矛盾总算解决了。

没有什么理由可以阻止温州人离家远航去拓展的脚步。1992年，已经创业有成的黄加珍又前往阿根廷寻找商机。某天在一家中餐馆吃饭时，他遇到了中国驻阿大使馆商务处的一位负责人，两人一见如故，迅速成为朋友。这位朋友告诉他一条重要消息：当地一家大型企业正在物色一个中国商人作为他们的栲胶代理商。栲胶是皮鞋制品鞣剂。他们挑选这个代理商有一些特殊条件，譬如在地域上，他们确定为上海、广东以及温州三地，因为这三个地方都是中国制鞋业的重镇，自然也是栲胶用量最大的地方。黄加珍请求这位负责人帮忙引荐。

我们几乎难以想象这次见面会谈的难度。黄加珍除了会说普通话就是温州话，英语嘛高中时学过一点，可那点ABC早还给老师了，何况尤尼特集团总裁马托是阿根廷人，说的是西班牙语，英语是他的第二语言。但温州人就是有那么一股子倔劲，黄加珍硬是通过手势加一点皮毛英语，连比带画地和马托谈妥了，由他来代理这一项目。这无疑是黄加珍事业的一次飞跃，从此他跨上了发展的快车道，先后创建了浙江尤尼特贸易有限公司、蕾伊诺化妆品苏州有限公司、荷兰王国南洋公司、阿根廷国际商务公司四家大型公司。因为要做国际生意，黄加珍发奋学外语，几年下来他掌握了英语和西班牙语，其生意也遍及全球。

后来，黄加珍一家四口分别在不同国家。他本人在荷兰，除了主管总部设在此处的南洋公司之外，还负责开拓整个欧盟市场。妻子鲁海燕常驻阿根廷，负责南美市场。儿子在英国求学，女儿在上海读书。国内的公司则交给侄儿打理。这样一个"国际化家庭"平常就靠电话、QQ视频和电子邮件等现代通信联系，黄加珍就像总机，所有通信均由他来中转，他每年的通信费用需要6万多元。他说，用这笔钱来沟通信息，维系家人之间的感情，很值得。

第四节 反思与学习的效能

什么是学习，怎样学习？这似乎是教育范畴内的问题。但在温州创业人的实际工作和生活中，这就是一个创业实践过程的问题。不存在为学习而学习的目的论，也不是说非得遵循先学习再实习再实践——或者说先学理论知识，再进行实际操作的过程论和方法论，而是学习即创业，创业即学习——学习就是实干，就是动手。在这方面，温州创业者已经用实际行动和成效代替了教育界对传统学习观的理论反思。

一 从模仿中起步

没有技术优势怎么办？当然只能学习。而模仿则是学习的最基本、最直接的形式，因而也就成了温州人家庭作坊生产的主要方法。

20世纪80年代初，当别的地方的人们还守着一亩三分地，等待国家补助时，温州人就已经设法自己谋出路了。他们首先想到的是搞家庭工业，四五个人，两三台机器，即可开工生产。由于工厂规模小，设备简陋，技术水平低，根本谈不上什么研发能力。但温州人脑子活，又肯钻研，把别人的东西拿来琢磨一番，就可以自己画图纸、做模具，模仿得惟妙惟肖。通过模仿，温州企业积累了原始资本与一些基本的技术，为进一步发展提供了可能。

例如温州的眼镜业，就是从仿造中兴起的。其中远洋眼镜公司老板叶子健就是通过仿造而成为"眼镜大王"。1982年，高中毕业的叶子健还在温州蜜饯厂金工车间当工人，当时有许多走私的"金丝"眼镜流入市场。叶子健用一个月的工资，买了一副金丝眼镜，然后将镜架拆卸，凭着自己对金工的了解，分头到其他配件厂加工，再自己塑型装配，终于生产出第一批"金丝"镜架。

20世纪90年代,温州眼镜企业发展到一百多家,并以式样新颖、质优价廉吸引了外商。据统计,1997年温州眼镜企业产值突破10亿元,1999年上升为15亿元,占全球销量的三分之一,畅销二十多个国家和地区。有的学者将温州商人这种"群起仿效"的做法称为"蜂群现象"。温州产的打火机风靡世界,也是成功一例。

温州打火机行业始于20世纪80年代,起初的500多家打火机厂大多属于家庭作坊,产品基本以拷贝当时日本产的第四代防风打火机及"王中王"防风打火机为主。

1985年初,一些旅居海外的温州人回乡探亲,馈赠日本打火机给亲戚。这种小巧玲珑、一打就冒出蓝色火焰的打火机要卖三五百元人民币。一些机灵的人动起了脑子,他们将打火机拆开,一个个零件仔细研究。然而电子打火机却不是轻易能仿制成的。温州人来到当时电子业最发达的上海,从光明打火机厂了解到,"猫眼"打火机的电子点火装置中的4.7伏电容器,其低损耗技术当年为日本松下公司所独有。在光明厂他们还获知,东风电器厂刚在一个星期前攻克了这一难题。因为有了国产的4.7伏电容器,世界畅销的这种时髦的"猫眼"打火机很快在温州问世了。

而今温州人的模仿已不只限于产品和技术,也积极模仿国外先进的经营模式。上一章中提到的虚拟经营就是西方先进的现代营销模式,即公司主要掌握产品设计、营销网络以及广告等,而生产则委托给合作的加工企业。这种经营方式可以节省资源和资金,最大限度地集中力量搞好核心业务。"美特斯·邦威"就是这样利用自己已经形成的品牌优势,与广东中山等地的许多企业建立合作关系,形成稳定的生产基地。将生产加工的职能外包虚拟化以后,公司就将主要精力用于市场调研、产品开发和质量管理,极大地提高了发展速度和市场竞争力。森马、高邦等服饰企业后来也纷纷学习借鉴这一模式,取得了奇迹般的效果。后来,这种虚拟经营方式在温州发展得十分成熟,并为国内商业企业提供了一个可资借鉴的快速发展模式。

20世纪90年代中期,国外制衣公司以连锁专卖店的方式大举进入中国市场,连锁经营的新气象马上触动了温州人的神经。作为一种先进的经营方式,它的长处在于可以省去很多中间销售环节,直接扩大市场占有率,在品牌声势下取得更大效益。温州高邦服饰的老板朱爱武迅速接受了这一全新经营方式的精髓,她敏锐地预见到虚拟经营和连锁专卖将是市场发展的一种新动力。为此,她专门远赴美国进行考察,分析连锁经营的特点,学习其管理方法,而后迅速将高邦服饰引入连锁经营的轨道,取得了很大的成功。温州品牌的连锁经营店在全国遍地开花,有的延伸到了国外。

二 在实践中学会

如果着重于个体的角度来考察温州创业者的学习理念和学习能力,最有说服力和教育意义的恐怕还在于从实践中学会,这也是最能构成对传统学习观的反思和颠覆的一面。

无可否认的是,绝大部分温州初期创业者的学历和文化层次不高,也极少有人在创业之前接受过什么专业或职业教育——当然不是他(她)们不愿意,而是由于环境和条件的限制。然而,他们当中的许多人后来又是如何成为行业的专家和技术的能手的呢?答案只有一个字:做。

一个在服装业上的门外汉,经过十几年的打拼,一举获得了中国女装首块"中国名牌",登上了中国女装行业的至高"王位"。他就是上海斯尔丽服饰有限公司董事长邵联勤。从门外汉到业内"领头羊",邵联勤靠的就是勤奋不息的学习。

说他是门外汉,是因为邵联勤进入服装行业纯属偶然。1989年的一天,作为温州一家教学仪器厂厂长,邵联勤在上海一家饭店开完订货会,为了给朋友带两件衣服,前往南京路的一家服装店。服装店火爆的场景让他大吃一惊。他排了一个多小时的队才买到两件衣服,而且不能多买,因为为了让更多的顾客买到衣服,店里规定一人最多只能买两件。

拎着那两件衣服,邵联勤恍然想到,既然服装在上海这么有市场,何不放弃自己眼下不好做的行业,转行来卖衣服呢?想到了就干,这也是温州创业人的普遍性格。邵联勤自然也不例外,他没有一点犹豫,以一年12万元的租金租下了上海最中心的九江路和西藏路路口一个仅有12平方米的小门面,做起了女装生意。

尽管从业不久,但他凭着敏锐的商性感觉,注意到天气的转变,于是压缩了羊绒大衣的产量,推出了驼羊毛大衣,又从国外买进了10万条水貂毛皮做领口和袖子,结果打了个漂亮的提前仗,掘到了第一桶金。这为邵联勤在上海的发展奠定了基础,此后的情况更是令人惊异:1995年,注册"斯尔丽"商标,定位于生产女装大衣;1997年,销量跃居上海第一;1998年销售额从500万元猛增到1.9亿元,年销大衣61万件,占全国大衣市场的12%,位居第一。斯尔丽在民营企业中的排名是:上海100强,位居40;全国500强,位居137。

有人向邵联勤请教成功的秘诀,他很坦率地说了两个字——学习。的确,从一个服装行业的门外汉到女装业的"领头羊",不通过学习怎么可能?从了解市场、吃透市场,到驾驭市场,时时处处都是在学习。

创业学习观是广义的大学习观,生活是学习,工作是学习,对于一个热爱学习和善于学习的人来说,学习是无时无处不在的。当然,在温州创业文化中,学习的第一要义是实践,终极要义还是实践。因为实践过程不仅本身就是学习过程,它还能不断地激发学习欲望,引导学习方向。因此,创业者通过实践,进一步明确了学习的目标和方向,认识到了学习的迫切性。

我们在第四章中提到过的那个16岁时穿着一条单裤闯关东的温州人王鹏,从1979年在长春市西四马路胡同口摆个眼镜摊开始了他的眼镜生涯。到1983年,他开了一家正规眼镜店,看到当时顾客到国营眼镜店配眼镜还要排队,并且一个月后才能取镜的情况时,打出了"配镜高效率"的王牌:半天之内一定让客户满意,并建立起当时很少有企业顾及的售后服务,每天有2—4名专业人员分乘两辆专车,随时到客户家上门验光和免费维修。

20世纪80年代中期,我国眼镜行业处于上升趋势,对从业人员的要求也越来越高,1986年王鹏花费昂贵学费到重庆眼镜职业学校就读,学习现代化的眼镜制作技术,使自己成为验光配镜的专家。90年代,由当初的小店发展到后来的多家连锁店,由当初的验光配镜发展成为企业的高层管理人员,在新的现实面前,王鹏又一次选择了迎接挑战,自修了企业管理课程,并为企业发展输入了新的理念。

三 从合作中提高

20世纪80年代,温州还处于作坊经济时期。尽管那时市场对产品的要求不高,但由于作坊生产的技术含量低,不可避免地带来了质量低下、款式落后的后果,使得温州产品落下了"劣"的坏名声。也许对一些温州作坊主来说,即使想把质量做好,恐怕也缺乏相关的技术和设备条件,也就是没能力做好。

如前所述，温州产品的质量危机给了温州人以惨痛的教训，这个教训乍看起来是针对诚信意识教育层面的，实质上却是对温州人诚信能力的考问。"假、冒、伪、劣"的出现固然有诚信意识薄弱的一面，但诚信意识加强了，如果还是没有生产优质产品的技术条件，诚信的实现恐怕还是会落空。因此，要实现温州产品"质"的飞跃，不学习国外先进的生产和管理技术是不行的。于是，对温州人诚信能力的考问实际上又转换为对温州人反思和学习能力的开掘。

事实证明，聪明而务实的温州人对那场质量和诚信危机的反思是比较深刻到位的，其中最重要的一点就是他们的反思不是停留在形而上学的思想教育层面，而是真正落实到了学习技术这个关键环节上，从而从实践理性的角度解决了思想意识层面的问题。进入20世纪90年代，随着改革开放的进一步扩大和深入，温州经济也开始了转型期，大量"新鲜血液"——新技术、新设备和资金的注入，使之获得了新的生机和活力。一个崭新的经济时代开始呈现在温州人面前，同时也对温州人的学习形式和学习能力提出了新的挑战。

大隆公司原本是一家很不起眼的小企业，生产的制鞋机械笨拙落后，主要供应给作坊经济时期的温州家庭使用。20世纪90年代初，温州制鞋业开始行业整合，大量引进国外设备，大隆公司由于缺少资金而无力改变命运，开始被打入"冷宫"。为了求生存，该公司于1994年开始与中国台湾益鸿公司联合，由益鸿公司提供技术指导，大隆公司负责制造，产品销售后两家分利。益鸿公司带来了具有或接近国际先进水平的生产技术，让大隆公司大开眼界。但双方的蜜月期为时并不长，大隆不满足于益鸿所给的蝇头小利，转而与意大利著名的沙巴与BC公司合作，由意方提供具有国际先进水准的鞋机图纸，大隆公司负责生产和销售，也就是贴牌生产。大隆公司由此获得了更新的技术和设备，也有了更宽松的手脚，利润更加可观，从而获得了发展的动力。经过多次与外部企业的合作，大隆公司的技术部门最终可以自行研制鞋机，并深受客户欢迎。两年后大隆跻身世界一流的鞋机生产厂商行列。

这一时期，和国际大公司合作，借外力和外脑来发展和提升自己的温州企业也越来越多。这种从合作中学习和借力的模式，一时成为温州"二次创业"的新契机。

在模仿日本打火机中迅速发展壮大起来的温州打火机所掀起的价格大战使日本打火机厂商受到了前所未有的冲击，节节败退。连日本最大的打火机生产厂家广田株式会社也不得不痛下决心，准备放弃本土生产，到中国投资建厂，利用温州劳务价格的优势，借鉴温州商人的营销模式，以图重新站稳市场脚跟。

广田株式会社最初的打算是在中国独立或合资建厂生产打火机，而材料仍须来自日本。但这样的运作方式无疑增加了生产成本，没有起跑便要落在温州人后面。面对这一局势，广田株式会社的高层迫不得已，最终决定选择中国厂家，委托定牌生产自己的产品。打火机世界品牌的这一战略思路调整，恰恰给威力、大虎这样的温州打火机企业带来了学习技术、借机发展的良机。关于徐勇水的威力打火机厂与广田公司合作的事例在第四章第二节中已经作了介绍。"威力"与"广田"的合作开始运行后，技术与管理上的要求促使威力厂向与它合作的许多配件加工户传授机宜，促使他们也接受先进的理念和严格的生产标准，以保证贴牌生产的质量。这样就有力地推动了温州打火机产业的技术进步。不久，温州生产的金属打火机便迅速占领了国际市场份额的80%。徐勇水在为温州打火机行业树立仿效榜样的同时，又顺应时势，主动为"广田"介绍了五家温州合作厂家，和他一起为日方作贴牌生产，大虎打火机厂就是其中之一，而且是后来发展最快、质量最优的厂家。

周大虎此前已经有过与德国商人英塞尔合作的经验，正是从那次合作中尝到了提升产品质量和扩大生产规模的甜头。所以在周大虎看来，只要工厂是自己的，无论采取何种方式与外商合作，都是可行的。周大虎当年起步时的"学习教材"就是日本生产的打火机，如今"老师"主动找到了"徒弟"，有求于徒弟，真是令人感慨万千。商海沉浮，竞争实在是残酷。周大虎决定要为广田生产定牌产品自有其打算：首先，广田株式会社无论在生产技术、设备和工艺上都是世界一流的，为它生产打火机的过程中，不但可以学到先进技术，还可以洋为中用，提升自己产品的质量，将虎牌打火机打造成国际名牌。其次，广田株式会社是多年生产打火机的老厂，有成熟完善的管理理念和销售网络，这是一笔宝贵的财富，不是一朝一夕能够达到的。所有这些对于大虎打火机厂这样一个由作坊发展起来的企业快速走向现代化是必不可少的。因此，钱姑且可以让广田公司先赚去，而让广田把大虎培养成更加成熟的名牌企业，带入更加广阔的国际市场，才是最重要的战略目标。

主意既定，周大虎就采取积极态度与广田株式会社接触。毕竟是世界顶尖的名牌厂家，纵然是落魄无奈，其眼光仍然是百般挑剔。广田株式会社的社长广田良平亲自考察了大虎打火机厂后，对其陈旧的设备和简陋的厂房不以为然，表示很难相信凭这样的底子可以生产出广田名牌打火机，因而提出了苛刻的条件：大虎为广田生产的定牌产品，每一只都须经日方派出的技术人员用从日本运来的检测设备严格检测，合格一只算一只，而对技术支持，广田良平却不置一词。说实在的，广田企业还是很瞧不起温州的打火机厂的，认为它们只是价格低廉而已。但市场的严酷现实迫使像广田这样的企业也只能面对这一切。

周大虎看出了这一点，但他把技术的提高看得比什么都重要，因而仍然迫切地希望与广田合作，甘当学生。他觉得这是一次机会，也必定是一次挑战，相信在广田的压力下，自己的水平肯定会有质的飞跃。

但是，与一个国际顶尖企业的合作，差距的弥合并不是那么容易的。在广田株式会社运来的检测设备面前，周大虎用陈旧设备生产出来的第一批订单的3000只打火机无一合格，全部沦为废品。日本厂家技术人员不无轻蔑地说："土机器当然难以生产出一流产品，这种技术早已不合时宜了。"

苛刻的技术标准让周大虎心里充满苦涩，他一头扎进车间，既当指挥又当工人，终于生产出了第二批产品。但他没想到，费尽心机生产出的这批产品依然过不了洋设备的检测关，周大虎的额头上冒汗了。此时闲话也出来了，有人说周大虎不自量力，有人说他让"日本鬼子"给摆了一道。望着小山一样堆积起来的不合格产品，妻子黄嫣贤更是心疼有加，她拉着周大虎的衣袖，小声说："这样折腾下去我们要破产的。"周大虎几乎掉下泪来，但他还是横下心来，挺着一股牛劲说："值得，这样的专家给咱们把关，哪里找去？"他再次钻进车间，和工人一起琢磨如何才能提高产品质量。

周大虎决不言败、锲而不舍的敬业精神终于感动了日方技术人员，又通过他们感动了广田株式会社的总裁广田良平——广田良平这样的日本企业家敬佩的正是有责任感、有敬业心的合作伙伴，厌弃的是不思进取、慵懒无为的人。有了周大虎这样的合作者，还有什么事情做不了的呢？于是广田良平从日本运来了一些小型设备，送给认真做事的周大虎。在日方技术人员的支持下，大虎打火机厂生产的第三批打火机终于通过了严格的检测。

要学习，交点学费是正常的。前两批订单亏了钱，但这个曲折的过程却让周大虎和他的大虎大火机厂学到了比钱更宝贵的技术。这些技术的效应在后来的日子里日益显现出来。两年以后的1998年，大虎打火机厂成为国内第一个通过ISO9001国际质量体系认证的打火机生产企业。

在成为广田定牌生产厂家后，大虎打火机厂又接下了美国历史名牌COLIBRI RONSON的定牌生产。与此同时，虎牌打火机本身也跻身世界名牌行列，成为温州最热门的出口产品，誉满欧美。一位西班牙商人来函说："我愿花3000元人民币，恳请你们为我制作一块中西文对照的招牌，以示我们卖的是正宗的虎牌。"这个由最初的5000元资本办起来的打火机作坊，在短短几年的时间里，成为拥有5000万元固定资产的大型打火机生产企业，居温州同行业之首。

一位哲人说过：我之所以看得远些，因为我是站在巨人的肩上。拿不足百年历史，且由于外患、内乱等原因屡次限于停滞，在改革开放中刚刚驶上车道的中国现代工商业与具有几百年创业和发展史、经历了多次技术革命的发达国家现代工商业相比，无论在技术、经营管理水平还是经济实力上，都犹如初出茅庐的少年与老于世故的壮年汉子角力，其差距悬殊不言而喻。因而当我们也加入国际工商业发展的快车道，彼此之间的交流和依存关系日益明显的今天，处于落后地位的中国工商业，该如何追赶和超越？我们已经落下很多，如果仅靠自己去慢慢摸索，只会被甩得更远。因此，积极与先进的外商合作，引进国外资金和技术，用意就在于迅速与国际快车道接轨，走跨越式发展的道路。

对于温州这样现代技术基础薄弱、小型个私企业众多的状况，采取与外商进行多种形式的合作，更是适应国际化大环境的举措。温州成功创业者的精明在于：为了坚持自身的独立性和最大限度地为自身的发展保留空间，他们宁可在短期内牺牲一点实惠，而用劳动换取对方的先进的生产和管理技术，并借机拓展自己的经营空间，使自身发展的历程大大缩短。这一策略，正是温州商人常说的"与巨人同行"，但目的是要"站在巨人肩上"。

温州创业初期的许多小作坊、小企业，后来在先进技术和现代营销理念的促进下得到了长足的进步和蓬勃发展。其他如服装、制鞋、五金、电器等诸行业中的许多企业也都经历过或正在经历合作、学习、借力发展的途径，并由此走向全国、走向世界。

遍布全国及世界各地的温商和温州人，正是温州人具有广泛的适应、学习和创业能力的见证。历史上虽然环境闭塞，但为了谋生，许多人很早就开始"贸迁"，因而得到了交往理性的训练；缺乏现代技术和文化的优势，温州人就学会了模仿和合作，又在模仿中创造，合作中提高。归根结底，创业意识、创业观念、创业意志、创业思维，既来自于创业实践又影响创业实践，正是在这样的循环往复中不断培养和提升温州人的创业创新能力。

第七章

模式需求和模式构成

研究创业创新现象，需要考察其行为的发展过程，这个过程包括个体行为的发展过程、从个体到群体的仿效过程，以及从自发行为到自觉行为的发展过程等几个侧面。从个体行动到群体性行为方式，从自发谋生到自觉创业，特定区域人群的创业创新行为总是会表现出某种"动力定型"，并综合呈现为某种典型的形态。这种典型形态就是一种文化模式。前述种种在务实创变的温州区域文化特质影响下的创业创新现象，无论从经济还是文化层面，都可以归纳为这样的典型形态或模式。

第一节 模式需求与模式叙事

创业模式是区域性群体创业行为发展到一定阶段、达到一定规模的产物，它既是群体内文化自觉的表现，更是因群体间文化传播和参照的需要而被整理归纳出来的。

一 模式的需求

心理学和社会学等学科的研究都表明，人类具有模仿的本能和意识。法国社会心理学家塔尔德（Jean Gabriel Tarde，1843—1904）指出，社会上一切事物不是发明就是模仿，而"模仿是最基本的社会现象"。人与人之间、群体与群体之间的相互模仿构成了社会互动的主要类型。模仿又可分为无意模仿和有意模仿，前者是人在不自觉状态下对他人行为的反射性模仿，而后者则是基于一定动机或目的的自觉仿效。① "模式"正是伴随

---

① ［法］J. G. 塔尔德：《模仿的法则》，转引自郭庆光《传播学教程》，中国人民大学出版社 1999 年版，第 97 页。

自觉模仿需要而产生的。

所谓模式就是指某种事物的标准形式或使人可以照着做的标准样式，它是人类理性的产物。"模式"一词在改革开放以来频频出现，正是由于这场经济社会的大转型是前所未有的，拿邓小平的话说，只能是"摸着石头过河"——在摸索中前行的人们总是希望能找到一定的参照物，以便确认自己的方位和状态；在尚未发现可循规律的情况下，我们总是会自觉不自觉地照着别人的样子去做，以求得心理上的安全感。这样，作为一种信息参考和安全的行为方式范例，"模式"和对"模式"的需求就产生了。

那么，谁能成为"模式"呢？在文化模式的研究中，有特殊的文化模式与普遍的文化模式之分。特殊文化模式代表了某一类地区和群体文化的特殊形式和结构，其凸显的文化特质往往成为文化比较的对象，因而引起人们的关注；特殊文化模式产生和运行于特定的自然和社会环境，呈现为一种有效性生存发展形式，从而吸引人们有意模仿的兴趣；这种有效性在特定历史转折时期里首先呈现出来，抢占了"模式"需求的先机。

从前面章节的介绍和论述中我们已经不难看出，温州的创业创新文化正是应合了上述几个方面的模式构成条件，即它是一种孕育于温州这样一个特定而典型的自然、历史和现实环境，特质鲜明的、有效的生存发展方式，它恰又在改革开放的特定历史关头得以充分彰显。因此，无论温州人是否意识到他们自己的模式的存在，也不管他们想不想推广这样的模式，温州模式的提出和反响都是历史必然需求的反映。改革开放需要一些模式——包括温州模式、苏南模式、珠江模式等。而温州模式更需要改革开放——没有改革开放，温州模式恐怕也只是沉睡在无数温州人身上的"无意识"。

二 模式的提出

作为中国改革开放的一个新名词，"温州模式"是理论界对改革开放以来温州经济发展基本格局的一种概括界定。最早在媒体上公开提出这一概念的，是1985年5月12日上海《解放日报》头版头条上刊发的一篇记者专稿——《乡镇经济看苏南，家庭工业看浙南——温州三十三万人从事家庭工业》，以及同时配发的题为《温州的启示》的评论员文章。专稿有这样的描述："温州市农村家庭工业蓬勃兴起，短短几年，已创造出令人瞩目的经济奇迹。如今，'乡镇工业看苏南，家庭工业看浙南'，已为人们所公认。温州农村家庭工业的发展道路,被一些经济学家称之为广大农村走富裕之路的又一模式——'温州模式'。"评论员文章进一步指出:"地处浙南的温州广大乡镇,这几年走出了一条发展经济、治穷致富的新路子,这条路子的独特方式,就是乡村家庭工业的蓬勃发展和各种专业市场的兴起。它同乡镇工业发达的长江三角洲地区相比,具有鲜明的不同特色,被一些经济学家称为'温州模式'。"

由此发端,温州模式成了理论界探讨的一个热点问题,也成为各地实际工作者学习和探索实践的重要课题。不同层次的领导、专家和学者都在关注、研究和描述这一模式。理论界和新闻界先后多次在温州召开全国性的温州模式研讨会,有志于中国经济体制改革的人士纷纷到温州参观考察,一时间,全国各地组团来温的考察团令温州有关当局和企业应接不暇。

温州模式从20世纪80年代热到90年代,直到今天,其理论和实践意义还是为人所津津乐道。虽然其间也伴随着诸多争论,甚至进入21世纪以后,有人提出了温州模式过时论,但是,从创业文化和创业励志的视角来看,温州模式始终具有生机和活力。或者说,如果超越经济发展的具体形式和方法这一层面,则温州模式更多呈现出的是它的精神文化价值。

第二节 温州模式的构成

温州模式的内涵构成是极其丰富复杂的,在前面章节中,我们其实已经从观念、意志、思维、能力等角度,侧重于精神心理的层面,对它进行了描述。但"温州模式"最初是作为经济模式提出来的,从广义上看,它体现于温州产业经济运营的整体结构。因此,我们不妨从生产、营销、管理、融资等产业运营要素的层面再来认识一下这一模式的特点。

一 生产之模式

客观条件决定了温州的工业产业只能以轻工制造业为主,而且形成了鲜明的特点。首先是技术上的以仿造为能事,再是产业结构上的集群效应,以及劳动密集和分工协作下生产成本的最低化。

温州模式在生产上正是从模仿开始的。温州人创业初期的生产模式大致就是从家庭作坊中的仿造开始,然后是技术与设备的引进,以及合作定牌生产等。这些特点我们在上一章中已经涉及。这里主要就集群模式再作一些分析。

以打火机行业为例。温州打火机产业凭借着廉价的劳动力和仿造工艺，一下子就"火"了，开始让全世界都对其刮目相看。于是，仿佛在一夜之间，温州就冒出了3000余家生产打火机的家庭作坊工厂，他们以自己家为厂，男女老少齐上阵，招收一些工人，就干起了装配打火机的行当。

温州为国外定牌生产的打火机出厂价仅为其国外最终零售价的10%—20%。打火机以几十元人民币的低廉价格到达国外经销商手中后，只须在外包装上稍作改进，就可卖到几十甚至100美元以上。此后，日本、韩国等打火机生产大国90%以上的打火机企业衰竭，或转来与温州的打火机厂合作，进行定牌生产。像温州的大虎、日丰、胜利、日田等各大打火机企业，在与日本、韩国等打火机厂联合定牌生产的过程中，完成了原始的资金积累。由此，从90年代开始，温州打火机行业终于从小打小闹作坊式的生产，走上了社会化专业大协作发展的路子，并很快就跳出了拷贝生产的圈子，最终发展到设计、生产、销售各环节配套和分工协作的社会化大生产格局。就这样，温州打火机凭借着低廉的成本、先进的技术，在短短的十几年时间里，改写了"日本是打火机的王国，韩国是制造打火机第一大国"的历史。上亿只温州打火机"涌"出国门，在国际市场上到处扬尘奔腾，"鲸吞"了国际市场。而"打火机"这三个字也成了温州人的骄傲。

温州人从1985年生产第一批打火机起，到成为世界生产基地，前后不到20年时间，走过了欧美打火机业一个世纪才走完的路程。最红火时，生产厂商有3000家，款式品种上万种，产品仅出口就达6亿只，占世界市场的80%。其国际竞争力所向披靡，迫使日本、韩国等同行企业纷纷关门。惊恐之下，欧洲制造商们遂向欧委会起诉中国打火机"销价低于成本价，构成倾销罪"，要求进行反倾销调查云云。温州打火机何以如此威猛无比，天下无敌？

除了温州人聪明能干，吃苦耐劳，以及劳务价格较低等因素，集群化生产模式及其效应就是其中最重要的原因。

打火机在温州有着雄厚的"群众"基础。据统计，温州有打火机成品企业三百多家，既有年产七八百万的"大户"，也有一二百万的"中产阶级"，此外还有一些新兴的小字辈。但 300 多家成品厂只是"金字塔"，下面还有 2000 多家打火机零件厂。一个成品的零部件常常只有 50% 是自己生产的，其余则由 2000 多个厂家提供。比如打火机专用的工业标准螺丝，就有上百家厂商可以提供。这上百家螺丝厂商是竞争关系，而螺丝厂与成品厂又是协作关系。

这种特有的社会化大分工形成的规模生产格局，造就了极低的生产成本。一只小小打火机，也有十几个零配件，这些零配件如若厂商都自己生产，成本高得惊人。譬如一只电子点火器，10 年前靠进口，一只要四五元；温州人攻关自制，每只只要一两元；后来形成分工协作和规模生产机制，每只只要 0.2 元。又如密封圈质量要求很高，每个打火机要用 5—8 只，过去进口 0.2 元 1 只；后来自制只有 0.05 元 1 只；分工后规模化了，只要 0.005 元 1 只。

温州大虎打火机公司是个龙头企业，员工 1000 人只管装配生产，而为之配套服务的零配件企业有 15 家、1.5 万人，它们之间毫无资产关系，却构成紧密合作伙伴，保证了低成本和高质量，产品出口 68 个国家，10 年无一退货。市场机制的魅力，在温州达到了极致。

日本人曾经不解，他们的打火机行业怎么短短几年就被温州人打得溃不成军。考察之后明白了，在温州，一个中等规模的整机生产企业背后一般都有 40 多家零配件供应商，高度细化的分工使打火机成本降到极至。同样一个电子点火的小部件，日本公司生产，每个的生产成本是 1 元钱，而在温州，进货的价格却只有 0.1 元。遭遇这样的竞争对手，焉有不败之理？

温州打火机企业通过技术改造、招才引智和强化科学管理，产品档次不断提升，产业规模不断扩大。年出口值在 1000 万元以上的打火机生产企业就有 20 余家，形成了以"多、快、好、省、畅"为特征的行业优势：品种多，每家打火机生产厂家都有数十个以上品种；设计生产时间快，开发一个新产品从定样、开模、生产到投放市场只需 15 天，而日本、韩国等国外同类生产厂家则需要 80 天左右；质量较好，该行业中有 205 家企业达到国家检验检疫局出口检验标准，部分商品已达到世界先进水平；成本低，一个普通打火机至少有 28 个零部件，而每一个零部件都有专业的工厂生产，降低了生产成本；销售渠道畅通，温州有许多侨胞在国外经商，他们为温州建立了便捷开阔的营销渠道。

2001年11月24日，温州被中国五金制品协会授予"中国金属外壳打火机生产基地"称号。温州打火机行业获得2个省级名牌，1家被列为省"五个一批"重点骨干企业，30多家企业通过ISO9000国际质量标准认证，并涌现出20余家年出口供货值在1000万元以上的企业。

成百上千家的"小车间"聚集在一个村、一个镇、一个县，靠专业市场组织成一个个"大集团公司"，上百种占据全国乃至世界大部分市场的商品——皮鞋、领带、打火机、煤气灶、电动工具、日光灯管、徽章……就这样生产出来了。

经济学家钟朋荣用"小狗经济"形象地描述这种现象。他说，在动物世界中，三只小狗攻击一匹大斑马，第一只小狗咬住斑马的鼻子，第二只小狗咬住斑马的屁股，第三只小狗则咬住斑马的腿，咬了很久，斑马终于倒下了。秘诀在于：密切分工，咬住不放。

在全国最大的徽章生产基地苍南县金乡镇，小小徽章生产竟有18道工序，而且每道工序产生的半成品都通过市场交换。这样，一条完整的生产流水线就形成了800多家企业参与的产业链；产业的区域性集中，使产品的各种相关部件都可以在区域内就近采购，采购成本低，特别是其中的运输成本很低，低到任何一个企业自己做还不如外面买。

金乡徽章厂以100台压力机、50台烘箱控制了成品规模，一有订单就分包给同乡上百家企业，订单减少就放掉100个工人，这100个工人凭技术还可以在其他小规模徽章厂找到工作。这里任何一个厂都可以接规模惊人的订单，只要将一部分订单转让即可。

可见，"小狗模式"具有这样的特征：在特定区域形成产业集聚的格局，并通过区域内精密的产业分工和专业化的市场，形成整体制造业的强大。虽然单个企业的市场影响力很小，但做大了的"块"由于市场占有率和知名度高而声名远扬。而相对集中区域内完整的产业链条和分工网络，不但使中小型民营企业找到了生存的市场缝隙，而且它们的活力、灵敏、弹性也得以淋漓尽致地发挥。

从单个企业规模来看，温州的家族企业的确没有在现代化大生产中存在的理由，但如果放宽观察视野，从地区领域看，温州家族企业从某种角度看，也可算作是一种领先的生产方式。

世界上首先出现的工业生产方式是手工制成方式，工艺好、可定制，但产量少。后来发展成"福特式"的流水线方式，其关键是产品零件具连贯性和可互换性，有大规模生产的可能。但这种方式的弱点是库存多、变革新品种慢，且成本大，因此产品品种少，不适应现代社会个性化特色。基于对这种方式的改进，日本发明了"精益"生产方式，即改进车床，可生产小批量零件，在各车间灵活组合，做到零库存、多品种。由于日本人协作性强，形成了与协作厂的联动，日本汽车行业就因此一度打败美国。现在这种方式已在全球扩散。温州的生产模式与日本发明的精益生产方式有异曲同工之处。

在改革开放的前30年，温州产业的发展过程可以分为这样两个阶段：第一个阶段是从20世纪80年代初到90年代初，温州初步形成了以家庭工业和个体私营经济为基础，以专业市场为纽带，以小城镇为依托，以小商品为主体，面向全国的小商品、大市场发展格局，并涌现出全国著名的十大专业化生产基地。到90年代初，温州许多企业以资金、人才、技术为纽带，在家庭工业和个体私营经济的基础上，通过联户、联营、合资、合伙和合股等形式，大力发展股份合作经济，一批产权明晰、利益直接、机制灵活的股份合作制企业应运而生，为温州产业竞争力的提升奠定了重要的基础。第二阶段是从20世纪90年代初开始，温州产业发展进入制度、技术、市场和产品全面引进和学习的阶段，产业集群化趋势日益明显。

一个乡镇、一个地区或几个乡镇集中生产同一类产品，一群高度关联的生产企业群体、供应商群体、销售商群体和其他相关产业，以及行业协会集聚在某一特定的区域，通过社会化分工、专业化协作，温州形成了具有明显区块特色的、有代表性的、以轻工业为主的十二大特色工业，即制鞋工业、服装工业、打火机工业、眼镜工业、汽摩配工业、纽扣工业、塑编工业、制笔工业等。2001年，这十二大特色工业产值约占全市工业总产值的80%。有的产业已形成原材料供应、半成品加工、成品生产、加工机械制造一体化和产供销一条龙的区域性生产网络。

温州的资源禀赋、区位条件和经济基础，决定了温州的比较优势只能是轻型制造业。因此，温州民营企业的发展从纽扣、徽章等小商品起步不足为奇。神奇的是温州形成了20多个被称为"中国之都""中国基地"的具有绝对优势的轻型制造业，其中规模最大的皮鞋、服装和工业电器业中不少企业的产品还获得了中国名牌和中国驰名商标的称号。除了市场主体超前、民营化从而抓住了转型初期难得的市场机遇的原因之外，与产业集群的作用不无关系。

围绕各种主导产业和产品，温州基本上都形成了高度社会化分工和专业化协作的产品群、产业群和行业群。柳市的低压电器行业聚集了正泰集团、德力西集团和天正集团等明星企业，它们的周围拥有数百家协作企业，形成规格齐全、技术规范的几千种低压电器产品，正在向高压电器、智能化电器发展。作为全国三大皮革生产及皮革制成品中心之一，温州不仅有全国数量最多（将近4000家，最多时有8000家以上）的制鞋企业，还有与制鞋业相关的全国最大的包括牛皮、猪皮的皮革产业，全国最大的合成革、聚氨酯产业，全国最大的鞋类机械产业，以及全国最大的其他鞋料产业。2000年的产值超300亿元，10家"中国鞋王"温州就占了3家，全国150家真皮标志企业温州占了半数以上。而为制鞋业配套服务的鞋料、制鞋机械等相关行业年产值在150亿元以上。温州服装业在全国名声渐响，除了已崭露头角的报喜鸟、夏梦、庄吉、昂斯等企业外，还有一大批如法派、华士、金万利、美特斯·邦威、骊谷等颇具实力的企业在支撑着温州服装业。温州的打火机行业虽然从技术上说没有很大的优势，但依靠市场化机制运作和社会化分工协作，效率高、产品新、成本低，市场竞争力非常强，在国内和国际市场上独占鳌头。

"波特"理论强调，一个有国际竞争力的优势产业集群中的企业最好由国内企业组成，特别是由本地企业组成上下游配套齐全的产业发展链条，这样所形成的国际竞争优势才是稳定的、可靠的。温州的产业集群正是依靠本土企业发展起来的内源型集群。

产业集群高度的社会化分工、专业化协作效应，不仅大大降低了温州民营企业的生产成本，而且大大降低了温州制造业的进入壁垒。例如小小的徽章制造业，从设计、刻模、点漆、镀黄、穿孔、制针直到装配、包装，共分十几道工序，任何人只需要具有某道工序的一技之长就可参与徽章制造。又如打火机制造业，既有几百家打火机厂商，又有上千家为这些厂商提供零部件的作坊，连为打火机配套的压电点火装置，都有全市性的商会。在这样的分工协作体系中，垄断难以形成，机会相对平等。温州这种产业集群不仅给人们提供了相对平等的机会，而且实现了收入分布的相对平衡。尽管温州也有不多的家累巨亿的富翁，也有一定数量的徘徊在最低生活线边缘的穷人，但整体的收入状况明显地呈现为两头小中间大的"正态分布"。如果有条件统计温州的基尼系数，肯定在中国处于平均水平以下。米塞斯所说的"要么是市场经济，要么是混乱"也许过于绝对，但温州市场化过程中民营企业的发展，确实是温州从穷而乱通向富而安的道路。

二 营销之模式

一切生产行为都要归结于销售，温州模式的产生和发展离不开营销网络的壮大。可以说，没有成功的营销就不可能有温州模式的生命力。而改革开放初期，温州就出现了著名的"十万购销大军"和"十大专业市场"的"双十模式"。

人们不禁要问，温州这么多产品到底是怎么销出去的？单靠"前店后厂"这种作坊式坐销模式当然是不够的。所以，主动出击，浩浩荡荡的购销大军在全国各地"跑供销"，就成为温州早期主要的营销模式之一。温州到底有多少人跑过供销，恐怕无法确切地计算，大凡后来有所成就的温州老板，几乎都有这一经历。跑供销确实能磨炼人的意志和才能，但更重要的是这一大批人跑遍全国，把订单带回来，将温州产品销出去，温州小商品的名声就是这样打出来的，无形中建立了一张遍布全国的营销网络。这个销售和信息采集网络的建立对于一个大规模的制造产业来说是尤为重要的一个环节。

大流通带动了大生产，市场的开拓加速了生产的规模化和集群化。在市场这只"看不见的手"的作用下，温州各地通过户帮户、村帮村，逐步形成"一村一品""一乡一业"的具有地方特色的专业化加工群体，成为当时地方商品经济发展的一大景观。经过几年的发展，温州就形成了较完整的市场体系，各类商品市场繁荣活跃，信息、技术、资金、人才等要素市场配套齐全。因此，"生产加工基地+专业市场"迅速发展成为区域性规模经济模式。据初步统计，全市11个县（市、区）146个建制镇中，特色产业（产品）产值超过10亿元的就有30多个，经济总量占全市的70%以上。

温州乐清市柳市镇成为全国最大的低压电器产销基地，永嘉县桥头镇号称远东第一纽扣市场，瑞安市塘下镇是全国四大汽摩配产销基地之一，平阳县萧江镇被誉为中国塑编城，乐清市虹桥镇是全国最大的电子元器件产销基地。此外，苍南龙港印刷、瓯海永中阀门、龙湾蒲州制笔、乐清芙蓉建工钻头以及市区服装、打火机、灯具、鞋革等产品都形成了相当规模的生产、销售基地，使得温州民营企业不仅具有"小"的活力，同时形成了"大"的实力，其产品具有很强的市场适应性和较强的竞争力。以国内市场占有率为例，皮革占20%，西服占10%，低压电器占35%，电子元器件占20%，建工钻头占60%，阀门占30%，防风打火机占90%，民用灯具占30%，眼镜占80%，商标徽章占40%。

专业市场大大提高了商品购销的效率，客户根本不用东奔西跑去找，只要来到这里，就可以在最短的时间内完成产品款式、质量、价格的比对和选择。同时，集群化的生产和经营，小商品、大市场的格局决定了温州产品的成本优势，增强了产品的价格竞争力，从而又形成了温州产品营销的数量压倒性优势和低价模式。

有了名声，又有了方便采购的各类产品的集散地，再加上价格优势的吸引，各地商人纷纷不远千里来温采购。然而，温州毕竟地方不大，拓展空间有限，再加上直至20世纪90年代中期，温州的交通条件还是很不理想，因此，囿于本地的专业市场模式很快不能满足日益发展的生产和销售需求，一种更富主动性的行为选择必然要被添加到这种模式中——温州人又把这种集群化市场的模式推向全国乃至世界。于是，"温州商城""温州街"遍地开花。

这里我们仅以北京为例。1993年，当南方再次涌动改革开放浪潮，人们纷纷南下淘金的时候，温州人开始另辟蹊径大举北上，在北京、天津等一些北方大城市安营扎寨，建起了一座又一座的"温州城"，摆开了农村包围城市的架势。

北京丰台区南苑乡，冒出了一个"浙江村"，10万温州人集聚于此，自发建造了中国第一个经济社区。温州的服装、皮鞋、打火机等轻工产品长驱直入，牢牢地占领了北京市场。当时，经营多年的本地服装专业户，在潮水般涌入的温州人面前，纷纷败下阵来。

1993年前后，一批乐清人开始在北京南城经营服装布料，到1996年，服装布料市场已初具规模，进入成熟期，市场年成交额超过了400亿元。北京"环球众人众"轻纺市场就是由乐清人黄邦谦等于1999年创办，位于享誉京城的大红门特色商业街，这里形成了服饰、纺织品、鞋帽等综合市场24家，各类商户上万个，从业人员4万多。商品不仅辐射到东北三省和天津、河北、山西、内蒙古等地，还吸引了韩国、俄罗斯、马来西亚、印度尼西亚及中国台湾、中国香港等地区的客商，成为京城最大的服装布料专业市场之一。

乐清人李振开于 2002 年 12 月挥师北上，抓住北京动物园公交枢纽建设的机会，联合多个温州人以 8.9 亿元巨资参与这一北京市重点工程的建设，并买断其中 2—5 层 50% 的产权，建成"金开利德"国际服装市场，该市场成为首都最大的服装市场之一。

由温籍企业家黄岳川投资 2 亿多元建造，建筑面积 2 万多平米，拥有上千个摊位的"万朋文化办公用品商城"于 2004 年 5 月对外营业，这标志着中国当时最大的文化用品专业市场和亚洲最大的专业化品牌展示中心出现在了北京。

温州人正是凭借敏锐的商业嗅觉和营销拓展意识，在北京创下基业，开创了上百个大大小小的市场。北京的南城经过温州人的推动，成为京城最具影响力的小商品集散地。"浙江村"高楼林立，现代化商城、大型批发市场交相辉映，其名声辐射华北，远播东北、西北乃至北边的半个中国。温州人之所以选择北京市场，更多的是从经商的战略意义上考虑的。北京作为全国政治和文化中心，除了人口汇聚带来的直接市场规模价值外，还有利于品牌的传播，有利于与各行业主管部门的密切联系，以获取最新的经济信息，有利于凭借交通和市场枢纽的地位向周边辐射扩张。

三 管理之模式

有观点认为，温州的经济模式是长于制造和经营而拙于管理，一谈到温州企业的管理，好像就不入流，拿不上台面。其实不然。准确地说，温州以大量的中小型个私民营企业为主，其管理方式是很有特色的，它不成制度，无法用现代管理理论和模式来对照，因而也自成模式。在创业初期，或者企业规模并不大的情况下，这种管理模式具有较好的自适性。

如前所述，在众多小企业构成的集群化模式下，参与分工的协作生产企业的管理和运转便捷，能够有效减少企业的管理经营成本，提高经济效益。举个例子，一个专业生产鞋底的小型工场可以不需要车间管理、生产调度、人事管理、销售和采购，甚至连技术人员和现场生产管理人员都不需要。像这样的小型工场只需要老板按时发工资，工人老实做工就可以运转起来了，需要购进橡胶原材料时，只需要老板一个电话，送货车就从上游批发企业送过来，同样别人的一个电话也能把他的成品拉走。只要能够进入这个产业链就能赚钱。做这样的小工场老板并不难，所以文化素质不高的人在温州也能当老板，而且很多。再大型一点的工场增加几个现场管理、两个技术员也就足够了。机器设备如果出现故障，可以很方便地找到专业鞋机维修服务。从这一点可以看出，每个协作企业所从事的生产活动是很简单和便于管理的，因此企业的效率很高，放大到整个行业就表现出显著的优势。

还有就是不能不提到的"家族制"管理模式。温州（其实包括全国）的民营企业绝大多数起步于私人家庭作坊，也就是说，它们是在浓郁的家族文化背景中成长起来的，家族资源和向心力是它们可以依赖和利用的最有效力量。尤其像温州这样官方掌控的国家可供资源非常有限的地方，利用家族和亲属网络资源来驱动企业的建立和发展就成为一种必然的趋势。这种凭借和利用，并不只是资本层面的，更形成了用人和管理层面的特点。

所谓家族制管理就是指家族成员不仅是企业的所有者，还是企业的经营者和管理者，企业的经营管理运作是通过血缘、亲缘纽带维系的。与外人相比，由于家族或亲族成员之间天然存在着更强的自我归属意识和自我约束、自我奉献精神，使之与建立在法律约束和纳什（John Nash，1928—2015）所谓的讨价还价的博弈均衡基础上的"资本民主制"相比，更能满足决策的统一性和行为一致性的要求，提高经营决策效益；与韦伯所谓的现代"科层制"管理模式相比，更能节约管理成本。所以，在企业创始阶段和发展初期，家族制管理在许多方面具有优势。

由此可见，无论是基于分工协作的产业链之上的工场简便式管理，还是系于人情关系网络的家族制管理，都构成了温州模式中务实、廉价、高效的特点，与生产、营销模式的特点一脉相承。

四 融资之模式

创业需要资金，产业的运营需要资金的不断流动。所以融资也是创业和发展的永恒课题。一提到融资，人们首先想到的当然是银行。但所有银行都是国有体制，那么多温州人创业需要资金，从银行贷款却很难。一方面是个体和中小民营企业迅速发展，另一方面则是融资问题一直无法得到妥善解决。因此，像温州这样个私经济发达的地区，民间金融的活跃就成为必然，而且形成了其独特的信用模式，也成为解决创业和企业运作资金的重要渠道。

"做会"是温州人早年流行的一种筹款方式,我们在第三章中已作了简要的介绍。这也是靠人际关系为纽带来进行商业筹资的互助形式。且不说在温州当地,在国外,温州人也把这种模式搬了过去。譬如不少温州人通过亲朋好友的关系来到法国巴黎,起初甚至没有合法身份,对法国社会和文化也知之甚少,只能干体力活或做点小买卖,赚的钱是很有限的。但许多人一旦获得合法身份,就会筹划开个商店或餐馆,而这至少需要一百万法郎,单凭个人的实力不可能在银行里贷到这么多钱。于是,他们就会向亲朋好友邀一个"会",每个愿意参"会"的人都会提交一万法郎,如果认识的人多,那么筹集这笔钱也不是很难的事。有了这笔资本,加上温州人的精明能干,几年下来,往往就是一个比较富裕的华侨了。

这种"会"实际上早在温州民间流行了,尽管它也带来了一些负面影响,被少数人当作欺诈手段,所以一直没有被国家政策所许可。但是,在创业者亟须资金,而针对中小企业融资的信用体系又不健全的情况下,传统的人际关系就是解决这个问题的最便捷、最经济,也是最可靠的资源。它不仅仅是一种民间金融形式,而且还凝聚了温州人的人情关系,是一个人社会资本的经济表现形式。如果一个人没有社会关系,或者社会信誉不好,那么他(或她)就很难通过"会"这样的形式筹集到资本。这种以信任为基础的社会关系,对从事市场经济活动的温州人来说,是非常重要的。温州人就是这样亲帮亲、戚帮戚,积少成多,逐渐富裕的。

温州的民间融资途径除了向亲朋好友募资的低利率互助借贷模式外,还有利率较高的信用借贷、中介借贷、企业内部集资等诸多方式。

温州农村的"银背",在改革前多以隐蔽的形式从事融资活动。改革后,银背活动开始公开化,且人数增多。银背自己并不拥有大量的资金,但对周围的资金贷出户情况比较了解并建立了信用。他们通常以收取介绍费、服务费、担保费等名义向借贷双方索取收入。1992年8月对瑞安市区的调查发现,该区近30个行政村,平均每一个村有一个银背,每个银背平均的信用规模在100万元左右,总规模3000万至4000万元。直到2002年,该区才基本上没有银背活动。

温州民间借贷也有一些独特的游戏规则。如所有往来都以个人名义,借贷范围限在一定区域内,还款方式可以先还息后还本。越讲信用的人钱转得越快,而信用不好的人借不到钱——温州人知道,失信的成本太高。但对于确因客观原因不能按时还贷的,贷款到期后一个月内,放贷的人哪怕自己缺钱去借高利贷也不会催借款人,但是一个月后就可以讨账了。温州人讨账一般自行解决。例如,有家理发店借款 1 万元,还款却只有 8000 元。讨账人每天跑一趟,有时只拿回 5 元,有时抓只鸡作抵,真的不行就理一次发,直到全部算清。数目较大的欠款人突发了病痛,放贷的人会提着水果点心去探望。如果对方有可能"东山再起"的,还要想方设法给予帮助。

对于"客户"的选择,温州人也很有讲究:如果我不借你,你找别人也借不来的,我就不借。如果你在别人那里借得到的,我不仅借你还要拉你。一般的,民间愿意放贷的企业自有资产都要在 50% 以上。对存款者也有"原则":你在我这存钱很多可以,但我不一定借给你。有的人往银背那存了 30 万、40 万的,想借 2 万元都不行。

在温州做银背的人,吸收资金时还会注意:身体不好的不收,年龄太大的不收,以免死无对证,留下后患。还有,个体存款 100 万以上的不收,因为如果你急需用钱,我难保证随取随有。

温州民间借贷存期 3 个月和半年的,利息 6 厘,全年的 7 厘,活期 3 厘。以 1 万元起存,银行每天利息 2 角,民间 1 元,是银行的 5 倍。一年期的,银行税后利息 180 元,民间 840 元。放贷利息一般是 1 分 2 到 2 分 7 不等。温州民间借贷的利率是很灵活的,如果放贷人手头资金有余,有时利息低一点也肯借出,反正不能让资金待在手里。碰到需要 2 天 3 天临时应急的,则双方议个价就可以了。

经过多年实践,温州民间借贷形成了一套不同于金融机构的人情信用机制,并且手续简便,利率随行就市。温州市银监局曾于 2002 年初对全市民间借贷情况进行调查,发现 87% 的企业借款是凭企业和个人信誉进行的,提供房产抵押或担保的比例很低,个人借贷只有 63% 写借条,另有 22% 的借贷则没有任何手续。温州人向民间借钱,10 万元以下一杯茶的工夫,10 万元以上当天就有。2008 年下半年以来,世界性金融危机愈演愈烈,影响到了实体经济的发展,为了解决中小企业融资难的问题,各大银行纷纷出台了优惠政策,而温州的民间性融资机构更是推出了如季度息 9%、当天到款的闪电措施。柳市镇曾有人在 3 天之内筹集 6.8 亿元用于外地的旧城改造,其胆子之大、效率之高,不能不令正规金融机构咋舌。

在温州创业发展的金融活动中,私人钱庄的出现也是破天荒的事情,我们在前面的章节中提到过苍南人方培兴和他的"方兴钱庄"。但实际上,与之功能类似的"钱庄"远不止于此,温州农村的一些老人协会——或称农村合作基金会其实也在扮演地下钱庄的角色。例如在平阳万全一带原有14家农村老人协会非法从事借贷活动,每家融资量在50万至100万元,经过清理,2001年末存款总额由1333万元降至558万元,贷款由1745万元降至660万元。瑞安塘下一带的村老年协会也存在小规模的类似活动。2001年,永嘉某老人协会共有100多位成员共存入约400万元钱,这些资金主要借给一些小企业,每笔贷款2万到5万不等,月息1.2%,逾期贷款率当时为1/3。温州许多私人钱庄性质的融资机构往往采用股份制形式,其活动大多集中在乡镇,活动场所在一个股东家里。规模较大的地下钱庄会有会计和出纳,一般是由股东兼任。由于地下钱庄较多,相互之间也存在竞争,利息一般会保持在一个供需平衡点。以2003年的情况为例,地下钱庄的贷款利率是银行的1.5倍。

有趣的是,温州的民间借贷和银行之间无意间还形成了一种融资的衔接链。例如,某企业向银行贷了款,但到期无法如数偿还。按银行的规定,即使允许再贷,也要先还前款后办续贷手续,至少也要一周时间。于是,企业就会在银行贷款到期前利用民间借贷给银行还款来周转几天。虽然利息高些,但企业不用停产,无须拍卖变现。有了这个补充和衔接,在温各银行的贷款余额增幅连年高于全国平均水平,而不良贷款率却逐年下降,2002年为2.12%,属全国最低。

温州民间金融不能不说是温州金融市场的一大显著特色,尽管在政策和法律上一直没有给予其正式的地位,甚至被列为地下金融加以整治,但实际上,它与国有银行、信用合作社一起,成为温州资本市场的有机部分,在很大程度上满足了正规金融无法满足的需求,适应了温州独特的经济成分结构,因此,其在温州——尤其是农村、乡镇工业化过程中起到了不可替代的作用。党的十七届三中全会提出要加速推进农村的改革和发展,其中一个重要的方面就是完善农村金融体系。温州民间金融的"整"而不倒,正是说明了迄今为止正式金融机构还不能满足农民的金融服务需求,而各种民间融资途径正好弥补了这种不足。中国人民银行《2004年中国区域金融运行报告》也认为,民间金融具有一定的优化资源配置功能,特别是为中小民营企业、县域经济融资另辟蹊径,同时还可以减轻对银行的信贷压力。总之,民间金融的产生和发展适应了转轨和变革时期经济社会的特点,而同样是建立在人情(格)化基础上的,具有温州人务实、高效特色的民间金融市场，虽经风风雨雨，但在改革开放 40 多年来温州人创业和温州经济发展中起到了不可否认的作用。

综上所述，温州经济发展的模式是共性和个性的统一体。生产、营销、管理、融资等诸要素之间包含的共性，正是温州模式整体结构呈现出的个性。

第三节　模式的演进发展

提到温州模式，也许马上让人联想到家庭作坊、模仿制造、推销大军等创业早期的一些形式特征。因此，我们讲温州模式的发展，有人可能会质疑：温州模式已经定格为一个具有特定内涵的历史名词，讲温州模式的发展是否有概念僭越之嫌？确实，从概念上说，"模式"是对某个事物在某一阶段基本状态或典型形式的概括，而事物一旦被概念界定，就会被当作一种静态的逻辑构件，成为方便理论阐述的话语工具。但事物本身并不会因为被概念界定而停止发展，因而概念的内涵和理论的概括也需要与时俱进，不断积淀。所以，对于温州模式，我们既要认识它的过去式，更要关注它的现在式，乃至展望它的将来式——这样说并不是要制造逻辑混乱，或者把温州模式变成一个包罗万象、无往不适的万能模式，而只是认为从发展的角度来看这一事物，可以使我们透过模式的一些表面，更好地把握其精神实质。温州模式的发展正是温州人创业精神的内在逻辑演绎，符合温州模式本身的精神内涵和要求。

一　从模仿中创新

如前所述，温州人不仅具有善于发现商机的慧眼，还有善于模仿的巧手，能够迅速解密一种产品或技术的结构和要领，并加以"克隆"或"拷贝"。正是凭借这种心灵手巧和刻苦钻研的精神，不少温州人不仅积累起了创业发展的资本，而且成了行业技术能手和专家。通过对产品的由模仿到独立生产的熟悉过程，聪明而有创造力的温州人就不会满足于亦步亦趋的机械模仿了。解密和熟悉的过程往往也是一个联系实际、注入新的构思和形成独创的契机。

温州民营企业中这方面的例子还是不少的。温州神力集团是以印刷和包装机械生产为主体，以房地产和高科技的生物保健品为两翼的跨地区、跨行业的综合性大型企业集团，而其元勋郑胜涛最初就是以仿造先进的分切机而赢得市场领先地位的。郑胜涛原是温州标准件厂的一名临时工，他对机械技术十分着迷，常常悄悄在车间里偷学车床、刨床、铣床技术，不久就熟练地掌握了各种机床的操作，这为他日后的创业提供了必要的技术准备。1983年，他辞离标准件厂，以每月200元的租金租下了几间房子，从一个濒临倒闭的集体企业租借了几台旧机床，创办了"小南机械厂"。

作为仅靠自学掌握了一定的机械制造技术的一名工人，郑胜涛当然没有也不可能一下子拥有先进的制造技术和独立的设计能力，因而只能从模仿开始。当时印刷行业在不断扩大，对印刷机械的需求也日益旺盛。其中用于印刷过程中切割卷筒纸和卷筒薄膜的分切机，由于技术要求高，国内尚无厂家能生产，全靠从国外高价进口。考虑到市场前景，郑胜涛就瞄准了这种机械。但凭一个东拼西凑的个体小机械厂和一名自学技术的机械工人，想造出具有国际水平的分切机，谈何容易！也许在创业方面温州人身上都有一股初生牛犊不怕虎的憨劲，再加上超强的模仿才能，郑胜涛和他的小南机械厂居然真的要挑战一条从日本进口的具有自动跟踪功能的全自动生产线。这条生产线最初在软包装厂装配，许多行家对它赞叹不已，郑胜涛也为它的精致严密所打动，于是提出了仿制要求。经软包装厂同意后，郑胜涛对该设备进行了仔细观察、揣摩，根据使用说明所标的配件尺寸进行反复试制，并一次次地配换原件进行比较，以证明自己所制造的配件的质量。不久，一台具有自动跟踪功能的分切机被"克隆"出来了，投入试用，被证明完全合格。经过成本核算，其产价仅为日产分切机价格的1/5。初战告捷，郑胜涛信心十足地将其注册为"神力牌"，很快便成为国内用户竞相订购的产品。小南机械厂一下子成了行业内的知名企业，郑胜涛本人也有了相当大的知名度。

湖南湘潭塑料一厂从西欧进口了两台先进的电化钴涂布机，提高了塑料印刷质量，产品畅销而急需扩大生产规模，却不想进口价格昂贵的原机，于是向温州小南机械厂咨询能否仿造。这一消息又激发了郑胜涛的挑战性格，他立即赶赴湘潭，日夜攻关，不久便在温州仿造了出来，并在仿造过程中发明了一套独特工艺。产品运抵湘潭后，经试用，其性能质量甚至超过了进口原机。

国家邮政局也派人联系郑胜涛，称有一台从瑞士进口的邮票彩印机发生故障，无法使用，请他帮助解决。郑胜涛发挥善于剖析的特长，通过组织攻关，最终排除了故障，并通过这一过程吃透了这一机器的所有性能，回来后自行研制开发了亚洲第一台"六影一雕"的邮票印刷机。

神力集团成为国内印刷机械生产企业中的巨人，而这个巨人的起步，却是一个零件一个零件地仿制。站在今天的视点上，也许有人鄙薄这种生产方式，但对于当时工业水平还十分落后的中国来说，仿制不仅是技术创新的捷径，也是适合国情的跨越式发展模式。简单地说，仿制使温州人赚了钱，获得了创业发展的资本；进一步说，仿制使中国工业像一头睡醒的雄狮，骤然间突飞猛进，迎头追赶那些领先的狮群。

但是，仿制并非就是抄袭，临摹中同样可以超越模本而有所创新。郑胜涛的仿造过程应该就是这种类型——即技术经济学中所谓的"模仿创新"。模仿创新不仅是技术创新的捷径，更是技术创新两大途径中的主要途径——与之相应的另一条途径就是"自主创新"或"原始创新"。我们当然大力倡导自创和原创，但据有关资料表明，一项原始创新往往需要数年乃至数十年的时间，即使在技术高度发达的美、日、德等国，其成功率也只有3%左右，更不用说其耗资之巨大。因此，模仿创新事实上更适合于发展中国家的技术进步。温州之所以能在改革开放的进程中走在国内前列，与温州人和温州企业自觉、大胆而卓有成效的模仿创新分不开。

二　家族制的变迁

从家庭作坊到家族企业再到股份制企业和集团，这就是温州许多企业所经历的模式变迁。

在上一节中，我们已经对家族制作了一个简要的描述。所谓家族制企业，也就是指企业的所有权和经营管理权全部或绝大部分归一个人或一个家族所有的企业模式。据有关数据统计，在我国民营经济中，家族制企业占74%左右。即使在现代企业制度相当成熟和完善的美国，家族制企业也依然存在，如著名的杜邦公司。

在我国，绝大多数人在创业初期选择家族制模式有其必然性因素。首先是这种模式带来的直接效应——这在上一节中已作了分析。其次，从文化根源上来看，与特定的制度及制度环境不无关系。譬如我国历史上长期的儒家文化传统主导下的等级制度、专制制度以及"人治"社会等，早已成为普遍的文化心理，自然也成为企业家族制管理模式的大文化环境和行为导向。另外，在伦理本位的文化传统和社会结构中，家庭和家族的地位是非常突出的，《中庸》提出"齐家、治国、平天下"，强调国家政治也是建立在家庭基础之上，可见其作用之大，各种社会观念的形成无疑要受其影响。中国人的家庭是按照长幼有序的伦理构建的，父子亲情是其中最重要的关系，因而子承父业被认为是天经地义的法则。而家族是家庭的扩展延伸，于是，正如韦伯所说的，"家族结构式的社会"成为中国社会的基本特征。在这样的历史文化背景下，中国人就自觉不自觉地把家庭、家族及其运作模式引入企业的经营管理中。

温州企业的家族化现象也是中国传统文化在经济领域的一种表现。而温州历史上封闭的地理格局造成温州人更加认同血缘、地缘、人缘。因此，温州人的经商创业活动通常是以家庭、家族为单位的集体行动。在温州家族企业中，有的是"父子兵"，有的是"夫妻店"，即使是一些联合的企业，其内部也多少具有沾亲带故的"泛家族"色彩。

如前所述，家族制在温州经济发展与温州人致富的过程中表现出强大的凝聚力。这种凝聚力和奉献精神使企业能够排除种种困难，很快取得效益。但是，随着企业的发展壮大，尤其是在向多元化、国际化方向扩张时，家族化企业任人唯亲及封闭保守等弊端也日益显现出来。例如家族制企业习惯于用韦伯所谓的"传统权威"，即家长制作风和"人治"行为来推行管理，随着企业的发展，不是建立在现代契约制度基础上的成员之间的权和利的关系日益复杂，容易积累矛盾，产生"内耗"。一旦失去了"权威"，就容易出现争权夺利、分裂、散伙的结局。任人唯亲的选人用人原则，排斥了族外精英，限制了企业对人力资本选择的范围。老板的亲属分布在各个部门担任要职，使得那些具备经营、管理或技术才能的人才游离于信任圈以外而无法被任用，或者即使就聘也容易产生内外有别的隔膜心理，销蚀了专业人才的积极性，抑制了企业的创新能力。家族化企业所有权和经营权合一，企业财产与家庭财产不分，造成内部财务管理混乱。从投资来源看，由于其产权通常是封闭型的，家族企业主要依靠自己的利润积累转换资本，因而抑制了大规模的融资和投资活动，束缚了企业的扩展，也不利于提高企业的市场竞争力。还有，家族企业普遍存在规模小、组织结构松散、产品类同、技术含量较低等现象，在激烈的市场竞争中，容易出现一些短期行为。如为了争夺市场而竞相压价，就需要降低成本，却又缺乏降低成本的实力，于是就只好偷工减料，制造劣质产品，或偷税漏税；由于技术与资金有限，创不出名牌，为了使自己的产品销售出去，就违法乱纪，制造假冒产品，严重扰乱市场经济秩序。

上述弊端的存在和大量的案例表明，家族制有利于创业，却不利于发展。因而，如何建立一个有利于企业快速发展的体制，打破家族制的封闭性，由家族企业向现代企业迈进，实现民营企业的自我超越，就成为从创业走向发展过程中必须解决的问题。

家族制的根本在于产权一元化，所以，要打破家族制，首先得进行产权革命。这对创业者来说，无疑是一场观念和魄力的大考验。在这方面，正泰集团南存辉的三次股权革命，成为又一个"温州经典"。

1991年，南存辉从他与胡成中合办的求精开关厂分离出来后（关于两人合作创业的情况可见下一章），又从在美国的妻兄黄李益处融资15万美元，成立了正泰电器有限公司。此后，他又把弟弟、外甥、妹夫以及另一位关系稍远的亲戚揽入公司成为股东，形成了正泰公司的基础构建。此时南存辉的个人股份虽然从100%变为60%，但正泰公司还是典型的家族企业。

由于正泰对于质量的精益求精，使得它在那场全国性的打击假冒伪劣产品和柳市电器行业整顿活动中脱颖而出，迅速成为温州首屈一指的知名企业。但正当其事业兴旺发达、产品供不应求之际，南存辉却对仅靠企业利润增长来推动企业发展的模式感到了不满，他要顺势把企业做大做强，寻求更强劲的动力。于是，他首先想到了利用"正泰"这张已经打出的牌子进行兼并和联盟。许多企业也正是看中了正泰的品牌效应，选择了给正泰贴牌生产的合作方式。然而，这种仅以品牌为纽带的合作方式很快出现了问题。因为加盟企业都是独立法人，为了追求各自利益，一些企业往往把不属贴牌的产品也打上正泰的品牌，造成了品牌管理的混乱。为此，南存辉开始了一场真正意义上的产权革命。

1994年开始，通过出让正泰股份，以及控股、参股或投资其他企业等方式，正泰对48家加盟企业进行兼并联合。原先具有独立法人资格的企业纷纷取消法人资格，成为正泰股东。公司健全了股东大会、监事会和董事会的"三会"制度，实行所有权与经营权分离。正泰集团成为温州地区同行业首家企业集团。随着正泰股东增加到40名，南存辉的个人股份下降到了40%左右，而正泰的净资产则从大约400万飙升到了5000万，南存辉的个人财富也在3年间增加了近20倍。到了1998年，正泰集团初步形成了低压电器、输配电设备、仪器仪表等支柱产业，资产规模达到了

8亿元。

企业要可持续发展，人才战略越来越重要，如何才能留住优秀人才，成为南存辉第三次股权革命的出发点。1998年，他在集团的核心企业——正泰电器股份公司逐渐推行股权配送制度，即让管理、技术、经营等"要素"入股，使拥有这些核心要素的人才成为"知本"型股东。这样，正泰的核心股东扩充到了118位。至此，南存辉的个人股份空前地下降到了20%多一点，其他几位原始投资者也只持7%到10%不等的份额。而在公司高层中，南氏家族成员已不到三分之一，118位核心股东中，南氏家族成员也只占20%左右。

南存辉对自己股权不断稀释的同时，正是其公司大量整合社会资源而飞速扩张的过程，其间，总资产从创业初期的200万元变成了31亿，集团拥有了6家核心子公司和50多家分公司，只占20%多股权的南存辉的个人资产则不知膨胀了多少倍。因此，南存辉表示，今后还有可能进一步稀释自己的股份，对于南氏家族掌控股份的底线，只要保持在5%左右就够了。

有研究者将正泰集团的股份改造称为家族制变迁的中国样本，南存辉的三次股权革命已经超越了资本和财富扩张的层面，为民营企业的跨越发展和制度突破竖起了一面旗帜，也为民营企业的社会责任和使命演变做出了很好的注释。而南存辉本人之所以被誉为"温州最具魅力的企业家"，除了其温文尔雅的形象气质，以及从一名修鞋匠到大老板的角色反差因素外，他在家族制改革中所体现出来的罕见魄力，也不能不说是一个重要原因。

产权和投资主体的多元化，已经成为民营企业摆脱家族制束缚，走向现代企业的必由之路。同属电器行业的天正公司，也先后数次发动管理、技术人员和职工中的骨干入股，集资上亿元。德力西、长城等企业也在这方面做了富有成效的探索。对温州企业来说，这至少说明了两大方面的进步：一是产权结构的变化意味着温州人终于超越了原先固有的家族化、本土化、人情化融资模式，拓宽了企业融资的范围，有利于技术的进步和企业的滚动式发展；二是多元投资主体的产生为建立规范的法人治理结构，构建企业的科学管理体系打下了基础。由此，一个现代化的温州，一批真正走上现代企业发展之路的温州企业集团，开始展现在世人面前。

三 从做、卖到"炒"

尽管温州创业文化具有自己鲜明的特色,然而温州人的创业模式也不是一成不变的。大致考察一下,大约可以归纳出三个阶段,体现为从做、卖到炒的历程。第一阶段在改革开放前后,可以形象地称为敲敲打打、修修补补阶段。温州人多地少,自然条件窘迫,为了生计,温州人被迫向外漂泊。然他们中的大部分人只能从事一些最传统的手工劳动,譬如弹棉花、补鞋等,凭着勤劳刻苦,一点一滴地积攒财富。这一时期也有许多人选择去了海外打拼,大多也是从事苦力和小买卖。改革开放以后,温州的家庭作坊和供销大军如雨后春笋,遍地出现,温州小商品席卷全国乃至世界各地。在经历一番动荡整顿后,温州的轻工制造业在20世纪90年代进入了发展的黄金时期,电器、服装、打火机、鞋业等产业纷纷从家庭作坊成长为规模型企业,温州品牌开始打响。这一时期的制造业培育了温州强大的创业资本,造就了温州国际轻工城的地位。同时,温州人经营的商业网点已经密布全国各地,并大量向海外扩张,温州人的财富急遽膨胀,民间资本越来越雄厚。随后进入第三阶段,即90年代末以来,传统制造业进入微利时代,温州经济的发展遭遇了产业结构的瓶颈。但恰在此时,解决了温饱问题的人们开始关注居住条件的改善,而这一经济社会运行的必然趋势正好又被敏锐的温州人逮住,从而为正处于膨胀压力下的温州资本找到了宣泄的出口。温州的一些企业资本和大量民间资本相继进入房地产行业,托起了21世纪初如火如荼的房市。"温州炒房团"声名鹊起,标志着温州人的创业文化开始进入资本运作(炒作)时代。

说起投资炒作,不能不让人想起80年代末90年代初以后中国股市兴起时的情景,如此敏锐的"经济动物"温州人居然对炒股票毫无兴趣,一时令外界大惑不解。现在回顾思考,当初温州人的选择是自有道理的。温州人灵活而务实,精明却朴素,非实不干,非熟不做,那时的他们正埋头在熟能生巧的制造业和市场营销的实业田地里,对那些虚无缥缈的数字游戏当然半信半疑,甚至不屑一顾。但这并不证明温州人对投资炒作的事情不感兴趣,恰恰相反,不炒则已,一炒即名——只是沿用一贯的务实逻辑,炒的是可见、可居、可租、可卖的房子而已。

其实,转手倒卖的营生本来就是温州人的拿手好戏。改革开放之前,温州人就以倒卖票证闻名,现在,用房子取代票证,操作起来也并不是一件难事。实际上在 90 年代中期开始，一些先富的温州人就已经开始从转手出售房子中尝到甜头了，这以后国家又推出了房改政策，房产私有化已不可阻挡，商品房需求逐渐放大，房地产业开始蓬勃发展起来。温州人多，而土地资源非常紧张，精明的温州人由此发现商品房价一定会水涨船高，投资房产遂演变为一场全民炒房运动。

温州巨大的资本能量一旦被调动起来，本地这点捉襟见肘的房产当然满足不了它的获利需求，于是，挥师出征就不可遏制。按照温州人喜欢"扎堆"的习惯，"温州炒房团"应运而生。上海，作为中国最大、最繁华，也是温州人财富情结所系的超级大都市，自然首当其冲。2001 年 8 月 18 日，一个 157 人组成的温州购房团浩浩荡荡开进上海，3 天就买走了一百多套房子，把五千多万砸向了上海楼市。10 月 16 日，第一支乘飞机的温州购房团又抵达上海。而上海浦东国际华城楼盘在温的一场推介会，导致 2003 年 2 月 6 日至 8 日，上海陆家嘴 102 套住宅被温州人一抢而空，成交额 1.2 亿。至于动辄几十套、成交额几千万的案例更是举不胜举。据上海温州商会统计，注入上海楼市的温州民间资本不下 200 亿元。难怪上海的楼价一路飙升，有的在不到半年的时间内就给温州炒房者带来了超过 20% 的投资回报率。当上海以及其他地方的人们还在咬文嚼字地解读国家的房改政策，寄希望于政府来改善自己的住房条件的时候，那里的许多房产资源已经被温州人控制了。于是，与二十几年前惊人相似的一幕又出现了：当年上海人需要上海计划购物券得找温州人要，如今上海人在上海购房又得看温州人的出价了。一觉醒来，楼价已是"高处不胜寒"。上海人——还有南京人、杭州人、北京人——全中国人，心里都有气，他们把推动房价虚高的原因归结到温州人头上。

然而，房产商们对温州人却是情有独钟。各地的楼盘纷纷来温巡展促销，争抢温州人钱包，媒体广告甚至直指温州人群体。与此同时，大巴、火车、飞机购房团不断地从温州出发，驶往各大中心城市、地级城市，甚至县级城市，从长三角蔓延到中西部，从北京辐射到华北、东北、内蒙古、海南、新疆伊犁等地方也不放过。所到之处，温州人往往批量采购，成幢购买——拿温州人自己的话讲，买房就像买菜。

2003—2004 年这段时期可谓温州人主唱主演的炒楼疯狂期。以杭州为例，西子湖畔的湖景房产每平方米已逾万元，有的高达一万五，而业主大多是温州人。另外，像北京、上海、重庆等地方，雨夜排队抢购、花钱雇人排队抢购的闹剧一再上演。在温州本地也一样，听说明天要开盘，老大爷、老大娘们就早早地搬来椅子、铺盖，准备在房开公司门口排队过夜。2003年的温州春季房展会，共有来自各地的72家开发商、78个楼盘参展，三天时间里观展人数有4万多人次，可谓人山人海。而一些热门楼盘其实在展会前两天就已被订购一空。2004年元旦的房交会，炒房成交额近15亿。3月，以温州为主的各地炒房资本对成都春季住博会进行了一次大扫荡，导致蓉城房价猛升一截，以至于当地专家不得不向市政府提出防范和阻击楼市风险的提案。

温州人在创业致富的道路上是不甘寂寞的，炒房行为所引起的震撼绝不亚于先前的种种"温州现象"。为此，人们不禁要问：为什么又是温州，为什么总是温州人呢？温州人不是预言家和理论家，但他们似乎具有比高瞻远瞩的学者们更灵敏的嗅觉和直接的经验。于是有的观点认为温州人具有天生的商智，是天才的投资家；而有的人则认为温州人的扎堆炒作行为不过是盲目从众心理的反映，是一贯的投机作风。我们暂且搁置是非曲直，只消注意一点，那就是改革开放以来的每一个经济浪潮，温州人总是捷足先登，充当弄潮儿，这里面是否秉承着温州创业文化的某种隐性逻辑？回答是肯定的。这个逻辑的起点就是我们在第一至第四章中论述的温州人强烈的创业意识。在这一意识主导下，其创业行为总是呈现出某些一致的特点。首先是不安于现状，不甘于被动接受命运的安排，在不利条件下总是设法另谋出路。如前所述，温州民间资本的房地产转向正是在温州传统产业遭遇发展瓶颈的宏观气候下引发的，是资本自谋出路的典型表现。其次，"春江水暖鸭先知"，温州人敢为人先，从不作壁上观，所以对于经济气候的变化，总有最敏锐和直接的感悟。温州人掀起的房产热潮正是顺应了人们吃、穿、住、行的发展逻辑和节奏。再次便是敢冒风险、敢于疯狂，善于"空手套白狼"——炒的招数之一，造就了几多炒房富翁。最后是集团作战——没有群体性的疯狂，便没有规模效应。最终的逻辑结果是，在温州人群体疯狂行为的推动下，新的经济现象和热点不断被制造出来，旧的体制和政策不断遭受挑战，而经济社会不断走向成熟，乃至政府也从中学会许多。

由此得出，温州人的资本运作是在宏观理性把握下的群体疯狂，其中尽管不乏具体的投机、炒作和从众行为，但总体上是经济社会运行规律的反映。站在经济和社会发展史的角度来看，"温州炒房团"也好，"炒煤团"也好,似乎应该得到更多客观公正的评价。

其实在温州人眼里,没有东西不可炒。炒出租车营运证,炒三轮车号牌,都有轰动的新闻。能源危机又让温州人想到了炒煤、炒电——客观地说应是投资。温州人炒法知多少。从敲敲打打、手工作坊、天南海北跑推销,到圈地、炒房、炒股(2006年和2007年形成高潮),学会资本运作,乃至人人参与的普通人的投资理财方法,温州人的创业模式正在走向多元化、智能化,但其中的创富动力和创业精神却是一脉相承的。

四 从产品到品牌和文化

一般来说,创业之路总是呈现出阶段性和层次性。对于初期创业来说,做产品和卖商品是创业活动的中心内容,这一阶段如果发展较好,完成了原始积累,形成了一定的规模,就将面临着如何向更高层次发展的问题——即所谓的"二次创业"。二次创业不是简单的量的扩张,最重要的是品牌建设和企业理念、制度、目标和价值观的提升——即企业文化的构建。

从温州当代创业史来看,一批较好的企业在20世纪90年代初期就已经基本完成了初始阶段——这些企业即使在假冒伪劣之风盛行的时候也能始终把守自己的质量关,所以反而在危机中脱颖而出,成为行业"领头羊"和"品牌温州"的先行者。也正是在这个时候,温州市委、市政府不失时机地提出了"二次创业"的号召。于是,以质量为基础,以管理为保障,以品牌为追求,构成了整个90年代温州创业文化的主旋律。进入21世纪,随着知识经济浪潮的推动和企业自身发展的内在需求,创新、学习、和谐等现代企业文化理念开始在温州先进企业中根植培育,政府因势利导,进一步倡导构建学习型企业和进行第三次创业,温州创业进入了文化自觉和创建的全新阶段,温州模式也开始全面融入现代企业文化构架。

质量意识是创业文化自觉的开端,也是企业文化建设永恒的主题。在质量问题上,温州创业者是有惨痛教训的,所以"质量立市"成为温州企业90年代初期的当务之急。我们在第三章第三节中列举了一些优秀企业家的质量诚信事例。然而,解决质量问题仅靠企业家个人的理念和检查管理——"人治"行为是远远不够的,质量文化在理念导入的基础上,必须以制度来规范,以品牌为昭示和认同。在这方面,康奈鞋业是一个先发典型。早在 1990 年，公司开始推行全面质量管理，1998 年通过 ISO9002 质量体系认证。同时，还建立了百分制奖惩制度和损失赔偿制度，把奖金与质量挂钩，发挥经济杠杆在质量认证体系中的作用。为了确保质量，康奈公司的制度文化甚至渗透到了职工的日常生活细节中。譬如公司为了避免个别员工不吃早餐上班，就为全体员工免费提供早餐，并规定无特殊原因不吃早餐也要给予一定处罚——这实际上是把公司对工作质量的要求体现在对职工的人性化关怀上，并将这种关怀也加以制度化、规范化。

实行制度化管理，一要逐步构建起完善的制度体系；二要开展对员工的制度文化教育和劳动技能培训，使得制度和技能内化为员工的素质，从而为质量和品牌的恒久，为企业的可持续发展提供根本保障。康奈集团充分注意到了制度文化必须通过教育文化来实现的要求，因此在员工教育和培训方面不遗余力，其三个层面的教育工作为全面质量管理提供了强有力的支撑。一是宏观政策的教育，二是法律法规和劳动技能的培训，三是质量意识和质量管理技能的培训。公司订购各种报纸杂志，专门设立阅览室，并经常请有关专家和领导到公司作讲座、报告。通过教育，从公司领导到员工，逐步形成了"质量是企业生命，消费者是企业上帝"的共识。

在产品日益丰富，同质化现象增多，市场竞争越来越激烈的情况下，品牌就成为产品和企业的形象识别标志和质量内涵的信誉标尺。在企业的初创时期，一些创业者往往对品牌和信誉问题重视不够，容易出现各种粗制滥造、一锤子买卖的情况。但企业要发展，品牌和信誉建设就刻不容缓——因为名牌意味着市场占有率，意味着产品的高附加值，意味着现代社会的消费文化导向和感召力——品牌消费不只是产品消费，更是一种文化消费，所以一流的企业总是要通过品牌的塑造和产品的创新来引领社会的消费观念和潮流。在温州，像康奈、大虎等一批企业之所以知名度、美誉度和信誉度高，就是因为较早在质量诚信的基础上启动了品牌文化建设的步伐。康奈很早就有了清晰的品牌文化理念，如其注册的康奈标志以昂首挺胸、意气风发、自信执着、和蔼可亲的人物肖像为主体识别元素，配以方正稳健的字体，分别寓意"埋头认真做事，抬头诚信做人"的精神风貌和"稳健务实、步步精彩"的企业理念。而"康奈"的名称则抒发了康奈人"健康发展，其奈我何"的坚定信念，拼音"KANGNAI"中两个带红点的"A"表达了其"争创国际一流企业，争创国际一流品牌"的雄心壮志。

品牌文化建设需要有博大的胆识、气魄和战略眼光。1993年，天津举办一次全国制鞋订货会，参会费用要20多万，而且订货会又变成了展览会。要不要去呢？部门负责人请示郑秀康，郑总回答："现在企业已进入树形象、创品牌阶段，这20多万就好比一辆桑塔纳轿车，我们把它推到海里，浮起来的将会是一艘大船。"1999年8月8日，由《经济日报》主办的"康奈之路与中国鞋业发展战略研讨会"在北京召开，邀请的专家学者对康奈的品牌发展提出了很多建设性意见。2003年8月，首届"世界温州人大会"和"中国国际轻工博览会（温州）"召开前夕，康奈又成功举行了一次"全球战略论坛"，郑秀康总裁面对与会的各界人士和媒体宣告，康奈的目标是在世界重要城市的重要位置都要设专卖店。2004年9月，康奈在北京举办的"融入与超越——康奈破解国际贸易壁垒新思维论坛"上重申，康奈争创世界品牌的决心不变。康奈还创办《康奈报》、"康奈网"、《走进康奈》杂志，作为企业文化建设的媒介，进行更广泛、持久的品牌和形象宣传。

进入21世纪以来，温州企业界唱响了"文化力"的口号。2005年4月，由温州市委宣传部、《温州日报》报业集团、温州广电总台发起了"温州民企文化力论坛"暨"温州市优秀民营企业文化二十佳评选"活动，得到了1580多家企业的积极报名。"二十佳"的评选标准涉及企业的目标、理念、品牌形象，以及企业文化的先进性、创新性、独特性，以及文化创建的持久性、经营业绩的良好性等各个方面，可谓既是对温州民企文化建设成果的一次总体检阅，又是对民企文化建设体系的一次全面构建。荣膺"二十佳"的企业和获得企业家精神奖、品牌推广奖、公众形象奖等10个单项奖的企业家无疑对温州民企文化的创建具有示范作用。文化推动发展，遂掀起了温州"三次创业"的新浪潮。

红蜻蜓集团的"文化经营"在温州民企的文化构建中颇具特色。这是一家创建于1995年，已发展为以鞋业为主，集房产、百货、教育、金融投资于一体的全国无区域性集团。其创始人钱金波在创业之初就决心将文化与哲理注入品牌，提出了"品牌开路，文化兴业"的战略。在短短几年里，"红蜻蜓"便跃居国内同行业实力最强、效益最好的企业之列，先后获得"全国首批免检产品""中国名牌""中国真皮鞋王""中国驰名商标"等称号。在企业乘风而上的快速扩张期，红蜻蜓人却能保持平常心态，意识到提升内部管理和创新企业文化的必要性，提出了"打造文化团队"的口号，并开始对包括品牌文化、团队文化、制度文化、营销文化等在内的企业文化进行全面梳理、整合、提升和传播。集团把 2003 年定为红蜻蜓企业文化传播年，组成集团企业文化推进委员会，先后举办了两期企业文化讲师培训班，成立红蜻蜓培训学院，作为集团员工中长期培训基地。除了编写《"红蜻蜓"企业文化手册》，红蜻蜓还在第二届中国轻工博览会上推出了中国首套鞋履文化邮票，于 2004 年编撰发行了大型鞋履文化丛书《东方之履》，2005 年成立了"中国鞋文化博物馆"。个性鲜明、体系完备的红蜻蜓企业文化通过全方位的传播，日渐成为全体员工的价值共识和行为准则。"红蜻蜓现象"引起了社会各界的高度关注，《人民日报》、中央电视台等权威媒体对其用文化打造团队、创建学习型企业的生动实践进行了多次报道，引发了全国各地对企业文化中的温州模式的取经热潮。红蜻蜓集团由此荣膺"2003 年度中国企业文化建设年度成果奖"，钱金波则被称为"中国鞋文化第一人"。

　　理念和价值观是文化的灵魂，是企业行为的根本导向和动力。因而管理理念和企业价值观的升华，才是企业文化建设的最高境界。红蜻蜓集团在 2002 年提出了"寻求制度下的自由"的企业管理理念，开始探索将人文关怀、人性化管理渗透到高度理性和规范化的科学管理体系中的新的管理模式，以充分调动员工的积极性和创造性，为其自我实现和全面发展创造有利条件。2004 年又提出了企业与客户及员工的关系理念：同在一个蓝天下，共有一片绿草地。这些理念与 1999 年提出的企业宗旨"寻求人与自然的和谐、企业与社会的默契、商品与文化的交融"一脉相承，构建起现代企业的社会责任意识和人本主义价值体系。

　　在积极探索文化管理的新路子方面，天正集团也值得一书。它提出的企业文化核心理念是"求新、求学、求和，实现员工与企业共同成长"，把"锤炼员工自觉、自愿、自然的行为，既要实现员工与企业共同的目标，也要使每一个人都能为社会创造价值"作为企业文化建设的目标。譬如，天正集团把"求和"与大力推动股权制度改革的"求新"结合起来，给优秀人才创造做股东、当老板的机会。对于那些有发展潜力的员工，公司构筑无障碍的"绿色通道"，全方位地给予学习、锻炼、提升的机会，员工可以自由地参与内部竞聘，勇敢地推销自己，使自己的才华和能力得到施展，人力资源部和员工的直接上级会把某个员工个人的发展目标与公司的发展战略结合起来研究，以决定其进一步的升迁。

综上所述，从注重于"钱"和"物"的经营和管理，到谋求"人"和社会的和谐发展，从单纯追求利润最大化到开始构筑自己的精神文化家园，温州民企的文化进步既迎合了时代发展的总体趋势，又反映了温州模式自身转型和提升的内在要求。在危机与挑战面前，温州的民营企业家们一如既往地秉承了温州创业文化中永不言败、敢于探索和创新的精神，为培育企业的核心竞争力，为温州企业和温州经济的可持续发展做出了不懈的努力——从这个意义上讲，危机又变成了推进企业文化模式重构的动力和机遇。同时，模式的转型也证明了传统的温州模式正在不断地蜕去其形式外壳，而向"温州精神"浓缩和升华。

提到温州模式，人们总是习惯于从经济格局或管理形式上加以解读，这的确是其提出之初及后来理论界、学术界研究的基本意涵。然而，正如毫无疑问是属于温州模式重要例证的"龙港传奇"这样的创业创新现象，其所包含和延伸出的社会和文化史意义早已超越了经济学层面。因此，温州模式研究的社会学和文化学转趋，是一个值得拓展和深化的方向。而文化人类学是文化学研究的一个重要内容，从文化的起源、人的成长、族群的产生和群体人格的形成，到生计模式、经济体制、社会组织和控制模式的选择等，都是其题中之意。从区域文化视阈研究温州创业创新现象，无疑离不开人的视角和对"温州人"这一主体的考察。

第八章

众创群像的主体和典型

毫无疑问，人是一切文化的主体。人既是文化的创造者，又是文化的实施者和享用者。所以，温州区域文化本质上就是温州人的文化，是温州人创业创新精神的投射。当然，我们这里所说的"温州人"还不能完全等同于每一个具体的温州人，而是指一个众创群像，其中包括那些创业或具有创业创新意识的温州人，而最主要的是那些具有某种典型环境中的典型意义的创业创新主体——正是他（她）们构成了温州众创群像的若干类型以及区域性创业创新文化的行动载体和符号系列。

第一节 创业巨子的传奇人生

人们喜欢把温州经济称作"草根"经济，那么，温州就是"草根"创业创新的园地。"草根"并不只是创业者的一种身份定位，还包括创业的起点界线——白手起家，更是寓意生命力顽强——就像草根一样，随处扎根蔓延，而且"野火烧不尽，春风吹又生"。综合起来，就形成了温州创业文化的"草根"精神。由此，无论是身份地位普通的农民、工匠、小贩，还是身居公职、端着"铁饭碗"的干部职工，只要具有这种"草根"精神，都能成为创业创新主角。

一 小工匠，大老板

在中国传统社会经济模式中，手工业是农业的必要补充，尤其是在农业经济不足以满足人口生存需求的地方，手工业往往能获得比较独立的发展。因而，与纯粹靠土地生活的农民相比，靠手艺谋生的手工工匠属于传统社会具有相对经济活力的阶层。一旦市场的大门打开，这些人往往能凭借多年磨砺的经营意识和做手艺积累的小额资金先期走上创业之路。他们或者沿着自己原先掌握的技术路径做大做强，如修鞋的办鞋厂，做衣的搞服装企业；或者舍弃旧行，另辟蹊径。

温州的情况恰如上述。所以，从小工匠走出大老板，成为温州人创业的典型模式。其中，像正泰集团的南存辉、德力西集团的胡成中、美特斯·邦威集团的周成建等人物，又可谓该模式中的代表。周成建的创业情况前面已经有所介绍，而南存辉和胡成中这两人之间有些特殊的关系，所以我们把他们放在一起加以介绍，从中可以认识温州人白手起家和合伙创业的其他若干特点。

南存辉和胡成中都是温州乐清柳市人，从小学起两人便是同班同学，因此结下友谊。南存辉的父亲是一名鞋匠，胡成中的父亲是一名裁缝，在当地都是有一定名望的，两人的出身旗鼓相当，就像一对兄弟，人生经历也差不多。

南存辉大约9岁时起便开始做"生意"，将家里的一些物品如米糠之类拿到镇上去卖，有时也卖自己从河里捞到的鱼虾。胡成中很小的时候便和哥哥一起拾柴，这是每天放学之后的必修课，不捡到柴是不准吃饭的。

20世纪70年代末，柳市镇低压电器生产开始活跃，胡成中的朋友中有人干起了推销，收入比做裁缝好得多。胡成中心动了，也想出去跑推销，不料遭到父亲一顿臭骂。父亲的想法很实在，当推销员确实可以赚到钱，却也有人亏了本。相比而言，做裁缝是稳当的，无论如何都会比当农民种田好，何必去冒这种风险？但胡成中很坚决，一再软磨硬泡。父亲想想，自己孩子多，这个不干了，还有那个。既然他要去跑业务，就让他去好了，去外面世界闯一闯也不一定是坏事。16岁那年，胡成中打点好行装，准备出门。姐姐悄悄地塞给他200元钱，说："姐支持你，你一定会成功的。"

和胡成中同行的几个熟人搞推销有一段日子了，知道工作该怎么做，所以尽管胡成中是第一次远行，跟着他们也就觉得没什么好担心的。温州没有火车，出一趟门十分不易。先要去金华，舍不得花钱坐车，一路上主要靠扒车。到了金华之后，才买一张硬座票。胡成中平生第一次乘上了火车。当年的火车条件非常差，人又多，上车后找不到座位，只能睡在地板上。反正其他人也都这样，他倒觉得新奇。

来到长沙，胡成中第一次见到了大城市。同伴告诉他，现在要分开了，各人跑各人的。胡成中跑的是长沙市的影剧院。他事先买了一份长沙市地图，找到影剧院地址，然后上门去推销。舍不得那几分钱的公共汽车票，只好步行。地点上明明很近，走起来却苦了，一天下来脚都肿了。吃饭也不正常，一般早晨出门时买几个馒头，从招待所带一瓶水，就着凉水啃冷馒头。直到影剧院都关门后他才开始回招待所，睡在两元钱一个床位的通铺上。

苦，胡成中不怕，怕的是打不开局面。大家晚上凑到一起，谈着一天的成效，他发现只有自己一无所获。时间一天天地过去，那些和自己一起来的朋友都拿到了订单回温州下单了，只有他还在长沙苦苦奋斗，最初的勇气就像戳破的气球一样瘪了。别人都拉到了生意，为什么唯独自己没有？是不是说明自己不适合干这一行？他有些气馁，甚至当逃兵的念头都有了。可想到姐姐临行前给自己的200元钱，他便不心甘。200元钱可不是一个小数目，父亲当裁缝，一年下来大概也只这么个收入。他也不愿承认自己低能，他有着一股倔劲，想证明自己并不比别人差。

一天，一个好心人告诉他，你这种东西在城里不好销，不如去乡下抽水站吧，或许他们会需要这类低压电器，他们属于集体所有制，管理上相对要松。

第二天，胡成中就开始跑抽水站。抽水站一般都建在乡村，只有小路或机耕路，很难走，常常一脚雨一脚泥的。为了多跑几个村，胡成中将馒头和水背在身上。因为是下乡，不可能再住城里的通铺招待所，一般在村户家借宿，有时实在找不到住的地方，就只能找个草垛过夜。

辛苦终于得到了报偿，订单一份份地增加。胡成中初初一算，自己竟可以赚到2000多元了。当时这可是一笔巨款，从中他看到了发财的曙光。这笔钱无疑是对他所选择的人生道路的肯定。此后十几年间，胡成中赚的钱越来越多，但再没有任何一笔钱比这笔钱更令他兴奋了。因为推销赚到了钱，胡成中的队伍开始壮大起来，他的弟弟们也逐渐加入到推销队伍中来了。

当胡成中在跑推销时，南存辉却挑着修鞋担子在柳市镇的大街小巷转悠。但他不敢去人多的地方，怕被同学看见没面子。如此一来，生意就受到影响。一天，他刚刚支好摊子，便遇到一位老同学的妈妈。他去过这位同学家，这位妈妈对他很好。她看到南存辉便关切地问他怎么在这里补鞋？为什么不上学了？还说这样下去是不行的，无论如何也要读好书。南存辉心里很难受，想想在学校时的雄心壮志，回味作文里对未来的憧憬，他的心理承受不了了。他当即收了摊子回家。

躺在床上的父亲吃惊地问他为什么回来了，他大声喊道：干这事没有出息，再也不干了，就算拿刀架在脖子上也不干了。父亲耐心地劝说：当鞋匠并不丢脸。鞋匠靠自己双手养活一家子，也很光荣。现在家里这种情况，你是长子，要承担起养家的责任。如果你的弟弟妹妹们将来能够成才，那也是你的成功。

后来，南存辉曾说过："三年修鞋，虽没赚到多少钱，但它使我懂得了诚实做人的道理，有质量便有市场，有信用就有希望。同时，它也使我明白了，一个人要想有所作为，必须从一件件的平凡小事做起，而且任何小事要做好都是不容易的。"

南存辉补鞋的这三年，柳市的低压电器生产正酝酿着一场革命。有一天，他正在低头补鞋，忽听到有人叫自己，抬头一看，是胡成中。胡成中告诉他，自己不做裁缝了，改行推销电器，第一趟生意就赚了2000多元。这让南存辉既羡慕又妒忌：2000多元？自己要补多少鞋才赚得来？于是他也动心改行做电器生意。

有两种选择：一是自己建厂生产；二是当推销员，拿到订单后找厂家生产。而无论哪一种，对于南存辉来说都是困难的。自己建厂，他没有技术；当推销员，自己补鞋从来没离开过柳市，对外面的情况根本不熟悉。但思来想去，还是建厂难度小一些。南存辉将自己的想法与三位朋友谈了一下，得到认同，于是大家一起出资，在柳市租下了一间门面，前面开店，后面办厂。可四个人都不懂电器生产，南存辉只好从市场上买回一些电器，几个人关起门来研究，拆了装，装了拆，仔细画好图纸。不几天，他们竟然照葫芦画瓢，生产出了自己的产品。一个月后，南存辉算了一笔账，除掉前期投入的成本，他们赚了35元。

几个合伙人感到气馁。此时，南存辉的父母也一再给他施压，要求他关掉门面，回去补鞋。南存辉补鞋每天还可以赚10元，生意好的时候可以赚20元，一个月下来少说也有300元。这个收入水平在当时能够将一家人的生活维持在一个相当高的水平。现在开店办厂，将以前攒的钱搭进去了，结果什么也没赚到。

但南存辉的想法不同。做生意，有赚有亏，自己在什么也不懂的情况下开张，第一个月还能赚到35元，至少让他明白了一点：在这一行，自己可以立足。可几个合伙人并不认同他的观点，纷纷退股。说是退股，其实也没什么好退的，因为当初大家也没什么投入，加上又没赚到钱，因此只是声明不干了，各奔前程而去。南存辉从此独自支撑局面。

这时，胡成中的情况不错。他搞推销绩效好赚了点钱，也有了一定的渠道。但在推销过程中他认清了一个事实：推销员这个职业不被人尊重，产品又不受自己控制，前途不看好。如果自己办厂就不一样了，既掌握了产品主动权，利润也肯定比单做推销高。胡成中和一位朋友商量，加上弟弟也算一份，办起了求精开关厂，正式向工商部门注册了（不像南存辉，因为不够注册资金下限，开的是地下厂）。厂是办起来了，但他们遇到一个问题：三个人都是推销员，只懂得在外跑生意，既不懂生产也不懂管理，更没有技术。他们那时根本不可能知道世界上还有授权经营这种经营模式。在柳市，像胡成中这样的厂很多，不懂技术不怕，弄出一大堆废品照样可以卖钱。胡成中坚决不肯出次品、劣品，可他们又生产不出正品，不久，厂子便陷入了绝境。

那位朋友股东退股了。胡成中并不想让这间厂垮掉，就想到了南存辉，希望两人合作，将厂子办得大一些。这是一个较好的创业模式：南存辉有管理天赋，对技术也肯钻研，他主内抓生产管理是最好的选择；而胡成中呢，善于交际，喜欢在外面跑，又有推销经验，还有一定的客户资源，负责业务同样具有优势。两人的合作可谓珠联璧合、优势互补。

1984年，胡成中找到南存辉，两人一拍即合，各投资1.5万元，共同经营求精开关厂。南存辉抓生产及管理确实有一套，胡成中等在外跑业务，推销的是自家的产品，底气足了，业务更顺畅了。经营中，两人进一步认识到，质量是关键，品牌是保障。他们想创自己的品牌，便由胡成中出面，三次到上海，物色一个技术好的工程师。结果找到了上海人民电器厂的退休工程师王中江。

王中江提出，要抓质量就得有一个测试实验室。胡成中大包大揽，当即表示同意。南存辉精细一些，问建这样一个实验室需要多少钱。王中江说要30万。两位老板目瞪口呆。当时他们的总资产还不足10万，流动资金只有1万，去哪儿拿30万建一个测试实验室？这笔投资何时才能收回来？为此，两位老板第一次出现了意见分歧。因为胡成中坚持，南存辉碍于同学情面，最终也同意了，靠借高利贷创建了这间实验室。

此时是柳市电器最泛滥的时候，大量的劣质产品进入市场。劣质产品因材料、工序及做工等方面成本低，价格也低；优质产品则不同，别的不说，投资30万的实验室便会在产品价格中有所体现，价格自然要高些。在市场上，求精开关厂虽然有质量优势，却没有价格优势，经营状况反而远远不如别人。这是求精开关厂最艰难的时期。

后来，当越来越多的用户感到受了劣质产品的骗，胡成中见缝插针，接过市场，推出自己的优质产品。尤其在后来全国打击假冒伪劣抵制柳市电器时，胡成中仍然保有自己的客户。由于求精开关厂抓质量闻名，市里也想树这样的典型，对他们予以扶持。因此，当整个柳市电器遭遇巨大质量危机时，求精开关厂却迎来了大发展的机会。

90年代初，中央、省、市三级工作组进驻柳市打击假冒伪劣，很快发现充斥着劣质品的柳市电器市场竟然还有家企业拥有自己的测试实验室，这样的企业不扶持还扶持谁？借助这次机会，求精开关厂迅速成为电器生产的一线企业。到1991年，求精开关厂已经发展成为固定资产200万元，年产值1030万元的行业"领头羊"。

在南存辉与胡成中的合作结构中，南存辉对企业内部管理、生产调配等比较内行，而胡成中是搞推销起家的，对外交很有一套。在最初的合作中，这是一种有益的互补。但企业发展到一定程度后，随着创业初期基本矛盾的解决，双方的注意力开始集中到利益关系和企业进一步的发展问题上时，合作双方的主体意志就凸显出来，分歧和矛盾就不可避免。由于最初合作时两人各出1.5万元，只是属于凑份子模式，也没有明确的合约。即使以股份制形式看，这种股资均分从而股权也处于同等分割的状态，显然也不是理想的现代股份制模式，必然引起日后决策上的纷争等一系列麻烦。这也说明了温州早期股份合作模式的不够成熟，或者说真正的现代股份制还没有觉醒，这种合作仍然是家族制模式的投影。

南存辉与胡成中这对同学加好友最终选择的只能是分家。求精开关厂在当时乐清县委书记的提议和主持下一分为二。后来南存辉的厂发展成为正泰集团，胡成中则建立了德力西集团。两个企业都以中外合资的名义登上了发展的舞台，成为温州乃至全国低压电器行业的著名企业。

2001年3月，《温州晚报》推出"谁是温州青年的偶像"的大型调查，南存辉赫然当选，其他入选者包括薄熙来、雷锋、张艺谋等。人们给南存辉的评语是："中国新兴民营企业的代言人，温州人奋斗发家史的缩影。"他拥有太多的社会头衔：全国工商联常委、浙江省工商联副会长、浙江省乡镇企业协会副会长、温州市青联副主席、九届、十届全国人大代表，中国工业经济联合会主席团主席……此外，他还荣获"中国经营大师""中国十大杰出青年""中华十大管理英才""CCTV中国经济年度人物""可能影响21世纪的100位青年人物""浙江省劳动模范""浙江省十大杰出青年"等荣誉称号。

胡成中和他的德力西真正名扬天下是在2002年4月。在酒泉卫星发射中心低压电器供应招投标中，经过层层筛选，德力西在二十多家企业参加的竞标中以最高分中标。我国首次载人航天飞行，对产品质量的要求几近苛刻。胡成中为了实现产业报国的理想，决定攻克一个个技术难关，采用自己研制的组件，并果断采用航空专用润滑油替代了普通润滑油，解决了塑料外壳式断路器等产品的润滑油在超低温下可能会凝固的问题，使电器承受温差的范围扩大到了-200℃到-40℃。"神舟五号"发射成功以后，总装备部又与德力西签订协议，使其在今后5年内成为酒泉基地低压电器产品的唯一供应商。更有意思的是，初中辍学的胡成中竟被浙江大学聘为硕士研究生导师。

二　辞公职，闯市场

这是温州人创业的经典模式之二。前面提到过的从永嘉县委委员、城关镇委书记位置上辞职归商的叶康松可以作为其中的代表。从20世纪80年代开始，在改革开放和市场化大潮中，辞去公职，下海创业经商的温州人太多了，职位低的不用说，职位比叶康松高的也有。我们之所以认定叶康松下海的典型意义，一是作为全国第一个辞职下海经商的公务员，叶康松的行动可谓一石激起千层浪，对新形势下我国行政体制和干部人事制度的改革具有开拓示范作用——1987年5月，已转身为个体户身份的叶康松还被选为温州市人大常委，其积极的范例作用由此也可见一斑。二是下海经商的公务员多数都在利用自己以前积累的人脉关系，从事各项紧俏物资贸易，从中赚取高额利润。完全脱离此前关系经商的，叶康松是第一人，直到今天大概也属于少数人之一。这就进一步提升了其创业行为的现代文化价值。

现代社会的层级分化机制和由此形成的阶层结构之所以能够成为一种广为接受的社会理念和文化价值，关键在于通过这些机制和体制而形成的社会阶层结构具有开放性、合理性和公平性的本质特征，符合人类文明发展的方向。也就是说，在现代社会里，一个人的社会经济地位的获得或改善,不是依靠某些先赋、先决的条件,而主要应该取决于个体的能力和努力等后致性因素。在现代化水平高的社会,后致地位的获得机制和公平竞争得到社会的普遍认同,竞争的舆论和法制监控也相当完善。但在许多发展中国家,尤其是社会处于急剧变迁的时期,公平竞争机制尚未建立和完善,使得影响社会阶层分化和个人社会经济地位的因素变得相当复杂,导致众多社会成员不认可由此产生的阶层分化现实,以及产生对现有分化体系的怀疑,甚至也效法不合理的方式和手段去获取社会资源,从而进一步恶化竞争环境,造成风气败坏、价值混乱和社会失序。正是从这个角度来看,叶康松的个体奋斗成为这个时代创业文化和价值观的一个正面标本。

尽管作为一个范例,叶康松也得到了许多扶持。但总的说来,叶康松经商遇到过许多困难,有些是政策、人脉上的困难,有些是操作思想上的阻碍,也有些属于天灾人祸。

办水果试验场取得经验之后,叶康松又到苍南马站区承包了对虾养殖场。为了这个养殖场,他将在瓯北所赚的钱全部投了进去,还贷了些款,总投入达20万元。一开始形势一片大好,眼看就要获得丰收了,岂料1989年中秋节前一场巨大的海潮袭来,冲垮了塘堤,养殖场中的对虾全部被冲入大海,投资付诸东流。

在这次打击之后,叶康松获得了一次出国机会,他和妹夫谢正兄、温州农科所两位专家等7人一道前往美国,计划在那里发展农业。当时上海没有直达洛杉矶的航班,他们不得不取道旧金山。

到了美国后,他们着手注册公司,可连跑了5间法律事务所注册公司,人家嫌他们的注册资金太少,没有什么油水可捞,不愿承揽这单活。最后,他们找到规模很小的"张志明法律事务所",才总算注册成功。张志明是中国台湾人,大学毕业刚办事务所,叶康松是他所做的第一笔生意。这是温州人在海外注册的第一个民营公司。

叶康松注册的这个"美国康龙农业开发有限公司"规模很小,仅仅一张办公桌和一台电话,办公室里空空如也。

在美国,叶康松最初养鱼,后来空运香菇。因为本小,生意做不大,维护日常开销都很艰难。好在中国人出国大多有吃苦的准备,省吃俭用下来总算还能有点小小的积累。他和一个姓陈的中国台湾老板合股,各投资4万美元办种菇场。4万美元对于叶康松来说是一笔巨款,他自己根本拿不出这笔钱,其来源是靠家乡的朋友合股。

中国人种蘑菇是很普遍的，一般美国人不愿干这个，他们是瞅了这个空子。蘑菇的长势很好，眼看就能赚到钱了，岂料节外生枝。陈老板有个姓谢的朋友，也在洛杉矶种蘑菇，于此时兴风作浪，故意压低价格，抢走了市场。

叶康松本还想再努力一把以挽回损失，不料1991年下半年，洛杉矶发生白人警察殴打黑人事件，引发十几万黑人抗议游行乃至发生骚乱。社会动荡不安，市场极度萧条。在此情况下，叶康松被逼无奈，只好将自己的股份亏本转让。后来回想起来，他们可能早就盯上叶康松不了解美国的情况，又没有人脉关系，整个事情显然是个早就布好的局。

无路可走了，叶康松不能就这么回去。要知道，虽说资金是合股的，对温州人来说，赚了钱分红，天经地义，如果亏了钱，也要还本的。在此情况下，叶康松只好和妻子嘉妹一起到中国台湾人办的工厂打工，利用工余时间找商机。

差不多半年后他才得到一条信息：温州人生产的打火机开始返销日本市场，在欧美市场有一定销量。原来打火机市场一直被日本人和韩国人把持，可是温州人出奇招，以 1/10 的价格将日本商人打败，让他们不得不从温州进货。叶康松想，既然温州打火机可以占领日本市场，那也一定可以占领美国市场。他随后进行了一番调查，结果发现整个美国市场的打火机竟然全是温州产品，只不过是由温州出口日本贴上日本品牌再进入美国的。这样一转手，大笔的利润就被日本人赚走了。

即然温州打火机在美国有销路，他在温州又有关系，为什么不由自己来打开这个市场？

叶康松从温州运来了百万只打火机，投放到美国市场，可说是投石问路。人家日本品牌的打火机需要先付款后出货。叶康松反其道而行，采取寄卖的方式，将货摆在人家店里，卖出后才结账。许多大的经营店因为和日本厂商订有合约，不敢轻易接受其他人的供货，叶康松深知美国人的做生意原则，不去触动这些。但日本人不可能占领美国的所有店铺，只要和美国人没有约定的店，他便往里推销。此举在美国迅速引起了轰动效应，货是一样的，价钱却便宜很多。

由此，康龙公司在美国打开了市场，大批的集装箱装载着打火机运往美国。随后，叶康松在美国的达拉斯、纽约、芝加哥等地设立分公司。分别命名为"康锦""康绣""康中""康华"——锦绣中华。康龙公司因此更名为康龙集团,成为美国最大的防风打火机供应商。前面提到,叶康松最初弄到的那点资金在美国被骗了,那么后来他哪来的钱一下购进百万只打火机呢?说起来,这里有些做生意的小技巧。之前叶康松打听到产于美国威斯康辛州的花旗参在国内大受欢迎,于是向美国联邦农业部提出申请并获得许可,取得出口经营权,将美国花旗参运回温州,以货易货。

这之后,叶康松又开始新的动作,分别建立康松纽扣公司、康信国际有限公司、法律事务公司等几家公司,康龙集团成为集生产、贸易、投资、国际交流、旅游、咨询服务为一体的多功能跨国企业。

第二节 创业女子的独立追求

人们常用"雁山云影,瓯海潮踪,楠溪胜景,百岛风光"来形容温州特色的山水风光,但如果你稍加留意就会发觉,在这块富有魅力的土地上,与这自然美景交相辉映的还有一道特别亮丽的人文景观——那就是一群群穿梭在街头,忙活在店堂,奔波在商场里的"温州丽人"。她们大多娇小玲珑,打扮时尚,既不乏江南女子的端庄清柔,更增添了一份温州山水赋予的灵动秀气。如果不作进一步了解,或者不是因为看到她们的忙碌和精明,也许你会认为她们一定是一些养尊处优的富家小姐、太太,抑或不过是一些傍"大款"的角儿。错了,在这些柔媚外表下面,蕴藏的却是和男人一样爱打拼、会创业、敢闯天下,追求物质财富和人格上独立的"温州精神"。

改革开放以来,闻名遐迩的温州模式不仅造就了一大批敢为人先、叱咤风云的男性企业家,也造就了数以万计不让须眉的女老板。在商场上,温州的创业女性到处都是,她们与男人一样,不怕苦、不怕累、不怕挫折,总是勇敢而坚强地面对生意场上的起起落落,走自己想走的路。

一 人生独立在商场

一位杭州人娶了个温州妻子,高高兴兴地把她带到杭州,希望她能够安安稳稳地找个工作上班,生了孩子后就在家相夫教子。谁知,妻子到了杭州后,根本没有找工作的打算,反而是满大街找店面想要开店。

有人问一位大龄温州青年:"你不好好攒钱,将来怎么养活老婆孩子?"这位青年回答说:"温州老婆是不需要人养的,她们比男人还会赚钱。"此话虽有点"吃软饭"的嫌疑,却也道出了一个基本事实。并且,温州女人除了自己会赚钱,也能善待丈夫、孝敬公婆。不支持男人事业的温州女人,也是很少的。所以有一种说法,叫作温州女子最具"旺夫相"。

中国传统礼教给女性的人生定位是主内、持家,相夫教子,以至许多传统妇女终其一生足迹未达乡土以外,更遑论闯荡异域经商谋生。因而,在近代以来的妇女解放思潮里,传统女德与现代自由观念总是水火不容,似乎妇女要获得自由解放,就非得摒弃礼教束缚,乃至离夫弃子、离家出走,方为彻底。否则,则女性必不得独立,永远只能作家庭和男人的附庸。但鲁迅早就提出了"娜拉出走以后怎样"这一女性的"后解放"问题——如果"解放"了的女性连自食其力的能力都没有,那么这样的"解放"又有什么实际意义呢?其最终除了重新回来当"附庸"这条路,恐怕也就"削发"和"卖身"两种结局可供选择了。由此可见,女性解放的实质问题并不在是否摆脱家庭和传统伦理,而在是否能获得经济上的独立。正是在这个问题上,温州创业女子为广大女性朋友提供了一个完美的答案,她们将传统伦理观念和现代精神有机结合起来,不但下得厨房、上得厅堂,还能走四方、拓市场,把生意做到全国乃至世界各地。她们以女性特有的韧性,努力学习和实践,掌握创业技能,取得了与男人一样甚至超过男人的成就。她们以老板、妻子、母亲三位一体的形象,以及事业、家庭双向平衡的姿态展现在男人们面前,向世人阐释着女性独立的真谛。

哪里有市场,哪里就有温州人,当然也包括温州女人。

阿联酋的迪拜是海湾地区最具商业活力的大都市。在纳赛尔广场上的商业街,可以看见大大小小的商铺,其中当然也包括中国的商铺。中国人经营的商品种类繁多,包括鞋、眼镜、建材等。在这些中国商人中,最为耀眼的是一批来自浙江温州的女老板。这些被人们称为"女中豪杰"的温州女人,单从外表看个个都细腻温柔,很难把这些弱女子和叱咤商场的老板联系在一起。但据温州商会介绍,温州地区在迪拜以女性注册的公司有40多家,拥有资产多至上千万,少的也有三五百万。

闯荡国外市场,要克服的困难很多,首先必须掌握一个基本的交际工具——外语。虽然女人的语言天赋普遍胜于男士,但女性的学习动力和能力又往往不及男性。所以当问起她们在迪拜创业遇到的最大困难是什么时，这些温州女老板们竟然异口同声地说：是语言。刚到迪拜时，她们几乎一句英语都不会，当地人讲的阿拉伯语她们连一个字母都听不懂，而做生意又不能不和客户交流，没办法只有手里拿着快译通、计算器和外国客户交流。

做服装生意的老板娘今年40多岁，大家都喜欢称她为徐姐。她说："刚来迪拜时我就如同聋子、哑巴一样，根本没法和外国人交流，更别说做生意了，这样就影响了不少生意，自己只能偷偷地流泪。"但是生意场上不相信眼泪，她勉励自己，一定要学会英语。如今，她与客户交流已经没有语言障碍。

聪明又勤奋是温州女人的特点，她们依靠自己的努力，学会了外语，克服各种各样的困难，把生意越做越大。

有人说，女人干得好不如嫁得好。但是这些在迪拜做生意的温州妇女却另有一番看法，她们认为：只有干得好才能嫁得好。

在阿拉伯国家，女性出门做生意常常不被人理解，会遭受到一些不礼貌的语言挑衅，但是她们凭借坚韧不拔的意志和勤劳诚信的态度，用自己的人格魅力赢得了生意，赢得了外国人的尊敬。

她们中的很多人在迪拜已经生活了多年，有的人孩子也已进入迪拜的学校。她们在迪拜这块处处充满商机的土地上，以温州人特有的敏锐触角不断地捕捉着商业机会并辛勤劳作。她们很想告诉希望出国经商的姐妹们，首先要树立自强自立、自尊自爱的精神，依靠自己的辛勤劳动为中国和驻在国创造财富，把中国妇女勤劳善良的美德传播到世界各地。

二 谁云女子见识短

传统家庭伦理在话语权上给女性的规定是"夫唱妇随"——实际上这是话语权的剥夺。而长期以来女性被迫"失语"的后果是导致人们普遍认为女性相对于男性而言具有先天的智商缺陷，于是就有了"头发长、见识短"的歧视观点——而有相当一部分女性也作了这样的自我认同，从而为其不思进取的依赖性生活找到了心理支撑。

温州女性创业者有自己的追求，因此不喜欢寻找自欺欺人的借口。她们喜欢像男人一样创业，而且在商智方面不仅不逊色于男人，还有其作为女性特有的触角和细腻周到之处，往往为男人所不及。

1991年，祁雅香带着5万元钱，携夫挈子，从温州到成都创业。最初,她只是把从家乡带来的纽扣和皮具代理批发给染坊街的商家。不久,代表当时成都时尚先锋的人民商场新楼落成重新开张,从过去的专柜形式开辟出了自选厅模式。祁雅香饶有兴致地走进儿童服装区。没想到这一看,就让她看到了其中的商机:这里的童装、童鞋种类很少,而且款式、花色、布料大都千篇一律,就是这点东西也几乎全是从外地进来的。"现在年轻的妈妈都希望自己的孩子穿得漂漂亮亮的,谁不愿意为孩子花钱?"祁雅香这样想着,转而就和丈夫四处筹钱,准备在成都经营童装。筹得了50万元储备资金后,开始联系全国各地著名的童装厂商,希望可以获得品牌代理资格。

但困难接踵而来。听了她的提货计划,有些厂商的头摇得很坚决,潜台词是:你的实力不够强,能力还不够大。祁雅香只能与厂家谈判。一方面,靠省吃俭用,用尽量多的资金来扩大货源;另一方面,力争在速度上取胜,"没有犹豫的机会,心动不如行动,你不够快,就会被淘汰"。祁雅香总是力求一周内要把货运到成都,两周内要上柜。而在这期间,又要赶在周六之前将货摆上柜台,因为周六逛街的人最多。

渐渐地,从人民商场,到轻工大厦,再到百货大楼,祁雅香的生意扩展到了七八个专柜。"让顾客快速买到衣服穿,满足他们的消费需求,你也能快速成功。"

如前所述,温州女人往往是现代和传统的结合体。她们有自己独立的事业追求,她们选择了商海拼搏,但不会以放弃家庭为代价。男人是她们的脸面,家庭和孩子是她们的寄托。事业发达,家庭幸福,这才是她们心目中成功的目标。所以不管生意上如何忙、怎么累,回到家里还是力求要当好妻子和母亲的角色。祁雅香很多时候到晚上12点还没有做完手头的事,而早上6点又要起床,用自行车送儿子去幼儿园,回头再骑车到仓库拿货到商场。下午,又要按时去接孩子,回家做饭。

许多不愿承担家庭义务的人总是把这些琐事与自己所谓的"大事"对立起来,为偷懒和逃避责任制造借口。祁雅香则不然,她既干经商事业,也做家务琐事,并且能将两者巧妙地糅合起来,把商人的精明、母亲的关爱、女人的细心整合为独特的营销方式。比如,她在送孩子上学时,就顺便考察市场——跟幼儿园的老师和年轻妈妈聊天。"大家都有孩子,就当是交流心得,顺便还能知道她们需要什么样的服装。"麦当劳和肯德基在成都开业后,她周末就带娃娃去,顺便看看孩子们现在流行穿什么。

为了能和儿子形成互动，她积极参与学校的活动。如到了"六一"儿童节，她会和老师一起策划节目，选定表演的服装。而她所代理的品牌服装这时候就派上了用场。家长一摸料子："哎，手感多舒服的嘛，在哪里买的哦？"老师告知："太平洋。"而祁雅香就是该品牌服装的四川总代理。祁雅香参加这些活动，主要是为了从"内部"打入市场。难怪她在代理"太平洋"童装时，单个服装品牌每天的销售额一度就高达几万元。

祁雅香认为，在决定儿童用品消费上，年轻妈妈的因素要占七成，而娃娃则占三成。舒适度是母亲选择东西的首要因素，其次是价格。而她所代理的品牌，价格都在100元左右，物美但价格也并不是特别贵，很受白领和老板们的追捧。和年轻妈妈接触多了，从买主变成了朋友，她发现这些朋友大多对品牌有着极强的忠诚度。

为考察服装品牌在国外的运作情况，她出国到意大利米兰、法国巴黎、英国伦敦等时装之都现场考察，这让她看到了品牌女装的市场前景。"成都人的意识逐渐觉醒了，成都女孩子漂亮，骨子里就有时尚基因。"1994年，她开始转向，从以前代理儿童服装转向做品牌女装代理。

"以前是买进一元钱，能卖出1.2元就行了，有货就进，能卖差价就好。"而做了品牌女装后，她的算盘打精了，不光是卖商品，还要卖服务、卖信息。因此在内部，她开始培养员工，以提高品牌服务的质量；在货源后方，她主动向厂商提供市场信息，帮助厂家生产出适合市场的产品。"以前是有什么货就进什么。大家一起发棉袄，在东北适用，在成都也一样。但现在就未必是这样。"

祁雅香的品牌女装生意越做越大。到1997年，她已掌握了8个国内外知名女装品牌的代理。而这些品牌，已逐渐进入成都王府井、仁和春天等大商场。这对她生意额的提高，绝非"翻了几番"就能代表的。

2001年，祁雅香又开始转做男装代理。因为她发现，以前成都男人穿着太随意，缺乏品位，当时也没有一个叫得响的品牌。这位贤妻良母说："成都的男人也需要一个细致的女人为他们服务，需要一个女人来关心、打扮他们。"在她的带动下，包括二级市场，成都现在已有上千个男装品牌。

祁雅香的资产规模越来越大，她把公司一分为二，自己抓高档男装的代理，丈夫则在另一家公司主管荷花池和二级市场的服装生意。"就是要做专，等时机成熟了，我会引入一些世界顶级品牌。"后来，她干脆又请了职业经理人，她终于明白，经营管理一个公司，请别人帮"理"，自己"管"好就行了。

从纽扣、皮具批发生意做起，到童装批发代理，再到做品牌女装和男装的代理，祁雅香不断尝试，挑战风险，逐步积累起自己的经济基础，也实现了自己的"话语权"。

美国华裔企业家林敏芝也与祁雅香一样具有敏锐的商智和迅速的行动能力。1982年，她把两个女儿留在了家中，毅然赴美打工。当时，她买机票的钱都是借的，靠的就是这种背水一战的胆识。刚到美国时，林敏芝先在车衣厂和餐馆打工。但一年后，林敏芝的"梨园"餐馆诞生了。紧接着，林敏芝分别在布鲁克林闹市区和曼哈顿的时代广场开了两家百货礼品店。

1986年，林敏芝考下了地产执照，开始介入地产界。1997年，一个机会出现在了林敏芝的眼前。当时，林敏芝得知，一个名叫河头镇的地方有一家旅馆要拍卖。那家旅馆有56个房间，是当地最破旧的旅馆。但是，精明的林敏芝却看到了与别人不一样的东西：旅馆旁边有美丽的风景！旅馆附近有名牌商品专卖店一条街！正是这两个优势使林敏芝认为，这里可以打造成一家环境优雅的度假酒店。

于是，林敏芝及时地抓住了机遇。她首先在警察的协助下清理走了住在旅馆里的流浪汉们。然后，一把火烧掉了全部的家具和地毯。最后，林敏芝花了100万美元重新装修旅馆，把旅馆打造成了小镇上最好的"绿景"旅馆。

如今，林敏芝不仅拥有绿景旅馆，创建了华美地产公司，还担任纽约第一百货公司的董事长兼总经理，并被授予"首届美国50位杰出华裔企业家"称号。

三 历经磨砺显本色

商场如战场，创业之途能够收获成功，也要时刻准备面临挫折和困顿。在这里，命运之神不会因为你女性的"性别优势"而给予格外开恩。

贾和芬，温州诺丰贸易有限公司董事长，一个三十而立的年轻女人，一位温州新生代女老板。1994年职高毕业后，经学校的择优推荐，她到了浙江远洋国际贸易公司做营销员，表现出色的她一干就是6年，在这个过程中她有了自己幸福的家庭和可爱的女儿。

但贾和芬也不是一个安于现状的温州女人。6年时间，她不是漫无目的地混过来的。一方面，她通过工作积累了丰富的外贸经验；另一方面，接触国际业务越多，她越感到需要不断提高英语水平。于是通过成人高考参加英语函授学习，并且经同学介绍，与一位漂亮的英国姑娘ANNE结识。通过与ANNE的密切交往，她的英语水平得以飞速提高，乃至后来出国到意大利签证面试时，用英语对话顺利通过。

2000年10月，贾和芬感觉自己的翅膀硬了，她离开了原有的岗位，去寻找属于自己的天空。

贾和芬是个有耐心的人。她很想开一家属于自己的公司，可是一定要弄清楚自己究竟要开一家什么样的公司。于是，她把自己的角色转换成一个实习生，到一家眼镜公司去实习体验。在短短的三个月时间里，她获得两次深刻的感受。一次是广交会，让她更加树立产品出口的信心；另一次则是有幸参加东南亚的展览，使她第一次跨出国门，学习到更多的东西。

她非常珍惜参加东南亚展览的机会，准备非常充分。一本笔记本和一支笔是用来记录旅途15天的所见所闻的，包里还装了父亲办的公司生产的开瓶器产品的资料，期待更多地了解市场。每天，她都利用空余的时间去跑商场，她发现眼镜行业不是很对口，于是拿着开瓶器的目录按图索骥找商场。当她一次次向商场老板推销开瓶器时，她一次次用心体验自己的业务能力，感觉到市场就在那里。回国后，她有目标了，认为以开瓶器为突破口推出系列厨具不失为一个好的机遇。她向父亲寻求支持，开明的父亲一口答应了。原因是父亲的产品是通过贸易公司出口的，价格压得很低，企业生存日益吃力，正想着转型，贾和芬以外贸公司的名义考察了义乌、永康、东阳等五金之乡的企业，吸取了他人的成功经验，感觉以开瓶器为突破口推出系列厨具的产品组合没有问题。2001年，温州市禾丰厨具有限公司成立，贾和芬开始拉起旗帜开创自己的经营领域了。

贾和芬的第一个想法是借广交会拉开自己事业的帷幕。她很快花了6万元购买了广交会的半个摊位，就这样单枪匹马冲锋去了。展览会上，她非常有激情地向国内外客商介绍自己的产品，但原本期待满载而归的她却吃了一记重重的闷棍：几天下来没有接到一个订单，甚至是三个月后也一无所获，老外只是通过邮件问这问那，但并不下单。好强的她开始觉得沮丧：是不是自己下海过早？是不是专业水平不够？公司的开支怎么办？好在父亲说了一句：万事开头难，爸爸的企业还是能养活你的外贸公司的。

正在进退两难的时候，这一年已经走到了终点。那年除夕，百无聊赖的她正准备回家过年时，突然收到一份来自以色列的传真，要求发货，并答应先付 8000 美元定金。她回忆说："我简直不敢相信眼前的事实，立刻打电话给客户，直到客户确认，我的心还是久久不能平静。记得那天激动地跟对方通过邮件沟通交货细节，连年夜饭也顾不上吃了！"她至今非常感谢以色列的这位客户，在以后的交往中，她说："没有你的第一个订单就没有我的今天。"那位客户也非常感动，每一次广交会上，不管有没有下订单都会过来坐坐，向她提供不少的信息和建议。而只要有订单，贾和芬一定会以最好的产品、最实惠的价格作为回报。

为了给自己一个奖励，新年过后，她买了一辆跑车，预示着事业的征程开始起跑了，同时将办公室搬到父亲的厂里，和父亲的企业做了合并。

经过磨炼的她逐渐成就了大将风度。2002 年，她和父亲一起参加广交会时，惊闻租过来的厂房起火了，父亲急忙赶回，而她很镇定，留守广交会照样谈笑风生接单。因为火灾，厂里只剩两三台机器，但这并没有难倒她，之后，她租用一个更大的厂房进行生产，下半年购买了属于自己的厂房，一切都围绕这既定的大方向一步步前行。

贾和芬和所有会持家的女人一样，深知要把钱用到刀刃上。在公司上班的那段时间，尽管家庭条件殷实，但并不乱花费。如今，尽管企业朝着阳光地带稳步前行，但流动资金依然要用在刀刃上。她想去欧洲市场参加展览会，在舍不得买摊位的前提下决定一个人去碰碰运气。她随身携带的箱子，和自身的重量几乎是一样的，箱子里装满样品，有 90 来斤重，这一路的艰辛可想而知。

展览会上有许多温州人，她以观展的理由去了，由于会英语，每天帮助老乡招待客人。有一位老乡在展览两天之后见没有生意就收拾东西逛市场去了，希望她代看一下，有意向的可以给发个资料。贾和芬这时候小心翼翼地问："能不能摆一点我自己的产品？"老乡说："当然可以，那你的产品呢？"她把包打开时，老乡向她竖起大拇指笑笑，走了。

奇怪的是，摊子交给她以后，她的订单就不断地来了，最后带来的样品都卖光了，自己该去选购国外的新样品带回国了。

公司的产品出口集中在欧洲，2005 年 1 月，她想拓展欧洲市场。由于自己没有当地的身份证，委托亲戚在佛罗伦萨火车站一带租了一个店铺，光前期的费用就达到 10 万欧元。

想着大干一场的她组织了一个集装箱的货。然而，接踵而来的困难却出乎意料。

她依然是一个人出去，到了意大利佛罗伦萨，急着要给店面装修，跟小商贩一打交道就吃亏了。原来以为英语是通用语言，可那边的人喜欢讲意大利语，她的英语使不上劲。商务签证只有半年时间，眼睁睁看着时间在飞逝，她心急火燎一边是没日没夜地装修，一边就抽空学意大利语。半个月后，店铺终于开张了，虽然来的人很多，可是都是做零售的客商，而自己是要做批发的，不然一个集装箱何时才能"消灭"呢？她想过马上打道回府，可巨大的损失怎么办呢？企业不能因为自己的盲目举措而背上沉重的负担啊。

贾和芬决定直面现实，可生活的困难是无法形容的。为了省钱，在两三个平方米大的卫生间里硬是摆上一套厨具自己做饭，大米要两三个欧元一斤，这顿吃不了就留到下顿吃；去超市买点菜总要吃上个三五天；由于佛罗伦萨房子太贵，她在另一个小城租房子，每天晚上过去要坐半个小时的火车，再加15分钟的步行。一个朋友的父母在佛罗伦萨，知道她的情况后那位母亲拉着她的手流着眼泪说："孩子，你太辛苦了！"朋友的父亲则经常把煮好的咖啡送到店里，时不时地鼓励她，让她感受到亲人般的温暖。

但是，产品不卖出去，再辛苦也没有用。她决定改变方式，主动上门推销。每天她把上百斤的货放在推车上，或坐火车或坐汽车，更多的时候是步行去找批发商。批发商的量不是很大，她一件一件地推销，常常累得喘不过气来。5个月过去了，70%的产品已经在她勤劳的脚步声里销售出去了。商务签证的时间快到了，她把店铺转租出去，要求用7天时间做最后的努力。她贴出大削价的广告，幸运的是生意很好，一天能卖好几千欧元。

回国一计算，这一趟，总共亏了2万欧元，人瘦了一圈。但乐观的她却认为这是一笔财富，除了知道自己接下来该做什么不该做什么以外，多了与困难斗争的勇气。

爱美是女人的天性，时尚产业是每个女企业家所向往的。也就是这次意大利痛苦之行，让贾和芬打开了事业的另一扇窗子。在佛罗伦萨，有一天她在逛商场时，对百年手表品牌GUESS感到着迷，而且总是发觉欧洲时尚人士对GUESS情有独钟，当时她的心里就开始沸腾开来了：回国也搞一个代理做做。

回国后，贾和芬与两个好朋友一合计，大家的眼光高度一致，决定三个人联手一起做。2005年下半年，她们就去GUESS上海总部商谈，三个人不约而同地佩戴GUESS，给对方老总留下深刻的印象。由于要求代理的人太多，那一次并没有直接拿下。三个美丽聪明的合作者拿出了自己的手段：第二次去上海，带去了详细的市场调查报告；第三次去时，正好上海GUESS专卖店开业，三个人一口气买了十几只手表，成为上海GUESS专卖店第一个最大的零售客户。一年后，GUESS温州代理成功拿下，GUESS相继进入温州的高档商场，价位从1000元至15000元不等，市场局面逐渐打开。

2005年12月，三位女友还联合成立了诺丰贸易有限公司，自创了一个女装品牌"雅丰仕女"。贾和芬告诉记者一个秘密：她正在和多个国际品牌谈代理，这一路在国外市场的跌打摸滚，风风雨雨，自己最爱的是国际经典时尚，今后，她会将时尚产业的经营进行到底。

经历了创业磨砺的温州女人会变得更加成熟、聪慧和自信，她们对创业还是那样满怀激情和憧憬，这种良好的创业心态正是她们走向成功必不可少的素质保证。

第三节 创业学子的"兼业"选择

在高等教育精英化的年代，大学生是"天之骄子"，考上大学就意味着捧定了国家给予的"铁饭碗"，因此创业只是属于那些无缘于高等学府，也成不了"国家干部"者的无奈之举。而随着高等教育大众化的到来，大学毕业生的就业难已经成为一个严峻的社会问题。缺乏独立性，动手实践能力差，没有实际工作经验，成了中国高校毕业生的就业软肋。

然而，温州人的经商创业意识根深蒂固，已经成为一种文化基因，代代遗传，超越了年龄、身份、地位、文化层次的定位。因此，即使在精英教育时代，温州的一些学子也并不十分在乎那个已经定制好的"铁饭碗"。他们秉承耕读文化中的"兼业"模式，往往在学生时代就开始了"不务正业"的自主创业，走上了工（商）、学结合的道路，至于后来干脆抛弃"干部"身份，辞职下海创业的就更多。

一 推销能手，商性才智

我们在前面第三章第一节中提到的那个从小就懂得生意经的方德华，后来考到了杭州师范学院，他一边读书，一边还是盘算着他的生意经。他在校园里摆小摊卖书、卖文具、卖邮票，为同学联系家教，成功了就收取中介费。1984年的一天，他在宿舍里不小心撞翻了热水瓶，瓶胆爆碎了。看着漂亮的热水瓶外壳，方德华心里突然有了赚钱的灵感：学校里撞翻热水瓶的事太常见了，男生宿舍哪个不是杂乱无章，即使相对整洁的女生宿舍，磕磕碰碰总也免不了。由于商店一般只卖整个的热水瓶，不专门配瓶胆，因此瓶胆爆了，同学们只好连外壳一起扔掉。这多可惜啊！如果自己能弄来瓶胆卖给打翻热水瓶的同学，让他们省一点钱，肯定会受欢迎。方德华这么一想喜不自禁，就马上去订购了50个热水瓶胆。白天课后他就在食堂门口摆摊，晚上则在宿舍里等"客户"上门，当天就把50个瓶胆卖光了。

接下来的两年里，方德华扩大了推销范围，他按期订购大量热水瓶胆，然后跑遍杭州所有的大中专院校，还在每个学校委托学生代理销售。在促销尚未被人们充分认识的20世纪80年代，方德华还想到了一种在当时来讲很超前的手段：他向买瓶胆的同学保证，两天之内瓶胆破了，可以免费换一个。自然，瓶胆两天内破碎的概率很小，而同学们素质普遍较高，故意搞破瓶胆而特意前来耍赖使刁的可能性也不会太大。因而这个售后保证对方德华并不会构成多大威胁，而对同学来说，买瓶胆的同时还带回了一个保证，尽管只有两天的期限，却有着一种精神上的安慰。他们觉得既新鲜又放心。

除了卖东西，方德华还以宿舍为基地成立了一个家教中心。他贴海报、做宣传、当中介，为校外的主顾找家教，同时也是为自己的同学找活干，业务十分繁忙。

1986年，当方德华毕业时，他的积蓄已超过了1万元（注意，那时大学毕业参加工作，转正后的月工资为70元左右，"奖金"的概念还没有出现）。别的同学都在为分配工作而焦虑，方德华却烦忧全无。他已决定下海从商，去实现自己的创富梦想。

有人说方德华是天才商人，对赚钱具有特殊的感觉，在他身上体现了早期创业的温州人的某种共性。那么，同样在第三章中提到的那个在学校附近开时装屋的山西财大温州女生林影，则是新一代学子自觉创业的典型。他（她）们开始从原初性的商品推销走向企业经营，从比较单纯的赚钱动机发展到自我锻炼和人生磨砺的目的，或者说从资本积累型走向经验和能力积累型。从中我们可以看出，温州学子创业所呈现的发展趋势，正是时代发展的必然要求，可与温州创业文化的发展互为印证。

二 富娃创业，体验价值

温州大学生活区原 E 区的一家名为"Ehome"的瘦肉丸店内经常是人声鼎沸。同学们都知道这里有味道鲜美的"阿呆瘦肉丸"。而创立和经营"阿呆瘦肉丸"的是三名女生。

陈晴晴因为卖瘦肉丸，被同学们戏称为"陈阿呆""瘦肉丸妹"，当然最让人费解的还是"开跑车的打工妹"——因为 2010 年夏季一个暴雨的晚上，她居然左手提着一大袋肉，右手挈了一大袋芹菜，卷着裤腿狼狈地从一辆黄色跑车上下来，被一群男生"笑"了。确实有点"古怪"，大一的时候她还是个每月能"挥霍"掉两万元的"大小姐"，后来开了瘦肉丸店，居然会 5 毛、1 块钱地向大家去讨要，这前后迥异的表现是否有点"人格分裂"？这位乐清的女生说：比起"挥霍"的日子，我更喜欢现在一步一个脚印地靠自己的双手去创业的感觉。5 毛钱是对我劳动的尊重，5 毛钱给我带来的价值感和幸福感远远超过花钱如流水的快感。

开店的缘由很简单，因为一天晚上，陈晴晴、叶雯雯两位女生饿得慌，就去找吃的，好不容易找到了一碗瘦肉丸，一吃觉得味道不好。想到所在的 E 区竟还没有像瘦肉丸这样易做易熟的速食小吃，何不自己动手开一家？她们就相中了一处只有 17 平方米，但位置较好的地方。2009 年 11 月，陈晴晴和同学叶雯雯一起经过 3 天 3 夜的竞标准备，以最接近标底的标价成功中标她们足足等了两个月才让学校同意"让店"的第一家店面，成功地开出了"阿呆瘦肉丸店"。开始的时候原料从别人处进货，每月净赚 9000 元，但仔细核算后发现，供货商从她们这里赚走的也有这么多。为了降低成本，她们"闭门" 3 天，研究自己配方"和肉"。新品推出，生意一下"火"了起来，天冷的月份可以净赚两万。2010 年 6 月，D 区也有了"阿呆瘦肉丸"，店面达 60 平方米，这是另一位女生邵麟淇加盟到团队中来了。到了 2011 年 6 月，她们已经成功经营 4 家瘦肉丸店，仅 E 区一家一年的净利润就达到了 20 万元。9 月，她们又将 4 家店面全新装修，并申请注册"阿呆瘦肉丸"商标，实行连锁加盟式经营。

在瘦肉丸盈利的基础上，她们又于 2011 年 4 月创办了翰缘文化传播有限公司，创造利润 200 万元，并投资 500 万成立了茶山高教园区第一个大型数码城，占地达 600 平方米。"翰缘"计划扩招人员，以梦想创业的女生为主，组队负责已有的 20 多个项目，其中包括数码城的二期招商活动。"翰缘"还联合另一学子创业的公司"凯乐斯"分别出资 25 万和 50 万，成立温大城市学院"学子创业基金会"，帮助学弟学妹们"孵化"创业梦想。①

三 网络新贵，创业"新星"

有研究者指出，温州人的创业经济存在普遍的"代际锁定"现象，即两代或几代不同的人由于秉承相同的历史文化禀赋和商业文化背景，拥有的各种资源、地方知识和生产技术也基本相同，因而只能从事相同的经营活动，依赖相同的市场网络，采用相同的经营方式方法。② 通俗地说，就是子承父业，陈陈相因，代代相传。温州的第一代创业者们普遍缺乏现代意义上的知识背景，因而大多只能从事被现在称为低、小、散的产业，靠模仿和特定时期的市场机遇起家。而如今这样的初级市场的机遇期已不再，温州的产业也面临升级转型的压力，温州的第二代、第三代创业者会做出怎样的选择？显然，与第一代相比，第二、第三代创业者普遍接受过较高的教育，整体知识背景已经完全不同。我们从近年来高校学子创业的现象中就不难窥探到若干信息。

如今，随着信息化和知识经济的风靡，高校学子的创业在不断走向自觉历练、自我实现的同时，更呈现出越来越高的知识、技能和文化层次。温州的创业环境，学校育人理念的转变，也给大学生自主创业提供了很好的支撑。学子创业，不再是校园"异类"，而是学以致用的典范，乃至学校品牌建设的亮点。近年来，温州高校中就涌现了一批紧跟时代发展节奏的创业学子。其中尤为值得一提的是白炳卫、丁鸣奇、陈建海等人。

白炳卫是温州大学城市学院学生，温大有名的"校园新贵"，学生百

---

① 参见《开跑车卖瘦肉丸的女大学生》，《温州商报》2011 年 9 月 20 日第 23 版。
② 参见史晋川《温州模式的历史制度分析——从人格化交易与非人格化交易视角的观察》，《浙江社会科学》2004 年第 2 期。

万富翁。

白炳卫的创业设想最早萌发于高中时代。他18岁那年，因为高考失利进入平阳县城的高复班就读，和所有同龄人一样，那时候的白炳卫也迷上了街头网吧的传奇游戏。游戏玩多了，有时他会萌发一个念头，要是把这部游戏添加些情节和故事，再搬上银幕给热爱网游的网友观看该有多好。

有梦想就必须付诸行动，白炳卫不想依靠家人。周末回家，白炳卫向当教师的父母郑重宣布："从今天起，你们不要再给我一分钱生活费，我要靠自己的能力养活自己。"白炳卫的这番话让父母多少有点感到惊讶，但是思想开明的父母还是欣赏儿子这种处事态度，他们也鼓励他去做些尝试。

万事开头难。少了家里的一切经济援助后，为了生存，白炳卫每天都到学校附近的一家餐馆做洗碗工，每天他都要花几个小时洗那些油腻的碗盘。干完活回宿舍两只手通常酸痛难当。虽然他干活相当卖力，但挑剔的老板却总是看他不顺眼，一个月后他从老板手里拿到二百元工资，老板冷冰冰地通知他："你碗洗不干净，以后不用来这儿上班了。"

"失业"后的白炳卫开始琢磨靠特长赚钱。那时《传奇》网络游戏在国内相当火爆，不少玩家甚至甘愿出钱让人替他们代练游戏，白炳卫找到一家网吧揽到代练的活，两个月后，他就赚到了几千元钱。

他把赚到的钱投资买了一部电脑，加上自己原有的那部旧电脑，白炳卫开始当起了老板。他以月薪800元聘请了两个高中生替他打代练游戏，自己则利用空闲时间去揽业务。半年后，白炳卫的一张存折上已经有了几万元的积蓄。此后不久，白炳卫老家附近的水头镇因为台风发大水，不少家庭家具都被洪水泡坏。白炳卫从洪水里嗅到商机，他拿出所有的钱到苍南县城买回一批家具，结果所有家具很快销售一空，白炳卫这回又赚到几万元的资金。

19岁那年夏天，白炳卫考上了温州大学城市学院风险投资专业，此时他已经是一个腰缠10万元的"校园富翁"。大学校园几乎每个学生都有电脑，他直觉这里大有财富可挖。白炳卫和几个志趣相投的同学创办了浩鑫电脑科技有限公司，以经营电脑配件及电器设备为主。几个合伙人中，因为白炳卫所持股份最大，他顺理成章地成为公司的法定代表人和总经理。

浩鑫电脑科技有限公司办了一年后，因为合伙人投资意向出现分歧，公司随即解体关门。但是由于公司生意做得还算顺利，结算时白炳卫投资的钱没有亏还略有盈余。白炳卫又开始单打独干，他仔细观察茶山大学城的投资环境，发觉这座容纳5万多名学生的大学城里，还没有一家上档次的酒吧供大学生消遣娱乐。不久，一家占地500平方米，名为"凯乐"的酒吧，出现在大学城的繁华路段上。这次创办酒吧对白炳卫来说可谓是一次挑战，因为资金的严重不足，白炳卫除了交清房东一年的租金，其他装潢和设备都是靠他磨破嘴皮赊来的。酒吧一共投入了40多万元，开业那天白炳卫算了一下，不由吓了一跳，自己足足欠下30万元的外债。由于眼光独到，酒吧生意自开业后出奇地好。"半年时间就赚了40万元，所有外债一下子就还清了。"白炳卫回忆说。从酒吧赚到钱后，白炳卫又仿照网上订购、交易的模式，在家里创办一个名为GMAEgirl的韩式女装专卖店，他通过网上从韩国那里买来服装款式的设计图案，再委托国内服装厂加工成品，然后再进行网上销售。由于白炳卫选择的服饰式样独特，面料好，价格适中，他销售的女装在网上很受消费者的青睐，仅仅三个月时间他靠卖服装就赚了50万元。

20岁那年，白炳卫个人资产已蹿到百万元，这位"校园新贵"买了一辆黑色的本田雅阁小汽车。

成为百万富翁的白炳卫并不满足，创业征途中，他最初那个把《传奇》搬上银幕的梦想不时在他脑海里闪现。一次，白炳卫在电脑上浏览一个叫"影通"的网站，这家网站专门刊登一些网络写手创作的小说，这时一部名为《传奇三部曲之沙巴克》的小说把他给深深地吸引住了，这部源自传奇的网络小说与他最初的梦想竟是如此地不谋而合！白炳卫激动地读完这部小说，最后他拍板"拍电影的剧本就是这个了"。之后，白炳卫一面通过"影通"与作者商量版权收购事项，一面找人合作拍这部以《传奇》命名的国内首部网游魔幻电影。白炳卫寻遍温州，不知找了多少大公司老总，但是人家一听拍电影投资要上亿元，很多人认为他是异想天开，有的甚至还把他当作乳臭未干的小孩，劝他还是放弃这样荒唐的念头，好好去干点实事。虽然处处碰壁，但白炳卫并不气馁，通过调查他发现中国《传奇》游戏有一亿多的玩家记录，如果把《传奇》中的虚拟世界搬上银幕，他相信会有很多游戏玩家去争睹这部影片的。

2007年6月，白炳卫个人投资了300多万元与两个同学创办了"温州凯乐斯文化传播有限公司"，这是一家以经营和推广中国网络文化、开发电影相关产业的公司。

2007年7月25日，一则爆炸性新闻在温州大学迅速传开。该校城市学院大三学生白炳卫创办的温州凯乐斯文化传播有限公司花了50万元买下了一部网游小说《传奇三部曲》的版权，并准备将此改编后搬上银幕，打造国内第一部网游魔幻色彩电影。由于投资理念崭新，已有不少影视专业人才加盟他的企业。而且这部电影的投资情况经过宣传运作后，已有不少温州商人有意出巨资参与制作。

温州大学城市学院党委书记王定福说："白炳卫同学的创业事迹是温州大学创业教育的典范，更难能可贵的是，他的创业并未影响学业。学校将对他的公司提供更多有力的支持。"

丁鸣奇则是浙江工贸职业技术学院学生。2006年2月，他发现温州还没有大学生创办的期刊，认为这是温州期刊市场的一个空缺。于是他将创业目标定位在期刊上，创办了"致远文化传播工作室"。但由于成本和销量的问题，他创办的期刊夭折了。2006年7月，不甘失败的丁鸣奇重组工作室，更名为"音速网络科技工作室"，并与软件专业同学合作，重组团队，从事软件开发和网站制作。工作室运营三个月，营业额达140万，纯利润21万。2006年12月他们注册成立了"温州音速网络科技有限公司"，成功开发了学生公寓管理系统、学生综合考评系统、NetDuke下载器、分销管理系统软件和DoDo Player播放器等项目。

丁鸣奇的公司坐落在浙江工贸职业技术学院内的温州市大学生科技创业园里。丁鸣奇读大二时，正逢大学生科技创业园在招募学生入园，经过两轮严格的专家评审，他和同年级软件专业的徐联仁联手，从众多报名者中胜出，成功"杀入"创业园区。入园后，丁鸣奇和徐联仁刻苦研发软件、设计网页，工作室的规模不断壮大，有了10多名工作人员，这些工作人员同样是在校大学生，来自不同的年级和专业，他们是给丁鸣奇和徐联仁"打工"的。

由于他们的不俗成绩，在2007年浙江省大学生"创业之星"评选活动中，丁鸣奇同学荣获"最具潜质创业之星"称号。

陈建海2002年从温州职业技术学院计算机应用专业毕业后也当过小半年的老板，但很快失败。而后又到温州多家公司打工。2004年终于开起了自己的公司，现在在宁波做得有声有色。

在校期间，陈建海便有过两次创业经历。他和同学一起成立过工作室，办过当时温州第一本网络杂志。2002年从学校毕业后他想继续创业，但因为经验不足、人员和业务不稳定等原因没有成立实体公司，老板梦很快就破碎了。陈建海说，自己当时考虑了很久，最后还是决定先去公司里打工，看看别人是怎么做公司的。于是从2002年到2004年，陈建海辗转在几家IT软件公司就职，一边工作一边关注公司的运作情况。因为工作成绩不错，陈建海还担任几家公司的技术经理。陈建海说："但这毕竟是为别人打工，我心想有机会一定自己做老板。""也许这还与温州的氛围有关，那里创业的人特别多，到今年为止，我们班大概有一半同学在创业吧。"

2004年，陈建海终于跳出别人的公司，开起了自己的公司，并把公司发展到宁波，叫作"宁波海讯信息科技有限公司"。经过3年的发展，公司创建的"宁波都市网"已在商家和老百姓中小有名气。公司旗下还经营着"中国塑机交易网""中城在线网"等多个网站，发展平稳。陈建海考虑的重点已不再是如何生存下去的问题了，他也从原来业务、技术、财务全面包揽的状况中抽身，成为公司战略规划的决策者和管理者。他的梦想是通过网络来改变人们的生活方式。

对于创业，陈建海有自己的体验，他认为"打工"未尝不是创业者的韬晦之略，在打工中学习、积累经验和资源，正是创业的准备工作。所以，在校创业不嫌早，就业以后再创业也不迟。创业没有固定的模式，也不应有人人可以套用的模式，一切都要根据自身的实际情况来选择和筹划。

当然，上述同学都是学生创业的翘楚，对于大学毕业生来说，就业之路有千万条，而温州的学生却喜欢自己做老板。

创业教育的浪潮在大学校园里方兴未艾，校园创业园区也成了校园文化建设的标志性项目。以温州大学为例，2004年开始，该校专门开设36个学时的《大学生职业生涯设计导航》必修课程，邀请温州知名民营企业家担任客座教授，指导他们自主创业。该校的多个学院均已成立大学生创业中心。美术与艺术设计学院创业中心有6个学生创业工作室，成员70余人，先后为天一角食街、大虎打火机、温州日丰公司等进行品牌形象和产品造型设计。成立四年，共有300余名学生参与创业实践活动，累计收入100余万元。像该院2002级视觉传媒设计班周宇一同学，还没毕业，也注册成立了公司，有7名员工，承接多项业务，取得了良好的效益。

大学生自主创办企业，既能实现自我就业，还能给其他人提供岗位，是一项双向受益工程。

综上所述，温州众创群像具有较为鲜明的类型和特点。"草根"阶层，"白手"起家，构成了早期创业群体中的主力军；辞职"下海"，一石激起千层浪，不仅引领市场经济潮流，更是促使体制改革的新契机；女子创业，挑战传统伦理的偏颇，诠释了女性独立和幸福的真谛；学子创业，不仅造就了创业新生代，又在无形中助推了高教改革的新浪潮。这些众创群像的凸显和典型群体的涌现，无疑与温州区域文化的"基因"和"气候"有关。

第九章

创业创新评价与文化反思

改革开放以来，温州不仅因其发展迅猛而引人瞩目，许多温州人也不仅因其腰缠万贯而名噪天下，温州和温州人的出名还有一个重要因素——就是种种温州和温州人现象所引起的争论。温州的创业创新之途是坎坷而不平静的，其间有过太多的是非高低之争。曾经有人评价：说温州好，怎么说也不过分；说温州不好，怎么说也不冤枉。针对温州的评判，先是从政治鉴定到道德宣判，再到产业结构争议、环境批判和文化反思，可谓全面涵盖、步步深入。而温州和温州人就是在外界的关注和批判中出名，在温州人的吃苦和创新中发展的。更扩大一点说，中国改革开放和市场经济发展的历程也是在这样的争论中走过的，其间的一些问题正是由温州人的创业创新实践引起的。因此，从这个意义上讲，温州现象实际上起到了一种抛砖引玉、在改革开放前期引领市场经济潮流的作用；温州之路其实就是整个中国在20世纪末开始的现代化进程的一段典型写照。

第一节 模式之争和模式式微

如前所述，所谓温州模式其实是理论界和新闻界对改革开放以后（20世纪80年代至90年代）温州经济发展格局和特色的一种概括和界定。20世纪80年代以来，全国各地前来"朝圣"的就是这一模式，而有关温州的争论，从宏观上看也都是围绕这一模式问题的。从80年代到90年代前期，主要有关于姓"资"姓"社"问题的意识形态之争，90年代中期以后，特别是21世纪初以来，争论的重点则开始转移到经济和社会发展层面，即如温州模式的生命力问题，温州模式与现代化的矛盾问题等。近十几年来，随着各种模式的式微，模式叙事也在转型语境下相对沉寂。

一 "姓氏"之争

我国自古以来属于宗法制社会，姓氏和归宗构成社会伦理的首要问题，所以凡事都要问个出处并归属定类。个人、家庭、社会生活如此，经济活动也或多或少地要染上道德伦理乃至政治伦理色彩。

众所周知，在邓小平1992年发表著名的南方谈话之前，中国的一切经济、文化和社会现象都要被纳入社会主义或资本主义这两大理论体系和阵营进行比较鉴别——这是最重要的政治伦理，然后进行姓"资"还是姓"社"的身份确定。按照"四人帮"一伙极"左"理论的说法，是"宁要社会主义的草，也不要资本主义的苗"。尽管已经改革开放，但人们思想观念的转变并不是一蹴而就的，社会主义和资本主义的二元对立思维仍然根深蒂固，而且这种对立不仅是经济学意义上的，根本上是政治化和敌对化的。其中最本质性的就是所有制问题。"公有制"和"私有制"势不两立、水火不容，"私有化"这种经济手段和形式向来被定性为资本主义的基本属性和罪恶之源。因此，资本主义、私有制、罪恶这三个概念是可以画上等号的。

然而，同样众所周知，温州改革开放，搞活经济，走的就是个体和私营之路，温州模式就是从家庭作坊中发育出来的私营经济模式。因此，温州模式的资本主义嫌疑就不可避免。20世纪80年代以来虽然已经提出了"非公经济"的概念，并承认其为社会主义公有制经济的"有益补充"，允许多种所有制形式的并存，但同时仍然强调一个比例问题。乃至20世纪90年代开始，还不断有调查组来温，重新调查温州的姓"资"姓"社"问题，认为温州个体和私营经济的实际比重比统计数据明显偏高，因而"温州经济在总体上符合社会主义原则和发展目标"的结论就值得斟酌。

温州经济就是私营经济唱主角，没有私营，就没有温州模式，甚至就没有温州经济——这一点我们在前面第五章第一节中已有事实论证。坦率地说，温州经济发展模式中确实包含着近现代资本主义的理性精神和形式因素。然而，为什么有那么些人，非得要从资本主义的定性上来否定温州模式，甚至要从"反和平演变"的政治高度来看待温州问题，而有人——特别是温州党政当局又不得不拼命地要为温州的社会主义属性作辩解呢？事隔十年二十年后再回头看这些争论和辩解，已毫无经济学意义，说到底就是意识形态的痼疾，所以只能把它当作一种历史代价，一道无法绕过的政治之坎。

当然，对温州模式作资本主义定性的理由可以是多方面的，譬如温州的"乱"。据今日中国出版社出版的《交锋》一书披露，在一些调查组上呈中央的揭发温州已经成为资本主义的材料中，就有描述温州是"赌博到处有，妓女满街走，流氓打警察，共产党员信菩萨"。由此可见"资产阶级自由化"已不独是知识界的一种思潮，更严重的是在温州这样的地方已泛滥成为社会现实。温州一位干部则致信《人民日报》，揭发温州的私营老板如何耀武扬威，以及雇工们如何毫无保障。再譬如假冒伪劣，属于市场秩序之乱，人们也习惯性地将其与资本主义联系起来——确切地说，长期以来人们对资本主义的厌恶不仅是一种政治和经济观念，而且已积淀为一种道德意识，所以许多人贬抑温州的一个重要原因就是因为温州被贴上了"投机倒把""假冒伪劣"的标签，构成"原罪"。这样，政治鉴定加上道德宣判，压得温州模式和温州人一时难以抬起头来。

实事求是地讲，在改革开放初期，温州经济社会的发展确实出现过诸多不协调之处，这也正是被反对者抓住的把柄。而西方资本主义发展初期——也就是所谓的"原始积累"时期，也确实爆发了众多的社会问题——由于长期的封闭，当时人们对资本主义的认识一直停留在马克思所着重描述的这个阶段，因此当改革开放中出现这样那样的一些问题时，就自然把它们与走资本主义道路归结在一起。然而，对于温州乃至全国，到底是要谋发展，还是抓住某些把柄不放？该如何辩证地看待改革和发展过程中出现的一些问题？大家可能还记得我们前面讲过的"文化堕距"理论，这是社会发展的一个基本规律。正如改革开放本身必然呈现出阶段性一样，经济和社会的发展也不可能是完全同步的，只有经济发展到一定程度，才会自觉地要求和推动社会各层面的协同进步，从来都不会也不可能有凌空于经济基础之上的社会发展。原先的所谓"安定"，并不是社会学意义上的进步与发展，而只是"沉睡"。当然，一旦从"沉睡"中唤醒，一时的躁动也是很难避免的。改革开放犹如春风，吹绿了大地，也必然激活病菌，但我们只能去学会消灭和预防病菌，而不可阻止春风给大地带来的生机。

改革和发展总是有代价的，尤其是当你走在风口浪尖上。在有关"姓氏"问题的争论中，温州模式付出了政治代价、道德代价，也包括经济代价——在封杀和争论激烈的年头,温州的经济增长率几乎是零。

好在这场此起彼伏的争论到了邓小平最终发话,总算尘埃落定。自此,温州模式的发展也进入了一个新阶段。

二 人格化交易的路径依赖

随着温州模式的政治危机和道德危机的化解,真正经济学和文化意义上的危机就开始进入人们的视野。

我们在前面的叙述中经常提到温州人的人情观和人情网络,这是温州模式和温州创业文化的显著特色之一,被当作别人再多的钱也买不走的一大优势"资源"。然而,这种源于传统社会结构和特定地域环境的人情(格)化经营模式,却不可避免地与现代市场经济的契约和法理精神产生抵牾。为此,有学者提出警示,像温州这样一个在经济体制改革的初期和中期确立了先发优势的地区,倘若在深化改革的进程中不能做到与时俱进,不能继续保持自身的体制优势或者进一步开拓新的体制优势,就不可能顺利地完成从初级市场经济向现代市场经济的转变,也不能很好地完成从传统社会向现代社会的转型。

在我国改革开放的相当一个时期内,市场经济的目标以及相应的法制并未确立和完善,而敢为人先的温州人总是率先冲破计划经济体制的种种束缚,从温州走向全国乃至世界从事市场交易活动。但温州人的大胆一时并不能得到普遍赞许,他们所从事的商贸活动甚至还常常被别的地方的人"歧视"。因此,温州人只有通过抱团、扎堆经营,利用人情网络和人格化交易的方式来强化自身力量,求得市场化的生存和发展。这样一来,就如有的学者所说的,导致了一种对人格化交易的"路径依赖"。[①]

并且,这种人格化交易方式的发扬光大,还与温州地方政府和官员的默许和支持分不开。一方面,如我们在前面章节中反复提到的,温州的客观条件决定了,温州要脱贫致富,要发展经济,只有依靠人——温州人的创业能动性和人情网络是最大的资源和财富。所以,历来温州地方政府都是因地制宜、因势利导,充分利用和发挥这一资源优势。另一方面,温州地方党政的一些官员和工作人员作为温州人的有机组成部分,也无法超越

---

① 参见史晋川《温州模式的历史制度分析——从人格化交易与非人格化交易视角的观察》,《浙江社会科学》2004年第2期。

温州人营造的致富氛围和人情网络，或多或少地参与到人情化经营活动中，以谋求亲友和自身的经济利益。因此，有学者指出，公共权力和私营经济两者不断地渗透，形成了一张温州区域性的"不可触摸的网"，阻碍了温州经济社会的对外开放。①

如此看来，温州经济发展模式的诸多特点都与这种人格化交易模式有关。譬如，人格化交易在其特定的群体内具有的"人和"优势，使得温州人更习惯于在"温州人"之间编织其生意网络，由此，当他们在向外进行贸易扩张时，就喜欢采用大规模移民的方式来实现。于是，就出现了我们前面提到的遍布各地的"温州街""温州城""温州村"，也就出现了所谓的"森林经济"和"狼群战术"等扎堆经营、抱团合作的战略战术。而各地温州商会的出现正好起到了沟通和维护温州人情网络以及在此基础上扩大和规范交易的作用。

实事求是地说，在改革开放的相当一段时期内，或者说温州和温州人创业的前期，缺乏资源、技术、产品开发等方面的优势，要实现贸易的扩大化，人格化交易方式也是一种必然的策略选择，而且取得了很好的效益。但与此同时，专家们认为，人格化交易的模式给温州经济进一步发展带来的负面影响也不可忽视。其中，产业结构的落后也被认为是与此有关的问题，成为新世纪以来有关温州问题争论的核心话题之一。

三　产业结构瓶颈

一般来说，一定区域的产业结构大体是由该区域的地理位置、交通条件、资源状况等"硬件"，或者再加上历史沿革、政策因素等方面决定的。有关这些条件和因素，我们在前面的章节中已有论述。实际情况就是，温州既不适合于发展出传统概念中的重工业，也难以在短时间内形成现代意义上的高新技术产业群。造成前者的主要原因是缺乏上述硬件配置优势，后者则主要是受制于技术与人才瓶颈。所以在很长时期内温州的产业总体上还是定位于轻工制造业，并且大多集中在传统劳动密集型行业，产业结构被认为是"低、小、散"。

商贸活动尽管是温州人的最强项，但过分编织人情网络和对人格化交

---

① 参见史晋川《温州模式的历史制度分析——从人格化交易与非人格化交易视角的观察》，《浙江社会科学》2004 年第 2 期。

易模式的依赖，在相当程度上影响了温州经济的开放性，其后果很可能导致产业资本的双向流失：一方面是外来的投资者很难融入温州人编织的这张人情网络，尤其是当政府官员介入这张"不可触摸"的网络，从自身利益需要出发形成了对内外产权保护上的亲疏关系后，外来资本只好望而却步——这大概就是在温州这片充满商机的热土上，外来投资者不多的原因之一；另一方面是许多温州本土企业在完成资本积累，从传统经营模式向现代市场体制升华，从而需要寻找一个更加公平化、制度化的竞争环境的时候，恰恰就要扬弃原先耳熟能详的人格化交易模式，于是就引发了企业外迁的潮流，导致了温州内部资本的大量外流和产业空洞化。

当然，企业和资本外流的原因是多方面的。如温州本土物理空间的局促也是一个客观因素，人才和技术条件的限制也不容忽视。再者，企业做大做强，本身就需要对外扩张，这是资本的本性使然。因此，所谓资本外流准确地说应该是资本的对外输出和扩张，这是不以人的意志为转移的客观经济规律——也就是说，既使不存在或改变了人格化交易模式，只要温州资本积累到一定程度，其对外扩张的势头同样也是不可避免的。而从实际情形看，真正全部搬离温州到外地发展的企业与整个温州企业群体相比并不是很多，大多数发展势头良好的企业只不过是在外面建立了分厂、分公司和销售网络，或者是对外投资项目，扩大了投资范围。有的企业尽管把总部也迁到了上海等中心城市，其主要目的也是"借脑"，在温州仍然有它的产业基地。因而，所谓资本外流和产业空洞化的担忧纵然值得注意，但也不必过度反应。相反，从创业前期的商品输出到后来的资本和老板人才输出的转换，恰恰说明了温州模式的现代化进程。

有学者提出，温州制造业结构演变缓慢，甚至存在"代际锁定"现象，也与对人格化交易模式的依赖有关。因为这种路径依赖使得温州人能以较低的成本进入传统劳动密集型行业，避免了进入新的行业——意味着进入一个以非温州人为主的分工体系和陌生的市场网络将可能承担的更大的机会成本和经营风险。[①] 这一经济学视角的分析当然有相当的说服力，但实际情况要复杂得多。劳动密集型行业的普遍存在是我国的一个基本国情，除了传统禀赋、科技力、进入成本等因素外，剩余劳动力的出路问题

[①] 参见史晋川《温州模式的历史制度分析——从人格化交易与非人格化交易视角的观察》，《浙江社会科学》2004年第2期。

是最关键的一个难题。我们在第一章中描述了温州的土地和人口状况，而且温州还要接纳数百万来自各地的务工人员，假如温州的劳动密集型行业一下子都成了资本和科技密集型行业，势必排挤大量劳动力，这样一来，就不单是经济学问题，而要衍变为社会问题、政治问题了。因此，也有熟悉温州的本土学者如朱康对认为，温州的经济结构很正常，是一种内生发展模式，不必为它担心。马津龙也认为真正值得忧虑的还是在于进一步的制度创新，因为改革至目前阶段上，凡是可以靠底层力量推动的制度创新，在温州已经完成，现在温州遇到的创新问题，不是地方政府能左右的，而是需要国家层面去推动。例如，温州向来是"藏富于民"，因而有雄厚的民间资金，但是更有效地利用这些资金的金融创新和投融资体制改革一直迟滞不前。地方政府的创新则往往会触碰国家体制的"天花板"。①

那么，到底是转变模式还是内生发展？温州模式似乎陷入了进退维谷的境地。

四　发展路径选择

进入 21 世纪以来，温州的经济发展速度明显减慢，最直接的征象就是 GDP 增速由以前的省内领先地位滑落至倒数第一。寻根究底，症结还是被归纳到产业结构上来。于是，围绕温州产业结构升级问题的两条路径被提了出来：一条是放弃劳动密集型，走资本和技术密集型之路；另一条是在现有产业内部不断升级。两相对比，前者需要强化政府的主导和调控功能，温州政府的执政风格必须由原先的"无为而治"转变为"有为而治"，由"弱政府"转化为"强政府"。如果推动顺利，就能在较短的时间内取得标志性成果和政绩效应。后者则是基于温州经济社会结构特点的自然演进模式，利用温州一贯以来的市场主导机制，政府从中引导，民间力量唱主角。但是，这种循序渐进的方式虽然能较好地协调经济运行与社会发展的节奏，但速度相对缓慢，经济增长指标不明显，不利于政府政绩形象的提高。显然，在经济指标的赶超式发展态势下，前者往往更具有诱惑力。

问题还在于前者有了"苏南模式"中的苏州作为成功榜样。苏南模

---

① 参见汪生科《温州转向：从市场主导到政府主导》，《21 世纪经济导报》2004 年 12 月 6 日。

式是改革开放以后与温州模式并肩而起的两个区域经济发展典型,不同在于苏南模式是由政府主导推动的乡镇企业的崛起,而温州模式是在市场主导下的私营经济的繁荣。由于公、私性质的区别,也一度成为高低优劣和姓"社"姓"资"问题争论比较的对象。后来随着私营经济政治帽子的摘除,温州模式进一步得到了肯定,而政府推动的乡镇企业由于产权不清,不得不进行痛苦改制,政府为此付出了很大的代价。然而,苏州毗邻上海,居于长三角的核心位置,加上原先政府主导下产业的基础优势,因而在20世纪90年代上海浦东开发的机遇中,比较顺利地承接了国际资本的转移,乃至到了2003年,其引进外资总量居全国第一,产业档次也基本跟上了全球步伐。在此过程中,GDP总量和增速均迅速攀升,远远超过温州。在这种一升一降的强烈对比中,温州模式又一次陷入了困顿,温州的发展何去何从成为缠绕在领导和专家学者们心中的又一个心结。

然而温州本地经济学家大都还是趋向于选择第二条道路,即在原有产业基础上逐步实现升级,而不是抛弃现有产业的基础和优势另起炉灶。产业发展同样需要切合区域经济文化特点,盲目跟风模仿不见得就是好事。再者,简单地从统计层面上比较数据指标的方法并不科学,很容易导致某些认识误区。譬如,从政府的财政收入上看,温州明显低于苏州,温州的财政收入与经济体量不匹配的一个重要原因就在于温州的企业数量多,但小而散,组织税收难。可是,政府穷并不意味着老百姓没钱,耐人寻味的是,温州的人均可支配收入却远远高于苏州,属于典型的"藏富于民"。因此,政府财政上的缺陷,可以通过市场途径得到弥补。例如,政府通过提高土地出让金,从而又提高房价,钱就从别的渠道转到了政府。温州的市政建设经费,多是靠出让的土地增值部分得来的。这就是温州房价为什么能与杭州、上海等一线城市比肩的根本原因,也是引发轰轰烈烈的炒房热潮和产生浩浩荡荡的"温州炒房团"的内在基础。温州私人摩托车、小汽车的户均拥有量和增速一直在浙江省名列前茅,道路资源紧张,温州政府很早就采取了牌号拍卖的方法,所得资金用于道路交通建设(此法当时全国仅出现于上海与温州,温州已于2008年停止)。温州的物价和消费水平可以与深圳相比,也是其民间经济实力的一个有力见证。

政府财力的不足,当然会导致一些大的基础设施建设方面的迟滞,但温州有很好的调动民间资金参与政府重大项目的先例,如果能从更高层面上突破投融资的体制瓶颈,改善投资环境,温州民间资本的力量将是不可估量的。从这个角度来看，政府如果协调好市场这只手，同样可以达到其施政的目标。

总之，优化经济结构、转变增长方式既是时代经济发展的潮流，也是温州模式提升的必然要求，但是这种优化和转变的方向是否可以一概而论，其行为主体究竟应该是谁？这些问题在进入 21 世纪的最初七八年间仍然在不断探索争议之中。直至近几年来，随着转型发展国家战略的明确提出，这一问题才得以尘埃落定，那就是唯有转型才能发展，其要义就是在优化发展环境，集聚人才（技术）、资金等高端要素的基础上，提升传统优势产业，大力发展总部经济和高新技术产业、文化创意产业、各类现代服务业以及都市型生态特色农业，促进三大产业融合发展，加快形成以服务业为主体的现代产业体系。也就是说，要推动发展模式由资源驱动型向创新和财富驱动型转变。① 显然，这已成为温州和温州人进一步创业发展的时代要求和历史使命。而要实现这一发展目标，作为精神内驱力的区域文化的转型重构也势在必行。

第二节　文化冲突与批评

温州是一个特殊的地方，温州人更是一个特殊的群体。然而随着经济和社会文化的变迁，一种地域性传统文化中的诸多方面不可避免地要面临时代观念的挑战，产生新旧文化的碰撞和交融，从而引起人们的关注。在温州的创业发展历程中，不仅充满了对温州模式的争议评判，同时伴随着人们——尤其是外界对温州人个性、习惯、素质等方面的评议论说。"温州人"作为一个群体形象在文化交融和变迁的场景中又一次被塑造和展现出来。

一　人格矛盾和悖论

我们这里所说的人格不是特指道德范畴，而是心理学层面的概念，也称个性，即个体心理特质和行为特征的总和——当然，我们这里研究的是"温州人"这个特别的"个体"，是一组群像。

"商性人格"是我们对"温州人"群像的一种概括。这种人格特征使

---

①　参见王丹容《唯有转型才能发展》，《温州商报》2011 年 7 月 20 日第 2 版。

得温州人特别爱创业，也特别能创业。因而，对温州人个性特征的关注点自然首先会落在创业者群体——温州老板们的身上。一个企业的个性首先就是老板的个性，一个区域创业文化的个性也就是该地区老板群体的个性。

人格是由诸多层面和心理特质构成的矛盾体系，几乎每个层面和特征都是由相互矛盾的双重品格组合而成。我们在前面的章节中分析的温州创业者的众多值得肯定的品性，同时也潜藏着个性的缺陷。也就是说，在温州人身上，长处与缺陷往往源于一种心理特征，集合于一种行为方式，只不过是呈现在前后不同的时间段落和创业进程里。在创业初期表现出的优秀品质，很可能在某一阶段上成了发展的桎梏。

譬如曾经引以为傲的"鸡头"情结。创业就是要自主自立，就是要当老板，这种理想对于准备创业和初期创业者来说无疑是一种强大的精神动力，在这一目标理性的推动下也确实成就了无数的温州老板。但温州老板似乎只喜欢扎堆在同一个行业里经营，而不愿相处在一个团队里共事——因为谁都想当头，谁都想做主，可位子只有一个。于是，哪怕是亲兄弟，哪怕是患难与共的创业伙伴，到了一定阶段以后往往也要分家。分开后再搞一个跟原来一样的企业。这就应了中国封建社会的两句老话：一句是天下大势，分久必合，合久必分；另一句是只可一起打天下，不可一起坐天下。归根结底，变成了封建意识的残余。这大概也就是温州产业结构"低、小、散"的原因之一吧。然而，随着市场国际化时代的到来，国内企业越来越需要做大做强，提升综合竞争力，势单力薄的私企为什么不能在一个集团的概念下抱团合作，集中优势兵力鏖战市场呢？个人位置的高低真的那么重要吗？当然，如前所述，也有许多温州的企业早已顺应时势，走上了分久必合之路，成为实力强大的企业集团，用现代企业制度化解了"鸡头""牛尾"的纠结。

再如堪称看家本领的模仿能力。温州没有传统资源优势，也缺乏现代科技实力，于是就发展出了超强的产品和技术模仿能力。温州的早中期创业就是在模仿中进行，温州的四大支柱产业无一不是模仿而来——先有能人模仿外面，接着大家模仿能人。所以称温州经济为"模仿经济"——当下流行语叫"山寨"，应不为过。正是这个模仿，为温州人带来了巨大的财富，使得温州和温州企业完成了原始积累。然而时至后来，温州的产业结构提升困难，温州产品的附加值低等问题的症结恐怕也在这个模仿思维上。模仿生产的成本低，因而产品便宜好卖，可以以量取胜，走的是资源经济之路；模仿生产对劳动力的要求较低，既方便传统方式的管理，又可以获取更大剩余价值。因此，大家的心思都在模仿上面，自然没工夫也没兴趣去研究新技术、开发新产品、提升新产业。

从某种意义上讲，温州人喜欢扎堆经营也包含着模仿心理。温州人市场意识强，敏感度高，很多是出于有意模仿——看到他人从事某项活动有利可图，自己也连忙加入这一行列，很多时候并不了解他人行动的意义，而只是对其效果感兴趣而采取行动，甚至只是一味随大溜地盲目从众。因此温州人又增添了一份行事果敢的品质，乃至有人说温州老板作出一个决定平均只需60秒。这种品性在商品需求剧增而市场结构还不完善的时代非常有效——那是一个只要模仿就有钱赚，被人戏称为"饿死胆小的，撑死胆大的"时期。因为有效，就形成一种社会心理，于是产业跟风、炒房跟风、炒股跟风，连企业上市也是一哄而上——据《21世纪经济报道》介绍，舆论感叹经济如此活跃的温州竟缺乏上市公司，于是一下子就冒出了近百家私营企业排队上市。也许在温州老板看来，上市也就是模仿一下，比模仿一个产品麻烦不了多少。

当然，我们这样说并不是意味着温州老板中缺乏具有理性选择能力的人，或者说温州人的模仿都是盲目从众行为；也不是说模仿的机遇期已经过去，今后凡模仿必失败。在创业初期，不管是理性的模仿还是盲目的模仿，都是可以理解的，即使在后续的发展中，模仿作为一种学习方法，也是可以不断利用的。但随着市场经济体制的健全，知识产权保护的加强，市场竞争趋于完全化，模仿的成本和盲目跟风的风险越来越大，这时候就更需要一种成熟的、理性的模仿心理和行动方式。而对于许多已经在过去的模仿中成长起来的温州企业来说，如何结合模仿自主创新，如何通过创新提高产业和产品档次，从而打响品牌，已是创业发展的当务之急。我们在前面叙述到的一些优秀企业和企业家，后来在这方面迈出了可喜的步伐。

务实也是温州人的典型个性之一，它与勤劳、肯吃苦等品格一起构成了温州人创业精神的主导因素。但务实的另一说法叫作实用主义、功利主义，它的积极面是灵活、高效，而消极面就是容易目光短浅，导致短期行为。这种负面作用在创业早期就已不可避免——偷工减料、假冒伪劣就是其极端表现。温州人勤劳务实而又不乏精明能干，但也善于投机钻营；温州老板大多头脑灵活,能在实战中跌打滚爬,但文化层次普遍偏低。人情网络是温州人最倚重的资源,结果凡事都讲人情,成为了普遍的社会心理,乃至"大道甚夷,而人好径"①。于是这种泛滥的人情观念就成了现代化进程中的一大精神障碍。

综观"温州人"群像的人格构成,充满着传统意识和现代精神的矛盾纠结。有时候行为方式是超前的、现代的,而精神心理却还残存着传统生活方式留下的烙印;有时候则相反,其创富观念和心理明显具有现代性,但在行为选择上还是无法超越传统习俗和现实条件的桎梏。这种矛盾的人格结构其实正是我国改革开放以来处于经济社会和文化转型期中国国民性格和社会心理的典型反映。

二 文化磨合与批评

完整地解读一个地方的创业创新文化,除了重点关注该地区创业人群的创业心理和行为模式,还应适当考察其为各种创业人群——尤其是外来者所提供的各种环境因素。就像国内外都有评选"宜居城市",创业者希望评选的自然是"宜创业城市"。

现代社会,不断从封闭自足走向开放包容。改革开放的进程,其实也是温州不断地敞开胸怀接纳外界的过程——我们在前面已经论及,所谓的"新温州人"(后来市委市政府又统一规范称呼为"新居民")在20世纪90年代末期已经与传统意义上的"温州人"在数量上达到了基本抗衡的程度,温州可以称得上是一座现代"移民城市"了。于是,对于要在这里生活、创业的"新居民"来说,就有个如何融入这里的社会和文化环境的问题。

然而,融入的过程就是一个文化的磨合过程。如果说上一部分我们着重从时代性文化冲突的角度解构了温州人的个性矛盾,那么这里我们要说的主要是区域性和群体间文化碰撞的现象。或者说,前面我们分别从政治、经济、观念心理等与创业直接相关的方面举述了对温州和温州人的评价,最后则从社会环境——语言、习俗、人群素质等间接因素方面来看看温州印象。

语言是地域和族群文化的最显著标志。温州话的特别足以使之成为温

---

① 《老子·五十三章》,参见朱谦之《老子校释》,中华书局1984年版,第211页。

州人地域身份的识别系统。所以，外来者要介入温州的经济社会生活，首先遭遇的就是语言障碍。这种障碍有时并非来自语言本身，而是操控这种语言的人和习惯。譬如，在有外地人在场交流的场合中温州人也只管讲温州话，公交汽车售票员、商场服务员等公共服务人员不说普通话，在以前都是比较普遍的现象——之所以说以前，是因为后来外来务工人员的大量涌入，成为了公交服务的主体对象，并占据了绝大部分商业服务一线岗位，于是，公交车才有了温州话和普通话的"双语"服务，公共场所的普通话也多了起来。一方面是人口结构变化使得语言生态发生了很大改变；另一方面是现代教育的普及和提高对普通话的传播起到了显著的作用，这在少年儿童身上表现得尤其明显。

相当一段时期以来，在温州说温州方言体现的是一种地域身份的优越性，是温州人还是外地人首先是从语言上加以甄别，"外地人"这个称谓则被赋予某种歧视性内涵。譬如，上街买东西，最好要说温州话——不会说就请温州朋友陪你去，否则就有可能被"宰"一顿。不说温州话还有可能被当作外来打工的，而"外来"再加"打工"就包含了双重歧视。

一个在历史上置于"东南一隅"，处于"边缘"处境的地方，一群"蛮夷"的后人，一个即使在改革开放后也常被诟病的群体，在创业致富的同时，也获得了某种文化自信和优越感。这似乎应合了心理学所谓的"代偿"与"宣泄"理论。但强烈的地方意识也从另一个侧面反映出地理环境和历史际遇带来的文化心理上的封闭性。

其实，地方优越感正是区域性和群体间文化冲突的一种表现。任何地域和人群都有自己的文化历史和文化自尊，外来人群及文化的进入，通常会引起其固有文化体系的排异反应。在交通和信息条件获得改善以前，温州在文化上还是相对闭塞的，能出去的大多是供销员和领导，普通话的传播非常有限，造成很多人不会说或说不好普通话，这也是温州人比较排斥普通话以及说普通话的外地人的一个历史原因。从这个因素上看，所谓地方优越感和文化自尊其实也潜藏着些许的文化自闭和自卑。

一个群体带有普遍性的行为习惯是考察该群体素质状况的直接依据。在现代文化视野下，温州人的一些"陋习"也经常成为被抨击的靶子。譬如，以前有人概括出温州路面上的"三大风景"：穿睡衣逛街，行人乱穿马路和随地小便。还有如乱扔垃圾、随处抽烟、讲脏话，以及奢侈浪费等，也都被列为"素质问题"。当然，有些方面需要加以辨别和说明。首先，脏、乱、差的现象固然有人的素质的问题，但曾经公共建设的落后和公共设施的缺乏也是不可忽视的因素。其次，外来人口这么多，像乱穿马路、随地小便、乱扔垃圾等，并不见得都是传统意义上的温州人干的。

当年，一位空姐"不喜欢温州人"的理由倒是颇能反映出温州人"素质问题"的要害。她说温州人"很无序""不懂规则"，并且"不会笑"。譬如，在机场候机室内，哪支队伍最乱，哪支队伍就是飞温州的。温州人喜欢插队，喜欢带着大包小包行李上飞机。当飞机还在降落滑行的时候，温州人就站起身打开行李箱往外拽东西。当空姐最累的就是每天对着乘客微笑服务，飞别的航线，你对别人笑，别人也懂得对你笑，但飞温州航线不同，你很少能得到这种回报。温州人的优点是很有钱，几乎每个人手上都带着金戒指、金手镯之类的东西。有钱不是坏事，有钱证明温州人在赚钱方面很成功。但如果一个人除了有钱还是有钱，又怎么样呢？

有一点也许是这位空姐不可能想到的，"无序"和"不遵守规则"也正是温州人胆大包天、敢闯敢为、敢为人先精神的另一个侧面，是又一个人格悖论。

第三节 现实困顿与文化反思

2011年8月9日的新加坡《联合早报》刊登了一篇关于温州的文章，文中提到"不少外地人发现温州人除了会赚钱，也充满仗义和血性"，但"富人虽多，温州城市市容却相当令人失望……对于富裕了很久的城市来说，应该没有理由不给自己的门面打点得更精致一些……温州商人在全世界打拼赚钱，包括先进城市，回到家里却没想过可以更'先进'一点吗？"改革开放以来，温州可谓是名扬四海，但"没到温州很向往，来过温州很失望"，时至如今，许多慕名而来的人面对温州的现状还是不免会有较大的心理落差。上述这篇外媒文章，可谓一字一句敲打在温州人的软肋上。当时的市委书记陈德荣也坦率地承认"这就是温州城市留给外人、留给全世界的形象。温州人固然向外界展示了心灵美的一面，但温州的外观形象实在令人不敢恭维"。只有做到心灵美与外观美、形象美的有机统一，才能吸引世人向往温州的目光。①

一 环境问题与发展困顿

其实，上述从外观形象的视角揭示的问题也正是温州整个创业创新发展的环境问题。这个环境包括生产环境、生活环境、社会环境、生态环境、文化环境等诸多方面，构成相互关联的系统。它首先诉诸感官形象，实质反映的是一个城市和区域的文明程度和文化内涵，并由此决定其发展动力和前景。

改革开放初期，我国处于计划经济向市场经济转轨阶段，温州面临的主要是生存问题，各类消费品严重短缺，经济发展主要依靠的是土地、劳动力、原材料等初级要素投入和破除僵化的体制机制，对环境的要求不高。温州的上一代创业者们抓住党的富民政策机遇，弘扬温州重商文化传统，敢为人先、勇于担当，以创业推动创新，率先进行市场微观体制改革，充分发挥市场"无形之手"的作用，克服计划经济体制下政府越位配置资源的问题，利用当时土地政策比较宽松、生态环境容量比较大和劳动力比较廉价的条件，大力发展民营经济，创造了历史性的辉煌。然而进入21世纪，特别是世界金融危机以后，全球市场出现了供过于求的结构性变化，温州的发展阶段正加快由资源驱动型向投资驱动型、创新驱动型转变，需要集聚资金和人才等高端要素。而资金和人才等要素是流动的，哪里发展环境好，就会往哪里流，发展环境不好，不但外来投资者望而却步，就连本地企业和民间资本也会纷纷外迁，造成资源流失和发展停滞。没有好的环境，就很难留住高端人才。而现在资金和项目往往是跟着高端人才走的，失去了高端人才就失去了转型发展的根本性要素（人才、资金）支撑。由于长期忽视环境建设，投资环境不佳，缺乏发展空间和平台，温州自身近6000亿元的民间资本不仅没有转化为本地的财富和发展的资源，反而像幽灵一样到处游荡。同时全国各地都来温州招商，许多成长型企业就像割韭菜一样被一茬一茬地割走，大批温籍企业家和本地人才流出温州，而外地引进的高端人才留不住，导致人才和资源严重失血，温州转型发展和创新驱动步履维艰。

下列几组数据说明了温州发展曾经面临的挑战和困难：进入21世纪

---

① 王丹容：《拆违绝不是"洗把脸"的问题》，《温州商报》2011年8月12日第2版。

后的十多年，温州的全社会平均投资率始终徘徊在31%—37%，比全省平均水平低10多个百分点，比全国平均水平低20多个百分点。2009年温州的投资率只有31%，而全省是47%，全国超过60%。与国内先进城市和省内兄弟城市相比，温州的发展速度不快，发展档次不高，人民群众满意度较低。在2009年全省考核中，温州的发展水平指数居全省第10位，发展进程指数居第11位（倒数第一），发展综合指数居第10位，民生改善水平指数居第10位，民生调查满意度指数、民生评价指数和民生综合指数均居第11位。这些数据与改革开放初期的情况形成鲜明的反差。所以，纵向比较，温州发展成就巨大；但横向比较，温州发展危机重重。①

归根结底，环境问题已经成为制约温州发展的根本性瓶颈。

2010年10月9日，温州市委、市政府召开千人动员大会，决定在全市开展以全国文明城市创建为龙头，联动推进国家园林城市、国家森林城市、国家卫生城市、国家环保模范城市和国家历史文化名城的"六城联创"活动，并确保3年基本实现联创指标，5年全面创成。温州市委十届十次全会又提出将"三生融合，幸福温州"的建设——即"三生有幸"，确定为温州市"十二五"发展目标。正如当时市委书记陈德荣指出，当今世界，区域间的竞争主要是城市的竞争，而城市的竞争主要表现为环境的竞争。其中生产环境决定城市的核心竞争力，生活环境决定城市的生活品质，生态环境决定城市的品位档次。生产、生活、生态环境的融合，才是"三生有幸"。② 2017年3月的温州市党代会又提出"大拆大建、大建大美"的城市建设目标，并以此作为进一步确立和稳定温州在全省"铁三角"地位的重要一环。

"六城联创"活动的开展和"三生有幸""大建大美"口号的提出标志着温州终于在经济社会转型升级的背景下全面拉开了以环境建设为标领的文化转型超越的序幕。

文化的核心在于价值观念。因此，文化转型超越的关键也在于倡导和实现价值观念的进步。上述目标和口号围绕温州创业发展环境的优化和完善，首先唤醒了人们的公共意识和对公共利益、公共生活的关注——因为环境是最大的公共品。

---

① 参见陈德荣《在"六城联创"动员大会上的讲话》，温州网，2010-10-09。
② 同上。

几十年来，个体意识和私有观念强烈的温州人对生活和幸福的理解往往局限于个人和家庭的物质拥有和享受，甚至只是如巴塔耶所说的"耗费"。一方面，大多数温州人献身于劳作、谋划和财富的创造；另一方面，富裕起来的温州人把自己的家装扮得富丽堂皇，开豪车、购名品。而正是在这种对物的占有和物化中，生命的自由活动被压抑和延搁了，因而对外部环境的脏、乱、差似乎并不太在意，抑或无可奈何。如就生态环境而言，温州虽然是温暖之州、山水之都，自然生态环境得天独厚，但由于产业结构问题以及过去对生态建设重视不够，投入不足，环保基础设施建设滞后，环境污染问题相当严重。至2012年，市区污水收集率为80.4%，生活污水集中处理率为67%，特别是温瑞塘河沿线企业的污水入网率只有20%多，市区酸雨率达100%，温瑞塘河以及平原河网水质以劣V类为主，生态建设工作任务书考核在全省已经连续两年排在末位。城市绿化水平低，没有绿化意识，绿地率和绿化覆盖率仅为20.1%和21.7%，人均公共绿地面积仅为6.87平方米；绿化档次不高，已有的绿化也是草多树少，灌木多乔木少，孤木多成林少，没有形成规模效应和视觉美感；树木种养欠缺，残疾树、老头树多，树种也不够美、不够好。一个现代化的生态城市，必须拥有完备的城市绿化体系。一座只剩下钢筋水泥和灰蒙蒙天空的城市，是没有什么魅力和活力可言的。还有市容环境卫生差。整个城市拆迁、建设工地多于公园，遮丑的围墙多于绿荫，污水多于清流，特别是城中村像"疮疤"一样散布在闹市之中，违章乱建、废物乱堆、垃圾遍地、污水横流，脏乱差现象相当严重。

再如就生产和生活环境而言，长期以来的空间资源紧张和供给不足，造成了温州人的个人竞争意识强而公共规则意识弱，喜欢见缝插针，有空就钻。因此，各种违章建筑泛滥，总面积达1217.7万平方米。温州文化地域特色鲜明，老城文化底蕴深厚，但前几十年为了提高容积率，许多历史街区和文化遗存被拆掉了，建了高楼大厦，使城市失去了历史文脉。交通建设本来就是短板，再加上大家不肯遵守规则，非理性地争先恐后，乱停乱插，使得温州成为一座"堵城"。由于资源紧张，基础设施特别是交通建设滞后，城市功能还不完善，城市管理水平不高，使得物流、人流的便捷程度大受影响，增加了企业成本，影响了企业竞争力，同时也影响了投资环境，影响了旅游资源丰富等优势的发挥。商务成本和生活费用（尤其是房价）过高，教育卫生等优质公共品供给不足，又导致内部资源和人才的外流和外来者却步。

因此,"六城联创"的具体措施就是要强化以提高文明素质为引领,全力打好园林绿化、城中村整治、污染物减排、历史文化保护"四大战役",深化温瑞塘河、环境卫生、拆违治乱、交通秩序"四大整治"。而2017年提出的"大拆大建、大建大美",以及"剿灭劣V类水"则是在多年徘徊不前后的重新动员。

在务实观念引领下,温州人有敢为人先、特别能创业、特别能吃苦的优良品质,但也有重人情轻规则、重个人和小团体而轻大局、重眼前轻长远等方面的不足。通过"六城联创"活动和"三生有幸"观念的倡导,在唤醒公共意识、维护公共利益的同时,也从根本上提升温州人对新现实的认知,加深其对生活意义和人生幸福感的新体验。

文化的超越必然促使政府职能的转型。改革开放初期,温州虽然资源缺乏,但在地方政府"放纵"市场这只"无形之手",使得资源得以在勤劳聪明的温州人手里自由配置的情况下,温州获得了强大的竞争力和先发优势。因而,正是温州地方政府的这种"无为而治",为温州民间的经济创业和制度创新提供了相对自由的舞台。然而,随着转型升级时代的到来,原来的规模经济、资源经济转向质量(品牌)经济和创新型经济,资本和人才的竞争对环境的要求越来越高。没有优良的环境,就无以吸引和聚集人才(技术)、资本等当今创业发展的高端要素,转型发展就举步维艰。而环境作为最大的公共品,必须——也只能由政府来主持打造。政府营造环境,企业制造财富,百姓创造生活。正如前市委书记陈德荣指出的,如果政府不转型,在该有为的地方缺位,那经济转型也是不到位的。政府应该把投入放到环境的打造上,为企业的竞争提供公平的政策环境,为创业人们创造优美舒适的生活环境。只有政府把环境打造好了,企业才能享有充沛的阳光雨露和肥沃的土壤,产业才能自由地成长。因此,必须着力推进政府转型,发挥政府"有形之手"的作用,加大投入,优化环境,全力建设大都市,打造发展大平台,形成要素大集聚,从而促进经济转型和社会转型,推动温州转型发展。①

---

① 参见姜巽林《以政府转型推进经济社会转型》,《温州商报》2011年1月12日第5版。

二 文化反思与价值重建

经济社会陷入先发后滞困境的原因与环境建设的迟滞落后有关，而环境问题的深层原因在于文化观念问题，与内在文化观念的停滞有着必然的关系。正如温州市委党校朱康对教授指出的，改革开放初期，温州经济发展的内在动力是脱贫致富，但随着个人生活的富裕，当为求温饱而吃苦耐劳的动力逐渐消失时，新一代温州人的创业创新和温州的经济发展就需要新的精神动力，这使温州文化发展面临一个转折，即如何去激发一种更高层面的价值理念并用它来引领温州人的创业和发展。在 20 世纪八九十年代，主张重商事功的永嘉学派曾被普遍认为是温州模式产生、发展的精神渊薮。然随着时代变迁，永嘉学派还能否为今后温州经济社会发展提供文化动力？毫无疑问，以永嘉学派为核心的传统文化要继续传承与弘扬，但更要创新与发展。温州市社科联原副主席洪振宁先生认为，创新发展文化是跟上时代发展步伐的需要，也是凸显温州城市个性的需要，今天的温州要实现更大发展，就要超越永嘉学派，撤去事功学说中过于强调物质功利的价值理念，使传统文化基因与现代文化融合发展。[①]这也就意味着，永嘉实学思想和温州模式也需要在当下语境中实现价值转型和重构。

首先，要认识到特定模式的时空有限性。如前所述，温州模式是媒体和理论界对改革开放以来温州区域经济发展基本格局的一种概括界定，并且一度成为探讨的一个热点问题。一方面，从温州地方知识和文化自信的立场来看，这是永嘉实学思想在当代的复兴和前所未有的实践成果，由此确立起温州区域文化的特色及其创新性和先进性；另一方面，从区域和群体间文化传播交流的视角看，成功的模式正好为在改革开放中"摸着石头过河"的人们提供理论依据和行动参考。但是，作为一种特殊文化模式，它代表了某一类地区和群体文化的特殊形式和结构，产生和运行于特定的自然、历史和社会环境，呈现为特定时空条件下的有效性。正是这种时空有限性决定了温州模式等"模式叙事"在 21 世纪的转型升级语境中成为过去式。因此，作为经济和社会发展具体形式和方法的模式，在完成其阶段性历史使命后，只有积淀和升华为精神文化价值，才能融入新的文化语

---

① 潘秀慧：《为温州文化建设出谋划策 温州模式要传承更要创新》，《温州日报》2008 年 7 月 17 日。

境和价值体系，实现其可持续性发展。

还有就是认真反思实用功利思想导致的传统与现代的双重悖论。永嘉实学思想毕竟是自然经济环境下产生的农商文明，在改革开放的实践中又以农村家庭工商业为主体，不可避免地留有地域和农耕文化烙印，反映出中国特色市场经济发育和发展初期的复杂性和艰难历程。在从农耕文明、小农经济向现代工业文明——尤其是当代知识经济、信息社会、智能化时代和创新型国家转型中，永嘉实学思想在承继和实践转换中就需要增强全球化意识、科技意识、创新意识和合作意识等思想观念，[1] 以超越在前期实践中存在的封闭性家族意识、"宁做鸡头不为牛尾"的封建老大意识、产品和技术的模仿和跟风陋习、泛人情观念、目光短浅的功利主义行为等痼疾，实现精神心理的现代化以及从创业驱动型向创新驱动型的转换。并且，在突出现代性视野下的公平、法治观念和契约精神等现代理性精神的同时，协调好目的—工具理性（形式理性）与价值理性（实质理性）的关系，避免在事功实学思想名义下滑向纯粹的工具理性，迷失价值方向。

当然，最重要的还在追寻和重建价值理性。儒学之所以能跨越数千年时空界限，即使遭遇了近代以来百年的挫折，仍能影响至今，并在转型和复兴语境中重拾文化自信，首先在于它具有很高的普世性价值理性（仁义）与形式理性（礼乐）的有机结合，并且历经不同时代的变革衍生，体现出对现实发展的敏感性、适应性和引领性。实学思想本身即是代表宋代工商经济萌芽和社会转型背景下儒学的新转趋。[2] 永嘉实学批判形而上学之"义"，提出了"义利并举"的价值观，然而，由于其在否定道德先验性而追求"以利和义"的工具和实践理性的同时并未构建起一套相应的道德平衡机制，尽管也想打通内圣外王，合内外之道，但终究只是做了"即事达义、即器明道"中"即事""即器"的工作，至于道何以明、所明之道到底为何物、这种"道"到底是理学所描述的还是另有一物，这些重大的理论问题，都没有回答，或者说没有做出富于独创性的回答。这就给它的发展留下了隐患，并最终被主流的理学学统覆盖嫁接。[3] 由于缺乏

---

[1] 洪振宁：《永嘉学派与今日温州》，《温州大学学报》2001年第2期。

[2] 沈潜：《永嘉文化与宋代儒学的新转趋》，《求索》2015年第1期。

[3] 陈安金、王宇：《贯通内圣外王的努力——评永嘉学派的思想历程》，《哲学研究》2002年第8期。

全面而普世的价值理性的构建，以永嘉学派功利实学传统为基础的温州区域文化在实践中也忽视了工商经济发展可能导致的社会伦理和生态环境等方面的后果，存在"先天不足"，故而最终在当下转型发展中遭遇环境危机和发展困顿。从前面的描述中可以归纳发现的永嘉学派思想在历史际遇中的"三起三落"也许就说明了这种时空局限性。

面对理论和实践的困惑，以务实创变的事功实学为核心和特色的温州文化，需要在全球化视野和转型语境下，重新提炼、阐释和拓展永嘉实学思想的当代内涵和价值。为此，需要对务实和创变做出新语境下的重读，认清今天所务之"实"是发展了的新的时代新的实际，其中既包括我们已基本解决了温饱问题，需要向更高层次的生命质量和维度提升的需求，更包括我们为解决先期实际问题而无暇顾及后来的实际所导致的包括环境生态、社会伦理道德等在内的一系列严峻问题。而观念和文化只有在创新发展中才能切合新的实际，这正是实学本身的逻辑。宋代永嘉实学的兴起也好，当代温州模式的出现也好，都是温州区域文化进展的一个"短时段"的标志性事件，是温州区域文化"再生产"的一种方式。然而从"长时段"来看，永嘉学派的衰落并不立即导致温州区域文化的衰落，相反，它仍在寻找新的生产方式和实现途径。宋代温州对宏观政局变化和制度变迁的适应性，至今仍主导着温州的自我更新。① 如何更新？其中重要的一点就是调整、完善温州区域文化结构，增添新的内涵和历史文化资源。在面向新实际中重新挖掘、梳理和汲取有益的文化元素，包括从更为全面的历史视野中去追寻和重读文化资源，将其融入以永嘉实学为基础的当代温州文化体系中，用新的理论建构和内涵，来消解现实困惑，并引领新的实践。

如历史上中原政权的两次南迁——晋和南宋，对瓯越地区都具有重要文化影响。如前所述，在文化资源构成上，从山水人文启蒙角度，东晋谢灵运等携道家文化和魏晋玄学思想，以讲学、游踪和诗文对瓯越人文的启迪作用同样不可忽视，可谓为后世温州人转换对自然山水和生态环境的功能认知和价值判断视角，树立温州山水旅游休闲品牌作了文化铺垫。山海地理孕育的"经世人文"和从秀美山水中引导而来的"超逸人文"，一个经世致用，追求人生的物质存在；一个休闲审美，享受精神生命的升华与

---

① 王宇：《永嘉学派与温州区域文化》，社会科学文献出版社2007年版，第279页。

永恒，就其生存意志和生命意识来说一脉相承。前者在历史发展中与儒家积极入世和实学事功思想合流，形成温州人勤勉刻苦谋生的性格；后者思想源流上本乎老庄生命哲学，至魏晋滥觞，经谢灵运等士人以山水游历的身体力行和山水诗文的酬唱传播得以自觉，并与前者相得益彰，整合成温州人既拼命赚钱，又慷慨挥洒，不吝于消费和享受的总体特征。山水文化和生命哲学可以与实学功利文化一起成为温州文化的"传统基因"，通过这种文化基因的传递和文化观念的转换，实现"绿水青山"与"金山银山"的等值构建，助推产业转型和美丽温州建设。

从"双创"语境审视，温州发展和温州模式的特点是创业推动创新。变革创新精神本是永嘉实学思想和温州区域文化的灵魂，但在温州模式实践中，变革创新是自发和诱致性的，并非主动和引领性的。这在创业经济初期是有效的，但制度变迁的爆发期过后，市场体制逐步规范完善，这种驱动模式的效益就大大降低。因此，在市场发展的中、后期，温州模式要从创业驱动向创新驱动转向，实现创新文化的转型，才能获得新的可持续动力。

与此相应，就要实现商业模式、消费及其文化观念的转型升级。产业结构调整、供给侧改革，目的就是要让经济发展模式从生产驱动型转向消费和服务驱动型。传统温州模式"以商带工"，是典型的生产和营销驱动型，在传统营销方面积累了丰富的经验。然而，在网络经济下，传统营销模式早已面临电商的冲击。因此，温州人应加强互联网思维，努力实现商业模式转型，才能适应新时代。另外，传统温州模式缺乏消费文化尤其是先进消费文化的构建和引领。从企业角度讲，经历了假冒伪劣的惨痛教训，开始"二次创业"，走向质量立市、品牌和企业文化建设，但仍然是着眼于生产和销售端的提升；从消费角度看，巴塔耶所谓的"耗费"现象仍然普遍存在，而文化消费、精神消费的自觉性明显不足。因此，温州模式和文化的转型升级还需要消费文化的创建与引领。而上述经世文化和超逸人文的多元文化基因的融合，无疑可以推动温州经济社会的转型发展，满足新时代下人们日益增长的对美好生活的需求，使温州具备创业城市、商业城市、消费城市、山水旅游和历史文化城市等多重品性，从而实现"美丽温州""幸福温州"的愿景和温州人创业创新的初心。

纵观改革开放 40 多年，像温州和温州人这样引起世人的热切关注并展开全方位批评的对象似乎是绝无仅有的。也许，说到改革开放的经济现象，我们会想到深圳，会赞叹于"深圳速度"。然而，对于中国的现代化进程来说，深圳只能是个特例——平地而起，一开始就是一座移民城市，再加上别人享受不到的特区政策，这完全是一个在一张白纸上用现代化彩笔描绘出来的崭新图景。因为没有历史，所以没有沉重的传统包袱和地域文化制约，也就跨越了传统与现代的磨合期；因为是"特区"，也就能从"姓氏"和"模式"之争中超脱出来，获得更大的创造自由。可是温州没有这样的命运，它不仅从来都不是"宠儿"，而且还经常被"边缘化"，被歧视和争议缠身。与中国绝大多数地方一样，温州也有太多的历史、地域文化因素与现代观念之间的纠结。因此，温州的现代化进程注定是坎坷曲折的。然唯其如此，温州人的发奋创业和大胆创新才更能代表一种民族觉醒意识和创造自觉行动，温州的创业史及创业文化才更具有中国改革开放进程的代表性。

温州区域文化视阈中的温州人精神、温州模式、对温州的批评和文化反思共同构建起了我国现代化进程中的一种独特文化现象，全面展现了温州乃至中国当代创业创新运动的生动景观。

参考文献

陈倩：《区域研究在美国中国学中的兴起》，《辽宁行政学院学报》2007年第5期。

The Chinese City between Two Worlds. ed by Mark Elvin and G. Wlliam Skinner. California：Stanford University Press，1974.

徐令义：《温州试验区发展态势》，上海社会科学院出版社1988年版。

张仁寿：《沿海农村经济发展模式与区域文化的比较研究》，《经济社会体制比较》1995年第2期。

洪振宁：《永嘉学派与今日温州》，《温州大学学报》2001年第2期。

史晋川：《温州模式的历史制度分析——从人格化交易与非人格化交易视角的观察》，《浙江社会科学》2004年第2期。

王宇：《永嘉学派与温州区域文化》，社会科学文献出版社2007年版。

高丹：《李开元：除了写论文，史学研究也要会历史叙事》，澎湃新闻，2017-07-07。

许慎：《说文解字》，中华书局1963年影印本。

林华东主编：《瓯文化论集》，浙江人民出版社2009年版。

陈文华：《文化学概论》，上海文艺出版社2001年版。

温州年鉴编辑部：《温州4500年历史大事记》，中华书局2000年版。

《温州市人口发展的历史、现状与前景》，温州市人口和计划生育委员会"温州人口概况"专栏，http：//rkjsw.wenzhou.gov.cn。

温州市土地管理局：《温州市土地志》，中华书局2001年版。

《温州与首批沿海开放城市发展情况对比分析》，浙江省统计局"浙江统计信息网"，http：//www.zj.stats.gov.cn/art/2011/7/5。

吴勇、朱建芳：《温州人口密度如何》，《温州日报》2007 年 3 月 21 日。

温州市粮食局：《温州市粮食志》，中华书局 2000 年版。

游国恩、王起等主编：《中国文学史》第三册，人民文学出版社 1964 年版。

郭绍虞：《中国文学批评史·下卷》，百花文艺出版社 1999 年版。

《叶适集》，中华书局 1961 年版。

《薛季宣集》，上海社会科学院出版社 2003 年版。

《四库全书》，上海古籍出版社 1996 年影印本。

《陆九渊集》，中华书局 1980 年版。

蔡克骄：《瓯越文化史》，作家出版社 2002 年版。

叶适：《习学纪言序目》，中华书局 1977 年版。

《陈虬集》，浙江人民出版社 1992 年版。

《宋恕集》，中华书局 1993 年版。

《陈黻宸集》，中华书局 1995 年版。

陈庆念主编，黄庆澄著：《东游日记·湖上答问·东瀛观学记·方国珍寇温始末》，上海古籍出版社 2005 年版。

［德］黑格尔：《法哲学原理》，范扬、张企泰译，商务印书馆 1961 年版。

张仲清：《越绝书译注》，人民出版社 2009 年版。

《逸周书》，百度文库。

任重、霍旭东：《战国策选译》，江苏凤凰出版社 2011 年版。

司马迁：《史记》，中华书局 1982 年版。

［奥地利］阿尔弗雷德·阿德勒：《超越自卑》，刘泗编译，经济日报出版社 1997 年版。

《温州民营经济发展 30 年·发展综述卷》，浙江人民出版社 2008 年版。

王小强、白南生：《农村商品生产发展的新动向——浙江省温州农村几个专业商品产销基地的情况调查》，《人民日报》1983 年 12 月 8 日。

徐元诰：《国语集解》，中华书局 2002 年版。

朱熹：《四书集注》，岳麓书社 1985 年版。

程颢、程颐：《二程集》，中华书局 1981 年版。

董仲舒:《春秋繁露·天人三策》,岳麓书社 1997 年版。

[德] 马克斯·韦伯:《新教伦理与资本主义精神》,于晓等译,生活·读书·新知三联书店 1987 年版。

[英] 亚当·斯密:《国民财富的性质和原因的研究》,郭大力、王亚南译,商务印书馆 1972 年版。

芮文正:《约 1/4 企业缺工不敢接单》,《温州商报》2011 年 4 月 25 日第 7 版。

苏亦锋、张露剑、梁坚义:《今年湖北来温务工者少了 3 万人》,《温州商报》2011 年 3 月 29 日第 8 版。

王丹荣:《让母亲河重现美丽容颜,切实优化温州发展环境》,《温州商报》2011 年 7 月 6 日第 2 版。

王丹荣、陈佳寅:《以拆违成效围护公共利益》,《温州商报》2011 年 6 月 18 日第 2 版。

陈佳寅、卢胜峰:《违建户大多配合,自拆率达 70%》,《温州商报》2011 年 9 月 1 日第 4 版。

《庄子》,韩维志译评,吉林文史出版社 2001 年版。

张一兵:《巴塔耶——没有伪装,没有光与影的游戏》,见《人文与社会》,2009 年 8 月 11 日,http://wen.org.cn/modules/article/view.article.php/c12/1315。

费孝通:《筑码头,闯天下》,《瞭望》周刊 1999 年第 7、8 期。

赛格:《跟温州人学经商》,石油工业出版社 2009 年版。

《周易》,郭彧译注,中华书局 2006 年版。

中国孙子兵法研究会:《孙子兵法读本》,广西师范大学出版社 2007 年版。

[美] 威廉·A. 哈维兰:《文化人类学》,瞿铁鹏、张钰译,上海社会科学院出版社 2006 年版。

[美] 帕立斯(K. Parris):《地方积极性与国家改革:经济发展的温州模式》,《中国季刊》1993 年第 134 期。

胡方松、方韶毅、刘旭道:《温州评判》,文汇出版社 2005 年版。

朱谦之:《老子校释》,中华书局 1984 年版。

郭庆光:《传播学教程》,中国人民大学出版社 1999 年版。

《开跑车卖瘦肉丸的女大学生》,《温州商报》2011 年 9 月 20 日第

23 版。

汪生科：《温州转向：从市场主导到政府主导?》，《21 世纪经济导报》2004 年 12 月 6 日。

王丹容：《唯有转型才能发展》，《温州商报》2011 年 7 月 20 日第 2 版。

王丹容：《拆违绝不是"洗把脸"的问题》，《温州商报》2011 年 8 月 12 日第 2 版。

陈德荣：《在"六城联创"动员大会上的讲话》，温州网，2010-10-09。

潘秀慧：《为温州文化建设出谋划策 温州模式要传承更要创新》，《温州日报》2008 年 7 月 17 日。

沈潜：《永嘉文化丛与宋代儒学的新转趋》，《求索》2015 年第 1 期。

陈安金、王宇：《贯通内圣外王的努力——评永嘉学派的思想历程》，《哲学研究》2002 年第 8 期。

姜巽林：《以政府转型推进经济社会转型》，《温州商报》2011 年 1 月 12 日第 5 版。

黄晓阳：《温州人策划中国》，江苏文艺出版社 2007 年版。

胡飞航：《温州人生意经的经济学解读》，浙江大学出版社 2006 年版。

金辉、杨莉：《可怕的温州人》，光明日报出版社 2006 年版。

贾国玺、张俊领：《商智·温州人创富秘诀》，机械工业出版社 2006 年版。

刘晓芬、徐传运：《温州商经》，机械工业出版社 2005 年版。

肖龙海、陈银姆：《温州精神·创业的温州人》，合肥工业大学出版社 2004 年版。

金龙：《温州商道》，中国华侨出版社 2007 年版。

金龙：《温商是怎样赚钱的》，文化艺术出版社 2006 年版。

龙鑫铭：《天下温商》，地震出版社 2006 年版。

陈平：《成就与梦想·温州民企创业文化思考》，学林出版社 2007 年版。

中国城市活力研究组：《温州的性格》，中国经济出版社 2005 年版。

金元浦、谭好哲、陆学明：《中国文化概论》，首都师范大学出版社

1999年版。

陈嘉明：《现代性与后现代性十五讲》，北京大学出版社2006年版。

汪民安：《现代性》，广西师范大学出版社2005年版。

教育部高教司、全国高职高专校长联席会：《高等职业教育学生就业与创业指导》，高等教育出版社2004年版。

王丹容、陈里雅：《敢闯天下不输男 温州丽人多老板——"太太经济"尽显温州活力》，温州网，2008-09-19。

《靠5万元在成都创业 温州女代理商做成大生意》，温州网，2007-10-22。

《弱女闯商界 一次失败让她扣开财富之门》，商界在线，2008-04-18。

李志平、潘剑：《中国温州女老板创业在迪拜》，新华网，2008-03-07。

后　　记

　　《区域文化视阈中的温州创业创新现象》一书即将付梓，算是我近10年来对温州区域文化关注和研究的一个阶段性总结，虽然没能赶上改革开放40周年的时间节点，但也算是一份稍稍延时的微薄的个人献礼。我从20世纪80年代开始在温州求学、工作，可谓亲历了温州和温州人在改革开放这场史无前例的现代化进程中的一系列重要事件，耳闻目睹了温州人在市场化浪潮中勇立潮头、创业致富的种种现象。我也从最初的一名"闯入者"、"陌生人"，逐渐成为了一名"融入者"、"当地人"，乃至后来又跳出"此山中"，试图成为能识得其"真面目"的那个人。就这样我参与到了"温州文化研究提炼工程"的行列中。当时，我所在的学校正在创建全国示范性院校，学校结合温州独特的创业现象，将创业教育作为一个示范项目，而当时我正在关注高职学生的人文素质教育，并完成了"高职人文素质教育体系构建"的课题，其中一个想法就是试图在传统人文教育的内容和模式之外再探寻一些更具有现实性、针对性的载体，来拓展人文教育的领域，丰富其内涵。于是就有了将地方特色文化和人文精神融入人文教育的举措。为了配合学校的示范建设，我参与了其中的创业教育项目以及一项旨在研究"高职院校人文教育实施途径与评价体系构建"的浙江省新世纪高教教改项目。我从最切身和生动的现实着眼，找到创业文化这一入口，来描述改革开放后的温州和温州人，编写了《温州创业文化》一书，2009年由高等教育出版社出版。没想到该书得到了学校领导和温州市社科联专家的肯定，市社科联原副主席洪振宁先生在2010年1月19日《温州日报》"瓯越风土版"《应对挑战，危中有机——温州当代发展研究》一文中评价该书为"温州开展创业教育的洋溢时代精神又富有地域特色的新教材"。该书后经进一步修订成为浙江省重点教材，2012年又由武汉大学出版社出版。受此鼓舞，后来又有了"温州创业文化心理研究系列""近代温州维新变法思潮与工商经济观念""永嘉文化与宋代儒学新转趋""永嘉实学思想的历史实践与当代发展研究""温州模式的历史轨迹与文化转型"等系列课题研究和成果。由此,属于我个人的、从当代发展出发、基于文化学视域和创业创新视角的温州区域文化研究初步形成体系,这就是以立地研究、问题导向为宗旨,以转型升级背景下的文化资源整合重组和转换提升为目标,建立在当代创业创新文化、近代维新变法思潮、宋代实学思想、晋代山水与生命文化四个主要支点上的温州文化或"温州学"研究。《区域文化视阈中的温州创业创新现象》可以看作是这一体系的一种事实表述。

有关本书的内容、逻辑建构、主要观点、研究方法和写作体例等方面已在导论中作了较为详细的介绍,不再赘述。但从学术性著述的严谨性出发,此处再就案例陈述中事件和人物的出处作一点补充说明。书中所述改革开放以来温州创业创新事件和相关人物皆为真人真事,其出处或依据一是官方正式媒体的宣传报道,二是一些公开出版的描述温州改革和温州人经商创业精神的纪实性著作。其中主要的媒体和纪实文献已在注释和参考文献中列出。书中对温州改革开放中重要人物的介绍,除了基于上述资料来源,还参考了一些网络媒体的信息资源,尽量进行互文参酌,存同去异,以求确切。当然,从叙事学上讲,这些都必然经过了作者的取舍和转述,也许会有一些不甚妥帖甚至错讹之处,还请读者或当事人批评指正,其间责任当然应由作者来负。对于一时无法与相关当事者取得联系沟通,也请求谅解。

最后,感谢浙江省哲学社会科学规划办公室,以及中国社会科学出版社的编辑同仁,在他们的支持和辛勤劳动下,该书才得以出版。

沈 潜
2019 年 5 月 7 日于茶山大学城